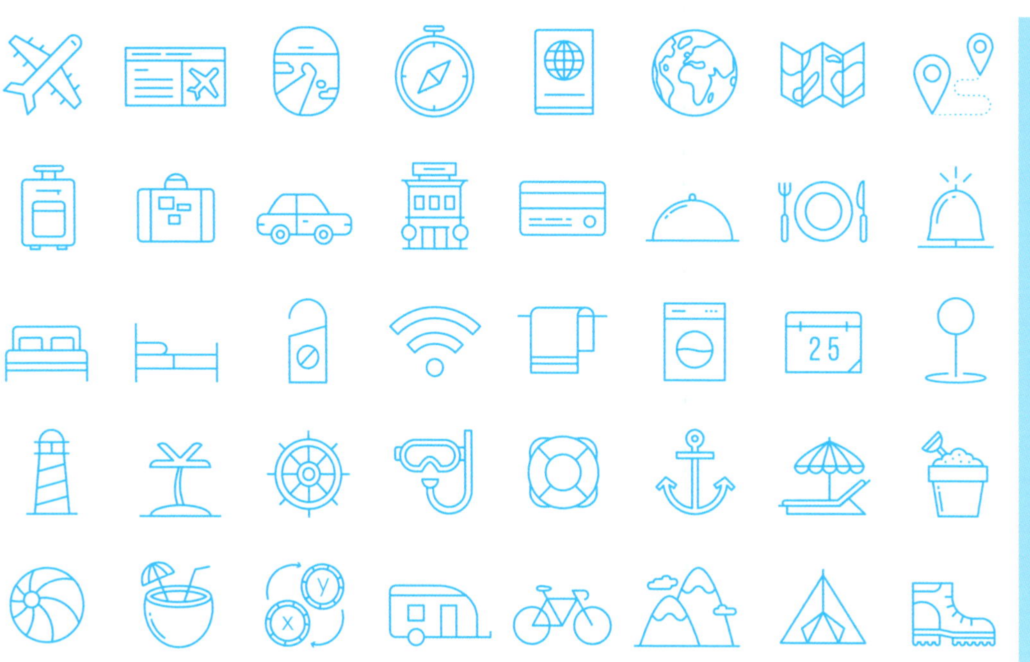

25
y
x

高职高专经管类精品课程
“十三五”规划教材

中国主要客源国（地区）概况

主　编　崔筱力
副主编　陈　樱　胡玲玲

ZHONGGUO
ZHUYAO
KEYUANGUO
(DIQU)
GAIKUANG

厦门大学出版社
XIAMEN UNIVERSITY PRESS
国家一级出版社
全国百佳图书出版单位

图书在版编目(CIP)数据

中国主要客源国(地区)概况/崔筱力主编.—2版.—厦门:厦门大学出版社,2019.12
(2022.6重印)
ISBN 978-7-5615-6091-4

Ⅰ.①中… Ⅱ.①崔… Ⅲ.①旅游客源-概况-中国-高等职业教育-教材 Ⅳ.①F592.6

中国版本图书馆CIP数据核字(2016)第119960号

出版人 郑文礼
责任编辑 江珏玙
美术编辑 李嘉彬
技术编辑 许克华

出版发行 厦门大学出版社
社址 厦门市软件园二期望海路39号
邮政编码 361008
总编办 0592-2182177 0592-2181253(传真)
营销中心 0592-2184458 0592-2181365
网址 http://www.xmupress.com
邮箱 xmupress@126.com
印刷 厦门集大印刷有限公司

开本 787mm×1092mm 1/16
印张 16.5
插页 2
字数 420千字
版次 2016年6月第1版 2019年12月第2版
印次 2022年6月第2次印刷
定价 42.00元

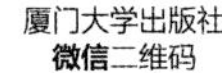
厦门大学出版社
微信二维码

厦门大学出版社
微博二维码

前 言

旅游业能够满足人们日益增长的物质和文化的需要。通过旅游使人们在体力上和精神上得到休息,改善健康情况,开阔眼界,增长知识,推动社会生产的发展。旅游业的发展以整个国民经济发展水平为基础并受其制约,同时又直接、间接地促进国民经济有关部门的发展,如推动商业、饮食服务业、旅馆业、民航、铁路、公路、邮电、日用轻工业、工艺美术业、园林等的发展,并促使这些部门不断改进和完善各种设施、增加服务项目,提高服务质量。随着社会的发展,旅游业日益显示出它在国民经济中的重要地位。

2018 年是文化和旅游融合发展的开局之年,旅游业发展环境继续不断优化。2018 年我国入境旅游市场稳中有降,出境旅游市场平稳发展。2018 年全年入出境游客 2.9 亿人次,同比增长 7.4%,其余各项指标也均实现年初制定的目标。综合国内外发展环境和旅游业发展态势,对 2019 年旅游经济总体持乐观预期。预计,2019 年入境旅游人数 1.43 亿人次,国际旅游收入 1 296 亿美元,分别比上年增长 1%和 2%。居民出境旅游人数约 1.66 亿人次,比上年增长 11%。全年实现旅游总收入 6.52 万亿元,同比增长 9.3%。

根据中商产业研究院 2019 年 2 月整理的数据,按入境旅游人数排序,我国主要客源市场前 17 位国家如下:缅甸、越南、韩国、日本、美国、俄罗斯、蒙古、马来西亚、菲律宾、新加坡、印度、加拿大、泰国、澳大利亚、印度尼西亚、德国、英国(其中缅甸、越南、俄罗斯、蒙古、印度含边民旅华人数)。

建设丝绸之路经济带和 21 世纪海上丝绸之路是我国发展新阶段的伟大战略,有利于开创外交新舞台、促进民间交往、促进互联互通,将为相关国家和企业带来发展新机遇,甚至改变世界旅游发展格局。继中俄成功互办旅游年后,中国还将与韩国、印度互办旅游年,同时,中国—中东欧国家旅游合作促进年也将举办,旅游将成为我国对外交往战略中的重要力量和令人瞩目的亮点。

目前,中国将继续保持全球第四大入境旅游接待国、亚洲最大出境旅游客源国的地位。世界旅游组织曾表示,到 2020 年中国将超过法国,成为世界上最大的旅游目的地国家。

随着我国入境旅游的迅猛发展及入境旅游人数的不断增加,旅游从业人员及旅游类专业人才必须更加全面熟悉和了解我国主要旅游客源国家和地区的相关情况。为此,我们在总结多年来旅游管理专业理论和实践教学经验的基础上,组织编写了本教材。本教材具有以下特点:

第一,数据量大、新。本教材使用了大量的数据,并尽可能地采用 2017 年以后的最新数据,较准确地介绍了我国入境旅游和各主要旅游客源国(地区)的概况。

第二,内容丰富,知识性强。本教材系统地介绍了我国各主要旅游客源国(地区)的概况,包括地理环境、简史、政治、经济、服饰、饮食、节庆、传统文化、社交礼仪等,涵盖了广博的理论材料,以及丰富的实践感受,保证了内容上的科学性和准确性。

第三,趣味性强。本教材除了配有各旅游客源国(地区)的相关插图外,其写法新颖,民俗风情等部分可读性强,并穿插了大量的"小知识""拓展阅读"等,内容生动活泼,具有较强的趣味性。

本教材由厦门南洋职业学院崔筱力主编,闽西职业技术学院陈樱、厦门东海职业技术学院胡玲玲任副主编。具体编写分工如下:崔筱力编写第四章、第七章第三节(计 11.2 万字),胡玲玲编写第一章、第三章、第五章、第六章、第七章一二节(计 14 万字),陈樱编写第二章(计 15.6 万字)。全书由崔筱力负责统稿、修改并定稿。

在本教材编写过程中,我们引用了许多学者及相关人员的研究成果,虽然一一列举并注明,但难免有疏漏之处,在此向各位专家、学者及同仁表示感谢,疏漏之处敬请谅解。由于编者时间和水平所限,书中难免有不当之处,敬请专家和读者不吝指正,以便再版时修订完善。

编者

2019 年 11 月

目 录

第一章 世界旅游业和中国国际旅游市场 …… 1
第一节 世界旅游业 …… 1
第二节 中国国际旅游市场 …… 8
第二章 亚洲地区 …… 15
第一节 日本 …… 15
第二节 韩国 …… 27
第三节 蒙古 …… 37
第四节 新加坡 …… 48
第五节 马来西亚 …… 57
第六节 泰国 …… 67
第七节 菲律宾 …… 76
第八节 印度尼西亚 …… 86
第九节 越南 …… 94
第十节 印度 …… 104
第三章 大洋洲地区 …… 116
第一节 澳大利亚 …… 116
第二节 新西兰 …… 128
第四章 欧洲地区 …… 137
第一节 英国 …… 137
第二节 法国 …… 148
第三节 德国 …… 158
第四节 意大利 …… 167
第五节 西班牙 …… 178
第六节 俄罗斯 …… 189
第五章 美洲地区 …… 200
第一节 美国 …… 200
第二节 加拿大 …… 209
第六章 非洲地区 …… 217
第一节 埃及 …… 217
第二节 南非 …… 225

第七章　港澳台地区……………………………………………………………………………… 233
　第一节　香港……………………………………………………………………………………… 233
　第二节　澳门……………………………………………………………………………………… 241
　第三节　台湾……………………………………………………………………………………… 247

附录一　中国主要客源国排名前15位名录(2014—2018年) …………………………………… 258
附录二　中国各省、自治区、直辖市入境旅游接待排名前20位名录
　　　　(2014—2018年) ……………………………………………………………………………… 259
参考文献………………………………………………………………………………………………… 260

第一章

世界旅游业和中国国际旅游市场

学习目标

1.了解世界旅游业的发展历程。
2.掌握世界旅游业发展的基本格局、基本特点和趋势。
3.掌握世界各旅游区概况。
4.掌握中国入境旅游市场的现状和发展对策。
5.掌握中国出境旅游市场的现状和发展趋势。

第一节　世界旅游业

世界旅游业在经济全球化和世界经济一体化的作用下，进入了快速发展的黄金时代，并已发展成为世界第一大产业。目前，旅游已经成为人们休闲度假的主要选择方式之一。人们一旦有充足的余暇时间、方便的交通条件和可供自由支配的收入，往往会选择外出旅游。旅游已经变为我们的常态化生活。

一、世界旅游业的发展

"旅游"从字义上很好理解。"旅"是旅行、外出，即为了实现某一目的而在空间上从甲地到乙地的行进过程；"游"是外出游览、观光、娱乐，即为达到这些目的所做的旅行。二者结合起来即旅游。世界旅游组织和联合国统计委员会对"旅游"的定义为："为了休闲、商务或其他目的离开他(她)们惯常环境，到某些地方并停留在那里，但连续不超过一年的活动。"旅游目的包括六大类：休闲、娱乐、度假，探亲访友，商务、专业访问，健康医疗，宗教、朝拜，其他。

旅游作为一种人类活动，大致经历了三个大的发展阶段。第一阶段是限定在有闲阶层中的古代旅游，其特征是以游乐为主，规模较小；第二阶段是开始普及到中产阶层的近代旅游，它源于人本主义意识和科学技术进步，并直接促成了现代旅游业的出现；第三阶段是社会大众共同参与的现代旅游。

(一)古代旅游

随着人类社会从原始社会进入奴隶社会,生产力发展所带来的劳动剩余物归奴隶主占有,奴隶主已不再满足于生活起居方面的享乐,而开始了以巡视、巡游为名义的享乐旅行。到了封建社会,除帝王将相的巡游外,还出现了士人、学子的漫游,特别是在封建社会的中后期,以求学为目的的教育旅行、以探险为目的的航海旅行、以经商为目的的跨国旅行等发展了起来,这均可视为古代旅游的形式。这些旅游活动都是个别行为,没有在社会中形成规模,也没有成为大众的活动方式。

(二)近代旅游

近代大众旅游是在1841年开始的。1841年7月5日,英国人托马斯·库克利用包租火车的方式,组织了一次570人规模的从莱斯特到拉夫巴勒的团体旅游,成为公认的近代旅游活动的开端。1845年他开办了旅行代理业务,成立了世界上第一家旅行社——托马斯·库克旅行社。由于社会劳动生产率的提高,社会财富增加,交通工具得到改善,旅游活动的发展十分迅速。团体旅游以及旅行社的兴起与发展,一方面使旅游变得更方便轻松,另一方面又促使旅游团规模扩大而旅游价格降低,更多的人能加入旅游者的行列中去。旅游成了以观光娱乐、消遣休闲为目的的大众消费方式。

(三)现代旅游业的发展

现代旅游是指第二次世界大战后,特别是20世纪60年代以后迅速普及于世界各地的社会化大众旅游。二战后,旅游业获得了相对和平与稳定的发展环境。与之前相比,世界旅游业更具有社会性的特点,旅游队伍由社会的中上层人士逐步扩大到平常的百姓人家,旅游活动真正成为一种大众性活动,成为人们日常生活中不可缺少的部分。旅游需求持续稳定地扩大,促进旅游供给不断地增长,同时,各地区之间、国家之间的旅游竞争也越来越激烈。在传统度假旅游的基础上,各种新兴旅游活动层出不穷,如生态旅游、绿色旅游、探险旅游等。

进入21世纪以来,世界旅游业发展迅速,虽然也面临多重挑战,但旅游业向上发展的总体趋势没有改变。调查显示,在过去20年中,有19年旅游版块的经济增长都很强势,在全球经济波动的情况下,提供了稳定的经济增长。据世界旅游协会预测,到2020年,国际旅游产业收入将增至16万亿美元,相当于全球GDP总量的10%;能够提供3亿个工作岗位,占全球就业总量的9.2%。无论是收入、就业,还是投资、税收,旅游产业对世界各国经济的发展都发挥着举足轻重的作用。

小知识

世界旅游日

1971年,世界旅游组织的前身——国际官方旅游组织联盟根据非洲国家官方旅游组织的意见,提出创立世界旅游日的设想。

经过大量的准备工作之后,1979年9月,世界旅游组织第3次代表大会正式决定9月27日为“世界旅游日”。选择这一天是为了纪念国际官方旅游组织联盟。1970年9月27日在墨西哥城的特别代表大会上通过了将要成立的世界旅游组织的章程,此外,这一天又恰好

是北半球旅游旺季刚过，而南半球旅游季节又刚刚到来的相互交接时间。

世界旅游组织为每年的世界旅游日提出一个宣传口号，以便突出旅游宣传的重点。1983 年 10 月，中国被世界旅游组织接纳为正式成员。此后，每年的 9 月 27 日前后，中国也都开展世界旅游日的纪念活动。

二、世界旅游业发展的基本格局和基本特点

(一)世界旅游业发展的基本格局

在全球国际旅游市场上，各大区域的旅游呈现出发展不平衡的态势，欧、亚太、美地区三足鼎立的基本格局已经形成并将长期存在下去。

根据世界旅游组织发布的统计数据显示，2018 年国际游客人数达到 14 亿人次，比上年同期增长了近 6%。全球游客用于住宿、饮食、娱乐及购物方面的消费达到创纪录水平，其中受益最大的当属欧洲，其次为亚太地区和美洲，中东和非洲国家则受益较小。

无论是国际旅游接待人数还是国际旅游收入方面，欧洲都是居于首位，是世界上国际旅游业最发达的地区，国际游客占全球一半以上。2018 年国际游客增长 6%，达到 7.13 亿人次。西欧和南欧的国际游客增长处于领先地位，增长率为 6%和 7%；中欧和东欧的国际游客人数也都增长了 6%；而北欧几乎没有出现任何增长。

自 2002 年以来，亚太地区接待的国际旅游人数就已超过美洲，位居第二位。在亚太地区，国际游客人数常年的增长率为 6%，2018 年达到 3.43 亿人次。其中东南亚和东亚地区表现最好，分别实现了 7%和 6%的增长，而南亚的游客人数也增长了 5%。在大洋洲，国际游客增长率为 3%。

2018 年美洲地区的增长率为 3%，国际游客人数达到 2.17 亿人次。前往北美地区的游客人数仅上涨了 4%，而中美和加勒比地区的游客人数都下降了 2%。

(二)世界旅游业发展的基本特点

旅游业是当今世界发展最快、最富活力和最具潜力的朝阳产业，进入 21 世纪以来，全球旅游业步入了新的大发展大变革时期，其呈现出以下的特点：

1.世界旅游市场出现新格局。经济全球化和区域经济一体化的进程深刻地影响着世界旅游业的发展轨迹，打破了原有的旅游市场格局。东亚太经济的崛起，为世界旅游热点向亚太转移创造了经济平台。预计到 2020 年，东亚太地区接待国际旅游人数占世界的份额将从 1995 年的14.2%上升到 27.3%，超过美洲(2020 年预计为 17.8%)，位居世界第二。欧、美主宰世界旅游市场的局面已被打破，全球旅游市场已形成欧、亚太、美三足鼎立的新格局。

2.度假旅游呈持续增长之势。随着世界经济的发展，人们的经济收入和生活水平不断提高，众多旅游者旅游的目的也从传统的开阔眼界、增长见识向通过旅游使身心得到放松休息、陶冶生活情趣等转变，度假旅游活动成为现代人生活的重要组成部分。随着旅游者中度假人数比例的不断增大，现在度假旅游已经成为重要的市场方向，世界旅游强国在很大程度上都是休闲度假旅游比较发达的国家。其中海岛、滨海旅游度假是旅游业的一大支柱，在一些国家和地区成为主要的经济收入来源，如在百慕大、巴哈马、开曼群岛，旅游业收入占其国民收入的 50%以上。目前，地中海沿岸、加勒比海地区、波罗的海及大西洋沿岸的海滨、海

滩成了极负盛名的旅游度假胜地。

3.旅游市场的供求内容发生了实质性变化。从20世纪70年代末80年代初开始,旅游者已不满足于传统的大众化的观光旅游产品,开始选择具有鲜明地域特色、时代特色和个性特色的度假旅游产品,注重旅游的参与和体验。因此,供给者便着力培育世界一流的旅游度假胜地,形成规模性的复合型度假产品体系,满足各个层面的游客需求。度假者在度假期间除了在度假地活动以外,往往还会以该地为中心,做短途游览,进行观光、考古、探险、运动等活动,认识、感悟和体验不同旅游度假地的特色文化,扩大视野,放松身心,提升内涵。

三、世界旅游业发展的趋势

世界旅游业从形成到发展,现在进入了稳定发展时期,21世纪将是旅游业发展的第二个黄金时代。从世界旅游业未来的发展方向看,将朝着以下趋势发展:

1.市场细分化趋势。现代旅游者的旅游目的越来越个性化,而且旅游组织者也越来越重视从更深层次开发人们的旅游消费需求,因此旅游产品市场更加细分化。除了传统的观光旅游、度假旅游和商务旅游外,特殊旅游、专题旅游更有发展潜力,如宗教旅游、探险旅游、考古旅游、修学旅游、蜜月旅游、购物旅游、奖励旅游、民族风俗旅游等,将会形成特色突出的旅游细分化市场。

2.彰显区域文化特色的度假胜地将成为主流产品和重要支柱。在未来的市场发展中,观光型旅游并不会完全失去市场,但在传统的旅游客源国家中度假旅游将更为盛行,将会逐步取代观光旅游,成为国际旅游的主体。以浓厚的区域文化内涵和生态、绿色、低碳的自然资源环境为支撑的度假胜地将是度假旅游产品的重要支柱,这些旅游度假胜地如地中海地区、加勒比海地区仍将是国际旅游者集中的地区。在东亚、太平洋地区、夏威夷及具有丰富海滩资源的泰国、印度尼西亚、中国大陆沿海区域也将是旅游者热衷选择的目标。

3.旅游者追求更为灵活多变的旅游方式。随着世界各地旅游设施的建立与健全,世界性预订服务网络的普及与完善,散客旅游越来越方便。在追求个性化的浪潮下,目前世界上散客旅游人数已超过旅行社固定包价的旅游人数,散客旅游和中短距离区域内的家庭旅游在旅游者人数中所占比例将逐渐增加,小包价、个人委托代办服务也占有越来越重要的市场份额。

4.在旅游中追求更多的参与性和娱乐性。旅游者将转向追求那些富有活力、情趣、具有鲜明特点的旅游场所,喜欢那些轻松活泼、丰富多彩、寓游于乐、游娱结合的旅游方式,能亲身体验当地人们的生活,直接感受异国的民族文化风情,通过参与和交流得到情感的慰藉和心灵的撞击。因此,旅游产品设计开发将更加注重民族风情、地方特色、游娱结合。

5."银色市场"不断扩大。现代的老年人是一个有钱、有闲、健康活跃的阶层,在退休后开始人生的第二个春天,对异国的古老传统文化比年轻人更感兴趣,对旅游休闲度假更有兴趣。同时在美国"9·11事件"之后,欧美出现了偕孙辈一起出游的现象。"银色市场"越来越被各旅游接待国所重视,将来会成为一个很重要的市场。

6.对旅游安全更为重视。民族冲突、宗教冲突、国际恐怖主义、政局动荡、传染性疾病、旅游目的地社会不安定等,都会随时对国际旅游业的发展构成局部威胁。在具备闲暇时间和支付能力的条件下,唯一能使旅游者放弃旅游计划的因素就是对安全的顾虑。旅游安全和旅游目的地的社会和谐将被越来越重视。

7.区域旅游仍将盛行。由于地缘和文化的原因，对大部分国家来说，邻近市场仍将是本国旅游客源的主体市场。区域经济一体化会以其“地利”“人和”的优势，推动区域旅游业以更高的速度增长。在不久的将来，东南亚海域将成为世界滨海旅游业蓬勃发展的地区之一，中国—东盟自由贸易区以及东亚的中、日、韩将是亚太地区重要的旅游度假区域接待板块。区域旅游仍将是世界旅游业的发展主流。

四、世界旅游区

按照世界旅游组织的统计标准，全球分为六个旅游区：东亚及太平洋旅游区、南亚旅游区、欧洲旅游区、美洲旅游区、中东旅游区和非洲旅游区。

(一)东亚及太平洋旅游区

亚洲全称“亚细亚洲”，面积 4 400 万平方千米，约占世界陆地总面积的 29.4%，是七大洲中面积最大的洲；人口总数约为 42 亿，占世界总人口的 60.5%，是世界人口最稠密的大洲，其中人口 1 亿以上的有中国、印度、印度尼西亚、日本、孟加拉国和巴基斯坦。在地理习惯上分为东亚、东南亚、南亚、西亚、中亚和北亚。

大洋洲，陆地总面积为 897.1 万平方千米，约占世界陆地总面积的 6%，人口约 2 900 万，占世界总人口的 0.5%，是世界上陆地面积最小、人口最少的一个洲，共有 14 个独立国家和 10 多个美、英等国的附属地和内部自治区。

东亚及太平洋旅游区包括东亚旅游区、东南亚旅游区和大洋洲旅游区。

东亚包括中国、朝鲜、韩国、蒙古和日本，是亚洲面积最大、人口最多、近年来旅游业发展较快的地区，在世界旅游业发展中已取得了一定的地位。该区旅游业高速发展的原因主要有：政治形势相对稳定，经济持续、高速发展，贸易地位上升，投资势头强劲，以及悠久的历史、灿烂的文化和众多的名胜古迹等。

东南亚包括越南、老挝、柬埔寨、缅甸、泰国、马来西亚、新加坡、印度尼西亚、菲律宾、文莱、东帝汶 11 个国家。近年来，东南亚旅游业发展迅猛，以新加坡、泰国最为出色，这里有丰富的资源优势、政府的重视、较好的区域合作平台及稳定的客源市场。东南亚国家普遍重视对旅游业的规划和领导，如泰国对旅游业的各类发展目标和增长指标做了具体规定，官方领导还经常亲自出席旅游年的欢庆活动。此外，这些国家经常通过多种多样的宣传方式，大力开展旅游宣传活动和对外促销活动。

大洋洲地区分为两种类型的国家：一类是发达国家澳大利亚和新西兰，旅游基础接待设施良好，旅游入境人数成倍增长，旅游创汇居世界前列，游客多以欧美国家和亚洲的日本等经济实力较强的国家为主。出境旅游势头强劲，目前这两个国家到中国来旅游的游客已占中国海外游客总数的 4%左右，已成为中国主要的客源国。另一类是发展中国家，由于经济实力的差距，旅游业发展速度相对较慢，多以海岛旅游为主，游客多是周边国家的居民。

近 30 年来，东亚太旅游区旅游业的发展超出世界平均速度，居世界之首。据世界旅游组织预测，到 2020 年，东亚太地区接待的国际旅游者将达 4.38 亿人次，接待国际旅游人数占世界市场的 27.3%。东亚太地区应进一步开发兼顾中西方游客的旅游产品，完善基础设施服务，保持和提高旅游质量；加强区域旅游经济合作，形成良好亚太形象，扩大在世界旅游经济中的份额；高度重视旅游资源和环境保护，确保旅游业的可持续性。

(二)南亚旅游区

南亚指亚洲南部地区,包括斯里兰卡、马尔代夫、巴基斯坦、印度、孟加拉国、尼泊尔、不丹,各国均为发展中国家。该区是世界文明发源地之一,也是佛教和印度教的发源地。这里有悠久的历史文化、珍奇的名胜古迹、独特的民俗风情和优美的滨海风光,但由于受经济发展水平的制约和一些国家政局动荡、民族和宗教纷争迭起的影响,旅游业起步晚、发展慢、起伏大。多年来,该地区接待的外国旅游者占世界总份额的比例始终很小。相比而言,该地区旅游业发展较好的国家有印度、尼泊尔和巴基斯坦。南亚旅游业具有巨大的发展潜力,在开发上应发挥其历史文化、热带滨海和山地生态的特点,充分利用其毗邻东亚太地区的优势,重点开发洲内近程客源市场。

(三)欧洲旅游区

欧洲全称"欧罗巴洲",面积 1 016 万平方千米,占世界陆地总面积的 6.8%;人口约 7.4 亿,占世界人口总数的 11%;共有 48 个国家和地区。在地理上习惯分为北欧、南欧、西欧、中欧和东欧五个地区。

欧洲是世界旅游业最发达的地区,既是世界各国最重要的客源地,也是世界各国主要的旅游目的地。其国际旅游者主要来自内部各国,约占总人数的 80%,其余多来自美国、日本。意大利、西班牙、法国、丹麦、英国等欧洲国家每年接待游客人数超过 3 000 万,而旅游业也变成了欧洲一些小国,如安道尔、圣马力诺等国家的主要产业。很多欧洲国家凭借独特的资源,精心打造了各具特色、极具竞争力的品牌,成为世界旅游强国。欧洲是中国主要的客源市场,其中以俄罗斯、英国、德国、法国来华人数最多,均属中国十大客源国之列,这四个国家构成欧洲旅游区客源的主体。欧洲应充分发挥其丰富多彩的历史文化遗产和先进的旅游接待设施的优势,大力开发面向亚太、北美和南美旅游者的旅游产品,特别是家庭旅游产品。

(四)美洲旅游区

美洲全称"亚美利加洲",陆地面积 4 206.8 万平方千米,约占世界陆地总面积的28.4%;人口约 9 亿,约占世界总人口的 13%。在地理习惯上分为北美洲和南美洲。

美洲旅游区是世界重要的旅游区之一,但美洲旅游业发展极不平衡。北美地区是现代世界资本主义的主要中心之一,是世界经济发展水平最高的地区。北美旅游资源较丰富,拥有雄厚的经济基础、完备的旅游基础设施和服务设施,旅游业发达。长期以来,无论是接待国际游客量,还是国家旅游收入,均位居世界各旅游区的前列。美国、加拿大均是 15 大国际旅游接待国和国家旅游收入国之一,同时也是 15 个最大国际旅游消费支出国之一。

南美地区虽然旅游资源丰富,但旅游业起步较晚,国际旅游收入和接待国际游客量总体水平较低,在世界旅游市场中所占的比重偏低。该区绝大部分国家尚不是中国的旅游目的地国家,中国公民前往南美地区旅游的人数尚不多。南美地区各国公民多以短程旅游为主,到中国旅游的人数很少。

美洲应开发新的客源市场,特别是高质量、高产出的亚洲市场;加勒比地区要用丰富的新产品和有利的促销手段,重新推向美洲市场;拉丁美洲地区的旅游业需要该区各国政府给予相应的重视,应加强区域内的合作。

(五)中东旅游区

中东一般泛指西亚和北非地区,包括22个国家和地区(其中16个在西亚、6个在北非)。其地处欧、亚、非三大洲的交通要道,是世界文明的发源地之一,是基督教、伊斯兰教和犹太教的发源地和圣地。以色列和土耳其是中等发达国家,其余都是发展中国家。大多数国家经济以开采原油和炼油为主,是世界上最大的石油输出地。

虽然中东地区拥有丰富而独特的民俗风情和宗教文化古迹以及滨海、沙漠、死海等奇特的自然景观,构成了神秘而诱人的旅游吸引地,但其旅游业长期受该地区战争和恐怖活动的制约,起伏不定,发展缓慢。中东地区旅游业发展的关键因素是能否保持社会稳定,实现和平发展。随着中东和平进程的推进,中东的旅游业将会得到巨大的发展。中东地区国家应加强旅游业的区域合作和联合促销,并大力改善基础设施和服务设施,提高旅游服务水平。

(六)非洲旅游区

非洲全称“阿非利加洲”,面积3 030万平方千米,约占世界陆地面积的20.2%;人口约12.27亿,约占世界人口的15%。在地理习惯上分为北非、东非、西非、中非和南非。

非洲的旅游业起步晚,基础差,发展缓慢。非洲国家均属于发展中国家,经济相对比较落后,旅游基础接待设施不完善,一些地区社会动荡、治安状况不好、自然灾害严重,影响着旅游业的发展。但非洲大陆幅员辽阔、历史悠久、文化独特,拥有丰富的历史文化遗迹、迷人的自然风光和奇异的野生动植物,具有发展旅游业的巨大潜力。许多国家开始重视旅游开发并利用本地特有的自然风光和民俗风情,针对游客的猎奇和求新心理,大力开展各种专项旅游活动,如奇异风光游、民俗风情游、沙漠探险游、珍稀动植物考察游等,以吸引世界各地游客。非洲旅游业发展面临的主要任务是改善旅游基础设施,改进和开发新的旅游产品,并进行得力的促销。

小知识

2020年世界十大旅游客源国和旅游目的地

2020年世界十大旅游目的地			2020年世界十大客源国		
国家(地区)	接待人次(万)	市场份额(%)	国家(地区)	出境旅游人次(万)	市场份额(%)
中国	13 710	8.6	德国	16 350	10.2
美国	10 240	6.4	日本	14 150	8.8
法国	9 330	5.8	美国	12 330	7.7
西班牙	7 100	4.4	中国	10 000	6.2
中国香港	5 930	3.7	英国	9 610	6.0
意大利	5 290	3.3	法国	3 760	2.3
英国	5 280	3.3	荷兰	3 540	2.2
墨西哥	4 890	3.1	加拿大	3 130	2.0
俄罗斯	4 710	2.9	俄罗斯	3 050	1.9
捷克	4 400	2.7	意大利	2 970	1.9

资料来源:世界旅游组织(UNWTO)

第二节　中国国际旅游市场

中国旅游业起步较晚,但是随着改革开放的步伐,旅游业伴随着国民经济的腾飞而发展起来。中国旅游业从白手起家、有序发展、停滞徘徊、逐步恢复,进入了全面发展的新时期,目前已完成由开放初潜在的旅游资源大国向现实的世界旅游大国的历史性转变,旅游业发展前景广阔。特别是近几年来,旅游业坚持"大力发展国内旅游,积极发展入境旅游,有序发展出境旅游"的发展方针,取得了举世瞩目的成绩,形成了"三个市场"相互驱动、相互补充的良好局面,旅游大国的地位在多个领域、在国内外得到空前的巩固和提高。未来35年,我国将从大到强、从快到好,逐步实现从旅游大国到旅游强国的新跨越。旅游业将在经济、文化、社会建设以及国际交往中发挥着重要的作用,中国与世界的双向交流更加频繁,国际影响日益扩大。

小知识

中国旅游日

中国旅游日是每年的5月19日。该节日起源于2001年5月19日,浙江宁海人麻绍勤以宁海徐霞客旅游俱乐部的名义,向社会发出设立"中国旅游日"的倡议,建议《徐霞客游记》首篇《游天台山日记》开篇之日(5月19日)定名为中国旅游日。2011年3月30日,国务院常务会议通过决议,自2011年起,每年5月19日为"中国旅游日"。

一、中国入境旅游市场

在中国旅游业"三大市场"中,入境旅游的历史是最长的。1978年以来,在改革开放政策的推动下,中国入境旅游迅猛发展。入境旅游接待人数从1978年的180.92万人次增长到2018年的1.41亿,翻了六番多。在文旅融合的时代背景下,伴随一带一路倡议的推行,以及入境旅游相关政策,包括签证限制的放宽、交通网络和基础建设的完善等,中国入境旅游在三年持续下滑后于2015年首次呈现回升迹象,并于2018年创下历史新高。

(一)客源构成分析

1.客源来源:中国旅游主要客源市场分为两大部分,一部分是中国香港、澳门和台湾同胞及海外侨胞,另一部分是外国人(包括已加入外国国籍的海外华人)。20多年来,港澳台同胞及华侨一直是中国海外客源市场的主体。2018年,中国入境旅游人数达到14 120万人次,其中香港同胞7 937万人次,澳门同胞2 515万人次,台湾同胞614万人次,外国游客3 054万人次。

2.客源区域构成:根据入境旅游人数,中国海外客源市场分为亚洲市场、大洋洲市场、欧洲市场和北美市场。目前,中国海外客源市场主体为亚太地区,其次为欧洲和北美市场,这

种格局自1979年一直延续至今。

3.客源旅游目的：外国旅游者来华旅游的主要目的是观光休闲和会议商务。2018年来华旅游者中，观光休闲占33.5%，会议商务12.8%，服务务工15.5%，探亲访友2.8%，其他35.3%。

4.客源性别及年龄组成：在所有的外国旅游者中，男性历来所占比例较大，是我国客源市场的主体。而旅游者的年龄构成与其目的有高度的相关性，中青年仍是中国海外客源市场的主力军。2018年来华的外国旅游者中，男性占59.6%，女性占40.4%。大多数旅游者的年龄集中在25～64岁，其中年龄在25～44岁所占的比例最大，占49.9%。

5.客源入境方式：中国的所有海外客源中，在对入境方式的选择上包括船舶、飞机、火车、汽车、徒步，其中徒步所占的比重最大。2018年，徒步的占55.7%，乘船舶的占3.3%，乘飞机的占17.3%，乘火车的占1.4%，乘汽车占22.3%。

6.客源消费水平：从1978年至2018年，中国国际旅游外汇收入基本成正增长状态。2018年国际旅游收入1 271亿美元，比1978年的2.63亿美元增长了483倍。从旅游者在华消费水平看，依次为外国人、香港同胞、台湾同胞、澳门同胞。

(二)客源市场现状分析

经过改革开放40多年来的发展，中国逐步形成了具有中国特色、符合旅游业持续发展需要的海外客源市场组合，可以划分为近程市场和远程市场两大部分。

1.近程市场

(1)港澳台市场

港澳台同胞一直是我国入境旅游客源市场的主力军。近年来，港澳台市场特别是港澳市场已处于高位运行的发展瓶颈期，其中香港年人均赴内地旅游已达11次，澳门更是高达35次，虽然港澳台地区今后仍是我国入境旅游的最大客源市场，但要保持市场持续平稳增长需要投入更大的努力、运用更多的智慧。

(2)韩国市场

韩国是我国主要入境客源国之一。韩国距离我国较近，与我国同处东亚文化圈，文化差异小。韩国国土面积狭小，但经济发展良好，其公民收入较高，闲暇时间充裕。中韩两国经济互补性高，两国之间的经济协作与贸易往来正在迅速发展，来华访问的韩国工商界人士正在不断增加。随着中韩经济文化交流的不断深入，中韩间旅游人数持续增长，韩国日益成为我国重要且极有潜力的旅游客源市场。

(3)日本市场

日本自1978年以来很长一段时间都是我国的第一大国际客源国，2005年虽然被韩国超越退居第二位，但入境人数一直保持增长。2007年，日本来华游客达到创纪录的397.8万人次，2008年和2009年，因世界金融危机的爆发而有了大幅度下降，2010年和2011年虽然开始有所恢复，但从2012年起，受中日政治关系影响，开始又进入下降趋势。2013年，日本来华游客为287.8万人次，同比下降18.2%，较2007年减少了110多万人次。2018年日本来华人数269万次，占外国游客总人数的5.6%，是我国的第四大客源国。

(4)俄罗斯市场

俄罗斯是中国旅游业一个新兴的旅游客源市场，一度位居我国的第三大客源市场。2011年，俄罗斯入境旅游人次占我国外国人入境总人次的9%。近年来，俄罗斯受西方制裁,经济下滑,其公民出境旅游受到了极大的抑制,再加上与我国接壤地区的边境旅游市场大幅萎缩,旅华市场出现了断崖式滑坡,旅华人次仅占外国人入境市场的5%。当前,两国人文各领域交流频繁,旅游合作机制不断完善。2012年和2013年,两国成功互办旅游年。随着两国边境的开放和贸易关系的发展,双方的边境旅游得到了迅猛的发展。随着经济的复苏和发展,俄罗斯旅华市场也必将触底反弹,呈现新一轮增长。2018年,俄罗斯旅华人数达201.8万人,我国在俄罗斯最受欢迎的旅游目的地中排名第六。

(5)东盟市场

东盟市场主要是马来西亚、菲律宾、新加坡、泰国和印度尼西亚5个传统的东盟国家,它们和中国特殊的人种、血缘、文化关系,以及便利的地域条件都是各国成为我国重要的客源市场的原因,中国与东盟旅游资源互补性强,旅游合作一直是双边区域合作的重要内容。马来西亚、新加坡、菲律宾、泰国、印度尼西亚等东盟国家一直稳居中国入境旅游的15大客源国之列。虽然东盟市场总体规模已经很大,但依然存在巨大的发展空间。

2.远程市场

(1)北美市场

北美地区是世界上国际旅游的重要客源地,其人口规模、教育水平、富裕程度和城市化程度等条件均居世界前列。从1980年至今,除了1989年和2008年的滑坡外,美国来华市场一直处于上升状态。由于交通条件的改善和中美经济合作向纵深发展,越来越多的北美居民对赴中国旅游兴趣盎然,尽管远程旅游交通花费较大,但仍发展迅速。

(2)欧洲市场

欧洲各国,尤其是英国、法国、德国、荷兰、意大利、瑞典、西班牙等国,经济发达,人民富有,闲暇时间多,并且天性喜好旅游,是世界上最重要的出国旅游市场之一,但各国来华旅游的人次所占本国出境旅游比重都比较低,前20位中只有英国、德国和法国3个欧洲国家。

(三)中国入境旅游市场发展对策

由于外部经济形势、国家关系、天气环境等因素的影响,中国的入境旅游市场近年来持续波动,入境旅游人数在增长与下滑之间小幅波动,入境旅游收入小幅增长。为此,在开拓入境旅游市场上应做好以下工作:

1.全力塑造国家旅游新形象,提升中国旅游品牌在入境旅游市场中的吸引力。通过办好各种旅游专项活动和国家间旅游年活动、在“走出去”上形成合力、在“请进来”上提升质量,全力塑造国家旅游新形象。

2.加大旅游新产品建设,培育市场消费新热点。通过深入研究中国海外客源市场,加大旅游创新力度,开发新的旅游产品,推出旅游精品,尤其是具有民族或地方特色的旅游产品,给入境旅游者带来别样的精神享受。

3.强化联合推广新方式、运用智慧旅游新手段,努力扩大市场消费影响面。通过扩大宣传推广联盟数量、强化联合推广运行机制建设、提升优化宣传推广网站综合功能、实施网络营销计划、创新旅游宣传品载体,为消费者提供更生动更直接的旅游服务。

4.积极调整消费结构。我国入境旅游消费结构向着非基本旅游消费结构转变是时代发展的必然趋势,因而旅游部门必须积极调整旅游消费结构。现阶段,我国非基本旅游消费虽然有着逐年上升的趋势,但是与发达国家相比稍显劣势,所以促进非基本旅游消费健康发展十分重要。

5.发挥旅游外交对市场发展的促进作用，努力拓展旅游市场新空间。通过抓好大国旅游合作、周边国家旅游合作、发展中国家和传统友好国家旅游合作、多边合作以及旅游外交务实合作工作，拓展市场发展空间、优化市场发展环境、放大市场格局。

6.积极推进出台旅游新政策，创造旅游消费新环境。从实际出发，进一步优化入境旅游市场的政策环境、舆论环境、工作环境等。

7.加大政策支持力度。首先，政府必须加强入境旅游发达地区的优势，并对欠发达地区给予借鉴。通过有效的资金扶持以发展入境旅游欠发达地区的旅游业。其次，规范入境旅游市场，维护市场秩序，进行专项整治，提高旅游部门人员的素质，树立我国良好的旅游业形象。最后，提高入境旅游的服务水平，使更多入境旅游者满意而归。

小知识

智慧旅游

“智慧旅游”是一个全新的命题，也称为智能旅游。它是利用云计算、物联网等新技术，借助便携的终端上网设备，主动感知旅游资源、旅游经济、旅游活动、旅游者等方面的信息，及时发布，让人们能够及时了解这些信息，及时安排和调整工作与旅游计划，从而达到对各类旅游信息的智能感知、方便利用的效果。简单地说，就是游客与网络实时互动，让游程安排进入触摸时代。入选首批“国家智慧旅游试点城市”的18个城市是：北京、武汉、福州、大连、厦门、洛阳、苏州、成都、南京、黄山、温州、烟台、无锡、常州、南通、扬州、镇江、武夷山。

二、中国出境旅游市场

(一)中国公民出境旅游的发展历程

中国公民的出境旅游具有鲜明的阶段性和地域性特征，其间经历了从无到有、从小到大的发展历程。最早开始于1983年广东和福建两省公民的“港澳探亲游”；随后是1987年开始于辽宁丹东的“边境旅游”；1988年，国务院批准允许公民赴泰国探亲旅游，成为中国公民出国游的起点。自1997年起，在试办港澳游、边境游的基础上，正式开展中国公民自费出境旅游业务，标志着中国出境旅游市场的形成。之后，出境旅游目的地的数量逐步增加，截至2019年8月，已正式开展组团业务的中国出境旅游目的地国家(地区)131个，占与我国建交的180个国家的73%，中国旅游者的足迹已经遍布世界各地。根据国家统计局公布的《中国旅游业报告》，2015年我国公民出境旅游人数达1.17亿人次，2016年出境旅游人数为1.22亿人次，2017年出境旅游人数为1.31亿人次，2018年中国出境旅游人数达到1.49亿人次。经过多年发展，中国已经成为世界上第一大客源国和世界第一大出境旅游消费国。

(二)中国出境旅游市场现状特征

1.出境旅游市场需求旺盛，规模持续扩大

目前，中国出境旅游市场呈现出旺盛的需求，规模持续保持增长态势。我国的出境客源地已经从北京、上海、广州、深圳等一线城市和沿海发达地区向二、三线城市和中西部地区扩展，这意味着出境游客群体正在从官员和精英阶层向普通百姓渗透。

2.开放目的地稳中有升,签证办理更趋便利

截至2019年8月,已正式开展组团业务的中国出境旅游目的地国家(地区)131个。同时,许多国家和地区不断在降低吸引中国游客入境的签证门槛,中国的出境目的地和范围不断地扩展,目前中国游客已经有84个目的地是可以免签,或者落地签。

3.出游目的地仍以亚洲国家和地区为主,远程目的地越来越受欢迎

中国游客在出境旅游目的地的选择上更倾向于一些近程的目的地,包括如港澳台地区,日本、韩国、东南亚一些地区。此外,近些年来,像美国、俄罗斯、澳大利亚、加拿大等相对远程的市场得到大幅的增长,远程目的地已经越来越受到出境旅游者的青睐。可以预见,随着我国出境旅游者的支付能力的提高、人们闲暇时间的延长和对欧洲、美洲和大洋洲等国家了解的加深,远程目的地将会成为最受欢迎的旅游目的地。

4.出游人群是以文化青年为主

中国超过一半以上的出境市场都是由"80后""90后"组成的,"80后""90后"人群已经成为中国出境游客的主体。另外,大专以及大学、研究生以上文化的人群占比是非常高的。越来越多的中国游客将会选择文化、休闲、康体等更加多元、更具深度的旅游产品,而不仅仅是购物,游客对接待环境和服务品质也会更加挑剔。

5.重游率不断上升,"自由行"人数增加

据中国旅游研究院定期调查的数据显示,中国多次出境的游客比例已经超过了60%,对于一些目的地而言这个比例更高,比如,内地赴香港的游客有70%以上是多次去香港旅游的,赴美国旅游的游客有50%以上也是重游美国的。从近年来中国文化和旅游部所公布的中国出境组团的游客和自由行的游客对比,多次出境的游客比例不断上升,自由行游客比例大幅提高,跟团游与自由行约各占一半。家庭亲子游、老年群体,还是以跟团游为主。半自助、私家团产品因为省心省力、自由度大,也获得很多人的青睐。

6.信息的获取渠道更加多元化,在线游出境游更加兴盛

中国出境游客获取信息的渠道更加多元化了。随着互联网、移动互联网的快速发展,在线旅游、移动旅游扮演了越来越重要的角色。

7.购物消费是境外的主要消费项目,境外支付日趋便利

2019年上半年,中国出境市场的消费在境外已经达到1275亿美元的规模。在我国出境游客的自主消费中,购物是最重要的消费项目,但是消费内容是在转变的,个人出境购物消费日趋理性。境外消费的支付渠道也更加丰富便利。世界范围内的机场免税店、零售店、酒店和ATM提款机都对系统进行了更新以接受中国银联卡,并对持卡者推出季节性折扣。银行卡刷卡消费仍是我国出境游客主要的支付方式,但移动支付份额快速提升,2019年上半年移动支付方式的境外消费额较2018年同期翻番。

(三)中国出境旅游市场发展趋势

中国出境旅游的发展经历了"适度发展"到"规范发展",再到今天的"有序发展",随着出境旅游需求的增长,我国坚持与时俱进和顺乎民意的导向,对出境旅游的政策逐步放宽,使得居民出境旅游越来越便捷。

1.出境旅游市场发展迅速,进入新的黄金时代

随着我国综合国力的增强、居民生活水平的提高、对外开放的扩大,出境旅游人数将继续增长。2018年我国内地居民出境人数已达到1.49亿人次,伴随中国游客出境旅游经验的

不断丰富，他们更愿意走出国门看一看，涉足更远的旅游目的地。出境旅游已成为越来越多中国人的“刚性需求”。

2.旅游目的地更广阔，免签入境走向全球

未来大部分中国游客仍会选择出游亚洲，但有经验的游客将利用直航优势，到更广阔的目的地。而且越来越多国家的政府和旅游局会把免签融入对华旅游业战略中。为了吸引更多的中国游客，放宽签证限制政策成为各国纷纷推出的“撒手锏”。未来20年，中国将成为中产阶级消费的全球“动力工厂”。

3.二三线城市市场潜力巨大，将成为出境旅游增长的主力

在市场规模不断扩大的过程中，出境旅游的市场需求和现实消费迅速平民化与多元化。出境客源地正在从一线城市与沿海地区向二三线城市群和中西部地区转移，来自中国二三线城市的游客正成为出境旅游的主力。

4.小众旅游悄然兴起

中国出境游的多样化及对全新旅游体验的需求，令各国旅游机构把目光瞄准了游猎、探险、自驾游和冬季体育游等小众市场。除了距离中国较近的亚洲和知名度较高的欧美国家，一些热带岛屿、南极和小众旅游目的地越来越受关注。

5.出境游客逐渐成熟，多元化、个性化、定制化消费需求不断增长

中国人追求品质化出境游的时代已经到来。如今，传统的团队游与自助游，已经很难满足消费者多样化的需求，越来越多的游客需要定制的个性化服务。近年来旅游业正经历着由观光游向休闲游的形态升级，消费者对旅游服务的要求越来越多元化和个性化。客户需求驱动的产品创新和定制化市场路线成为出境旅游开拓市场的主导力量。

6.“自由行”市场增长迅速，品质旅游产品成为市场主导

随着我国游客消费能力的增强和出行经验的丰富，自由行日益成为广受游客青睐的旅游方式。这不仅表现为国内游“自由行”已占据市场过半，也表现在出境旅游的“自由行”比重迅速提高，旅游企业纷纷也开始全力开拓国内外“自由行”市场。

7.在线预订、电子商务和移动端应用将快速增长，出境游业务将成为行业竞争的新热点

越来越多旅游电商，利用互联网技术，抓住游客的核心需求，抢占市场份额。旅游行业尤其是在线旅游服务商，将继续通过各种竞争手段，在移动互联网市场不断地抢夺占有率。

8.移动互联网将以更快的速度渗透到出境旅行的需求及服务中

如今，中国的互联网渗透率已达到了57.7%，移动端已经达到98.3%，而且在大数据、虚拟现实、区块链、人工智能、5G及物联网等新技术普及后，游客的境外旅行更加便捷。中国人显然是越来越喜欢利用互联网来规划自己的假日出游了，而随着顾客的需求越来越复杂多变，在线旅游服务的“互联网平台化”特征越来越明显了。

拓展阅读

“一带一路”与时代潮

一带一路是“丝绸之路经济带”和“21世纪海上丝绸之路”的简称，2013年9月和10月由中国国家主席习近平分别提出建设“新丝绸之路经济带”和“21世纪海上丝绸之路”的战略构想。

“一带一路”是合作发展的理念和倡议，是依靠中国与有关国家既有的双多边机制，借助既有的、行之有效的区域合作平台，旨在借用古代“丝绸之路”的历史符号，高举和平发展的

旗帜,主动地发展与沿线国家的经济合作伙伴关系,共同打造政治互信、经济融合、文化包容的利益共同体、命运共同体和责任共同体。

“一带一路”倡议,对于世界最大的魅力,将不仅仅在于有多少投资和利润,更重要的是它能够给世界带来一股新的潮流,让平等合作、文化交流、经济繁荣,而非军事霸权,成为未来世界秩序的主轴。

思考题

1.简述世界旅游业发展的基本格局和趋势。

2.简述世界六大旅游区的基本概况。

3.分析中国入境旅游市场的发展对策。

4.分析中国出境旅游市场的发展趋势。

第二章

亚洲地区

学习目标

1.了解亚洲主要客源国的地理环境、历史文化、政治经济、旅游资源等基本国情；

2.理解其旅游业发展的基本概况和社交礼仪；掌握其民俗风情和饮食习惯、禁忌、社交礼仪等知识，具备为亚洲主要客源国人民提供优质服务的能力。

3.了解亚洲主要客源国客源市场的基本特征。

第一节　日本

一、国情概述

（一）国名、国旗、国徽、国歌

1.国名

日本国(Japan)，意思是“日出之国”，也被称为“樱花之国”“火山地震之邦”。

2.国旗

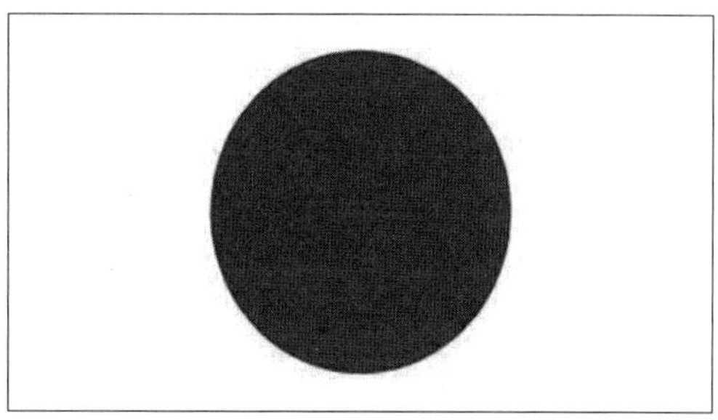

日本国旗

传说日本是由太阳神（天照大御神）创造的，而天皇就是太阳神（天照大御神）的子孙。日本国旗也称作“太阳旗”（日之丸），呈长方形，长与宽之比为 3∶2，旗面上一轮红日居中，辉映着白色的旗面。公元8世纪时这面旗帜就开始为天皇使用,当时称作“天皇旗”。19世纪中叶开始,太阳旗逐渐成为代表日本的旗帜,所有日本船只悬挂的就是这面旗帜。1870年正式定为日本海军旗帜,白色象征神圣、和平、纯洁及正义,红色则象征真挚、热忱、活力和博爱。然而“二战”期间日本军队犯下的战争罪行,也使“日之丸”在人们心中和日本法西斯联系起来。

3.国徽

在日本,由于法律并没有确立正式的国徽,因此习惯上,日本皇室(天皇家)的家徽“十六瓣八重表菊纹”,即菊花纹章被作为日本代表性的国家徽章而广泛使用。另外,日本内阁所使用的代表徽章“五七梧桐花纹”,也常在国际场合及政府文件作为国家的徽章而使用,例如日本入境许可贴纸的底纹。

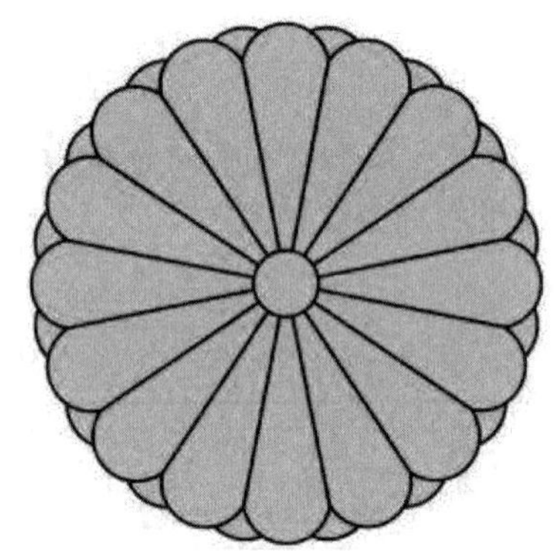

十六瓣八重表菊纹

4.国歌

日本国歌是《君之代》。歌词的中文翻译大意为:我皇御统传千代,一直传到八千代,直到小石变巨岩,直到巨岩长青苔。这首歌在1999年正式成为日本国歌。

(二)人口、民族、语言、宗教

1.人口

日本总务省公布了2018年10月1日进行的人口推测统计。该统计显示,包括在日外国人在内的日本人口总数为1.2644亿人,世界排名第十一位。日本公民数为1.24218亿人。日本的人口密度很大,据计算,日本平均每平方千米的人口数已超过334人。近年来,日本人口的年龄结构主要有两个特点,即老龄化和少子化。日本是世界上人均寿命最长的国家,人口老龄化的速度也在世界上名列前茅。可以说每4个日本人就有1个在65岁以上,每8个日本人就有1个在75岁以上。与此同时,人口出生率却持续下降,目前,日本人口数量已经连续8年处于下降趋势。

2.民族

日本98%的人口为大和族人,另外还有少量的阿依努人和琉球人。

3.语言

日本通用日语,北海道地区有少量人会使用阿伊努语。日语与朝鲜语、蒙古语等同属于阿尔泰语系,在生成和发展过程中受到了汉语和其他语言较大的影响。日本人重视礼仪的特点在日语中十分突出，主要体现在敬语的使用上，还存在着专门供女性使用的“女性语”。日本的方言也比较多，全国共有 16 种方言。

4.宗教

日本是个多宗教国家，主要有神道教、佛教、基督教三个大的宗教和许多小宗教。神道是日本特有的多神教，起源于史前的“绳文时代”。神秘且让人怀有敬畏之心者皆为神，不仅伟人、山川、岩石、瀑布等等是信仰的对象，就连在郁郁不得志中死去的人也化身为神。根据日本文化厅的统计，截至 2016 年年底，日本的宗教信徒约 1.82 亿人，超出了 1.27 亿这个同年的日本总人口数，这就表明，许多日本人同时信仰两个以上的宗教。从比例上来说，神道和佛教各近五成，占据压倒性多数。

小知识

天皇没有姓氏

日本是世界上姓最多的国家，日本虽小，人口只有一亿二千多万，但日本人的姓氏却多达十三万余种，平均一个姓只有几百人，而且千奇百怪，其中“佐藤、铃木、高桥、伊藤、渡边、斋藤、田中、小林、佐佐木、山本”十大姓氏占总人口的 10%，有 1 000 多万。还有较具代表性的姓氏 100 多个，普通姓氏 3 600 多个。另外还有其他稀奇的姓氏，如：鬼武、布施、天满、火山、热海、温泉、一井、一木、一色、我孙子、早乙女等等。有趣的是，日本人的姓氏如此之多，但是天皇却没有姓。明仁天皇、裕仁天皇谁也叫不出他们的姓来。在古代，日本人认为天皇是天神的后代，天皇不是人，是神，神是无姓氏的。天皇具有至高无上的权力，因而也就没必要有姓。既然天皇无姓氏，皇子、皇孙、皇女、皇弟、皇姐、皇妹自然也是无姓氏。一般百姓家的女子出嫁后要改用夫姓，但是平民嫁到皇家却仍然用娘家的姓。皇子文仁的妻子川岛纪子，姓的川岛，就是娘家的姓。日本天皇没有姓氏，但是有名字，天皇的名字称作“御名”或“讳”。御名是天皇出生后由上一代天皇(即他的父亲)授予的。从第五十四代天皇仁明天皇(公元 810—850 年在位)开始，御名一般是由两个“佳字”组成。“佳字”，就是由著名文人和宫廷大臣们精心挑选的“吉祥字”。如：堀河天皇的御名是“善仁”，仁明天皇的御名是“正良”。许多天皇御名的后一个字都是“仁”字，后来明治天皇把这一习惯作为一项宫廷制度规定下来，要求所有皇太子名字的后一个字都必须用“仁”字，同时规定所有公主名字的后一个字必须用“子”字。例如：大正天皇的御名是嘉仁，而当今平成天皇的御名是明仁。天皇除正式的御名外，还有宫号、雅号，都是天皇在日常生活中经常使用的名。如：明治天皇的宫号是“右宫”、大正天皇的宫号是“明宫”。天皇去世后，还有一个由后人追赠的称号，这个称号分为两种：一种叫“谥号”，有歌颂天皇生前功德的意思；另一种叫“追号”，则没有这些含义。

(三)地理环境、气候

日本位于亚洲东部的太平洋西侧，是一个从东北向西南延伸的弧形岛国，西隔东海、黄海、朝鲜海峡、日本海，与中国、朝鲜、韩国、俄罗斯隔海相望。日本由北海道、本州、四国和九州 4 个大岛及其他 6 800 多个小岛屿组成，因此被称为“千岛之国”。它还是世界上罕见的多山之国，陆地面积约 37.78 万平方千米，山地约占全国总面积的 80%，最高峰是 3 776 米的富士山。平原面积仅占国土的 20%，分布在沿海各地，都是由河川冲积而成的。日本河流、湖泊众多，水量充沛，最大的湖泊是位于滋贺县内的琵琶湖，面积为 674.4 平方千米，最深的湖泊是秋田县内的田泽湖，最大深度 423.4 米。日本的海岸线曲折，长 3 万多千米，形成了许多优良港湾。

由于位于环太平洋火山地震带上,日本也被称为“火山、地震之国”,每年可感地震达1 500多次。全国约有火山200座,占世界火山总数的10%。其中,阿苏山的火山口规模居世界第一位;富士山是典型的圆锥形休眠火山,1707年曾有大喷火发生,其后两个半世纪以来没有活动。日本火山众多,形成许多温泉,全国约有大小温泉近2万处,是世界最大的温泉国。

日本属温带海洋性季风气候,终年温和湿润,冬无严寒,夏无酷暑。雨水多,年降水量1 000毫米以上。冬季日本海沿岸地区以阴为主,有大雪;太平洋沿岸地区以晴为主,十分干燥。由于地跨热带和北温带两大温度带,南北气温相差很大。日本位于台风圈内,8月—10月常遭台风袭击。

(四)首都、行政区划

日本的首都为东京(Tokyo),全称东京都,位于本州岛关东平原南端。大东京圈人口达3 592万人,是世界上人口规模最大的都市圈。东京是日本的政治、经济、文化中心,是日本的海陆空交通的枢纽,是现代化国际都市和世界著名旅游城市之一,与周边各市紧密相连组成世界上最大的都市区。东京有许多名胜古迹和著名国际活动场所。

日本的一级行政区划单位为都道府县,全国划分为1都、1道、2府、43县。部分市因人口较多,在当地影响较大,而被指定为政令指定都市、中核市、特例市。都道府县下的行政区划为市町村,此外还有郡、支厅、区、特别区等行政单位。根据地理与人文、经济特征,日本通常被分为八大区域,包括了北海道地方、东北地方、关东地方、中部地方、近畿地方、中国地方、四国地方和九州—冲绳地方。

(五)简史

公元4世纪中叶,日本出现统一的国家——大和国。5世纪初,大和国发展到鼎盛时期,势力曾扩大到朝鲜半岛南部;公元645年发生大化革新,仿照唐朝律令制度,建立起天皇为绝对君主的中央集权国家体制;12世纪末,进入由武士阶层掌握实权的军事封建国家,史称“幕府”时期;19世纪中叶,英、美、俄等国家迫使日本签订许多不平等条约,民族矛盾和社会矛盾激化,实行封建锁国政策的德川幕府统治动摇,具有资本主义改革思想的地方实力派萨摩和长州两藩,在“尊王攘夷”“富国强兵”的口号下倒幕。1868年,革新派实行“明治维新”,废除封建割据的幕藩体制,建立统一的中央集权国家,恢复天皇至高无上的统治。明治维新后,日本资本主义发展迅速,对外逐步走上侵略扩张的道路。1894年,日本发动甲午战争;1904年挑起日俄战争;1910年侵吞朝鲜。1926年,裕仁天皇登基,日本进入昭和时代。日本在第二次世界大战中战败,1945年8月15日宣布无条件投降。战后初期,美军对日本实行单独占领,直至1952年《旧金山和约》生效,日本才得以履行主权。1947年5月,日本实施新宪法,由绝对天皇制国家变为以天皇为国家象征的议会内阁制国家。

(六)政治

根据日本宪法规定,天皇是国家象征,是形式上的国家元首,并无权参与国政,为终身制,皇位世袭。明仁是现任天皇,年号“平成”。二战后,日本建立了以立法、司法和行政“三权分立”为基础的议会内阁制。内阁总理大臣(首相)为政府首脑。内阁为国家最高行政机

关，由首相、副首相和各部国务大臣组成，对国会负责。国会由众议院和参议院组成，为最高权力机关和唯一立法机关。

(七)经济

日本在第二次世界大战中的失败，使国民经济受到了毁灭性的打击。1946年，美军占领日本，解散了财阀，实行了土地改革和劳动改革。加上美国的援助和在朝鲜战争中所得的巨额利润，到1951年时，日本的经济已恢复到了战前的水平，为高速发展打下了基础。

20世纪50年代后半期，政府公布了"国民收入倍增计划"，不断扩大设备投资，大量引进欧美新技术，进入了经济高速发展时期。一直到1968年的10年间，日本一跃成为工业发达、科学技术领先的经济大国，其经济实力仅次于美国，居世界第二位。80年代以后，日本加大了发展高科技产业的力度，推动经济稳步发展。1987年，日本的人均国民生产总值超过美国，一度跃居资本主义大国之首。1985年9月，美国政府以解决美日贸易逆差为名与日本政府协商日元升值，日本于是签订了《广岛协议》，造成日元汇率大幅走高，房地产和股票市场也在银行的推波助澜下产生了巨大的泡沫，经济呈现出了虚假的繁荣，股市直冲四万点。之后华尔街动用巨额资金大肆卖空日本股市，NIKKI一路狂跌至一万点，日本金融界震荡，股民跳楼，经济自此一蹶不振，陷入泥潭长达20年，被称为"失去的二十年"。但日本的经济实力仍居世界第二位，2010年被中国超越后至今居于世界第三位。在2018年世界GDP的排名中，位居第三的日本GDP总量为49 709亿美元(第二位是中国，130 479亿美元；第一位是美国，204 940亿美元)，日本人均GDP为39 286美元。

日本的资源矿产资源贫乏，除煤、锌有少量储藏外，绝大部分依赖进口。主要资源依赖进口的程度为：煤95.2%，石油99.7%，天然气96.4%，铁矿石100%，铜99.8%，铝矾土100%，铅矿石94.9%，镍矿石100%，磷矿石100%，锌矿石85.2%。森林面积2 464万公顷，占国土总面积的66.6%，但木材55.1%依赖进口，是世界上进口木材最多的国家。水力资源丰富，水力发电量约占发电总量的35%。近海渔业资源丰富。

目前日本国民经济构成特点是，第三产业占主导地位，且在产业中所占比重呈持续上升趋势；传统的工业、制造业占较重要的地位，但比重持续下降。高新技术和现代农业发达。按照行业增加值占GDP比重衡量，制造业、服务业、批发零售商业、房地产业属于日本经济中的四大支柱产业，增加值比重都在10%以上，其中制造业和服务业分别达到22.6%和22.2%。但值得注意的是，由于服务业增长加快，制造业与服务业的差距正在缩小。外贸在日本国民经济中占重要地位，但2011年—2015年，日本连续5年出现贸易逆差，2016年—2017年保持了两年贸易顺差后，2018年再次出现贸易逆差达101.7亿美元。其主要进口商品有原油、天然气等一次能源及食品、原材料等；主要出口商品有汽车、电器、一般机械、化学制品等。与日本有贸易关系的国家(地区)数约200个，主要贸易对象是中国、东盟、美国、韩国、德国等。

在交通方面，日本较大的航空公司有：日本航空公司(JAL)、全日本航空公司(ANA)和日本AIR SYSTEM(JAS)。主要的国际机场是成田国际机场和位于大阪近郊的关西国际机场，羽田、福冈、长崎、名古屋等地也都建有机场。铁路总长4.7万千米，铁路中的新干线是长距离客运的主要交通手段，也是向外国旅客推荐的主要交通工具。新干线每隔十几分钟就有一班从东京开往国内各主要城市的列车，线路有东京至大阪间的东海道新干线、大阪至博多间的山阳新干线、大宫至盛冈间的东北新干线、大宫至新潟间的上越新干线和福岛至山形间的山形新干线等等。此外,在日本的主要大城市中,地铁交织如网,遍布各处,较汽车更为迅捷、准时、方便。高速公路非常发达,以东京至小牧、小牧至西宫、吹田至下关的公路为首,东北纵贯、九州纵贯、北陆中央等都已全线贯通。此外,还有东京内的首都高速、连接各高速公路的外环高速等,每年都有新的高速公路建成。日本水运也十分发达,日本邮船、商船三井和川崎汽船是日本的三大上市海运集团(以下简称三大公司),最大的港口城市是横滨,其次是神户,其他大港还有福冈港、函馆港、广岛港、川崎港、吴港港、长崎港、名古屋港、大阪港、小樽港、东京港等。

明治维新前后,随着产业的发展,形成了日本的垄断资本集团——三井、三菱、住友、安田四大财阀。第二次世界大战前又出现了浅野、大仓、古河、川崎等财阀。到了昭和年代,还出现了日产、森、日曹、理研等康采恩(康采恩是德语 Konzern 的音译,原意为多种企业集团,是一种规模庞大而复杂的资本主义垄断组织形式),被称为新兴财阀。第二次世界大战前的财阀具有浓厚的封建家族色彩,也具有军国主义性质。战后初期美军占领当局采取了解散财阀措施,还颁布了《禁止垄断法》和《排除经济力量过度集中法》等法令。但到了 20 世纪 50 年代,又形成了新的企业集团。这种集团与第二次世界大战战前封建家族性财阀有所不同,具有以通融资金为中心的金融康采恩性质,银行发挥着决定性作用。在钢铁、汽车、电机等工业的大企业中,三井、三菱、住友、安田等战前的财阀依然占有主要地位。

日本的企业分为国营、公营、私营三种。卷烟等专卖事业、国有林业等,属国营企业;地铁、市营电车、市营公共汽车等,均属公营;其余的是私营。在公司中,股份公司(株式会社)的组织形式最多。目前日本著名的汽车公司有丰田、日产、东洋和三菱;著名的电子企业有索尼、松下、三洋、东芝等。日本的中小企业仍占多数,大企业常把产品部件交给工资较低的中小企业承包。

日本银行的货币单位是日元(JPY),100 日元相当于人民币 6.45 元(以 2019 年 11 月 21 日的日元对人民币汇率换算)。

二、民俗风情

(一)服饰

日本的服装有和服、西服及各种流行款式的便装与时装。和服是日本民族的传统服装,和服适合日本人的体型和日本气候,但由于袖子和下摆太长,不利于活动,所以一般情况下日本人都穿西服。现在妇女穿和服,大都在新年、成人节、大学毕业典礼、结婚典礼等场合。男性穿和服目前多限于居家休息不拘礼节的时候。木屐则是日本独特的一种鞋子,鞋底用木板做成,前面用一根带子系着,以便套在脚上行走,穿浴衣时,脚着木屐。日本男子特别喜欢穿木屐。

(二)饮食

日本料理又称“五味、五色、五法”料理。五味是甘、酸、辛、苦、咸,五色是白、黄、青、赤、黑,五法就是生、煮、烤、炸、蒸。传统饭菜有生鱼片、寿司、天妇罗(油炸菜、虾、鱼等)、鸡素烧(日式火锅),还有各式各样的鱼饼、海菜制品等,均讲究新鲜的配料。每逢节日或生日时,多吃红豆饭以示吉利。

日本人以米饭为主食，喜欢吃鱼、海菜制品，喜欢喝酱汤。很少吃动物内脏，不喜欢吃猪蹄、鸡爪、猪心、猪肝之类。口味清淡，不吃油腻。喜欢喝茶、清酒。

（三）节庆

日本的节日很多，既有全国性节日，又有地方性节日。在全国性节日当中，既有国家法定节日，也有民间风俗性节日。

元旦：1月1日。与中国不同，日本只过阳历新年。按照日本的风俗，除夕前要大扫除，并在门口挂草绳，插上橘子(称“注连绳”)，门前摆松、竹、梅(称“门松”，现已改用画片代替)，取意吉利。除夕晚上全家团聚吃过年面，半夜听“除夕钟声”守岁。元旦早上吃年糕汤(称“杂煮”)。

成人节：1月的第二个星期一，是庆祝年满20岁的青年男女成人自立的节日，有各市、镇、村的行政机关举行成人仪式的典礼。此节2000年(平成12年)前为1月15日。

建国纪念日：2月11日。据日本神话，神武天皇于公元前660年2月11日统一日本，故宪法上将这一天定为建国纪念日。

春分节：3月21日左右，是扫墓、祭拜祖先的日子。

天皇诞辰日：4月29日。这一天是昭和天皇裕仁的生日，其在位时已是国家法定节日，裕仁死后改为现称，仍被保留为国家法定节日。

宪法纪念日：5月3日。1947年5月3日，日本现行宪法开始实施，遂把这一天定为纪念日。

环境日：5月4日。此节在1988—2006年为国民休息日。

儿童节：5月5日。端午节也在这一天，是庆祝小孩成长、祈求幸福之日。其具体表现形式是有男孩的家庭在户外用高杆悬挂鲤鱼旗并摆放武士人偶。

海洋节：7月的第三个星期一。日本四面环海，为了感谢海洋的恩典，并祈祷能成为国运昌隆的海洋国家而制定。此节在2003年(平成15年)前的日期为7月20日。

敬老节：9月15日。为了敬爱老人，祝愿他们长寿。

秋分节：9月23日左右。按日历每年前后有所不同，和春分一样，要扫墓及祭拜祖先灵位。

体育节：10月的第二个星期一。纪念1964年在东京举行的奥林匹克运动会开幕式的日子。此节在2000年(平成12年)前的日期为10月10日。

文化节：11月3日。1954年以前是为纪念明治天皇诞辰而设立的节日。1964年11月3日日本公布新宪法，因此，将这一天改为文化节，用以提倡热爱自由平等、促进文化事业的社会原则。

劳动感恩节：11月23日。此时正值收获的季节，为了表示对收获的谢意，而制定了以感谢劳动为宗旨的节日。

明仁天皇的诞生日：12月23日，曾经也是日本的法定节假日，由于明仁天皇已于2019年4月30日退位，因此12月23日这一天的法定节假日被取消。

除了法定节假日外，日本还有众多的民间节日，如节分、樱花节、端午节、七夕、盂兰盆节、赏月、彼岸、七五三节、圣诞节、除夕、黄金周等。

(四)传统文化、艺术

日本独特的地理条件和悠久的历史,孕育了别具一格的日本文化和艺术形式。在日本有著名的"三道",即日本民间的茶道、花道、书道。除此之外,能乐、歌舞伎、文乐等音乐舞蹈形式和相扑、空手道、剑道等体育竞技形式也体现了日本文化的独特性。

1.茶道

茶道也叫作茶汤(品茗会),自古以来就作为一种美感仪式受到上流社会的喜爱。现在,茶道被用于训练集中精神,或者培养礼仪举止,为一般民众所广泛地接受。日本国内有许多传授茶道各流派技法的学校,不少宾馆也设有茶室,可以轻松地欣赏到茶道表演。

2.花道

花道(插花)作为一种在茶室内再现野外盛开的鲜花的技法而诞生。因展示的规则和方法有所不同,花道可分成 20 多种流派,日本国内也有许多传授花道各流派技法的学校。另外,在宾馆、百货商店、公共设施的大厅等各种场所,可以欣赏到装饰优美的插花艺术。

3.书道

书道正式开始于奈良时代,并在平安时代得到繁盛发展,一直延续至今。日本的书法爱好者,大约有两三千万,占人口的六分之一左右。像茶道、花道等一样,它也是一种修身养性的方式。

4.能乐

能乐原来是一种宗教仪式,具有 700 多年的历史,是日本代表性的传统舞台艺术。穿戴日本传统服饰的表演者为了掩饰自己的表情,戴上面具或者无表情地表演情趣盎然的传统舞蹈。

5.歌舞伎

歌舞伎是一种戏迷遍布全世界的日本传统舞台表演艺术。表演者发出的具有节奏感的台词与色彩鲜艳的化妆、精雕细琢的舞台形象水乳交融,是一种比能乐更受大众欢迎的舞台艺术。歌舞伎的最大特征是女性角色全部由男性演员扮演。在日本代表性的歌舞伎专门剧场——歌舞伎座(东京)等,还配有用英语进行解说的服务。

6.文乐

文乐是由 3 名木偶剧艺人表演的"木偶剧",主角木偶由 3 名木偶剧艺人共同操弄。三味线伴奏与台词朗读配合栩栩如生的木偶动作,再加上绚丽多姿的木偶戏装,无论谁看了之后,都会对惟妙惟肖的表演产生深刻的印象。在大众艺术盛行的大阪有专门上演文乐的剧场——国立文乐剧场,定期(隔月)举行文乐的公演。

7.相扑

相扑是闻名世界的日本传统格斗运动,体重达 100 千克～200 千克的力士大都是职业选手。与西洋式的摔跤相比,相扑的规则十分简单。2 名身穿兜裆布的力士登上正方形填土上的直径 4.5 米的土表(环形比赛场),脚底以外的部分接触到土表者或者身体出土表者表示被击败。职业选手比赛每年举办 6 次,每次表演赛分别持续 15 天。1 月、5 月、9 月在东京的两国车站附近的两国国技馆举办,3 月在大阪、7 月在名古屋、11 月在福冈举办。

8.剑道

剑道是从武士的重要武艺剑术中派生而出的日本击剑运动。比赛者遵循严格的规则,身着专用防护具,用一把竹刀互刺对方的头、躯体以及手指尖。

9.空手道

空手道是经琉球王国(现在的冲绳)从中国传入日本的格斗运动。空手道不使用任何武器、仅使用拳和脚,与其他格斗运动相比,是一种相当具有实战意义的运动形式。

10.合气道

合气道原来只是一种用于练习"形式"的运动,其基本理念是对于力量不采用力量进行对抗。与柔道和空手道等运动相比,没有粗野感的合气道作为一种精神锻炼和健身运动,很受老年人和女性的欢迎。

(五)社交礼仪

1.见面礼节

见面多脱帽鞠躬,很少握手;与人说话不要凝视对方。两人并排走,自己主动走靠车道一侧,以照顾对方安全。初次见面一般要互换名片,应自我介绍或为他人介绍,收到名片不要马上放入口袋。常用的问候语有"您好""拜托了""初次见面,请多关照"。

2.访问礼节

拜访别人应预约时间,避开清晨、晚上 8 时以后及吃饭时间。日本人是最提倡送礼的民族,拜访时习惯准备一些礼品,礼品一般要系上漂亮的缎带。客人不经允许不要在他人家里抽烟。进日本人房间要拖鞋、脱大衣、摘帽,进房间后依主人安排就座。

3.宴请礼节

交杯礼:斟酒时先把酒杯在清水中涮一下,然后口朝下往纱布上按一按,再斟满酒双手递给客人。

(六)禁忌

1.数字方面:忌讳 4 和 9,因为日语中的 4 与死同音,而 9 的发音与"苦"相近。6 和 13 也不受欢迎。

2.社交方面:送礼一般用单数,尤其是 3、5、7 这三个数。新婚礼物应避免送易破碎的物品。不用梳子、手绢作礼物。个人赠礼须私下送出,公共场合一般不送礼,且禁止用黑白两色包装礼品。送女性礼物应由女性送出,不要在送的礼品上留下任何标记。切忌轻易对日本游客说"不",不要向日本人敬烟。忌讳与日本女性谈论男女平等,禁止谈论日本的政治问题。

3.颜色方面:最忌讳绿色,不喜欢紫色,喜欢红色(象征吉祥)和黄色(为阳光色)。

4.花卉及图案方面:忌讳荷花,在他们看来荷花意味着祭奠。一般人不能使用菊花,喜欢樱花、松、竹、梅及乌龟、仙鹤等图案,忌讳夕阳风景画。探视病人时,忌用仙客来、山茶花为礼。

5.饮食方面:日本人一般不吃肥肉和动物内脏,忌讳将饭盛得过满过多,做客吃饭忌一碗就够,只吃一碗认为是象征无缘;忌用餐时整理衣服和头发;忌将筷子垂直插在米饭中。此外,日本人在筷子使用方面非常讲究,他们忌"八筷",即添筷、迷筷、移筷、扭筷、插筷、掏筷、跨筷、剔筷。

6.其他方面:睡觉时忌头朝北;忌用"残疾"之类的词语称呼残疾人,应称他们为"眼睛不自由的人""腿不自由的人""耳朵不自由的人"等等;参加婚礼时忌说"破碎""重复""断绝"之类的词语;忌三人合影等,他们认为中间被左右两人夹着,这是不幸的预兆。

三、旅游业发展

(一)旅游业发展概况

日本近代旅游业始于1871年,以接待欧美及亚洲使节团为主。1883年成立外国人接待所“鹿鸣馆”,1883年成立外国人观光客接待机构“喜宾会”。1905年(明治三十八年)滋贺县草津车站前开设的小饭铺南新助兼办起了旅游服务,开创了民办旅游业务。1912年3月12日成立日本观光局。第二次世界大战后,随着战后复兴,日本旅游迅速发展。1963年,日本制定了《观光基本法》,确定了旅游政策的基本目标。随着国民生活水平的大幅度提高,政府采取了缩短法定劳动时间、实行5天工作制、普及和扩大连休制等政策,人们开始考虑如何有意义地度过节假日,旅游观光便成了国民生活中不可缺少的活动。

1964年,一个日本国民平均一年参加国内旅游0.57次(5 500万人次)。1970年国内旅游第一次突破了1亿人次大关。自1964年日本实行海外旅行自由化以来,出境旅游人数迅速增加。1964年至1970年间,入境旅游者的人数超过出境旅游者的人数。从1971年以后,日本出境旅游者的人数超过了入境旅游者,从一个国际旅游收支的顺差国逐渐成为逆差国,国家发展国际旅游的目的也从吸引更多的外国游客赚取外汇,转变为鼓励更多的公民出国旅游、扩大外汇的花费,减少国际贸易摩擦。日本政府还于1987年提出“海外旅游倍增计划”,为日本国民对出境旅游的倾向提供了强有力的支持。2000年日本出境旅游1 781.9万人次,出境旅游支出318.84亿美元。2001年1 621.6万人次,出境旅游支出265.31亿美元。2002年1 652.3万人次,出境旅游支出为266.56亿美元,列世界主要出境客源国的第4位,人均花费2 007.97美元。2003年受“非典”影响为1 329.6万人次,出境旅游支出289.59亿美元;2004年1 683.4万人次,出境旅游支出382.52亿美元;2005年为1 749万人次;2007年1 730万人次;2008年—2017年日本出境人数(万人次)分别是1 600、1 540、1 660、1 700、1 850、1 750、1 690、1 620、1 710、1 990。以“团块世代”(二战后1947—1949第一波婴儿潮时期出生的人口)为中心,日本老年人成为日本旅游市场发展的主要推力。

20世纪90年代,日本经济进入泡沫经济崩溃后的长期停滞,如何实现经济的新发展成为日本政府最重要的政策课题。鉴此,日本政府开始认识到利用日本独特而丰富的旅游资源,吸引外国游客,大力发展入境旅游业。日本于1996年和2000年先后制定了不断提高外国游客入境旅游人数目标的计划,在2002年继而又制定了“全球观光战略”,至此,旅游产业被定位为日本21世纪的支柱产业。2003年,日本又提出了“观光立国”战略。这一系列政策取得了十分客观的成效。1996年,日本出国旅游人次数超过1 600万,旅游总支出达370.4亿美元;而同年日本接待的外国旅游者不足400万人次,旅游外汇收入仅为40.78亿美元,国际旅游收支的逆差达330亿美元。2004年,日本入境旅游收入1 683.1亿美元,出境旅游支出382.52亿美元,国际旅游收支的逆差达1 300.58亿美元。2012年—2019年,日本旅游总收入的全球排名一直保持在第4名或第5名,这种旅游发展的良好成绩主要源于日本国内旅游的驱动。

2006年12月,日本国会通过《推进观光立国基本法》,并于次年6月颁布了《推进观光立国基本计划》,提出到2010年访日外国旅游者达1 000万人次;日本出境旅游人数达2 000万人次;国内旅游消费额达30万亿日元(相当于2万亿人民币),在日本旅游过夜数达4晚;

在日本召开的国际会议的数量增加50%。

从各大洲历年占日本入境旅游客源市场份额来看，亚洲始终占据着大部分的市场份额，北美洲与欧洲其次，而大洋洲、南美洲以及非洲只占据很少的市场份额。韩国、中国大陆、台湾、香港占据了日本游客到访国家和地区的前四位。2017年日本出境游客数1 790万人次，到访中国268.3万人次，比例约为0.15，也就是说有10个人出国的话，就有1.5个到中国。

(二)主要的旅游资源

日本有山有水，海岸线曲折，四季分明，形成许多自然景观，具有丰富的自然旅游资源。冬季冰雪、火山温泉和樱花都是日本最具代表性的旅游资源。松岛、宫岛、天桥立被称为日本的三大绝景，其中松岛的“长命穴”景点在地震中被破坏。

此外，还有许多古都、遗迹、古寺院、神社等建筑和日本式庭院，内有日本特色的佛像、工艺美术品，可以了解日本文化的发展过程。还可以观赏各地富有不同传统及民间色彩浓厚的各种祭祀及庆祝活动。

1.旅游名城

(1)东京

东京是日本的首都。知名的旅游景点有东京塔、日本皇宫、浅草寺、上野公园和东京迪斯尼乐园等。

东京塔位于日本东京都港区芝公园，是一座以巴黎埃菲尔铁塔为范本而建造的红白色铁塔，但其高332.6米，比埃菲尔铁塔高出8.6米。1958年10月竣工，此后一直为东京第一高建筑物，直至2012年2月东京天空树(634米)建成而退居第二位。

日本皇宫位于东京市中心千代田区。东京皇居大概分成四个部分，其中外苑、东御苑和北苑是对外开放的，但是中心的宫殿部分(也就是那一大片绿色)，一般是不准游客进入的。

浅草寺则是江户初期神社建筑的代表作。

上野公园是日本最早最大的公园，建有众多的文化设施，有日本“文化之林”的美称。

东京迪斯尼乐园位于日本千叶县浦安市，是由华特迪斯尼公司创办的第一个亚洲主题公园，于1983年4月15日开放，顾客对象从小朋友到成年人。园内有许多迪斯尼经典卡通人物，如米老鼠、巴斯光年等，以及迪斯尼电影场景再现的花车巡游。

(2)京都

京都与奈良、镰仓被称为日本三大古都。京都作为日本从8世纪末起约有1 000余年历史的皇宫所在地，有“千年古都”之称。有著名的名胜古迹桂离宫、清水寺、三十三间堂、金阁寺、银阁寺、平安神宫、二条城等。还有以樱花和红叶而知名的岚山，山上有周恩来的纪念诗碑，诗碑上刻着廖承志手书的周恩来于1919年游访岚山时写下的一首诗《雨中岚山》。在现代城市建设过程中，京都城中各种历史遗迹和古代建筑保护得当，古代遗风与现代都市风貌巧妙地结合在一起，与其他日本城市比较，显得格外古雅、和谐、自然。

(3)奈良

奈良是日本三大古都之一，公元710—794年为日本首都，1950年被定为国际文化城，是神社、佛像、雕刻、绘画等国家重要文物所在地。这里有著名的东大寺、兴福寺、法隆寺等众多寺院，其中东大寺的大殿是世界上现存最高大的木结构建筑，寺内的奈良大佛重452吨，是日本第一大佛，也是世界上第二大金铜佛像，其钟楼还有日本最重的梵钟。公元759

年唐僧鉴真兴建的唐招提寺也在奈良,收藏有 1 200 多年前鉴真从中国带去的经卷。

(4)长崎

长崎于 1571 年开港,是一座充满异国情趣的港口城市。长崎是 1945 年原子弹爆炸的中心地,旅游者可参观"长崎和平公园"以及长崎原子弹中心陈列馆。市内主要名胜古迹有兴福寺、浦上天主教堂、大浦天主教堂等。

2.著名的国立、国定公园

为了保护丰富的自然景观,日本制定了《自然公园法》和《海中公园法》。根据《自然公园法》,设有国立公园 28 所,国定公园 54 所,都道府县立自然公园 300 所。又根据《海中公园法》,在国立或国定公园内设有海中公园 130 所,供旅游者观赏在日本周边海域中生活的热带鱼、珊瑚、海藻等各种海中生物。

(1)日光国立公园:位于关东地区,园内有著名的日光连山、华严瀑布、东昭宫、轮王寺、中禅寺湖等,为典型的日本式风景。

(2)上信越高原国立公园:跨越群马、新潟、长野三县,有日本最高的活火山,是火山性高原结构山地。

(3)富士箱根伊豆国立公园:位于东京市西侧富士火山带地区,园内有世界首屈一指的锥状火山富士山和美丽的富士五湖。

(4)秋吉台国定公园:位于山口县,在这里能看到日本最大的钟乳洞窟。

(5)冲绳海岸国定公园:亚热带海岸,内设冲绳海岸海中公园,能够观赏各种热带鱼。

3.主要名山

(1)富士山:是横跨静冈县和山梨县的休眠火山,接近太平洋岸,位于东京西南方约 80 千米。富士山于 2002 年 8 月(平成 14 年)经日本国土地理院重新测量后,确定高度为 3 775.63米,是日本国内的最高峰,也是世界上最大的活火山之一。不过,富士山在 1707 年日本江户时代最后一次喷发之后就进入休眠期,有较小再次爆发的可能。

(2)大雪山:海拔 2 290 米,为北海道最高山。

(3)吉野山:海拔 455 米,在奈良县境内,附近有吉野神社、如意轮寺等遗迹,并以樱花著名。

(4)阿苏山:海拔 1 592 米,九州中部的活火山。有世界最大的火山口,口内有阿苏五岳——高岳、中岳、根子岳、乌帽子岳、杵岛岳。

(5)古川岳:高 1 963 米,位于群马、新县境内,为上信越高原国立公园的一角。古川岳地势险恶,天气变化大,被称为"魔山"。

4.主要博物馆

(1)东京国立博物馆:日本最大的博物馆,收藏国家重要文物 593 件。

(2)人物博物馆小世界:设在爱知县,为世界民族博物馆,展有 6 000 件世界各国民族资料和世界各国房屋 23 栋。

(3)造币博物馆:建在大阪市造币局内,展有货币历史资料。

(4)大原美术馆:设在冈山县,是 1930 年开馆的日本最早的西洋绘画常设展示馆,展有世界著名艺术家作品 100 余件。

(5)和平纪念资料馆:陈列有关广岛原子弹爆炸时的各种资料。

拓展阅读

纪律社会——日本

日本有纪律社会之称，人们的行为举止受一定规范的制约。在正式社交场合，男女须穿西装、礼服，忌衣冠不整、举止失措和大声喧哗。通信时，信的折叠、邮票的贴法都有规矩，如寄慰问信忌用双层信封，双层被认为是祸不单行；寄给恋人信件的邮票不能倒贴，否则意味着绝交。日本人在饮食中的忌讳也很多：一般不吃肥肉和猪内脏，也有人不吃羊肉和鸭子；招待客人忌讳将饭盛得过满过多，也不可一勺就盛好一碗；忌讳客人吃饭一碗就够，只吃一碗认为是象征无缘；忌讳用餐过程中整理自己的衣服或用手抚摸、整理头发，因为这是不卫生和不礼貌的举止；日本人使用筷子时忌把筷子放在碗碟上面。在日本，招呼侍者时，得把手臂向上伸，手掌朝下，并摆动手指，侍者就懂了。谈判时，日本人用拇指和食指圈成"O"字形，你若点头同意，日本人就会认为你将给他一笔现金。在日本，用手抓自己的头皮是愤怒和不满的表示。按照日本人的风俗，饮酒是重要的礼仪，客人在主人为其斟酒后，要马上接过酒瓶给主人斟酒，相互斟酒才能表示主客之间的平等与友谊。斟茶时，日本人的礼貌习惯是以斟至八成满为最恭敬客人。

第二节　韩国

一、国情概述

(一)国名、国旗、国徽、国歌

1.国名

韩国(Korea)的全称是大韩民国，成立于1948年。在英文资料和一些报道中，常因地理位置的关系而称大韩民国为南朝鲜(South Korea)，称朝鲜民主主义人民共和国为北朝鲜(North Korea)。无论是朝鲜还是韩国，其英文都是"高丽"的音译。

2.国旗

韩国国旗

韩国国旗是太极旗。1883 年李氏王朝时正式定为国旗,大韩民国建国(1948 年)后继续沿用。国旗的最初绘制者是受到中国太极图和《易经》的启示而设计出来的。韩国国旗为白色底,象征韩国人民的纯洁和对和平的热爱;中央的太极象征宇宙,蓝色为阴,红色为阳,由阴阳组成,以表示宇宙调和与统一之意。4 个角落的卦在左上方的是乾,右下为坤,右上为坎,左下为离,则代表天地、水火、父母、男女之意,也正象征民族的融合与国家的发展。

3.国徽

韩国国徽

韩国国徽为圆形,以五瓣木槿花为主体,在花蕊部分配以传统的阴阳太极图案,一条白色饰带环绕着木槿花,饰带上缝着国名“大韩民国”四字。木槿花是韩国的国花。花开时节,木槿树枝会生出许多花苞,一朵花凋落后,其他花苞会连续不断地盛开,开得春意盎然。因此,韩国人也叫它“无穷花”,它象征世代生生不息,以及坚韧不拔的民族精神。

4.国歌

韩国的国歌是《爱国歌》。全首歌总共有四段,但一般只唱第一段。如字面所示,《爱国歌》就是指热爱自己国家的歌。韩国最早创立的民间报刊《独立新闻》曾于 1896 年时刊登了多版本的《爱国歌》歌词,但当时《爱国歌》的旋律还未确定。后在公元 1897—1910 年大韩帝国时期,《爱国歌》的旋律被定为军队曲,称《大韩帝国爱国歌》。1902 年再经修改后,《大韩帝国爱国歌》被使用于国家的重要庆典上。

起初,《爱国歌》采用了苏格兰民歌《友谊地久天长》的旋律。日本统治时期(1910—1945 年)这首歌是被禁唱的,但当时海外的朝鲜人依然用它来表达自己对国家独立的渴望。1937 年,旅居西班牙的世界著名朝鲜音乐家安益泰为《爱国歌》谱下了曲调,被在上海的大韩民国临时政府(1919—1945 年)正式接受。1948 年韩国政府正式宣布前临时政府采纳的《爱国歌》为韩国国歌,此后所有的学校和国家机关开始统一使用该《爱国歌》。

(二)人口、民族、语言、宗教

1.人口

依据最新统计(2018 年),韩国人口数量已达 5 163 万,其中近一半的人口集中在首尔和京畿地区。

2.民族

长久以来,韩国是以韩民族为中心的单一民族国家。近年来外国人大批流入国内,呈现多民族国家趋势,但基本上韩国仍属单一民族国家。

3.语言

与朝鲜使用同一种语言,韩国称之为韩国语。文字为 1446 年朝鲜王朝第四代君主世宗大王创制,为 24 个字母的音标文字。文中采用大量汉字。

4.宗教

宗教自由受韩国宪法保证,因此世界上的许多主要宗教在韩国都很活跃。韩国最古老的宗教有萨满教、佛教和儒教。基督教在大约 200 年前才传入韩国,但发展却很迅速,是拥有信徒最多的宗教之一。此外,还有一些把这些传统宗教的成分融合在一起的形形色色的宗教。韩国现在流行的宗教主要有佛教、基督教和儒教,2015 年统计数据表明,韩国人口的 46.5%无宗教信仰,22.8%信仰佛教,29.2%信仰基督教(包括新教和天主教),1.7%信仰其他宗教。因此韩国被认为是亚洲最大的基督教国家。此外,韩国还有少量天道教、大宗教和伊斯兰教信徒。

(三)地理环境、气候

韩国位于亚洲大陆东北朝鲜半岛的南半部,东临日本海,西与中国山东省隔黄海相望,北部以北纬 38 度为界与朝鲜民主主义人民共和国相邻,面积 100 210 平方千米。

韩国地形以丘陵和平原为主,著名的山峰有汉拿山、雪岳山和智异山,较大的河流有汉江、洛东江等。西南部的平原是韩国主要农业区。半岛南面的济州岛是韩国最大的岛屿。

韩国属温带季风气候,四季分明。北部为大陆性气候,南部具有海洋性气候特点。每年 6、7、8 月为雨季,冬季干燥寒冷,秋季为韩国最佳旅游季节。年平均降水量超过 1 500 毫米。

(四)首都、行政区划

韩国首都是首尔(Seoul),全称首尔特别市,位于韩国西北部的汉江流域,朝鲜半岛的中部。前称汉城,2005 年 1 月 19 日,汉字名称正式更名为“首尔”。首尔占韩国国土面积的 0.6%,GDP 占韩国 GDP 的 21%。以首尔为中心的韩国首都圈(包括仁川广域市和京畿道大部分地区),韩国近一半的人口居住于此,是韩国第一大城市,也是韩国的政治、经济、科技、文化中心。

韩国的行政区划可以划分为 1 个特别市(首尔特别市)、9 个道(京畿道、江原道、忠清北道、忠清南道、全罗北道、全罗南道、庆尚北道、庆尚南道、济州特别自治道)、6 个广域市(釜山、大邱、仁川、光州、大田、蔚山)。

(五)简史

公元 1 世纪后,朝鲜半岛形成高丽、百济、新罗三个古国,史称“三韩”。公元 7 世纪中叶,新罗在半岛占据统治地位。公元 10 世纪初,高丽取代新罗。14 世纪末,李氏王朝取代高丽,定国号为朝鲜。1910 年 8 月沦为日本殖民地。1945 年 8 月 15 日获得解放。同时,苏美两国军队分别进驻并控制了朝鲜半岛的北半部和南半部。首次韩国大选于 1948 年 5 月 10 日在“38 线”以南地区举行。这条线将朝鲜半岛分成了南方和北方。1948 年 8 月 15 日,大韩民国宣告成立,李承晚当选首任总统。与此同时,“38 线”以北建立了金日成领导下的共产主义政权。1960 年李承晚在全国性学生运动中下台。1961 年朴正熙发动军事政变,开始长达 18 年的统治,期间韩国经济实现持续高速增长。1979 年朴正熙遇刺身亡,全斗焕发动政变,并于 1980 年出任总统。1987 年韩国实行总统直选,同年卢泰愚当选第 13 届总统。第 14 至 19 届总统分别为金泳三、金大中和卢武铉、李明博、朴槿惠、文在寅。韩国于 1991 年 9 月 17 日同朝鲜一起加入联合国。

(六)政治

韩国是一个议会民主制国家,奉行"三权分立"原则。国家政体为总统内阁制。总统为国家元首兼政府首脑,享有全国武装力量总司令的权力,在政府系统和对外关系中代表整个国家,总统任期 5 年,不得连任。内阁由总理、副总理及各部部长组成。总理由总统任命,为仅次于总统的行政首脑,协助总统指挥、监督政府各部门工作。

最高立法机构为国会,采取一院制。国会会议分定期国会和临时国会。国会有立法权、国政调查权、审核与批准国家预算权、弹劾追诉权、国会自律权。一院制国会任期 5 年,共 299 个席位。

韩国有三大政党:大国民党,前身为 1990 年成立的民主自由党,现为国会第一大党;统合民主党,成立于 2008 年 2 月,原大统合民主新党和原民主党合并为统合民主党,现为国会第二大党;自由先进党成立于 2008 年 2 月,现为国会第三大党。

(七)经济

韩国在经历战争创伤后,于 20 世纪 50 年代恢复国民经济发展,开始实现以经济自立为目标的开发战略。60 年代中期,提出"贸易立国"的口号,推行出口主导型经济战略,执行"先轻后重、以轻养重"的发展方针,以出口带动经济增长,并实行"国家企业制度",建立政府主导下的宏观经济运行体制。70 年代,韩国经济崛起,发展速度居世界前列,成为举世瞩目的亚洲经济"四小龙"之一。80 年代以来,韩国经济向"民间主导型"过渡。官方、民间双管齐下,大力发展经济贸易,健全外向型经济管理体制,促使经济继续迅速发展。从 1953 年至 1989 年,韩国经济年平均增长率为 8%。1996 年加入经济合作与发展组织(OECD),同年成为世界贸易组织(WTO)创始国之一。1997 年,亚洲金融危机后,韩国经济进入中速增长期。90 年代超过 6%的年经济增长率到 2000 年代已在 4%至 5%之间徘徊。在 2007 年爆发全球经济危机的背景下,政府提供了充足的流动性,从 2009 年开始韩国经济得到恢复,2010 年的经济增长率达到 6.2%,远远超过 2009 年 0.3%的增长率,也超过了美国的 2.8%、欧元区的 1.7%和日本的 3.9%。但此后,由于面临着对外来冲击缺乏抵抗力、经济过度依赖特定产业、出口集中于少数国家、金融市场结构脆弱、就业的结构性问题加深等一系列的结构性问题,韩国经济一直处于低迷状态。2010 年—2017 年,韩国 GDP 增速分别为 6.3%、3.7%、2.0%、2.9%、3.34%、2.79%、2.83%、3.09%,总体颓势明显。2018 年韩国 GDP 总量达到 16 197 亿美元,人均 GDP 达到 31 362 美元,从而迎来发达国家的象征——人均 GDP3 万美元时代。这距离韩国人均 GDP2006 年突破 2 万美元时隔 12 年,与其他发达国家相比约晚 4 年,比国际货币基金组织所预测的 2020 年早两年。

韩国本土工矿业资源缺乏,其工业为进口原料加工型,对国际市场依赖性较强。80 年代中期以后,韩国提出"技术立国"的口号,工业向科技密集型的高层次发展。至今,钢铁、汽车、电子、石化、造船等产业已成为韩国经济的支柱。其中,钢铁产量在 1989 年已居世界第九位,浦项钢铁厂为世界第二大钢铁联合企业;自 2005 年至今汽车产量连续十年居全球第五位,且以优良性能和低廉价格在国际汽车市场上极具竞争力,产品一半以上出口;韩国电子工业起步较晚,但发展迅速,1993 年产值已跻身世界前十位,成为向北美、西欧地区出口电子产品的主要国家之一;石化工业在 60 年代后期开始发展,速度惊人,到 1988 年产量已列世界第二;从 2003 年起,韩国造船业已经超过日本高居世界造船界"老大"的地位,现代重工是目前排名世界第一位的造船企业。

韩国的交通运输业比较发达，已基本形成比较完整的海陆空运输体系。韩国海岸线长达 5 259 千米，港口多达 50 多个，釜山、蔚山、三日、仁川等港是韩国对海外联系的大门。主要进口产品有原油、半导体、天然气、石油制品、半导体零部件、钢板、煤炭、通讯器材、电缆等。2017 年外贸总额 10 521 亿美元，贸易收支顺差 953 亿美元。其中，出口 5 737 亿美元，进口 4 784 亿美元。

韩国对外贸易发达，进出口总额占国民生产总值的 50%左右。20 世纪 80 年代，韩国的出口仍以劳动密集型产品为主，服装是第一大出口商品，其次为鞋类和人造纤维。20 世纪 90 年代开始，韩国的出口产品开始逐步升级。2000 年以来，高附加值产品的出口成为主流。半导体芯片成为第一大出口商品，占全部出口的 15.1%；计算机所占比例为 8.5%；船舶和汽车所占比例分别为 10.5%和 7%；石化产品也成为出口大户，所占比例达到 5.3%。韩国国土交通部资料显示，截至 2015 年年底，韩国铁路线（不含地铁和城铁）总长达 3 873.5 千米，年输送旅客量为 1.35 亿人次，共输送货物 3 709 万吨。高速铁路（KTX）是重要旅客城际交通手段。公路总长 10.75 万千米，其中高速公路 4 193 千米，一般国道 13 950 千米。首尔至各道均有高速公路相通，至国内任何地方均可在 1 日之内到达。地铁及城铁总长 874 千米，包括在建路段 155.2 千米，首尔通往仁川机场的城铁 58 千米以及新盆塘线 17.3 千米。目前，韩国有 8 家航空公司，开通国内航线 21 条。此外，韩国已同 32 个国家和 73 个国际航空公司签订航空服务协定，开通国际航线 481 条（其中 73 家外国航空公司航线 248 条），可飞往 48 个国家、139 个城市。现有仁川、金浦、济州、金海、清州、大邱、襄阳、光州、务安 9 个国际机场和群山、丽水、浦项、蔚山、原州、沙川 6 个国内航线机场。除朝鲜外，韩国与俄罗斯、日本等邻国均开通了航线，人员、货物往来十分频繁。其中，中韩两国各主要城市间均开设定期航线，每周有 658 个班次（两个城市间的同架飞机往返算一个班次）往返于两国之间，人员往来十分便利。中国、美国、日本是韩国三大主要贸易伙伴国。

家族大企业集团在韩国也被称作财阀，是韩国经济的支柱。三星、现代汽车、SK（鲜京）、LG（乐金）、乐天、浦项制铁、现代重工业、GS、韩进、韩华这十大企业集团的股票市值之和，常年占到韩国股市市值的一半以上。2011 年，全韩企业净利润的 30%都是由十大企业集团独占，而它们创造的就业率却不及全国总就业率的 2%。

韩国货币单位是韩元（KRW），韩国银行发行，实行自由浮动汇率制，100 韩元相当于人民币 0.59 元（以 2019 年 11 月 21 日的韩元对人民币汇率换算）。

二、民俗风情

（一）服饰

韩服是韩国、朝鲜以及中国朝鲜族的传统服装，近代被洋服替代，一般只有在节日和有特殊意义的日子里穿。女性的传统服装是短上衣和宽长的裙子，看上去很宽松；男性以裤子、短上衣、背心、马甲显出独特的风情。白色为基本色，根据季节、身份，所选用的材料和色彩都不同。在结婚等特别的仪式中，一般平民也穿戴华丽的衣裳和首饰。最近，增加实用性的生活朝鲜服很受欢迎。韩服可以根据身份、功能、性别、年龄、用途、材料进行分类。在现代使用观点中，按用途分最具代表性。根据生活风俗用途，韩服可分为以下几种：节日服、花甲宴服、周岁服、仪式礼服、婚礼服。

(二)饮食

韩国人口味喜爱辣、香、蒜味，最喜欢中国的川菜；一般不爱吃羊肉、肥猪肉和鸭子，厌恶香菜，不喜油腻，爱喝浓汤，不爱喝清汤，也不常以蛋白质含量较高的食物为原料，并多用熟菜做配料，熟菜中不喜欢放醋；爱吃泡菜、大酱汤、韩国烧烤、冷面、石锅拌饭等，还有韩国式客饭——韩定食。韩国传统的酒有浊酒(用大米或糯米酿成)、药酒和烧酒，还有清酒、啤酒和威士忌等；传统饮料是柿饼汁。

小知识

韩国人的泡菜情结

韩国泡菜是朝鲜咸菜或者高丽咸菜的别称，也可称为韩国咸菜，称之为“泡菜”是不正确的提法。正宗的“泡菜”是指中国西南部分省市地区所盛行的一种乳酸菌发酵的美食，其制作过程与韩国咸菜有明显区别，重点恰在一个“泡”字上。对两种美食，应加以区别。泡菜是韩国最常见的一种菜，其特点是辣，朝鲜人通常和米饭一起食用。

对于韩国人来讲，泡菜不仅仅是一道小菜，更是一种力量、一种文化的体现。韩国各种关于泡菜的博览会、展示会、研讨会很多，规模最大的一次是2005年11月，在首尔为低收入家庭和社会福利机构举办的“用爱腌制的泡菜”活动，有6 000名志愿者参加，一次用了40 000棵白菜。

泡菜的吃法多种多样，有直接食用的，也有烤着吃的，陈年的泡菜则做成汤。位于首尔明洞的“三金”食堂是韩国有名的因以泡菜包裹着五花肉吃而闻名的专卖店。食堂用泡菜包住五花肉，放在坛子里发酵一周左右，再拿出来做菜。

在韩国的许多传统家庭中，一坛泡菜的原味卤汁甚至可以传承九代人：曾祖母传给祖母，祖母传给母亲，再由母亲传给儿媳，然后接着往下传……所以，真正的韩国泡菜被称为“用母爱腌制出的亲情”，岁月愈久，味道愈浓，以至于韩国人把泡菜的好味道称之为“妈妈的味道”。也许正是出自对母亲的挚爱和感激之情，韩国人才把泡菜称作“孝子产品”。

泡菜在韩国人的日常生活中已经远远超越了一道佐餐菜肴，而是升华成了一种特有的传统和文化，成了韩国人生活中不可或缺的一部分。

(三)节庆

韩国的主要节庆有春节、光复日、秋夕、端午、国庆、佛诞日、儿童节等。

春节：阴历正月初一至初三。春节的早晨，大家穿最好的衣服举行祭祖仪式。祭祀后家中的晚辈向长辈拜年，并且接收长辈给的压岁钱。然后一家人围坐在一起吃年糕汤，韩国人认为吃了它就算长了一岁。下午，人们互相走亲戚串门，给亲朋好友拜年。春节期间有掷骰游戏、放风筝、抽陀螺、跷跷板等很多民俗活动。

上元节：正月十五。早上，一家人团聚在一起吃花生和核桃，这是因为他们相信这样可以赶走一年的酷热。农民和渔夫们祈求丰收并进行特殊的游戏。

光复日：8月15日。1945年的8月15日，韩国推翻了日本的殖民统治。

国庆日：10月3日。

佛诞日：阴历四月初八是佛祖释迦牟尼的诞生日，这一天被称为佛诞日或佛浴日，许多佛教信徒在全国各地的寺庙中庆祝、祈求,同时信徒会在家中悬挂许多灯笼。

端午节:阴历五月初五,这天除了摔跤的活动外,尚有专为女子而办的荡秋千活动。

儿童节:5 月 5 日,为了鼓励儿童健康成长,这一天通常举办运动会或游艺节目。

七夕:阴历七月初七,跟中国一样,韩国人信奉与七夕有关牛郎和织女的传说。有些家庭在这一天也向着北斗七星祭拜,为不孕的妇女求子。

秋夕:阴历八月十五,即中秋节,是丰收和感恩的节目,和春节并称为韩国最大的节日,放三天的假。第一天早晨,人们穿上新衣,带着用谷食做成的酒和松饼等祭物去墓地扫墓,晚上要共赏圆月,吃松糕。中秋节是韩国最为盛大的节日。

冬至:12 月 22 日。韩国人有过冬至节使用红豆来做冬至粥的饮食习俗。

(四)传统文化、艺术

传统的特色美食、体育运动和艺术形式等形成了韩国的代表文化。

1.泡菜和烤肉

韩国人是一天三顿离不开泡菜的民族。吃辣泡菜历史是自从 17 世纪引进了辣椒之后开始的。泡菜种类大致分为辣白菜、萝卜泡菜、小萝卜泡菜、黄瓜泡菜等。根据不同的季节,其种类也很多。泡菜是一种发酵食品,需要腌一段时间,才会有真正的味道。最近科学家又发现其有抗癌效果。味道较熟的泡菜含丰富的酵母菌,还有丰富的纤维,能较好地预防便秘和成人病。此外,泡菜的主要调料辣椒含维生素 C,其含量为苹果的 10 倍、橘子的 2 倍,因此即使是寒冷的冬天,韩国人也可以吸收丰富的维生素 C。

在韩国的饮食文化中,能与泡菜相媲美的还有烤肉。韩国人请客吃饭一般都是吃烤肉,就是将牛肉或牛排用佐料卤腌好,放在铁板上烤熟。蒜、辣酱、生菜叶、泡菜自然少不了,高级一些的就多几样海鲜,用菜叶包着肉吃,味道很不错。还有一种火锅,类似日本火锅,其实就是煎锅。在平底锅里放上肉片、洋葱、金针菇等,加入酱油,煎熟蘸调料吃。

2.跆拳道

跆拳道是韩国的传统武术,也是国际上公认的一种体育运动。跆拳道是一种强身健体、自身防卫的武术运动,它随时代的变迁而向国际运动方面发展,在和平时代成为民族之间的一种体育运动。在 1988 年汉城奥运会它作为竞技项目列入比赛中,2000 年悉尼奥运会它再一次成为竞技运动项目。

3.假面剧

假面剧为韩国民众剧的开端,产生于“朝鲜时代”。顾名思义,假面剧是遇到艰难的事情、变故、灾难等时候,为消除各种矛盾而编的带着面具跳舞的跳舞剧。总而言之,农民打扮成地主、武当、花和尚、丑陋的妻子、情妇、小人等发泄痛苦和气愤的现实生活。演假面剧时候是整个村庄的人聚集在一起,农民根据不同主题扮演不同形式的假面剧,扮演腐败的地主以揭露统治阶层的真面貌或反映花和尚的反面,严格批判和揭发腐败的现实生活。

4.宗庙祭礼乐

宗庙祭礼乐是朝鲜时代帝王祭日时演奏的音乐。1447 年世宗大王以朝鲜的创始为内容作曲的,比西方的音乐早 200 年。宗庄祭礼乐发挥了朝鲜音乐界固有的特性,被评论为其乐曲构成接近完美。由步太平 11 曲和正大业 15 曲构成的宗庙祭礼乐已有 500 年历史,到目前为止稍有变化,但仍是宫中演奏隆重音乐的典范。

5.农乐歌舞

农民自春天准备耕种开始，到秋收为止，根据劳动内容不同，唱不同的歌，跳不同的舞。比较主要的劳动歌有：送肥歌、春耕歌、插秧歌、打麦歌、磨镰歌和丰收歌等。主要的舞蹈有农乐舞、互助舞和嗡嗨呀舞等。

除此之外，韩国人民还十分喜欢运动，尤其爱好参加民间游戏。主要的民间游戏有荡秋千、踩跷跷板、放风筝、踏地神等，民间体育活动除了跆拳道，还有围棋、象棋、掷棋、摔跤、滑雪等。

(五)社交礼仪

韩国人称呼他人时爱用敬语或尊称，在正规交际场合，一般采用握手礼，有时也采用先鞠躬、后握手的方式，但女性一般不与男子握手；不能伸一个手指指人；招呼别人过来时手心要向下。

韩国受儒教影响较深，重男轻女；出门、上车时妇女让男子先行；聚会致辞以“先生们、女士们”开头；在宴会等社交场合，男女分开活动。两人在过道交谈时，应让第三者从两人中间通过。韩国人特别尊重长者，在长者面前吸烟要获允许；与长者谈话要摘去墨镜甚至一般眼镜。在正式场合不应叉腿坐。女子发笑时要掩嘴。进入住宅或韩式饭店时要换拖鞋。

入座时，宾主都要盘腿席地而坐，若是在长辈面前应跪坐在自己的脚底板上，不能将腿伸直，更不能叉开。父母要与客人相互行礼，向子女介绍来人身份、称呼，子女要向客人行鞠躬礼或跪拜礼；主人尽其所能招待客人，客人应多吃多喝；要穿干净袜子。

与韩国人交谈，应回避韩国国内政治、与朝鲜关系、与日关系、男主人妻子等话题；但韩国人喜欢询问个人情况。

韩国人宴会礼仪较多。用餐要请长辈先吃；对主人头一两次敬菜要推让，第三次才接受；宴会主人则要坚持敬三次菜。在餐桌上，一般用汤匙用餐，夹菜时才用筷子。捧起碗吃饭被视为失礼的举动。他们还喜欢相互斟酒、喝交杯酒。年轻人要先向老人和长辈斟酒；妇女要给男子斟酒，不给其他妇女斟酒。为人斟酒，要用右手拿酒瓶，左手托瓶底，然后鞠躬致祝词，最后再倒酒，且要一连三杯。敬酒人应把自己的酒杯举得低一些，用自己杯子的杯沿去碰对方的杯身，敬完酒后再鞠个躬才能离开。拒喝别人的酒是不礼貌的表现，如不胜酒力，可在杯中剩点酒，他们原谅喝醉酒的人。用餐时，不能随便出声说话，不然会引起人们的反感。韩国人饭后喜欢唱歌，邀请唱歌时不应拒绝。

韩国人同第一次见面的客人之间交换礼品是很常见的事情。为了保全韩国人的面子，要让对方先送礼，然后你再回送。韩国人授受物品均用双手，接受礼品不当面打开。不要用外国烟作礼品(持有或抽吸洋烟要罚款)，也不要向韩国人敬烟。酒是送韩国男人最好的礼品，但不能送酒给妇女，除非你说清楚这酒是送给她丈夫的。在赠送韩国人礼品时应注意，韩国男性多喜欢名牌纺织品、领带、打火机、电动剃须刀等；女性喜欢化妆品、手提包、手套、围巾类物品和厨房里用的调料；孩子则喜欢食品。如果送钱，应放在信封内。

(六)禁忌

韩国人忌讳“4”“死”“私”“事”“师”这些字。在韩语中这些字的发音、拼音与“死”字完全相同，是不吉利的数字。所以，韩国楼房没有四号楼、旅馆不称第四层、宴会中没有第四桌、喝酒绝不肯喝四杯，等等。韩国人喜欢单数，不喜欢双数，但婚期要择双数日。

韩国人姓“李”的很多，但绝不能说“你是姓十八子李”之类的话。因为在韩语中“十八子”与一个淫荡词相近。特别不能在女子面前说此话，否则会被认为有意侮辱人。

逢年过节相互见面时，不能说不吉利的话，更不能生气、吵架。农历正月头三天不能倒

垃圾、扫地，更不能杀鸡宰猪。寒食节忌生火。生肖相克忌婚姻，婚期忌单日。渔民吃鱼不许翻面，因忌翻船。忌到别人家里剪指甲，否则两家死后结怨。吃饭时忌戴帽子，否则终身受穷。睡觉时忌枕书，否则读无成。忌杀正月里生的狗，否则三年内必死无疑。

三、旅游业发展

(一)旅游业发展概况

韩国旅游资源丰富，经济昌盛，国际旅游业得以迅速发展。1962 年成立全国旅游公司，标志着韩国国际旅游业已开始成为韩国的一种产业而起着重大的作用。当年接待国际游客 1.5 万人次，旅游收入 463.2 万美元。1968 年达 10 万人次。70 年代是韩国旅游业发展较迅速的十年，1978 年韩国接待国际游客突破 100 万人次，国际旅游业初具规模。80 年代初受国内政局动荡和世界经济衰退的影响，国际旅游业发展迟缓。80 年代中期出现转机，特别是 1988 年成功举办汉城奥运会后，韩国的国际地位和知名度大大提高，吸引了超过 200 万人次的国际游客，国际旅游业登上了一个新的台阶，之后一直以较快的速度增长。1993 年，韩国接纳的国际旅游人数为 333.1 万人次，与 1978 年相比，增长倍数为 3.23 倍，而旅游外汇收入由 0.47 亿美元增至 35.02 亿美元，增长倍数为 73.51 倍。2006 年，韩国实现年均旅游收入 57.8780 亿美元，2010 年首次突破 100 亿美元。2012 年，韩国服务收支中旅游收入达142.3080亿美元，创历史新高。近年来韩国旅游收入增加的最主要原因是受韩流热潮的影响。韩国政府将 2010 年起至 2012 年指定为“韩国访问年”，为积极吸引游客采取了各种措施，取得了良好的效果。

随着韩国经济的高速发展，特别是自 1987 年逐步放宽对公民出境旅游的限制以来，韩国出境旅游人数出现了强劲的增长势头，年增长率均保持在两位数以上。得益于“五天工作制”和廉价航空公司的发展，2007 年出境旅游人数达到高峰，多达 1 362 万人次，2009 年受经济危机影响减少至 980 万人次，2010 年又增加到 1 280 万人次。2012 年旅游相关支出为 201.011 亿美元。除了与传统第一大客源国日本保持密切往来以外，韩国非常重视与中国发展跨境旅游。2000 年中国政府把韩国列入中国公民出国旅游目的地国家，极大地推动了两国跨国旅游的发展。到 2002 年，中国已成为韩国的第二大客源国。2005 年 5 月份，韩国游客人数首次超过日本，成为中国最大的客源国。但是 2016 年起韩国旅游业开始曲线下滑，经济效益持续降低，尤其是 2017 年韩国政府执意部署“萨德”，中韩关系持续遇冷，中国游客赴韩热情锐减，更是令韩国旅游业雪上加霜，其旅游收支赤字规模由 2014 年的 7.5 亿美元增至 2018 年的 15.5 亿美元。

(二)主要的旅游资源

1.首尔

首尔是朝鲜半岛上以及韩国最大的城市，也是全球最繁华的现代化大都市和世界著名旅游城市之一。首尔历代王朝宫殿众多，享有“皇宫之城”的美誉，同时也是一个十分现代化的城市，高楼大厦鳞次栉比，地铁纵横交错，是韩国的政治、经济和文化中心。

(1)景福宫：建于 1394 年，是首尔规模最大、最古老的宫殿之一。因中国古代《诗经》中“君子万年，介尔景福”的诗句而得名。

(2)南大门(崇礼门)：建于 1395 年，是首尔历史最悠久的木质建筑，被列为韩国第一号国宝。

(3)昌德宫:始建于1405年,是朝鲜王朝保存最完整的宫殿。主要建筑包括大造殿、交泰殿等。

(4)青瓦台:也叫"蓝宫",原为高丽王朝离宫,现为韩国总统官邸。

(5)江华岛:传灯寺是江华岛上最主要的佛教寺庙,也是韩国现存的最古老佛寺之一,寺内建筑以大雄宝殿的雕刻和丹青最为精致。

2.庆州

庆州是新罗王朝的千年古都,该时期的寺院、王陵、纪念物、王宫、天文台等遗迹遍布全市,是韩国历史文化及文物最丰富的地方,被誉为"没有围墙的文化博物馆""韩国古代文化的摇篮"。全市为国立公园,被联合国教科文组织评定为"世界文化都市"。郊外的佛国寺、南山佛像群雕、东山石窟是佛教艺术的珍品。普国湖游乐区融古代建筑与现代建筑于一体,是著名的国际观光游乐区。佛国寺附近的民俗工艺区是购买韩国传统手工艺品的场所。

佛国寺创建于公元752年,佛国寺的石造古迹都是用花岗岩建造的,是韩国石造艺术的宝库。佛国寺被誉为韩国最精美的佛寺,是为数不多的迄今香火始终不断的寺刹之一。1995年12月与石窟庵作为一个遗址被列入联合国世界遗产名录。

3.釜山

釜山位于韩国东南角,是韩国第二大城市和最大的国际海港,也是韩国主要的金融、贸易城市。市区和郊区也有许多名胜古迹,海云台浴场是韩国最大、最有名的海滨浴场,东莱温泉是韩国历史最悠久的温泉,梵鱼寺是韩国唯一的禅宗寺庙,还有安置释迦牟尼舍利子的通度寺。

(1)梵鱼寺:建于公元619年,为禅宗总枢,是韩国四大巨刹之一,原有36座规模庞大的寺庙,不幸均于壬辰倭乱时期遭毁。而1717年重建的大雄殿精细而华丽,堪称朝鲜古代建筑的精品。

(2)龙头山公园:登上龙头山,可俯视釜山繁华区的街道与临近的海滨,天晴时,可遥望远方的对马岛。公园内设有壬辰倭乱时的救国英雄——李舜臣将军的铜像,而高达120米的釜山塔则是整个市区的"准星"。

(3)通度寺:供奉佛祖舍利的名刹,内部绘有优雅图案与壁画。公元646年,由从中国唐朝携回佛祖舍利子的慈藏法师所创建,为韩国三大名刹之一。

(4)闲丽海上国家公园:由釜山沿岸渡轮站(浦洞地铁站)至丽水约需3小时45分钟。从釜山西端的闲山岛至全南丽水一带是锯齿形海岸,秀丽景观绵延不断,众多小岛与悬崖峭壁形成天然屏风,最好乘船眺望。

4.济州岛

"以幻想之岛""神话之岛"闻名的济州岛是韩国第一大岛,面积1 825平方千米,距朝鲜半岛南端约100千米,岛中央的汉拿山为韩国最高峰,海拔1 950米。因受流经近海的暖流影响,济州岛具有亚热带气候的特征,是韩国重要的观光度假胜地。岛上还有45个火山熔岩洞窟和著名的正房瀑布。

(1)龙头岩:从济州市中心步行约15分钟可到。它是由汉拿山火山口喷出的熔岩在海上凝结成龙头模样的岩石,相传是龙因触怒天神而化为岩石。

(2)万丈窟:从济州市乘车约50分钟。为汉拿山喷出的熔岩而形成的熔岩洞窟,总长度为13.4千米,号称世界第一,但开放给旅游者观赏的范围大约只有1千米。

(3)正房瀑布:位于西归浦市,从市中心步行约 10 分钟可到。直泻海洋的两股瀑布高 23 米,与海岸的悬崖峭壁构成雄伟的景观。从瀑布上方或其下方的海岸皆可一览胜景,搭乘游船亦可由海上观景。

(4)城山日出峰:为汉拿山 360 个子火山之一,号称是世界最大的突出于海岸的火山口。山顶为一片开阔的牧场,攀登 30 分钟左右可到达,由此地观看日出,美不胜收。

(5)汉拿山:高度为 1 950 米,是韩国第一高峰。山上生长着亚热带、寒带的 1 800 余种植物与野生昆虫类,春天的杜鹃花、夏天的高山植物、秋天的红叶和冬天的雪景组成汉拿山的四季图画。

拓展阅读

“韩流”的影响力

20 世纪 90 年代中后期,韩国的流行歌曲、影视作品等向中国席卷而来,中国媒体形象地称之为“韩流”。“韩流”对亚洲,乃至全世界的冲击都非常之大,也体现了“韩流”的强劲力量。

“韩流”不仅仅是一种文化现象,其与经济、政治等密切相关。“韩流”作为文化现象来说,扩大了韩国文化的影响力,但作为文化产业来说,更是给韩国创造了大量的经济价值。影视作品出口、韩国品牌服饰、化妆品的走俏等,都给韩国带来了滚滚财源。而“韩流”对韩国旅游业的发展也产生了巨大的影响。如韩剧《冬季恋歌》在亚洲各国播出后,其拍摄地春川市和南怡岛成为旅游热点。而此前,南怡岛仅是北汉江上的一座私人小岛,游人罕至。《冬季恋歌》带火春川市和南怡岛的旅游也是大出韩国人的意料,韩国各级政府却从此得到启示,纷纷邀请影视公司到本地来设外景地,影视剧拍结束后,建设的拍摄场地归地方政府所有,地方政府则将其开辟为旅游观光地,给地方政府带来旅游收入和旺盛的人气。另一部韩剧《大长今》也为韩国的旅游业做出了重大的贡献。据韩国官方统计,在《大长今》的效应下,到韩国旅游的外国游客增加了 15%。中韩于 1992 年建交,因为“韩流”的影响,两国间的外交有了更广阔的民间基础。2007 年 4 月,温家宝总理访韩时,在两国都有较高人气的“韩流”明星张娜拉作为中韩交流年形象大使在青瓦台受到了温总理的接见。“韩流”已然成为韩国文化外交的重要方式,通过“韩流”,不仅塑造了韩国的文化形象,也扩大了韩国的国际影响力。

第三节　蒙古

一、国情概述

(一)国名、国旗、国徽、国歌

1.国名

蒙古国(Mongolia),全称“蒙古人民共和国”,别称“草原之国”,“蒙古”一词的蒙语原意是“永恒之火”或“永不熄灭的火”。

2.国旗

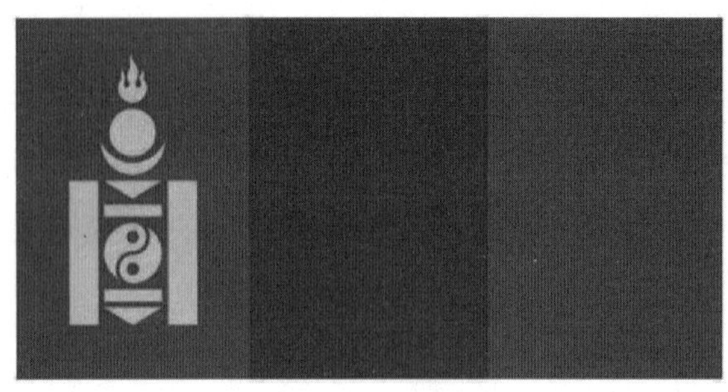

蒙古国旗

蒙古国旗呈横长方形,长与宽之比为2∶1,旗面由三个垂直相等的竖长方形组成,两边为红色,中间为蓝色。左边的红色长方形中有黄色的火、太阳、月亮、长方形、三角形和阴阳图案。旗面上的红色和蓝色是蒙古人民喜爱的传统颜色,红色象征快乐和胜利,蓝色象征忠于祖国,黄色是民族自由和独立的象征。火、太阳、月亮表示祝人民世代兴隆永生;三角形、长方形代表人民的智慧、正直和忠于职责;阴阳图案象征和谐与协作;两个垂直的长方形象征国家坚固的屏障。

3.国徽

蒙古国徽呈圆形。圆面为蓝色,中间是一匹飞奔的骏马,马中间的图案与国旗上的相同,马的下方是一个法轮。圆周由褐色和金黄色的花纹装饰,下方饰以白色的荷花花瓣,顶端是三颗宝石。

蒙古国徽

4.国歌

蒙古国歌是《蒙古国国歌》。乐曲启用于1961年,歌词曾有三次改动。1991年蒙古国实行民主改革至2006年7月6日,《蒙古国国歌》恢复最初创作时的版本,但删除了第二段有关歌颂蒙古人民革命党领袖苏赫巴托尔和乔巴山以及苏联领袖列宁和斯大林的歌词。现行的国歌版本在2006年7月6日颁布,歌词由蒙古国会(大呼拉尔,The State Hural)修订,以纪念成吉思汗创立蒙古帝国800周年。

(二)人口、民族、语言、宗教

1.人口

蒙古人口总数317.02万人(2018年)。蒙古国是世界上人口密度最低的国家之一,平均每平方千米人口密度仅2.02人。蒙古近一半人口居住在首都乌兰巴托。现有人口中70%左右为35岁以下的年轻人,从人口的年龄结构上讲,蒙古国是一个年轻的国家。近40%的人口居住在乡村草原牧区,农业人口主要由饲养牲畜的游牧民组成。

2.民族

蒙古国是一个以蒙古族为主的国家,而蒙古族又分为多支。绝大部分蒙古人属喀尔喀人(也称哈拉哈族),他们在很大程度上保留了蒙古的语言和蒙古族的风俗习惯。喀尔喀人约占全蒙人口的80%,此外还有杜尔伯特人、土尔扈特人、额鲁特人、扎哈沁、明阿特人、浩托戈特人、布里亚特人等15个少数民族。他们也都属于蒙古族,因历史上驻地的不同而单独成为部落。除了蒙古族外,还有哈萨克族、俄罗斯族等。

3.语言

蒙古国官方使用和全国通用的语言为喀尔喀蒙古语,1945年5月改用斯拉夫字母拼音的新蒙文。

4.宗教

13世纪,成吉思汗统一蒙古毗部时,萨满教仍为主要宗教。吐鲁(西藏)归顺元朝以后,藏传佛教(喇嘛教)开始在宫廷逐渐盛行起来。但是,广大蒙古族人民仍信奉萨满教。一直到16世纪,格鲁派喇嘛教传入蒙古,蒙古各部首领先后皈依喇嘛教。他们秉承清王朝的旨意,在政治上、经济上大力扶植喇嘛教,并大量兴建寺庙。这样,蒙古从统治阶层到普通百姓,由信仰萨满教纷纷改信喇嘛教。以后的数百年内,喇嘛上层拥有与世俗封建主同等的经济地位和政治统治势力。喇嘛教成为渗入蒙古社会每一角落,支配全蒙古族人民精神世界和世俗生活的唯一宗教。1921年前后,蒙古有寺庙1 118座,喇嘛逾10万人,占总人口的1/6(男性的1/3)。蒙古人民革命后,信教的人逐渐减少,剩余的寺庙也不多了。不过,喇嘛教仍在蒙古老百姓的信仰中占有主要位置,牧民凡移营、婚嫁、生老病死,有时还要请喇嘛卜凶问吉。乌兰巴托的甘登庙,仍有喇嘛百名,定时诵经。朝拜者络绎不绝,但多为牧区来的信徒。除喇嘛教以外,蒙古有极少数人信仰伊斯兰教和基督教。

(三)地理环境、气候

蒙古国深居亚欧大陆腹地,属东亚,国土面积达156.65万平方公里,乃世界第二大内陆国(第一大为哈萨克斯坦),地处蒙古高原。东、南、西三面与中国接壤,北面同俄罗斯的西伯利亚为邻。大部分地区为山地或高原,平均海拔1 600米。西部为山地,阿尔泰山自西北向东南蜿蜒。位于中蒙边界上的友谊峰海拔4 374米,为全国最高峰。其他的如埃恩赫塔伊万山海拔3 905米、阿格拉山海拔3 738米、尚德山海拔2 825米、扎卢丘特山海拔2 799米。群山之间多盆地和谷地;东部为地势平缓的高地;南部是占国土面积1/3的戈壁地区。库苏古尔湖是蒙古最大的湖泊,也是世界第二深淡水湖,有“东方的蓝色珍珠”之美誉。

蒙古大部分地区属温带大陆性气候,季节变化明显,冬季长,常有大风雪;夏季短,昼夜温差大;春、秋两季短促。每年有一半以上时间为大陆高气压笼罩,是世界上最强大的蒙古高气压中心,为亚洲季风气候区冬季“寒潮”的源地之一。无霜期大约从6月至9月,只有

90～110 多天。降水很少,年平均降水量约 120～250 毫米,70%集中在 7、8 月。西北部地区属温带针叶林气候,许多高峰终年积雪。

(四)首都、行政区划

蒙古首都及全国最大城市为乌兰巴托,原名库伦,乌兰巴托的蒙语意为“红色英雄城”,位于蒙古高原中部,面积 4 704 平方千米。人口占全国的 45%,其中 70%的人是年轻人,是世界上城市人口年龄结构最年轻的城市,也是蒙古国最大的城市和政治、交通中心。

全国设行政建制 21 个省、1 个直辖市、329 个县、1 573 个巴嘎(村)。21 个省分别是后杭爱省、巴彦乌勒盖省、巴彦洪格尔省、布尔干省、戈壁阿尔泰省、东戈壁省、东方省、中戈壁省、扎布汗省、前杭爱省、南戈壁省、苏赫巴托尔省、色楞格省、中央省、乌布苏省、科布多省、库苏古尔省、肯特省、鄂尔浑省、达尔汗乌勒省、戈壁苏木贝尔省。

(五)简史

蒙古,历史上曾被匈奴、鲜卑、柔然、突厥等游牧民族统治。1206 年,成吉思汗建立了蒙古帝国;1271 年,忽必烈建立元朝;17 世纪末,蒙古被纳入清朝统治范围。1911 年,蒙古王公在沙俄的支持下宣布“自治”。1921 年,蒙古人民革命成功,同年 7 月 11 日成立了君主立宪政府。1924 年 11 月 26 日,蒙古废除君主立宪,成立蒙古人民共和国。1946 年 1 月 5 日,当时的中国政府承认其独立。1992 年 2 月改名为“蒙古国”。

(六)政治

蒙古的政治制度是议会制共和国。总统是国家最高元首兼武装力量总司令,由全民不记名投票直接选举产生,任期四年,最多可连任一届。国家大呼拉尔(议会)为国家最高权力机构,享有立法权。国家大呼拉尔可提议讨论内外政策的任何问题,为一院制议会,其成员由有选举权的蒙古国公民在普遍、自由、直接选举的法律基础上以无记名投票的方式选出,任期四年。国家大呼拉尔主席、副主席任期四年。政府为最高国家权力执行机关,政府成员由国家大呼拉尔任命。蒙古实行多党制,主要政党有蒙古人民革命党、蒙古民主党。2008 年 9 月,蒙古人民革命党与民主党联合执政。

(七)经济

蒙古曾长期实行计划经济。1991 年,开始向市场经济过渡,实行国有资产私有化。1997 年 7 月,蒙古政府通过《1997—2000 年国有资产私有化方案》,目标是使私营经济成分在国家经济中占主导地位。近年来,蒙古政府还实施“矿业兴国”战略,国民经济在矿业开发带动下出现快速发展。2012 年,蒙古国内生产总值(GDP)增长 12.3%,2013 年 GDP 总量 125.45亿美元,人均 GDP4 418 美元,是世界上发展最快的经济体之一。世界经济论坛《2012—2013 年全球竞争力报告》显示,蒙古国在全球最具竞争力的 144 个国家和地区中排名第 93 位。

蒙古传统的国民经济产业是畜牧业。天然牧场占整个国土面积的 83%以上,人均草原面积居世界之首,是世界最大的畜牧国家之一。目前,工业已是蒙古国民经济的重要部门,2017 年,蒙古工业品销售总额为 62.12 亿美元,同比增加 36.9%,其中,矿业占 69.77%、加工制造业占 24.16%、水电暖供应等行业占 6.08%。工厂企业大部分集中在乌兰巴托、达尔汗、额尔登特 3 个直辖市。矿业是该国吸引外国投资最多的部门。农业以种植业为主，基本上实现了机械化。全国有耕地面积 1.347 万平方千米，农产品主要是小麦、圆白菜、马铃薯和饲料作物。

交通运输以铁路和公路为主。铁路总长 1 811 多千米，公路总长 49 250 千米，与北京、莫斯科、伊尔库茨克、首尔、东京、大阪和法兰克福之间有固定航班。国际机场 1 个，为乌兰巴托机场。国际列车有北京—乌兰巴托—莫斯科。航线总长约 4 万千米。2017 年，蒙古运输业总收入 5.566 亿美元，同比增长 14%；运输货物 5 391 万吨，同比增加 33.5%；运送旅客 2.157 亿人次旅客，减少 18.3%。

蒙古从 1991 年就开始实施贸易自由化政策。2017 年，蒙古国与世界 163 个国家和地区贸易总额为 105 亿美元，同比增长 27.3%。其中，出口总额 62 亿美元，同比增长 26.1%；进口总额 43 亿美元，同比增长 29.1%；贸易顺差 19 亿美元，同比增长 19.7%。其中，蒙古对外出口产品种类继续集中在矿产品、纺织品、宝石和半宝石、贵金属、饰品、钱币、原皮和熟皮、兽类毛及其制品等。以上产品占总出口比重达到 96.5%。主要进口商品包括石油类产品、电力、机械设备、交通工具、化学产品、食品、纺织品及生活日用品。中国连续十多年保持蒙古最大贸易伙伴国地位，2016 年，双边贸易额 46.1 亿美元，占蒙对外贸易总额的 60%。中国对蒙古国投资稳步增长。截至 2017 年 6 月，中方对蒙非金融类直接投资达到 41 亿美元，占蒙吸引外资总额的 30%，中国成为对蒙投资的第二大外资来源国。

蒙古货币单位是图格里克(MNT)，由蒙古中央银行发行，100 图格里克相当于人民币 0.26元(以 2019 年 11 月 21 日的图格里克对人民币汇率换算)。

二、民俗风情

(一)服饰

蒙古人男女都穿镶边长袍，扎红、黄、绿彩色腰带，穿靴子。新婚妇女头戴珊瑚珠头饰，男子一般在腰间佩带蒙古刀。

(二)饮食

以牛、羊肉及奶食品为主，口味一般偏咸。手扒肉、烤全羊是其传统的民族佳肴。忌食虾、蟹、海味及“三鸟”(即鸡、鸭、鹅)的内脏，不爱吃糖醋类菜肴和带汁的、油炸的菜肴，常以马奶酒招待贵客。

(三)节庆

蒙古国的主要节庆有宪法纪念日、独立日、那达慕节等。

宪法纪念日：1 月 13 日。

独立日：3 月 13 日。

白月：即蒙语中的“春节”，日期与我国藏历新年相同，是蒙古民间最隆重的节日，以前称为“牧民节”，只在牧区庆祝。1988 年 12 月，蒙古大人民呼拉尔主席团决定，白月为全民节日。

国庆节——那达慕：7 月 11 日。1921 年，蒙古人民革命党领导的人民革命取得胜利，7 月 10 日，在库伦(今乌兰巴托)成立君主立宪政府，后将次日定为国庆日。1922 年起，蒙古定期在每年7月11日举行全国性那达慕,成为国庆活动的一个主要组成部分。1997年6月13日,蒙古国庆中央委员会第三次会议决定将蒙古国庆易名为“国庆节——那达慕”。那达慕,蒙语意为“游戏”“娱乐”,原指蒙古民族历史悠久的“男子三竞技”(摔跤、赛马和射箭),现指一种按着古老的传统方式举行的集体娱乐活动,富有浓郁的民族特点。

敖包节:“敖包”是蒙语,指用人工堆积的石堆,上面悬挂彩旗。阴历五月十三举行祭敖包仪式,焚香、诵经,礼仪结束后举行传统的赛马、射箭、摔跤比赛。

小知识

蒙古国的春节

蒙古国也有过春节的习俗,1月30日就是蒙古国的大年初一。因为蒙古国采用独特的历法,每年春节日期都与中国相差几天甚至十几天。不光在日期上有差别,蒙古国春节在过法上也是别有一番风味。

蒙古国是一个畜牧业国家,春节期间讲究吃、穿、行。除夕之夜,蒙古国家家户户都准备好了各种食品,包子、羊肉和糕点是必不可少的。包子是蒙古国人家招待客人最尊贵的食品之一,春节时一户人家通常要做上千个包子,包子个头不大,一般用羊肉馅,放少量蔬菜,用不经发酵的面粉擀皮。蒸熟后,包子里也就充满了油水。吃的时候也需要用地道的蒙古吃法,先用嘴吸出油水,再享用包子的美味。在蒙古国的人家里,他们还摆放特色的糕点,糕点多为3、5、7、9层,通常9层最多,中间点缀一些小点心、奶酪和糖果。新婚夫妇的家里一般只摆放3层糖果点心,“3”意味着新生活的开始。

一些富裕的家庭摆放上了烤全羊。烤全羊是将羊宰了后掏出内脏,煺毛留皮,加各种调料在特制的炉子里烤制而成。将整羊加工后摆在长方形的大木盘里,像一只卧着的活羊,肉味鲜美,香飘满堂,浓郁扑鼻。

蒙古国的大年初一,蒙古国人都会打扮一新,穿上民族的服饰,在家中吃完包子或者饺子,就外出走亲访友、祭敖包、到寺庙祈福,亲情和友情在这一天尽情绽放。拜年是蒙古国人的一项重要习俗,一般是晚辈向长辈拜年,并敬献哈达。拜年时,年少者要把双手托在年长者的胳膊肘下,长辈则吻对方面颊,赠送小礼品,并致以最美好的祝福。

在牧区仍保留着这样一个习俗,在正月初一要在蒙古包上放上三块冰。传说蒙古的王丹拉姆女神会在大年初一骑着骏马从远处来看望百姓,蒙古包上的冰就是给女神之马在口渴时饮用。

正月初一一大早,蒙古国最大的寺庙甘登寺已经到处都是祈福的人们,他们虔诚地围着佛塔转动法轮,向寺里供奉的观世音菩萨膜拜。蒙古国总统、议长和总理也赶早来到甘登寺,为蒙古国人民祈福。此后,他们分别前往首都乌兰巴托的几户耄耋老人家里拜年。

在乌兰巴托市郊公路旁,很多人在祭拜敖包,他们手执白酒,撒向敖包,并为敖包添上几块石头。他们希望敖包越来越大,自己则事业有成、生活幸福。蒙古国称春节为“白月节”,因为他们崇尚白色,他们视白色为纯洁、吉祥、神圣的象征,他们把白月节作为春天的开始,期盼大地万物复苏,牛羊肥壮。

但蒙古在社会主义时期曾把春节作为“四旧”予以取消,直至1990年以后才重新恢复。

(四)传统文化、艺术

蒙古国的传统歌舞文化艺术形式有:

1.长调歌

一种广为流行的民间歌曲，男女歌手均可演唱，由马头琴或其他民族乐器伴奏。特点是旋律悠扬、节奏缓慢、音域宽广、抒情性强，适合在草原上传唱。内容以赞美自然风光和歌颂爱情为主。

2.喉音演唱

喉音演唱是蒙古民族独特的民歌演唱方法，世界独有，由男歌手表演，喉部发音，低沉洪亮，充满深情，表现高山、瀑布、流水等各种自然界的声音。

3.民间舞蹈

蒙古舞蹈以上身，特别是肩、胸、腰、臂的动作为主，多为单人表演，伴奏简单，适合在蒙古包内以及众人围坐的情况下表演，如摇肩舞、顶碗舞等。

4.民乐

马头琴是蒙古最主要的民族乐器，音调哀婉低沉，如泣如诉，多为独奏，可以伴奏，亦可自拉自唱，是蒙古人最喜爱、最普及的民族乐器。

(五)社交礼仪

蒙古人同辈相遇时要说“门德”(意为“你好”)，晚辈遇到长辈要主动请安。与宾客相见时，偶尔也使用握手礼，但按照蒙古民族的传统礼仪，则另有一套程序。遇有贵宾临门，主人站在蒙古包门前将双手高举过头，然后再把右手放在胸前，微微施礼。蒙古人热情好客，即便对过路人也会当作宾客招待，当主人用盛在银碗中的马奶酒招待客人时，客人必须昂起脖子一饮而尽。

蒙古人隆重的礼仪是交换鼻烟壶和献哈达。鼻烟壶是蒙古人常用的生活器具，用敬献鼻烟壶或换鼻烟壶来表示尊敬，敬鼻烟壶一般是相互交换。如有客人来，从长者开始，年少者依次与他人交换吸闻鼻烟壶。同辈女性之间互换鼻烟，只将对方的鼻烟壶接住之后躬身施礼，轻轻地用壶体在自己的前额上碰一下，然后归还原主。哈达是藏语音译，是用绸帛制成的长条宽带，有蓝、白、黄、绿、红五种颜色，以蓝色为尊，用于敬神佛、拜年、喜庆或隆重的迎送场合。献哈达要把哈达叠成双层，开口一方朝向客人，一脚跨前一步，身体微躬，双手献于贵客。对方也应以同样的姿势微笑接受。晚辈向长辈献哈达时，一边致祝词一边双手捧哈达献上，长辈双手接过搭在颈上。长辈向晚辈赠送哈达，长辈可直接将哈达搭在晚辈颈上。

(六)禁忌

蒙古人忌讳陌生人靠在他的蒙古包上；忌讳在蒙古包前下马、下车；忌讳将马鞭、刀枪带进蒙古包内，否则会被视为对主人的侮辱。在进入蒙古包时不能踩门槛，脚踏门槛被视为脚踩主人的咽喉。忌讳客人坐在蒙古包的西北角或西侧，因为西方为尊上，坐在这里表示对祖先不敬。如包里有产妇或病人，门外右侧则缚一条绳子，绳子的一头埋在地下，表示主人不能待客。

蒙古人不喜欢别人用手或烟袋指点他们的头部。穿蒙古袍时，忌捋袖子，因为这样会使人理解为要打架。他们视黑色为不祥的色彩，偏爱红色、崇尚蓝色、珍视黄色。

三、旅游业发展

(一)旅游业发展概况

蒙古旅游业规模较小。1991 年蒙古的外国游客仅 4 000 人,近年来发展较快,1998 年接待外国游客 2.26 万人次,创汇 500 万～700 万美元。1999 年,进入蒙古境内的游客达61.32万人次。出境旅游则主要与边境贸易有关,2001 年蒙古来华旅游人数为 38.7 万人次,为中国重要的客源市场之一。

近年来,蒙古国把旅游业作为发展国民经济的主要支柱之一,曾把 2003 年和 2004 年定为旅游年,大力宣传蒙古国旅游资源。接待的外国游客人数逐年增长,2005 年接待外国游客总人数达到 33.87 万人,旅游总收入 1.81 亿美元,占 GDP 的 10%。

由于包括服务业在内的经济不景气,加之来自欧美和中国等主要游客来源国的游客减少,2009 年外国游客人数和旅游业收入均大幅下降。蒙古国政府和相关旅游部门为此采取了一系列措施:如恢复出口猎隼以吸引阿拉伯国家游客;举办多项国际性的文体活动及富有游牧文化特色的节日活动吸引世界各地的游客等。值得一提的是,蒙古国以成吉思汗为主题的旅游策划取得了良好的效果,很多欧美游客来到蒙古国就是为了参观成吉思汗的出生地、蒙古帝国的第一座首都古城哈拉和林以及新建的成吉思汗雕像旅游综合区等。此外,每年举办的蒙古国国庆那达慕,也是吸引外国游客的重要活动。蒙古国政府还决定在科布多省开通口岸,为中国、俄罗斯、哈萨克斯坦等周边国家的游客提供来往上的方便。

2017 年蒙古国旅游统计数据显示,入境蒙古国的外国游客总数的 86%,即 46.9 万人以旅行为目的,比 2016 年增长 14.2%。其中,俄罗斯游客人次同比增长 27%,而中国游客人次增长 30%。2017 年蒙古国旅游业收入达 4 亿美元,比上一年增长 21.9%。2015 年—2017 年冬季,到蒙古国的外国游客人次逐年增加,2017 年增幅 25%。泰国、新加坡和澳门等国家及地区旅行线受到蒙古游客欢迎。2018 年蒙古国全年旅游业收入约 5.69 亿美元,入境游客总数约 52.9 万,同比增长 58 276 人,增幅 11.01%。主要旅游来源国游客人数增幅在 2.2%～37.2%。其中,中国游客人数约 16.4 万,同比增长 12.1%;俄罗斯游客人数约 12.9 万,同比增长 17.2%;韩国游客人数约 8.4 万,同比增长 10.9%。日本、法国、英国等国入境游客人数呈下降趋势。

(二)主要的旅游资源

1.乌兰巴托

蒙古的首都,是国际及国内飞行、铁道和长途公共汽车的交点。乌兰巴托是蒙古人民的文化和教育中心,主要的文化馆、博物馆、教育部门都驻扎在这里。庙宇多是它的特点之一。

苏赫巴托广场位于乌兰巴托市中心,以蒙古开国元勋苏赫巴托名字命名。其北面(正面)有国家宫,东面为国家古典艺术剧院、中央文化宫,西面有乌兰巴托市政府、中央邮局等建筑。广场中央有苏赫巴托纪念碑(苏赫巴托骑马塑像)。逢重大节日和庆典,蒙古官方都在此广场举行仪式,对外国元首和政府首脑举行欢迎仪式也在此广场。

国家宫原称政府大厦,建于 20 世纪 50 年代初,共 4 层,是总统、议长、总理的办公地,并设有会见外国领导人的国家礼仪宫、会谈大厅等。议会大厅也在国家宫内。国家宫前有仿列宁墓的苏赫巴托和乔巴山陵墓等。

甘登寺始建于1838年，1938年被关闭，1944年恢复，现为蒙古最大的喇嘛教寺院，是蒙古佛教中心所在地，约有600名喇嘛。寺内建有高27米的“神勇无畏菩萨”站像，1996年开光。

博格多汗宫始建于1893年，位于博格多汗山脚下。原为蒙古宗教领袖博格多汗哲布尊丹巴(1869—1924)的夏宫，是蒙古最重要的历史古迹之一。该馆共有7个寺院，正门建于1912—1919年间，整个建筑未使用一颗钉子，只用了108个榫口，属于传统的中式建筑。另有一个小型的两层欧式建筑，为博格多汗的冬季住所。该馆珍藏着博格多汗当年使过的生活物品和宗教法器，有一些17世纪至20世纪的蒙古传统绘画。

自然博物馆始建于1924年，是蒙古成立最早、馆藏最丰富的博物馆。内分自然、古生物学、历史考古、民俗等4个部分。重点展示了蒙古矿藏、动物、植物等自然资源。该馆藏有10余种恐龙化石。

艺术博物馆，始建于1966年，收藏着1893—1903年第八世博格多哲布尊丹巴活佛时代使用的用具及反映当时生活的其他艺术品、举世无双的佛像以及数百幅蒙古画家的艺术品。外国访蒙团大都到此参观。

成吉思汗度假村位于市郊26千米处，三面环山。由大小数十个蒙古包组成，仿照成吉思汗时期游牧部落定居点的布局设计，具有典型的古代蒙古民族特色。

特日勒吉位于距乌兰巴托以东76千米肯特山脉中的一处自然保护区。四周环山，树木茂密，风景秀丽，还有奇石、乌龟石等独特的自然景观。晚住蒙古包，观赏特日勒吉河岸原始而无污染的迷人景色，真正体会回归大自然的感觉。

哈勒和林遗址位于乌兰巴托以西365千米，是13世纪蒙古帝国首都的遗址。1220年成为成吉思汗蒙古帝国的首都，当时它是世界上陆地贸易最发达的国际大都市，1368年毁于战争。在这里的额尔德尼昭建于1586年，是用哈勒和林遗址上的石头筑成的，是蒙古国第一个喇嘛教及佛教中心。

库布斯古勒湖位于蒙古国的最北部，是蒙古国最大的湖泊，也是世界第二深淡水湖。这里的空气新鲜，景色优美，被喻为“东方的瑞士”。这里还居住着世界上人口很少的以养驯鹿为生的少数民族——查堂。

博格达山位于乌兰巴托南图拉河畔，是用蒙古国王博格达汗的名字命名的圣山，这里翠柏景色诱人，既是自然保护区，也是国家公园。在这里还可以鸟瞰乌兰巴托市全貌及蜿蜒的图拉河。

庆宁寺非常古色古香的地方，附近到处可见乱窜的土拨鼠，规模都是蒙古所少见的，所居的位置是一片草原。

特尔金白湖和火山附近的火成岩散落一地，别有风味，行经此地所经过的山脉、奇岩怪石，犹胜乌兰巴托近郊的特勒吉，相当令人难忘。

2.车车尔勒格

车车尔勒格是一个省会城市，也可以到此观看那达幕盛会。

哈喇和林元古都遗址，通常建筑物内也有简单的英文解说板。

赛音山达与唯一的度假村老区接洽，可有简易套装行程，可亲眼看到裸露的恐龙骨、抚摸恐龙蛋，游览小沙漠和沙漠中的寺院。

3.达尔汗

达尔汗位于北部哈拉河谷，南距乌兰巴托230千米，是蒙古第二大城市，1961年新建起来的新的工业城市,为直辖市。

4.苏赫巴托

苏赫巴托位于色楞格河及其支流鄂尔浑河的交汇处,是色楞格省省府,北方新兴的工业城市,1925—1926 年建有航运码头,现已成为蒙古最大的新建河港、水陆运输的重要枢纽和商业中心。

5.哈尔和林

哈尔和林位于杭爱山北麓鄂尔浑河上游东岸,是蒙古的历史名城。自 1220 年成吉思汗定都于此,直至忽必烈即位后于 1264 年首都南迁至大都(今中国北京),哈尔和林一直是蒙古帝国的政治中心。

6.火焰峭壁

蒙古沙漠的火焰峭壁是和恐龙连在一起的,1922 年美国探险家兼科学家罗伊·查普曼·安德鲁斯第一次在戈壁寻找化石时,将其命名为“火焰峭壁”。也就是那次他在火焰峭壁发现了物种进化中缺失的一环——爬行类动物化石。后来在火焰峭壁有了更多新发现,获得距今 7000—13000 年前人类存在的证据。

拓展阅读

蒙古族崇尚方位的习俗

各民族都有崇尚一定方位、方向的意识和习惯,并形成相应的民俗。蒙古族在长期的社会生活中形成了对左右崇尚的一些民俗。这些崇尚左与右的民俗在蒙古族的社会生活中起到了规范人们的起居、交往行为的作用,为社会生活有序、和谐和礼貌文明发挥了重要作用。

蒙古包中左右的习俗

蒙古包是蒙古族游牧文化造就的独特的一种居住场所,蒙古包的样式、结构和色彩等都非常符合游牧生活,体现着蒙古人适应环境的智慧。蒙古包是圆形的,适合蒙古高原风大的环境。蒙古包是白色的,蒙古人最喜欢的颜色,蒙古人认为白色是光芒、富裕的象征。

蒙古人对蒙古包里左右的区分是非常严格的。蒙古包的右边是男人的起居处,男人使用的物品都要放在蒙古包的右边,如缰绳、马鞍、刀剑、马头琴等都必须要挂在右壁上,绝对不可以挂到左边。而左边是女人的起居处,女人只要走进蒙古包就必须要坐在左边,就算需要从右边拿东西也不能自己亲手拿,而是要孩子或其他人拿给自己。女人用的物品也绝对不能放到蒙古包的右边,如碗筷、针线、挤奶用的容器都不能放到右边,尤其是新媳妇更不可以越到右边去。“平时女人不能直接碰右壁上的男人用的东西(刀剑、马鞍、绳索等),男人也不能直接碰左壁上属于女人的东西(针线、剪刀、碗筷等)。”如果动了碰了,蒙古人就认为是一种不祥之兆。蒙古包的毡门从两边都可以开,过年或节日的时候去亲戚家串门也必须要从右边进去,骑马的话要在蒙古包的右边下马,要是从左边进去的话会被认为不吉利,所以进入蒙古包的时候必须要从右边开门。

生命礼仪中的左右的习俗与象征

蒙古族在婚礼中很重视左与右的方位习俗。在婚礼中入席时男方的家人和亲戚要坐在右边,而女方的家人和亲戚则要坐在左边。在给新娘梳理头发的时候也是女方的嫂子梳理左边,男方的嫂子梳理右边的头发。这些也都体现着蒙古人崇尚右边,把右边给男方把左边分给女方的观念。在喝定亲酒的时候男方的人依次要坐在炕右边,新郎要坐在最边上,女方的人在炕的左边依次坐下,出嫁的姑娘坐在最外面。这也体现男方比女方更受到尊重,也是

右边比左边更受重视。

除了婚礼以外，在另一个重要的人生礼仪——葬礼之中，也可以看到蒙古人崇尚方位的民俗。在将死者从家里抬出去的时候，把棺椁放在车上时如果是卧棺要把死者的头朝向北；如果是坐棺一定要把死者的脸朝外。“将棺木从院子和营子抬出时无论如何也不能朝向天狗星的方向，如果朝着天狗星的方向出殡的话这家还会死人。”将死者入葬的时候头要朝太阳的方向、脸要朝西，这是有在给死者去另一个世界时指方向或在给指转世的方向的意义。

人际交往中尚右习俗

蒙古人在平时的日常生活中就非常重视左与右，如给别人东西时必须要用右手，接别人给的东西时也要用右手，不然会被人说成是不礼貌。还有平时右耳响的话会说成是有人在想念，而左耳响的话会说是鬼在惦记；右眼皮跳的话说是有好事，左眼皮跳的话会被认为会有不好的事情要发生。如果家里有男孩出生就在门的右边挂弓箭。蒙古人在去朝圣拜佛、过年时拜见长辈、祭祀活动、婚礼、送礼品等表达心意的事情的时候都必须献哈达。没有哈达的礼品就是一般的物品，附带哈达以后就饱含了送礼人更真挚的心意。献哈达的时候要双手举过头，身体要稍微向前倾，拜见长者或德高望重的人时，献者要把哈达拿出来，把哈达卡在大拇指上，架在两个手掌上面，双手捧着搭在对方的双手上面。有时可以直接把哈达的一端缠在右手的无名指上，从里向外顺时针绕两圈，再从小指上搭过来，放在对方的右手上。交换鼻烟壶时也体现着蒙古人崇尚右的习俗，一般到蒙古人家做客，上了岁数的人都会拿出鼻烟壶跟你交换。虽然交换鼻烟壶不像献哈达那么隆重，但却比献哈达普遍，交换鼻烟壶的时候先把盖子稍微拧开，用右手递给客人，客人用左手接过，右手用小勺挖出鼻烟一点点，放在左手大拇指指甲盖上，凑近鼻子吸掉，把盖子盖好，用右手递还主人。平辈人交换鼻烟壶的时候不用拧开盖子，都用右手互递，也不开盖，拿在手里很恭敬地闻一闻，再递还。蒙古人在拜年、赴宴的时候，男女都必须带鼻烟壶，一对一地进行交换，这也体现着蒙古人之间的友好。蒙古人认为吸鼻烟能让人精神焕发，远离危险。蒙古人把马奶酒（蒙语叫“澈各”）看作是饮品中的上品，给客人敬酒是表示尊敬和最高的接待。敬酒的时候也要用右手，或者是放在右手上用左手扶着用双手敬酒，对方也一定要用右手接酒，在这里左手只是起到一种辅助作用，主要还是用右手来敬酒。如果任何一个人要是用左手敬酒或者用左手接酒的话，都被认为是在鄙视另一方。像这样一些日常的人与人之间的联系和交往都体现着崇右的习俗。

与崇尚右不一样的民俗

前面介绍了蒙古族对右边的崇尚，但是有的时候蒙古族也有崇尚左的习俗。如骑马的时候要从左边上马；给幼小的孩子穿左襟的衣服，这是因为蒙古人认为幼小的孩子是刚刚从另一个世界到来的，所以要让他慢慢地适应人世间，认为人世间的方位和灵魂世界的方位是正好相反的；在摔跤比赛中最有名的摔跤手站在左边，这些都体现着蒙古族人崇尚左边。在赶路的时候碰见蛇从左边过去的话，蒙古族人认为今天是一个顺利的收获的一天，以后肯定会碰见好事；如果蛇是从右边过去的话，人们会怀疑今天的事情会有障碍或没有收获，以后还有可能发生不幸的事情。古代的蒙古人崇拜太阳，所以很崇尚太阳升起的东方。蒙古人非常敬重阳面，在秋冬季节必须要在阳面进行放牧牛羊，认为所有的事情从阳面开始，按照太阳公转是最好的，被看作是吉祥的，所以房子的窗户和门都要朝向太阳升起的方向。大多数神圣的建筑，尽管属于不同的宗教，但都朝向东方。以面对这个方位为基准点，身体的不同部位也指派为不同的方向，西方为后，南方为右，北方为左。结果，天上的区域特征反映在人体当中。南方充足的阳光照耀着右边,而把不吉利的阴影投射在左边。自然景观、白天与黑夜、热与冷的对比,都使人认识到左与右的区别,并将二者对立起来。蒙古族人对左与右的一些习俗有的也是与蒙古人信仰的萨满教和佛教及崇拜太阳的信仰有关,萨满教和佛教都认为左边象征着不吉利,而右边象征着好运。所以蒙古人一般情况下都崇尚右边。

(资料来源:王金莲,内蒙古区情网,2012-12-15)

第四节　新加坡

一、国情概述

(一)国名、国旗、国徽、国歌

1.国名

新加坡,全称新加坡共和国(Republic of Singapore),旧称新嘉坡、星洲或星岛,别称为狮城。

2.国旗

新加坡国旗

新加坡国旗由红、白两个平行相等的长方形组成,长与宽之比为 3∶2,左上角有一弯白色新月以及五颗白色小五角星。红色代表了平等与友谊,白色象征着纯洁与美德。新月表示新加坡是一个新建立的国家,而五颗五角星代表了国家的五大理想:民主、和平、进步、公正、平等。

3.国徽

新加坡国徽是以国旗图案为基础设计的,新加坡国徽中心是红色盾徽,一轮上弯的新月托着排列成圆环的白色五角星,它的含义与国旗相同。盾徽两侧各有一只猛兽,左侧金色的

新加坡国徽

鱼尾狮代表“狮城”新加坡，右侧带有黑色条纹的金虎表示马来亚，反映了新加坡原来与之的联系。国徽基部是金色的棕榈枝和一条用马来文写着“Majulah Singapura”(前进吧，新加坡)的蓝色饰带。

4.国歌

新加坡的国歌是《Majulah Singapura》，华文译为《前进吧，新加坡》。由于新加坡的国语是马来语，国歌以马来语歌唱。虽然歌词有英文、华文和淡米尔文官方翻译，法律规定只能以马来语原词唱国歌，不可用其他语言翻译唱国歌。

(二)人口、民族、语言、宗教

1.人口

截至2019年6月底，新加坡总人口约为570.36万。在新加坡的总人口中，公民为350.09万，拥有永久居留权的外籍居民为52.53万，务工、留学等外籍人士为167.74万。

2.民族

新加坡公民主要以族群区分，其人种源流复杂，有亚洲、欧洲等五大洲源流，所以被称为“世界人种博览馆”。其中华族(汉族)占74.4%，马来族占13.4%，印度族占9%，余者为欧亚裔/混血，占3.2%(截至2019年6月)。

3.语言

马来语为新加坡国语，英语、华语、马来语和泰米尔语为官方语言，英语为行政用语。

4.宗教

新加坡是一个多元文化的移民社会，不同的族群信仰不同的宗教，因此，新加坡汇集了世界上的多种宗教，有宗教信仰的居民约为86%。佛教为新加坡第一大宗教，其他宗教根据人数多寡依次为基督教、伊斯兰教、儒教、道教和印度教。

(三)地理环境、气候

新加坡位于马来半岛南端，是一个一面临海、三面由海峡环抱的岛屿国家，地处太平洋和印度洋之间的航运要冲，为马六甲海峡出入口，地理位置十分重要，素有“东方直布罗陀”和“远东十字街头”之称。它东临辽阔的南中国海，与北加里曼丹遥遥相对；西面是马六甲海峡；南面是新加坡海峡；北面是与马来西亚仅隔1.2千米的柔佛海峡。新加坡由于地处马六甲海峡的咽喉地带，扼守太平洋与印度洋通航的要道，成为国际大洋航线的枢纽。

新加坡总面积721.5平方千米(新加坡统计局，2018年)，由新加坡岛及附近63个小岛组成,其中新加坡岛占全国面积的88.5%。新加坡地势低平,平均海拔15米,最高海拔163米,海岸线长193千米。

新加坡属于热带海洋性气候,全年气候湿热,昼夜温差小,每年平均温度在23～35摄氏度之间,年均降雨量在2 400毫米左右,相对湿度介于65%～90%。新加坡每年11月至次年3月为雨季,受较潮湿的东北季风影响,雨水较多,平均气温徘徊在23～24摄氏度左右;6月至9月则吹西南季风,最为干燥。这两个季风期,间隔着季风交替月,那就是4月至5月以及10月至11月。在这几个季风交替月里,地面风弱多变,阳光酷热,下午经常会有阵雨及雷雨,最高温度可以达到35摄氏度。

(四)首都、行政区划

新加坡的首都是新加坡市,位于新加坡岛南端,南距赤道136.8千米,面积约98平方千米,约占全岛面积1/6。新加坡市是全国政治、经济、文化中心,有“花园城市”之称,是世界上最大的港口之一和重要的国际金融中心,也是留学圣地。

新加坡土地面积很小,故无省市之分,而是以符合都市规划的方式将全国划分为5个社区,由相应的社区发展理事会(简称社理会)管理。5个社理会是按照地区划分,定名为东北、东南、西北、西南和中区社理会,其首长原为国会议员兼任主席,2002年起首长改制为专职称市长,市长级别相当于部长。这5个社区进一步划分为87个选区,由12个单选区和15个集选区组成。

(五)简史

新加坡历史可追溯至3世纪,最早的文献记载源自3世纪东吴将领康泰所著的《吴时外国传》。当时居住在新加坡的人种,是马来人的后裔,称为“奥郎·罗越”。奥郎,意为“人”;罗越,意为“海”,所以也叫“海人”。海人从马来半岛迁徙到此后,过着捕鱼或种植的生活。

新加坡古名称淡马锡,后改称“信诃补罗”。这是一个梵语名,由“信诃”和“补罗”两个词组成。“信诃”的意思是狮子,“补罗”是城堡,意即“狮城”。新加坡就是从梵文“信诃补罗”演变而来的。“信诃补罗”王朝(狮城王朝)统治了大约123年。15世纪又建立了马六甲王朝。自16世纪中叶起,新加坡成为廖内柔佛王国管辖的一个地区,一直到19世纪初。

1824年,新加坡沦为英国殖民地。从19世纪20年代至20世纪30年代的100多年中,新加坡一直是英国在东南亚的重要转口贸易商港和主要军事基地。1926年,新加坡与马六甲、槟榔屿合并为“英海峡殖民地”。1942年2月,新加坡被日军占领。1945年8月日本投降后,英国恢复了对新加坡的统治。1958年6月,新加坡自治邦成立。1963年,新加坡作为一个州并入马来西亚。1965年8月9日,新加坡退出马来西亚,成立新加坡共和国。新加坡现是英联邦成员国,8月9日为其国庆节。

(六)政治

新加坡实行共和制政体,实行议会制,按三权分立原则组织国家机构。1996年《民选总统法案》规定:总统为国家元首,由民选选举产生,任期6年;总统委任议会中多数党的领袖为总理;总统和议会共同行使立法权。

新加坡国会实行一院制,共84个议席。议员一届任期5年,人民行动党为执政党。总

理为政府首脑，由议会中多数党提名，总统任命，任期 4 年。

新加坡司法机构设最高法院和总检察厅。宪法规定，英国枢密院对最高法院的判决有最后裁决权（因新加坡是英联邦成员国）。但是否上诉枢密院，总统有权决定。

（七）经济

历史上，新加坡是世界著名的自由贸易港，主要以转口贸易、加工出口和航运业为主。1965 年新加坡独立后，总理李光耀提出建国的基本方针，即“生存方针”。在对外贸易方面，实行“市场开放”“港口开放”，宣布愿同所有国家进行贸易，欢迎来新加坡做生意的各国商船。在工业建设中，颁布《经济扩展鼓励法令》，用免纳或少纳利润所得税的办法，吸引资本投入制造出口商品的工业，并尽量鼓励外资“多边卷入”，在新加坡设厂。1967 年新政策吸引日本来新加坡贸易和投资，促进了新加坡钢板、橡胶、化工等产品生产。

新加坡是世界上最发达的国家之一，2018 年 GDP 为 3 641 亿美元，人均 GDP 为 6.46 万美元。新加坡的工业和服务业占 GDP 的比重约为 96%，支柱性产业为制造业 19.1%、批发 & 零售贸易 17.6%、商业服务业 14.8%、金融 & 保险业 13.1%、运输和仓储 17.6%。制造业主要有四大支柱产业：石化、电子业、机械制造、生物医药。虽然不产石油，但新加坡却是世界第三大炼油中心和石化中心，甚至产油大国伊朗都从新加坡进口成品油。新加坡是世界第六大半导体生产中心，是亚洲的生物医药中心，还是全球领先的油气设备生产国。世界五百强新加坡丰益国际是世界最大的粮食、食用油及农产品供应商，其生产的金龙鱼食用油深入每个中国家庭。新加坡的航空产业也十分发达，是亚洲最大的飞机 MRO 中心，年产值占 GDP 的比重超过 10%，从业人数 8 万人。农业在国民经济中所占比例不到 1%。粮食全部靠进口，蔬菜仅有 5%自产。服务业是新加波经济增长的龙头产业，主要包括零售与批发贸易、饭店旅游、交通与电讯、金融服务、商业服务等。新加坡是继伦敦、纽约和香港之后的第四大国际金融中心，各国银行云集，金融业产值占国内生产总值约 12%。

新加坡经济是外向型经济，高度依赖外贸，外贸总额是国内生产总值的 4 倍。主要出口电子真空管、数据处理机、加工石油产品和电信设备等，进口电子真空管与办公及数据处理机零件、原油、加工石油产品等。2018 年新加坡对外货物贸易总额为 7 800 余亿美元，同比增长 11.6%。主要贸易伙伴是马来西亚、中国、美国、印度尼西亚和日本。

新加坡陆地、海上、空中运输都十分发达，是世界上重要的交通中心之一。新加坡的城市交通以公共交通为主，由地铁（MRT：Mass Rapid Transit）、轻轨（LRT：Light Rail Transit）和公共汽车三部分组成，地铁为主，其他两部分为辅。因新加坡政府严格限制私人汽车总量，大部分新加坡人很难拥有私人汽车，在这种情况下，出租车也是新加坡城市交通的一个重要补充内容。

新加坡是著名的国际港口，有 200 多条航线连接世界 600 个港口，80 多个国家的 150 多家船务公司的船只停泊。进港船舶总吨位超过鹿特丹而居世界第一位。

新加坡是东南亚地区联系欧洲、美洲、大洋洲的航空中心，航线通达 54 个国家（地区）、127 个城市。新加坡航空公司与世界 60 个国家和 188 个城市的航空公司建立了联系，航空的客运量居世界前列。新加坡樟宜国际机场是东南亚最大的机场之一，连续多年被评为世界最佳机场。

淡马锡控股公司（Temasek Holding Pte Ltd）是世界上最著名的国有控股公司之一。成立于 1974 年，由财政部全资拥有，直接对财政部长负责。拥有政府关联企业 1 000 余家，总资产近 1 300 亿新元,涉及交通、船舶修理及工程、电力与天然气、通信、传媒、金融服务、房地产与酒店、房地产管理和咨询、建筑、休闲与娱乐等行业。近年来,淡马锡公司加速实行私营化,下属企业中已有 10 家大型集团上市。

金融界有三大银行集团,即大华银行集团、华侨银行集团、华联银行集团。大华银行集团是新加坡国内资产最多的企业集团之一,控制了崇侨、利华、远东、工商银行,拥有附属或合资公司的分行达 79 家,海外分支机构共 42 家。该公司经营范围扩展到投资、服务、地产、旅游、船务、采矿等行业。华侨银行集团是国内经营历史最长的银行集团,拥有附属或合资公司达 70 家。华联银行集团在国内外控制的附属或合资公司达 70 家。

新加坡货币单位是新加坡元(SGD),新加坡金融管理局发行,100 新加坡元相当于人民币 515.34 元(以 2019 年 11 月 21 日的新加坡元对人民币汇率换算)。

二、民俗风情

(一)服饰

新加坡不同民族的人在穿着上有自己的特点。马来人男子头戴一顶叫“宋谷”的无边帽,上身穿一种无领、袖子宽大的衣服,下身穿长及足踝的纱笼;女子上衣宽大如袍,下穿纱笼。华人妇女多爱穿旗袍。政府部门对其职员的穿着要求较严格,在工作时间不准穿奇装异服。

(二)饮食

当地人的主食多是米饭,有时也吃包子等,但不喜食馒头。马来人用餐一般用手抓取食物,他们在用餐前有洗手的习惯,进餐时必须使用右手。每天下午有吃点心的习惯,知识分子喜欢西式早点。他们选择的菜肴偏向闽粤风味,尤爱吃水产菜肴;喜甜食,油炸糯米和红糖年糕,是春节家家必备的风味小吃。饮茶是当地华人的普遍爱好,新春佳节,主客共饮“元宝茶”,寓有“财运亨通”之意。

(三)节庆

新加坡是一个多民族的国家,因此节日文化也十分丰富。主要节庆有新年、印度族丰收节、印度族大宝森节、伊斯兰教斋戒月及开斋节、耶稣受难日、哈芝节、卫塞节、端午节、中元节、新加坡美食节、国庆节、中秋节、印度族屠妖节、印度族九宵节、九皇爷庆典、印度族盗火节、印度族万灯节、圣诞节等。

新年:又被称为农历新年或春节,是每年华人最期待的一个传统节日。作为华人社区最盛大最重要的节日,春节也是各行各业的新加坡人最关注的时节。每年的春节由农历正月初一开始,至正月十五结束。每年农历新年期间,新加坡都会举办各种各样的庆祝活动,其中的重头戏是妆艺大游行和“春到河畔迎新年”大型游园活动。

卫塞节:是纪念佛教创始人释迦牟尼佛祖诞生、成道、涅槃的节日,是佛教一年中最重要的一天。各佛教团体举办上供、浴佛、传灯、诵经、佛学讲座、佛教艺术展览。新加坡通常在 5 月份,即中国农历四月十五那天过卫塞节。

屠妖节:屠妖节的字面意思即为“排灯”,它是全世界印度教徒最为重要的印度教节日。

在新加坡，屠妖节也称为“排灯节”。

大宝森节：是新加坡泰米尔社区特别推崇的一个印度教节日。它是印度信徒们祈福、还愿与感恩的一次年度盛会。大宝森节旨在纪念战胜邪恶并赋予了印度人以美德、青春与力量的苏布拉马亚神(也称为姆鲁卡神)。这一节日在泰米尔历10月(也称为Thai月)的满月日——即每年的1月中旬举行。这并不只是印度人的节日，一些中国信徒和其他民族的人们也会在当天来还愿。

哈芝节：又称宰牲节，是全世界穆斯林的共同节日。该节日是为了纪念先知易卜拉欣听从神的旨意，愿意用自己的儿子献祭。根据伊斯兰希吉拉历，哈芝节从朝圣月的第十天、斋月的70天后开始举行，为期三天。男性穆斯林将聚集于清真寺中，进行祈祷，以及自省的训诫宣读。在传统的哈芝节祈祷仪式结束后，他们将宰杀牛羊，献祭给真主。屠宰后的牛羊肉被包好分给穆斯林社区的家庭，尤其是较为贫穷的家庭。

丰收节：又称或桑格拉提节。原本是主要以农耕为生的南印度人民庆祝丰收的节日。不过在新加坡，丰收节是为了迎接泰米尔历中Thai月的到来，即每年的1月中旬。其庆祝方式和感恩节类似，庆祝活动通常会持续四天。

中元节：新加坡华人每年都会依照传统向死去的人致敬，时间通常是在9月。道家认为，“地狱之门”会在这个月打开，放出来的鬼魂会来到人间闲逛。为了安抚这些四处乱逛的鬼魂，节日里会举办各种极具观赏性的活动，从几千元的盛大酒宴到五花八门的木偶戏等戏剧和歌唱表演，都有。信徒们还将成群结队地在这里烧香和供奉祭品，例如祷文、水果(如蜜橘)、食物(如烤乳猪、米饭)，偶尔还有专门为此制作的中式糕点。

(四)传统文化、艺术

新加坡的特色文化是娘惹文化。娘惹，指的是从17世纪来到马来群岛定居的华人后裔，也称为土生华人。男性称为“峇峇”(Baba)，女性称为“娘惹”(Nyonya)。汉文化、马来文化和一些来自葡萄牙、荷兰、英国、泰国、印度和印度尼西亚等文化的影响因素，经过充分融合，形成了土生华人文化。随着时代变迁，这一群体文化保留了汉文化中的节日和传统，同时又体现出马来文化在饮食、语言和衣着方面的深刻影响。

(五)社交礼仪

首先不要贸然登门拜访主人，应预先约好时间。在介绍时，通常应称呼对方“某先生”“某太太”“某小姐”，这适用于新加坡所有的民族。在社交场合，新加坡人与客人相见时，一般都施握手礼。男女之间可以握手，但对男子来说，比较恰当的方式是等妇女先伸出手来，再行握手礼。马来人则是先用双手互相接触，再把手收回放到自己胸前。印度人妇女点檀香红点，男人扎白色腰带，见面时合十致意，平时进门脱鞋。

用餐时勿把筷子放在饭和盘子上，也勿交叉摆放，应放在托盘上。时间观念强，准时赴约。参加商务活动一般要互换名片，会谈中尽可能不要抽烟。在社交性的谈话中，切忌议论政治得失、种族摩擦、宗教是非和配偶情况等。

无论去什么地方，没有必要携带礼物，在新加坡人之间没有赠送礼物的习惯。新加坡人同样认为当着送礼人的面打开礼品的做法是不礼貌的。

(六)禁忌

新加坡人不喜欢4、6、7、13、37、69这些数字,认为是消极的数字,他们最讨厌7,平时尽量避免这个数字。他们不喜欢黑色、紫色,认为不吉利,但偏爱红色、蓝色和绿色。

大年初一不扫地,认为会把好运气扫走。忌讳说脏话,对"恭喜发财"之类的话很反感,他们将"财"理解为"不义之财"或"为富不仁",说"恭喜发财"被认为是对别人的侮辱和嘲骂。

站立时,不把双手放在臀部,那认为是发怒的表现。不能用食指指人,用紧握的拳头打在另一只张开的掌心上,或紧握拳头,把拇指插入食指和中指之间,均被认为是极端无礼的动作。双手不要随便叉腰,因为那是生气的表现。不能摸别人的头,因为头被视为心灵所在。男子不能留长发。

印度人以牛为圣物,不吃牛肉。马来人、印度人忌讳左手传递东西。

新加坡禁止在商品包装上使用如来佛的图像,也不准使用宗教用语;忌讳猪、乌龟的图案。公共场所严禁吸烟。政府禁止付小费。

小知识

新加坡的鞭刑

新加坡的严刑峻法少有匹敌,曾经有个例子,著名音乐大师喜多郎因为留着长发(在新加坡,头发遮住耳朵是违法的),也被拒绝入境,被迫取消了专场音乐会。尤其举世无双的,是新加坡的肉体刑罚——鞭刑,在文明国家,这堪称是"硕果仅存"的。在新加坡,每年都有千余名男性罪犯被判鞭刑。

鞭刑的历史

新加坡的刑法制度源自英国和英属印度的刑法。1948年新加坡监狱调查委员会记录了如下狱规:"对于严重违反狱规的犯人,可由监狱当局判处藤鞭最高12鞭,或由来狱的法官判处藤鞭最高24鞭;对于15岁以下的未成年犯,只能由来狱法官判处最高细藤6鞭。鞭刑的行刑部位是犯人的臀部。对成年犯使用的藤鞭直径不能超过半英寸,对未成年犯应使用细藤鞭。"刑鞭长12米,粗1.3厘米。

适用鞭刑的罪名

在新加坡,连乱扔废弃物、在公共场所吸烟、不冲公共厕所也要被重罚好几千块钱,还要被起诉。不过,幸运的是,这些轻罪并不同时要判处鞭刑。对至少40种罪名,鞭刑是强制刑(必判鞭刑,不能减免),至今适用鞭刑的罪行名单还在延长,其中既包括强奸、抢劫、贩毒等重罪,也包括较轻的罪行,如非法拥有武器(长刀、匕首等都算)、涂鸦(包括在墙上喷涂油漆或者重犯在墙上张贴广告、海报)等。

对许多轻罪来说,鞭刑是"可选刑",是否鞭刑由法官决定。这些罪名包括聚众闹事、敲诈勒索、容留组织卖淫、误杀及伤人等。有些交通肇事罪在第三次重犯后也可判处鞭刑。尽管对有些罪,鞭刑是非强制刑,但法官一般会无一例外地判处鞭刑。比如"非礼"(即所谓侮辱妇女),表示如果罪犯接触了被害妇女的阴部,至少应判9个月及3鞭。

鞭刑总是伴随监禁,从不(或基本上不)单独判罚。如果一男一女犯下同样的罪行,情节也完全相同,女犯只判监禁,而男犯在监禁之外还要判处鞭刑。刑事执行条例规定,每次审

判最多可判鞭刑 24 鞭。鞭刑前犯人要全面体检，有高血压或心脏病等疾病者都可豁免鞭刑，但实际上因病得以豁免鞭刑的人非常少，年平均只有 6 个。

今日世界上共有 17 个国家实施类似鞭刑，如阿富汗、巴哈马、文莱、伊朗、约旦、马来西亚、巴基斯坦、沙特阿拉伯、南非、苏丹、斯威士兰、特立尼达和多巴哥、阿拉伯、也门、津巴布韦及新加坡。但在东南亚国家中，只有马来西亚与新加坡两国采行而已。

三、旅游业发展

(一)旅游业发展概况

就自然和历史文化条件而言，新加坡并不具备发展旅游业的突出优势，但新加坡利用其适中的地理位置，大力发展基础设施，美化城市环境，提供优质服务，简化出入境手续，开展各种旅游"外交"活功，从而吸引大量外国游客旅游及大批国际会议在新加坡召开。

新加坡旅游局最新发布的数据显示，得益于最大客源国中国、印度和马来西亚游客数量增长，2018 年新加坡国际游客人数增长 6.2%，旅游业收入增长 1%，收入达 200 亿美元，达到创纪录的 1 850 万人次，旅游业吸引力进一步提升。其中，观光、娱乐、赛事等部分的旅游收益涨幅明显。中国连续两年成为新加坡最大游客来源国，中国游客对新加坡旅游业收益贡献最大，蝉联榜首。数据显示，2018 年中国入境游客人次增至约 342 万，与 2017 年相比，增幅达 6%。新加坡另外两大客源地分别是印尼和印度，增幅分别达 2% 和 13%。印度是新加坡最大的邮轮客源国，达到 16 万人次，与前年相比增长 27%。

新加坡政府长期以来十分重视发展旅游业，把旅游业视为"无限资源"，早在 1964 年，就成立了"旅游促进局"(现改为新加坡旅游局)，旨在推动和促进新加坡旅游业发展。新加坡旅游局是负责指导和管理新加坡旅游业的经济发展机构。该机构致力于推动和扶植新加坡旅游业的发展，使其成为新加坡经济发展的重要推动力之一。除了一如既往地进行旅游推广宣传之外，它还在推动旅游经济发展领域发挥着越来越重要的作用。

新加坡政府主要通过法律手段来对旅游业实行宏观调控，并通过严格执法，使旅游业得以健康发展。其主要的法律法规是《旅游促进局法》，该法规定旅游业管理机构组成和职能、各种协会的组成、旅游业的地位及其范围，以及旅游业法律制度，如赔偿金制度、旅行社申领执照制度以及导游管理制度等。此外，还有旅行社法、旅游促进税法、饭店法、导游管理和颁发执照规则、旅游投诉制度等。

新加坡政府非常重视对旅游产业的管理和规划，通常都是通过政府部门和行业协会两个渠道来进行。在管理上，前者主要是进行宏观上的管理和规划，使得旅游资源能够得到充分和科学的开发，以保证整体旅游业布局的健康发展；后者则具体地对旅游业进行行业规范，引导并促进各旅行社和旅游组织不断地提高服务质量，进行有序竞争，以保证旅游行业有效、有序的自我发展。在规划上，新加坡政府高度重视旅游业的发展，同时也十分看重对旅游业的规划和投资。在对旅游业投资的同时，还注意以旅游带动其他产业的发展。从 20 世纪 80 年代开始，新加坡每年对旅游业的投入达到 2 亿～4 亿美元，而 2007 年则用 20 亿新元建立了旅游业发展基金。

(二)主要的旅游资源

新加坡的主要旅游资源有:

1.鱼尾狮像

鱼尾狮像坐落于市内新加坡河河畔,是新加坡的标志和象征。该塑像高 8 米,重 40 吨,狮子口中喷出一股清水。相传大约在 1 150 年,圣尼罗优多摩王子率众人乘船来到此地,登陆后见一头狮子从前面跑过,认为是个吉祥物,遂把该地取名为“信诃补罗”,并在此建立了自己的王朝。马来语中的“信诃补罗”意为“狮城”,所以新加坡又称“狮城”。

2.圣淘沙岛

圣淘沙岛位于新加坡本岛以南 500 米处,面积为 3.47 平方千米,是新加坡本岛以外的第三大岛。在圣淘沙岛殖民统治时期为英国海军基地,旧名绝后岛,1972 年改名。现已开发成设备齐全的海上乐园。

3.新加坡动物园

新加坡动物园占地 0.28 平方千米,采用全开放式的模式,是世界十大动物园之一。园内以天然屏障代替栅栏,为各种动物创造天然的生活环境,有 3 000 多只动物在没有人为屏障的舒适环境下过着自由自在的生活,与游客和平共处。

4.新加坡植物园

新加坡植物园建于 20 世纪 50 年代,历史悠久。该园占地 0.74 平方千米,是热带岛屿繁茂的缩影,园内有热带植物 2 万～3 万种,包括新加坡的国花“卓锦・万代兰”,以及蕙兰、蝴蝶兰、兜兰、石斛兰等许多品种的兰花。该园拥有的植物种数仅次于印度尼西亚的茂物植物园。园内藏有植物标本约 50 万种。

5.牛车水

牛车水是指新加坡唐人街夜市。牛车水是形容当时没有自来水,由牛车运水情景而闻名于世。夜市的牛车水灯火辉煌,有点像中国的庙会。

6.天福宫

天福宫是新加坡最古老的庙宇,宫内正殿供奉着天妃,即海神“妈祖”。天福宫的后殿不仅供奉着释迦牟尼的塑像,还供奉着孔子的坐像。孔子像的左右分别是观音和弥勒佛,旁边还有刘备、关羽、张飞的立像。

7.武吉知马天然保护区

新加坡是世界上仅有的保留有大片原始热带雨林的两个城市之一,另一个城市是南美洲的里约热内卢。武吉知马天然保护区占地 1.64 平方千米,离市中心仅 12 千米远,里面的树种远超北美大陆。

8.裕廊鸟类公园

裕廊鸟类公园始建于 1971 年,是世界最大的鸟类公园之一,位于裕廊山麓。园内有 350 种鸟类,共 7 000 余只,既有色彩绚丽的热带鸟,也有原产极地地区的企鹅。旅游者在此可观察不同鸟类的习性。

9.龟屿

龟屿位于新加坡市西南 7 千米处,因其从侧面看像是一只大海龟而得名。在“巨龟”的头部,有一座大伯公庙。关于此庙,传说有巨龟救人的生动故事。此庙附近还有一座马来达图公庙,据传是死于一个多世纪前的赛义德・阿卜杜拉赫曼的坟墓。他被马来人崇敬为神明。

拓展阅读

如何与新加坡人交往

1.在新加坡商界，交换名片是必不可少的；但政府规定，官员不使用名片。

2.新加坡人时间观念很强，迟到会给人留下不好的印象。

3.在社交性谈话中，切忌议论政治和宗教，但可交流旅行方面的经验。

4.新加坡使用四种语言：英语、汉语、马来语和泰米尔语，所有官方文件和公告同时使用这四种语言。

5.当地人一般不邀请初次见面的客人吃饭，当主人对来访者有所了解后，会举行正式宴会，并在席间洽谈业务。

6.上饭店、住旅馆，付小费会被认为是不合法的。

7.在新加坡，人们很不赞成抽烟，许多公共场所法律禁止吸烟。

8.无论去什么地方，没有必要携带礼物，然而，人们很珍惜公司的纪念品。

9.在新加坡乱抛东西、随地吐痰会受重罚。

第五节　马来西亚

一、国情概述

(一)国名、国旗、国徽、国歌

1.国名

马来西亚，全称马来西亚联邦(Malaysia，前身马来亚)，简称大马。

2.国旗

马来西亚国旗

马来西亚国旗又被称为“辉煌条纹”，是马来西亚的国家主权象征之一。国旗由14道红白相间的横条组成，左上角为蓝底加上黄色的新月及14芒星图案。这道旗帜自1963年9

月16日马来西亚成立时正式开始启用。

马来西亚国旗呈横长方形,长与宽之比为2∶1。主体部分由14道红白相间、宽度相等的横条组成。左上方有一深蓝色的长方形,上有一弯黄色新月和一颗14个尖角的黄色星。14道红白横条和14角星原代表全国14个州,自新加坡在1965年独立后代表全国13个州和联邦直辖区。蓝色象征人民的团结及马来西亚与英联邦的关系——英国国旗以蓝色为旗底,黄色象征皇室,红色象征勇敢,白色象征纯洁,新月象征马来西亚的国教伊斯兰教。

3.国徽

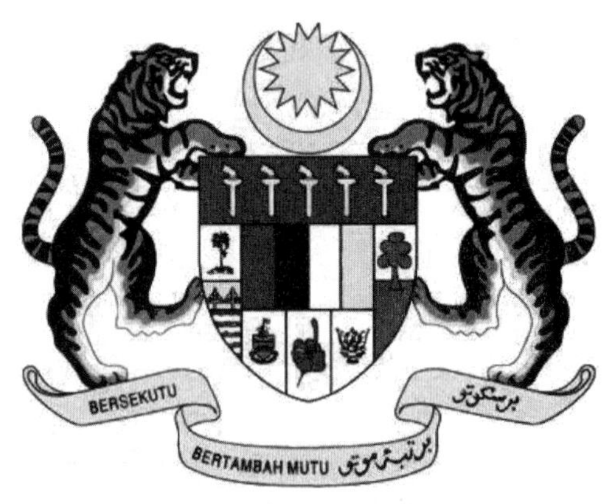

马来西亚国徽

马来西亚国徽中间为盾形徽,盾徽上面绘有一弯黄色新月和一颗14个尖角的黄色星,盾面上的图案和颜色象征马来西亚的组成及其行政区域。盾面上部列有5把入鞘的短剑,它们分别代表柔佛州、吉打州、玻璃市州、吉兰丹州和登嘉楼州。盾面中间部分绘有红、黑、白、黄4条色带,分别代表雪兰莪州、彭亨州、霹雳州和森美兰州。盾面左侧绘有蓝、白波纹的海水和以黄色为地并绘有三根蓝色鸵鸟羽毛,这一图案代表槟榔屿。盾面右侧的马六甲树代表马六甲州。盾面下端左边代表沙巴,图案中绘有强健的褐色双臂,双手紧握沙巴州旗。盾面下端右边绘有一只红、黑、蓝三色飞禽,代表沙捞越州。盾面下部中间的图案为马来西亚的国花——木槿,当地人称“布呢拉亚”。盾徽两侧各站着一头红舌马来虎,两虎后肢踩着金色饰带,饰带上书写着格言“团结就是力量”。

4.国歌

马来西亚国歌是《我的国家》。

(二)人口、民族、语言、宗教

1.人口

根据2019年马来西亚现有人口估计报告,2019年马来西亚人口约3 260万人。性别比率是每100名女性对107名男性。2 940万人是公民,320万人为非公民。马来族人口占69.3%,华裔人口占22.8%,印度裔及其他种族分别维持在6.9%及1%。预计在2030年人口老龄化,届时60岁及以上人口将达到15.3%。

2.民族

马来西亚是个多民族国家,全国有32个民族。马来半岛以马来人、华人、印度人三大民族为主,沙捞越以达雅克人、马来人、华人为主,沙巴以卡达山人、华人、马来人为主。三大民族追根溯源都不算是土生土长的民族，而是随着悠久的历史岁月逐步迁移至马来半岛、沙巴及沙捞越的。马来人比例最高的州是登嘉楼，约占97%；华人比例最高的州是槟城，约占46%；印度人比例最高的州是森美兰，约占15%。

3.语言

马来语为国语，通用英语，汉语使用较广泛。

4.宗教

宪法规定伊斯兰教为国教，保护宗教信仰自由；其他宗教有佛教、印度教和基督教等。

(三)地理环境、气候

马来西亚位于亚洲东南部，国土面积330 257平方千米；全境被南中国海分成东马来西亚和西马来西亚两部分。西马来西亚为马来亚地区，位于马来半岛南部，北与泰国接壤，西濒马六甲海峡，东临南中国海，东马来西亚为沙捞越地区和沙巴地区的合称，位于加里曼丹岛北部。

马来西亚全境靠近赤道，四周被海洋包围，海岸线总长1 000多千米；大部分的沿海地区都是平原，中部则是布满茂密热带雨林的高原；属典型的热带海洋性气候，终年高温多雨，相对湿度大；6—7月为旱季，10—12月是雨季。在马来西亚旅游，基本上全年都适宜。白天虽然炎热，但是午后有阵雨，晚上会有季风吹拂，十分凉爽。尤其是北部的槟榔屿，早晚气候适宜，凉风不断。东岸每年11月至次年1月是雨季，最好避开这段时间。而5月至9月则是东岸最好的“赏龟”季节。

(四)首都、行政区划

马来西亚首都吉隆坡，位于马来半岛的中西部，三面环山，一面临水，面积244平方千米，人口百余万。1957年马来亚联邦成立时即为首都，现已成为全国政治、经济、文化和交通中心。

马来西亚一共由13个州属和3个联邦直辖区组成。13个州属包括：玻璃市、吉打、槟城、霹雳、雪兰莪、森美兰、马六甲、柔佛、彭亨、登嘉楼、吉兰丹、沙捞越、沙巴。联邦直辖区包括吉隆坡、纳闽、布城。首都为吉隆坡，政治中心则位于布城。

(五)简史

早在公元初年就在马来西亚半岛上出现了揭荼、狼牙修等古国。15世纪以马六甲为中心的满剌加王国统一了马来西亚半岛的大部分。16世纪初，马来西亚半岛先后被葡萄牙、荷兰、英国占领，20世纪初完全沦为英国的殖民地。第二次世界大战期间，曾被日本占领。战后，英国恢复殖民统治，1957年8月31日，马来亚联合邦宣布独立。1963年9月16日马来亚联合邦与新加坡、沙巴、沙捞越合并组成马来西亚(1965年8月9日新加坡退出并独立)。独立以来，政权一直掌握在马来民族统一机构(简称“巫统”)手中，该党联合其他政党组成国民阵线，占据国会多数议席，并建立以“巫统”占绝对优势的内阁。民族矛盾近年来趋向缓和，政局相对稳定。

(六)政治

马来西亚实行君主立宪制(君主立宪制又分为二元君主制和议会君主制，马来西亚属于议会君主制)。因历史原因,沙捞越州和沙巴州拥有较大自治权。

最高元首为国家最高领导者、伊斯兰教领袖兼武装部队统帅,由统治者会议选举产生,任期5年。最高元首拥有立法、司法和行政的最高权力,以及任命总理、拒绝解散国会等权力。政府由国会下议院最大党或联盟所组成,领袖称首相。其政治体制是沿袭自英国的西敏寺制度。议会也称国会,是最高立法机构,由上议院和下议院组成,议员任期5年。马来西亚注册政党有40多个,由14个政党组成国民阵线联合执政,大选时各党采用统一的竞选标志和宣言,候选人议席内部协商分配。

(七)经济

马来西亚是一个中等收入国家,2018年马来西亚国内生产总值为3 543.48亿美元,增长率达到12.6%,人均GDP为1.12万美元。马来西亚自然资源丰富,橡胶、棕油和胡椒的产量和出口量居世界前列;曾是世界产锡大国,近年来产量逐年减少;石油储量丰富,此外还有铁、金、钨、煤、铝土、锰等矿产;盛产热带硬木。

农业在马来西亚国民经济中占主要地位,被国家视为基础性产业。2018年农业总产值为241.92亿林吉特。油棕是主要贡献,占农业贡献国内生产总值的46.6%;其次是其他农业(18.6%)、禽畜(11.4%)、渔业(10.5%)、橡胶(7.3%)和林业(5.6%)。

政府鼓励以本国原料为主的加工工业,重点发展电子、汽车、钢铁、石油化工和纺织品等。2018年制造业销售额为790.11亿林吉特。2018年矿业总产值估计为260.19亿林吉特。

20世纪70年代前,马来西亚经济以农业为主,依赖初级产品出口。70年代以来不断调整产业结构,大力推行出口导向型经济,电子业、制造业、建筑业和服务业发展迅速。同时实施马来民族和原住民优先的"新经济政策",旨在实现消除贫困、重组社会的目标。1987年起,马来西亚经济连续10年保持8%以上的高速增长。1991年提出"2020宏愿"的跨世纪发展战略,在2020年将马来西亚建成发达国家。重视发展高科技,启动了"多媒体超级走廊"、"生物谷"等项目。1998年受亚洲金融危机冲击,经济出现负增长,但通过稳定汇率、重组银行企业债务、扩大内需和出口等政策,经济基本恢复并保持中速增长。2008年下半年以来,受国际金融危机影响,国内经济增长放缓,出口下降,政府为应对危机相继推出70亿林吉特和600亿林吉特刺激经济措施。2009年纳吉布总理执政后,采取了多项刺激经济和内需增长的措施。2010年公布了以"经济繁荣与社会公平"为主题的第十个五年计划,并出台"新经济模式",继续推进经济转型。

旅游业是马来西亚第二大外汇收入领域。主要旅游点有:吉隆坡、云顶、槟城、马六甲、浮罗交怡岛、刁曼岛、热浪岛、邦咯岛等。据马来西亚旅游部统计,2018年赴马游客人数为2 583万人次,旅游点收入841亿林吉特。

马来西亚全国有良好的公路网,公路和铁路主要干线贯穿马来半岛南北,航空业发达。2010年全国公路总长14.4万千米。截至2010年底,注册交通工具2 019万辆。2010年全国铁路总长1 792千米,主要贯穿马来半岛。内河运输不发达,海运80%以上依赖外航。共有各类船只1 008艘,其中100吨以上的注册商船508艘,注册总吨位175.5万吨;远洋船只50艘;共有19个港口。近年来大力发展远洋运输和港口建设,主要航运公司为马来西亚国际船务公司,主要港口有巴生、槟城、关丹、新山、古晋和纳闽等。民航主要由马来西亚航空公司和亚洲航空公司经营。马航有飞机89架,辟有航线113条。1996年11月,亚洲航空公司投入运营，亚航有飞机 188 架，辟有航线 83 条。全国共有机场 37 个，其中 5 个国际机场：吉隆坡、槟城、浮罗交怡、哥打基纳巴卢和古晋。2010 年运送旅客 2 926 万人次。

2012 年主要出口市场为新加坡、中国、日本，主要进口来源国为中国、日本、新加坡。2012 年对外贸易总额 13 096 亿林吉特，贸易顺差 948 亿林吉特。马来西亚还大力吸引外资，主要外资来源地为日本、荷兰、澳大利亚、美国和新加坡。2011 年，马来西亚外资流入量为 3 639 亿林吉特。

马来西亚独立后，民族经济实力迅速增长，涌现出一批大的企业集团、财团，目前较为著名的企业集团有森那美集团、郭氏家族集团、马联工业集团、吉隆坡甲洞集团、云顶集团、丰隆集团等几十家。其中森那美集团是马来西亚最大的种植园企业集团之一。以郭鹤年为首的郭氏家族集团，经营范围遍及种植业、制造业、采矿业、船务和酒店业等，该集团下属的香格里拉酒店集团，是亚太地区最大的酒店集团之一。

马来西亚货币单位是林吉特，中央银行发行，实现自由浮动汇率制，100 马来西亚林吉特相当于人民币 168.46 元(以 2019 年 11 月 21 日的林吉特对人民币汇率换算)。

二、民俗风情

(一)服饰

马来人男子下装大都用单色布料做成纱笼，称为“卡因”，上装叫“巴汝”。遇到喜庆节日，男子上穿“巴汝”，下着西式长裤，腰部围一纱笼，头戴“宋谷”帽，足蹬皮鞋。马来女装，上衣宽如袍，称为“克巴亚”，身长过臀，下着纱笼，纱笼手工编织各式金黄色图案，美丽夺目。

(二)饮食

马来人多数信奉伊斯兰教，以大米为主食。除此之外桑粑也是马来人的传统美食，桑粑是将虾发酵后做成虾酱，拌上辣椒，放在石臼里捣碎，浇上酸橙汁后略带药味的美食。米饭、桑粑加蔬菜是最基本的饭菜，若再加上洋葱、大蒜、生姜、香料种、小干鱼等，就是比较丰盛的一餐。

马来西亚最具代表性的一道名菜，叫“沙嗲”。此外，酸对虾、椰浆饭(用大米、肉及各种蔬菜做成)、罗惹(用生果掺以甜辣调味料拌成)和酸辣鱼等，都是颇受游客喜爱的马来食品。将鸡蛋、豆类、虾、鱼、牛羊鸡肉放在火上炒，这就是马来西亚家庭必不可少的家常菜。

餐后点心有木薯糕和炸香蕉等。餐后水果有又香又甜的各种南国水果，如柑橘类、香蕉、凤梨、西瓜、榴梿、奇异果等。

马来西亚人禁止喝酒，常饮咖啡和茶；进餐时，马来人用手抓取，一般用右手；嗜好嚼槟榔、饮椰子酒和咀嚼烟草。

小知识

马来西亚的饮食文化

1.肉骨茶

相传华人初来南洋创业时，生活条件很差，由于不适应湿热的气候，不少人因此患上风湿病。为了治病趋寒，先贤用了各种药材，包括当归、枸杞、党参等来煮药，但是，因忌讳而将药称为“茶”。有一次,其中一人偶然将猪骨放入了茶汤里,没想到这茶汤喝起来十分香浓美味,风味独特。后来,人们特地调整煮茶的配料,经过不断改进,就成了本地著名的美食之一。

无论肉骨茶名称从何来,肉骨茶从食材到烹饪皆在改进,已从最初属于穷人的食物,发展成为今日无论贫富及男女老幼都喜爱的著名美食之一,是巴生华人最具特色的早餐,更是招待客人的最佳选择。由于巴生肉骨茶的名气响当当,因此许多外地业者都以巴生肉骨茶为名,做起肉骨茶生意,甚至远至邻国新加坡,都不难找到巴生肉骨茶。来到巴生未吃过道地美食肉骨茶,岂能算来过肉骨茶之乡——巴生呢?

2.娘惹文化

马来西亚是个多民族国家,许多民族共同构成了马来西亚文化,而其中最负盛名的要数马来西亚的娘惹文化。“娘惹”是指中国人和马来西亚人通婚的女性后代。在早些时期,马来人与中国人的后代男性称为巴巴,女性称为娘惹。而娘惹是中国文化和马来西亚文化的结晶,而最能代表娘惹的要数娘惹菜了。

娘惹虽然是马来西亚人与中国人的后代,但是娘惹秉承了中国人“男主外,女主内”的传统,姑娘出嫁前就是烹饪能手。娘惹秉承了中国妇女勤劳、简朴的美德,同时将中国菜的烹饪方式与马来西亚菜的烹饪方式相结合,自创出同时具有中国菜与马来西亚菜元素的“娘惹菜式”。娘惹菜既具有中国菜的内涵,又具有马来菜的特色,呈现出一种全新的口味,风靡南洋,中国菜的含蓄遇上马来西亚料理的奔放,调和出一种与众不同的风味,让人一吃难忘。

娘惹菜的特点是味道香浓,最注重各种香料的运用,所以有着十足的热带风情。其使用的香料包括亚参片、亚参膏、咖喱叶、峇拉煎、楠姜、黄姜、黄姜粉、芫荽粉、红葱头、八角、肉桂、炸葱、红辣椒、石古仔、酸柑、虾米干、香茅、黑果等等。旧时代的娘惹,多属于家里的大家闺秀,家里的厨房成了平日足不出户的她们消磨时间的好地方。女儿在家时,在厨房和母亲学习和研究做菜,出嫁后,不管家婆是要试探媳妇的烹饪实力,还是要把自己的手艺传给媳妇,都拉近了彼此的距离。所以,吃着桌上的菜,洋溢着的却是母女或婆媳间的温馨和亲情。

(三)节庆

马来西亚有许许多多的节日。据不完全统计,全国大大小小的节日和庆典约有上百个,其中政府规定性节日约十个左右。这些节日反映了这个多民族国家的多元宗教、文化和风俗习惯。全国性节日除少数有固定日期外,其余的具体日期由政府在前一年统一公布。

开斋节或斋戒新年:代表着回历九月(齐戒月)的结束以及回历十月的开始。

开斋节(马来新年):标志着麦加朝圣日的结束,于每年回历十二月十日开始庆祝。教徒们在回教堂内自由地奉献宰杀的牛羊供品,并在事后将供物分给有需要的人们。

华人新年:从农历的第一天开始接连庆祝 15 天。

屠妖节:每年于印度历的七月(公历 10 月或 11 月中旬)举行,纪念 krishna 神战胜了 Ravana 恶魔。

大宝森节:这项壮观的节日庆典于每年 1 月底或 2 月初举行,庆祝 Subramaniam 神的诞辰。

卫塞节:佛陀的诞辰、成佛和涅槃分别以各种不同的仪式和活动来庆祝。

沙捞越节:沙捞越达雅族于每年 6 月初庆祝,这个节日标志着稻米种植季节的结束以及新一季种植季节的开始。

沙巴庆典:5 月 30 日至 31 日是到访沙巴并参与这个欢腾节日的好时机。卡达山族和杜顺族为了庆祝丰收季节而举行感恩仪式,活动包括露天的游行盛会、文化表演仪式,在 Bobohizan,即所谓的女祭司的带领下,仪式气氛达到最高潮。

圣诞节:每年的 12 月 25 日。

国庆日:8 月 31 日,国庆日前夕也会有大型庆祝活动。

穆罕默德纪念诞辰:在每年回历三月十二日举行。

(四)传统文化、艺术

马来象棋(Main Chator 或是 Malay chess):流传在马来西亚、印尼的双人对弈的图版游戏,被认为与泰国象棋、高棉象棋、缅甸象棋一样是由恰图兰卡演变过来。

此外,传统的舞蹈和音乐在表演艺术中占有特殊地位。

Bharatha Natyam:被认为是对印度神的敬奉与朝拜的一种舞蹈,演出时必须用上 6 个舞台。

Bhangra:锡克人的典型舞蹈,是为了欢庆丰收而跳的一种舞蹈。

Joget:广为流传的一种传统舞蹈,简易而适合许多人一起跳的舞蹈,来宾或游客们通常都会受邀加入和舞蹈演员一起跳。

Tarian Lilin:一种优雅的少女舞蹈。舞蹈中的故事说的是一位少女遗失了订婚戒指,借着碟子里的烛光,通宵地找寻这枚戒指,直至破晓时分。

Sumazau:沙巴卡达山杜顺的民族舞蹈。舞蹈进行时排排的男女舞者面对面地伸展着双臂,随着 6 个鼓声的节奏,模仿鸟儿飞翔的动作。

Datun Julud:沙捞越流行的一种舞蹈,象征着一个王子受祝福得到子嗣的快乐。

皮影戏:吉兰丹州一种传统的戏剧表演,每年 5 月尾在吉兰丹 Tumpat 的风筝节期间于夜晚时举行。说故事者一面手操玩偶,一面配合着音乐叙述 Ramayana 的传说故事。整出戏剧是由一位故事者,即 Tok Dalang 一人导演,有时甚至可以指挥多达 45 个玩偶。

(五)社交礼仪

马来人在生活中非常重视礼节。到他人家访问时,必须衣冠整齐,进门之前,须脱鞋。因为马来人的内厅是做祈祷的地方,神圣不可侵犯,穿鞋进屋被看作是亵渎真主的行为。进屋后,宾主双方要互相问候和握手。握手时,双手仅仅触摸一下,然后把手放到额前,以表示诚心。当发现屋里还有其他客人,而自己又必须从他们面前经过时,必须略低下头,并说"对不起,请借光",然后走到自己的位置上。坐在椅子上不能跷起二郎腿,尤其是在老人面前更不应如此,女子则应并拢双脚,表现得更加文雅。如果席地而坐,男子最好盘腿,女子则要跪坐,不得伸直腿。主人摆出饮料、点心招待客人时,客人如果推辞,主人反而会不高兴。客人要走时,应向主人告辞,主人一般把客人送出门外。在黄昏时登门拜访是不受欢迎的,因为这时穆斯林都要做祷告,晚上拜访通常应在 8∶30 以后。

(六)禁忌

马来西亚人视左手为不洁,见面握手、平时接递东西时一定要用右手,用左手会被视为失礼。切勿用食指指人。对女性不可先伸出手要求握手。头被认为是神圣的部位,在亲近儿童时,不可触摸他们的头部。马来人不喜欢别人问自己的年龄,若问年纪,会被视为不礼貌。马来西亚并不禁止一夫多妻制,所以不要随便闲谈他人的家务事。对年长者不能直接称呼"你",而应称呼"先生""夫人"或"女士"。除皇室成员外,一般不穿黄色衣饰。

马来人遵照《古兰经》的训诫,禁酒、禁赌、禁食猪肉。斋月期间,必须斋戒。马来人忌用手触摸头部和背部,因为马来人深信这会给他们带来噩运。对死者,马来人只哀痛伤心,不号啕大哭,他们认为哭声和眼泪对死者和生者都不吉利。

三、旅游业发展

(一)旅游业发展概况

马来西亚的旅游业首先始于国际入境旅游业,20 世纪 60 年代初创,70 年代迅速发展。1970 年接待外国游客 7.6 万人,1980 年增加到 153 万人;外汇收入由 52.8 万美元增加到 3.1 亿美元。80 年代,旅游业进一步发展,1989 年接待外国游客达 399.2 万人,列世界国际旅游接待第 21 位。自 20 世纪 90 年代以来,马来西亚蓬勃发展的旅游业受到全世界的瞩目。从 1990 年开始受宏观经济以及相应的旅游政策的推动,马来西亚旅游业保持持续增长。1997 年的亚洲金融危机对马来西亚旅游业造成了较大影响。在 1997 年马来西亚接待入境游客 680 万人次,比 1996 年下降 20.7%;1998 年持续下降,为 520 万人次,比 1997 年又下降了 23.5%。此后,马来西亚采取了一系列应对措施,入境旅游业迅速恢复。1999—2002 年马来西亚接待入境游客分别为 793 万人次、1 022 万人次、1 278 万人次、1 329 万人次,与 1998 年相比增幅高达 52.5%、96.5%、145.6%、155.6%。入境旅游收入则分别为 1999 年的 123 亿林吉特、2000 年的 173 亿林吉特、2001 年的 242 亿林吉特、2002 年的 259 亿林吉特。

在此之后的 2003—2009 年间,受国际环境影响旅游业的波动性加大,"非典","禽流感"、美伊战争、印度洋海啸以及世界金融危机等都给旅游业带来危机。受外围环境的不利影响,马来西亚 2003 年入境旅游人数和旅游收入曾出现过短暂的下跌,但在随后的 2004 年就从危机中恢复过来,当年接待入境游客 1 570 万人次,比 2003 年增长了 48.5%。在 2001—2005 年的"八五计划"期间,马来西亚旅游业总收入增加了近一倍。2007 年马来西亚国际游客人数更高达 2 097 万人次,位列东南亚第一。由于长期保持了快速增长的趋势,目前旅游业已经是马来西亚第二大外汇收入来源、第三大经济支柱。2012 年,旅游业提供了 180 万个工作机会。2013 年旅游行业收入达到 654.4 亿马币,90%的入境游客来自亚太地区。马来西亚旅游部最新公布的数据显示,2018 年到马来西亚观光的外国游客达到 2 583 万人次,同比下降 0.4%,但旅游总收入约为 841 亿林吉特(约 1 383 亿元人民币),同比增长 2.4%。2018 年访问该国的 2 580 万游客中,新加坡人占 41%。中国是马来西亚第三大游客来源国,游客数量达 290 万人次,给马来西亚带来了 123 亿林吉特的旅游收入。

根据世界经济论坛出版的《2017 年旅游竞争力报告》对全球 130 多个国家的旅游竞争力排名,马来西亚旅游竞争力在全球排第 26 位,在东南亚仅次于新加坡。2012 年,在 2 500 万人次的入境游客中,伊斯兰教徒约 544 万人次,被评为"最适合伊斯兰教徒旅游的国家"。2013 年 6 月,世界伊斯兰教徒旅游大会在马来西亚举行。这说明无论是从全球范围还是从区域范围来看,马来西亚的旅游竞争力都是较强的。2014 年,尽管马来西亚旅游业遭遇两起空难事件的严重威胁,马来西亚入境事务处的统计仍显示,马来西亚在 2014 年的前 7 个月中迎来 1 610 万名游客,同比增长 9.7%。

为促进旅游发展和强化管理，马来西亚政府成立了旅游委员会，由副总理担任主席，分管旅游。中央政府透过旅游部设立两个贷款基金，即旅游业特别基金及旅游设施发展基金，用于旅游业住宿的建筑资金、建造主题公园及购买和取代旅游业设备和措施等。全国划分为4个旅游度假区，即吉隆坡—马六甲旅游区、东部海岸旅游区、槟榔屿—兰卡维旅游区、沙巴—沙捞越旅游区。重点开发生态旅游、农业及农宿旅游、教育旅游、保健旅游、体育旅游、购物旅游、海洋旅游、会议旅游和宗教旅游9个领域的旅游产品。近年来向国外推出“我的第二个家园”计划，以便利出入境、购物免税、子女就学、医疗保健等多重优惠条件吸引外国人到马来西亚长期定居、养老。

马来西亚出境旅游业也有较快发展。1999年出国旅游2 606.7万人次，旅游花费19.73亿美元。2000年出国旅游3 053.2万人次，旅游花费20.75亿美元。在2004年，出国旅游人数与人口之比为120∶100。马来西亚出境旅游的目的地依次为泰国、中国内地、新加坡、印度尼西亚、中国香港、澳大利亚、韩国、英国、日本和中国澳门。为了鼓励国内旅游，马来西亚采取增加机场税、护照费和降低国内旅游产品价格等措施来抑制国民出境旅游。

马来西亚是东盟国家中第一个与我国建交的国家，但在1989年前，马政府限制公民访华，只允许60岁以上者以探亲、商务、医疗等原因访华，因此，每年旅华人数只有寥寥数万人。1989年5月，马政府将旅华人士的年龄限制放宽到30岁以上，并允许组织观光团。随后马来西亚对公民访华逐步放宽限制直至全部放开，旅华人数迅速增长，1994年为20.87万人次，2007年突破100万人次，2010年达到创纪录的124.52万人，但之后呈现缓慢下降的趋势。2014年为113万人次，跌幅达到6.4%，但仍是我国第6位客源国。近年来，马来西亚赴华旅游人数一直在每年120万人次左右。2018年的旅游数据显示，马来西亚是我国的第8位客源国。

(二)主要的旅游资源

马来西亚旅游资源丰富，热带风光、漫长的海岸线、风景优美的海滨和名胜古迹，都是发展旅游业的好条件。马来西亚将全国划分为4个旅游度假区，即吉隆坡—马六甲旅游区、东部海岸旅游区、槟榔屿—兰卡威旅游区、沙巴—沙捞越旅游区。

1.吉隆坡

吉隆坡是马来西亚的首都和最大的城市，是全国的政治、经济、文化和交通的中心，位于马来西亚半岛的中西部。吉隆坡的主要游览景点如下：

(1)王宫：位于火车站以南，为国家元首的居所，金色圆顶的建筑具有浓郁的阿拉伯风格，许多旅游者在此观赏其美丽的外观并摄影留念。

(2)国会大厦：国会大厦是一幢18层高的宏伟建筑物，于马来西亚独立后建成，融合了现代建筑风格和传统文化韵味。

(3)国立博物馆：在湖滨公园附近，是一幢3层高的马来吉打州式的建筑，里面陈列了马来西亚的历史文物、艺术品、手工艺品、古币，并展示了自1409年以来历代生活方式和服饰、礼仪等。

(4)国家清真寺：位于苏丹大道上，是东南亚最大的清真寺。

(5)动物园与水族馆：位于吉隆坡通往乌鲁巴生的路上，距市区约13千米。动物园是一座半开发的原始森林，水族馆内有80多种海洋动物。

(6)黑风洞：位于吉隆坡以北11千米处的一个树林茂密的山上，是一个由石灰岩形成的奇形怪状的洞穴。第一个洞是暗洞,第二个洞是明洞,设有印度教徒祭坛,供奉苏巴马廉神像,被印度兴都教徒视为圣地。

(7)云顶高原:位于距吉隆坡北郊约 50 千米处,海拔 1 700 米,是马来西亚国内一个凉爽的山地度假胜地。山上有电动游乐设施、游泳池、室内体育馆、保龄球馆等,但最引人注目的还是设于云顶大酒店内的赌场,这是马来西亚唯一的合法赌场,有"南洋群岛的蒙地卡罗"之称。

2.槟榔屿、槟城

槟榔屿位于马来西亚北部,以槟榔树多而得名,并有"印度洋绿宝石"之称。槟榔屿充满多姿多彩的宗教和文化特色,反映了自 18 世纪以来诸多民族共同开发这个美丽岛屿的灿烂历史。由于受英国的影响,市内的建筑物欧洲风味很浓。

槟榔屿的首府槟城,又称"乔治城",享有"东方之珠"的美誉。槟城位于槟榔屿的东北端,是马来西亚最大的国际自由商港和全国的第二大城市,以极乐寺、升旗山、蛇庙、植物园等旅游景点吸引游客。

3.马六甲

马六甲州位于马来半岛南端,濒马六甲海峡北岸,距吉隆坡 147 千米,面积为 1 650 平方千米,人口 50 万。州首府也叫马六甲,是马来西亚最古老的一座重要港口城市,扼守马六甲海峡的咽喉,控制着太平洋和印度洋之间的通道,战略地位十分重要。马六甲市保留诸多历史古迹,郑和下西洋路经此地修建的三保城、三保庙、三保井至今仍在。

4.怡保

怡保位于霹雳州的中部,地处坚打河及其支流巴力河东西两岸的冲积平原上,距吉隆坡 220 千米,是霹雳州的首府和最大城市,也是马来西亚的第三大城市。市区建筑整齐、街道宽阔、绿树成荫,是马来西亚最清洁的城市。

5.新山

新山又名柔佛巴鲁,系柔佛州首府。位于马来西亚国土的最南端,与新加坡仅隔一狭长水域,有新柔长堤(又名柔佛陆桥)与新加坡相连,为马来西亚南方门户。由新加坡北上马来西亚,新山为必经门户。由于新、马两国经济发展有差异,马来西亚消费水平比新加坡低,不少新加坡人利用假日到新山购物。

6.沙巴

沙巴(Sabah)是马来西亚的 13 个成员之一,位于婆罗洲的北部,是马来西亚第二大的地区。沙巴凭借着它惊险刺激的户外项目、Kinabatangan 河沿岸的各种奇特动物、西必洛(Sepilok)猿人保护区中大自然的神奇、诗巴丹岛(Pulau Sipadan)美丽的水下世界,以及许多未知的美丽,吸引着各国游客前来探索与体验。

拓展阅读

马来西亚人独特的姓名

马来人的姓名十分特别,通常没有固定的姓氏,而只有本人的名字,儿子则以父亲的名字作为姓,父亲的姓则是祖父的名,所以一家几代人的姓都不同。他们的姓名中,名排在前,姓排在后,男子的姓与名之间用一个"宾"字隔开,女的则用"宾蒂"隔开。如前总理达图·侯赛因·宾·奥恩,"侯赛因"是他的名字,"奥恩"是他父亲的名字(即他本人的姓),"宾"则表示男性。

马来人取名字随着社会发展和宗教信仰的变化而不同。在古代，因为未受到外来文化的影响，所以马来人的名字是根据大自然的现象而取的，如“山”“水”“红色”“暴风雨”等。在印度文化传入后，则以梵文取名，如汉都亚、特查。伊斯兰教传入后，穆斯林采用伊斯兰教名或阿拉伯名字，如男子叫穆罕默德、马哈茂德、艾哈迈德等；女子叫法蒂玛、卡蒂加等。但是，现代马来人取名又有了新的变化，如有的人把夫妻的名字合起来给子女取名等。

第六节　泰国

一、国情概述

(一)国名、国旗、国徽、国歌

1.国名

泰国(Thailand)，古名暹罗，泰语意为“自由之国”。

2.国旗

泰国国旗是一面三色旗，呈长方形，长与宽之比为3∶2。由红、白、蓝、白、红五条横带组成，蓝带比红白带宽一倍。上下方为红色，蓝色居中，蓝色上下方为白色。红色代表民族，象征各族人民的力量与献身精神。泰国以佛教为国教，白色代表宗教，象征宗教的纯洁。泰国是君主立宪政体国家，国王的地位是至高无上的，蓝色代表王室，蓝色居中象征王室在各族人民和纯洁的宗教之中。

泰国国旗

3.国徽

泰国国徽是一个极富宗教神秘色彩的图腾图案。深红色的大鹏鸟，鸟背上蹲坐着那莱王，是泰国民间传说中鹰面人身的神灵，它头顶金色宝塔，裸露的颈部、手臂和手腕都戴着光彩夺目的金色饰品，两臂弯向头部，手指内侧，翩翩起舞，构成泰国民间舞蹈舞姿的典型造型，展现出浓郁的泰国民族特色。大鹏身披深红色双翼和尾巴，戴着金色的盔甲，两只利爪雄健有力，令人顿生敬意。

泰国国徽

4.国歌

在泰国有两首起国歌作用的歌曲,一首叫《泰王国歌》,另一首叫《颂圣歌》。1932 年,泰国发生军事政变,推行君主立宪制,并采用新的国歌,而旧的国歌《颂圣歌》则因为历时已久,人民也非常喜爱它而得以保存。每一天早上 8 时正和午后 6 时正,在泰国所有公园、学校、电台都要演奏《泰王国歌》,从无例外。听到它,每个人都必须立即面向国旗肃立,并除下帽子以示敬意。严格来说,泰国警方对任何对国歌、国旗或王室成员不敬之人都要立即进行逮捕,无论其国籍。

(二)人口、民族、语言、宗教

1.人口

泰国总人口 6 450 万(数据截至 2014 年 3 月)。

2.民族

泰国有 30 多个民族,其中泰族占 40%,老族占 35%,马来族占 3.5%,高棉族占 2%,汉族占 10%左右,另外还有苗、瑶、桂、克伦、掸等民族。泰国政府规定,华侨在泰生下的子女到第三代就算泰族人。

3.语言

官方语言为泰语,英语为通用语。

4.宗教

泰国 90%以上的居民信奉佛教,佛教为国教。南部马来族信奉伊斯兰教。还有少数人信奉基督教、天主教、印度教和锡克教。

(三)地理环境、气候

泰国位于中南半岛中部,其西部与北部和缅甸、安达曼海接壤,东北边是老挝,东南是柬埔寨,南边狭长的半岛与马来西亚相连。从地形上划分为 4 个自然区域:北部山区丛林、中部平原的广阔稻田、东北部高原的半干旱农田,以及南部半岛的热带岛屿和较长的海岸线。国境大部分为低缓的山地和高原。泰国的一般大众习惯将国家的疆域比作大象的头部,将北部视为“象冠”,东北地方代表“象耳”,暹罗湾代表“象口”,而南方的狭长地带则代表了“象鼻”。

泰国的气候属于热带季风气候,全年分为热、雨、旱三季,年均气温 24～30℃,常年温度

不下 18℃，平均年降水量约 1 000 毫米。

(四)首都、行政区划

曼谷(Bangkok)，是泰国首都，泰国最大城市，中南半岛最大城市，东南亚第二大城市，为泰国政治、经济、贸易、交通、文化、科技、教育、宗教与各方面中心。曼谷旅游业十分发达，被评选为 2013 全球最受欢迎旅游城市。曼谷还被誉为“佛教之都”。

泰国全国分中部、南部、东部、北部和东北部五个地区，现有 76 个府。府下设县、区、村。曼谷是唯一的府级直辖市。

(五)简史

公元 1238 年，泰国(古名暹罗)形成较为统一的国家。先后经历素可泰王朝、大城王朝、吞武里王朝和曼谷王朝。16 世纪，葡萄牙、荷兰、英国、法国等殖民主义者先后入侵。1896 年英法签订条约，规定暹罗为英属缅甸和法属印度支那间的缓冲国。暹罗成为东南亚唯一没有沦为殖民地的国家。19 世纪末，拉玛四世王开始实行对外开放。五世王借鉴西方经验进行社会改革。1932 年 6 月，民党发动政变，改君主专制为君主立宪制。1939 年更名泰国，后经几次更改，1949 年正式定名泰国。自 1932 年至今，泰国成为世界上军事政变最多、权力交替最频繁的国家之一。

(六)政治

泰国宪法规定，泰国是以国王为国家元首的民主体制国家。国会是最高立法机构，实行上、下两院制。上议院议员 150 人，其中 76 人直选产生，74 人遴选产生，任期 6 年。下议院议员 500 人，任期 4 年。泰国实行多党制。截至 2011 年 3 月，共有 49 个政党在选举委员会登记注册。主要有民主党、为国党、同心发展泰国党、泰爱泰党等。

(七)经济

泰国原是个落后的农业国，第二次世界大战前，80%以上的人口从事农业，工业落后。20 世纪 50 年代，泰国根据本国特点，大力发展民族经济，实施工业多样化和农业多种经营方针，进入 60 年代后，泰国经济开始迅速发展，经济结构发生重大变化，农业在整个国民经济中的比重从 60 年代末的 40.5%下降到 1988 年的 25%，制造业由 15%上升到 25%。1996 年，泰国被列为中等收入国家。2018 年，国民生产总值 5 049.93 亿美元，人均国民生产总值达 7 273 美元。

农业是泰国传统经济产业。20 世纪 50 年代，农业人口占全国人口 85%。2001 年从事农业的人口为 420 万，占总劳力的 14%。农作物主要有：稻米、玉米、橡胶、木薯、甘蔗、烟草等。泰国是著名的稻米生产国和出口国。森林面积占全国总面积的 50%，柚木是主要出口产品。泰国盛产榴梿、山竹、荔枝、龙眼、红毛丹等热带水果。泰国是亚洲仅次于日本和中国的第三海产国，世界第一产虾国。

在泰国的总体经济结构中，农业占 10%，服务业占 53%，工业仅占 37%。泰国没有完整的工业化体系，第一大支柱产业是汽车、摩托车、配件等的生产和出口，大部分都有日资背景；第二支柱产业是珠宝加工业；第三支柱产业是计算机、硬盘等。另外，泰国重工业不发达，工业原材料、制成品等都靠进口，比如大部分铁路更新换代比较慢，除了缺少原材料，还缺少缺装备、技术等。电子商务、移动支付等方面的发展在东南亚国家中排名也比较靠前。

服务业在泰国经济结构中所占比重大。据世界贸易组织资料显示,泰国 2015 年的出口服务行业名列世界第 21 位,2016 年上升至第 11 位,泰国的出口量在世界出口总量中占比约 1.8%。

泰国的航空业发达,全国共有 38 个机场,其中国际机场 8 个,曼谷廊曼国际机场是东南亚地区重要的空中交通枢纽,可直达亚洲、欧洲、美洲、大洋洲的 80 多个城市,国内航线遍布全国 21 个大中城市。曼谷是泰国最大的深水港口,此外还有宋卡港和梭桃邑港。泰国海运线可抵达日本、美国、中国、新加坡、欧洲、中东等地。

对外贸易在泰国国民经济中具有重要地位。2013 年对外贸易额为 4 444 亿美元,其中出口额 2 254 亿美元,进口额 2 190 亿美元,分别缩减 0.2%和 0.4%。中国、日本、东盟、美国、欧盟等是泰国重要贸易伙伴。泰国在中国大陆的投资近年有较大发展。据不完全统计,2013 年泰来华直接投资新增 4.8 亿美元,同比增长 521.5%。在华投资的公司主要有:正大集团、盘谷银行等。

陈弼臣家族金融财团是泰国最大的企业集团,拥有 130 家企业,注册总资本达 173.4 亿泰铢(约 6.9 亿美元)。盘谷银行是该集团的核心企业,也是目前东南亚最大的商业银行,1990 年资产额达 161 亿美元,名列世界最富有 12 家大银行行列。在国内拥有 350 家分支机构,国外 16 家分行。该财团控制了国内 40%的金融市场,出口贸易的 40%靠盘谷银行提供资助,经营的大米贸易占国内市场的 40%。另外,还有任班超家族、李木川家族、郑午楼家族为首的金融财团。上述财团大都由华人掌握。

泰国货币单位是泰铢(THB),泰国银行发行,100 泰铢相当于人民币 23.27 元(以 2019 年 11 月 21 日的泰铢对人民币汇率换算)。

二、民俗风情

(一)服饰

泰国人的服装,总的来说比较朴素,在乡村多以民族服装为主。泰族男子的传统民族服装叫"绊尾幔"纱笼和"帕农"纱笼。帕农是一种用布缠裹腰和双腿的服装。绊尾幔是用一块长约 3 米的布包缠双腿,再把布的两端卷在一起,穿过两腿之间,塞到腰背处,穿上以后,很像灯笼裤。由于纱笼下摆较宽,穿起来舒适凉爽,因此它是泰国平民中流传最长久的传统服装之一。

(二)饮食

泰国菜的口味偏重酸、甜、辣,善于搭配各种自然食材和用多种香料调味,但烹调方法比较简单,一般为生食、快炒、油炸、烤焗、炖煮等几种。喝汤对泰国人很重要,泰国的汤汁浓、味重,是用菜肴熬煮而成的,可以作为主菜搭配米饭食用。冬阴功汤是最具代表性的泰式海鲜汤品。泰国的甜品风格独特,除了新鲜水果外,常用的食材还有鸡蛋、绿豆、米粉、莲子、棕榈糖、木薯根等,也流行用各种芳香的花为原料制成糖浆来煮制液态的甜品。

泰国菜有四大菜系,根据地理和文化不同分为泰北菜、泰东北菜、泰中菜与泰南菜,各地使用的食材往往跟邻近国家相似。由于长期受华人饮食尤其是潮州菜影响,泰国也有不少接近中餐的菜式，例如粥、贵刁(粿条)、海南鸡饭等。泰式正餐通常以香米或糯米做成的米饭为主食，佐以一两道以鱼或肉为主的泰式咖喱，再加上一份汤和一份沙拉。

(三)节庆

泰国深受佛教影响，故此有很多节日皆是与佛教有关的。泰国的国定假日通常以西历计算，但若干宗教节日和传统节日会以泰国历或农历计算。

元旦：公历1月1日。

万佛节：泰历3月15日，源于佛祖在世时，于王舍城传经讲道，3月15日这天数以万计的僧侣不约而同地返归王舍城朝拜佛祖集会。

节基皇朝开国纪念日：公历4月6日，是拉玛一世王加冕登基和当今的节基王朝开国之日。

宋干节：又称"泼水节"。公历4月13至15日，是泰国的传统新年。泼水节的前一天，泰国家家户户都要进行大扫除。到了13日，每个人都穿着新衣服参拜寺院，为僧侣们供奉食物。在浴佛仪式结束后正式进行泼水庆祝。

泰皇登基纪念日：公历5月5日，当今泰国国王拉玛九世普密蓬·阿杜德于1950年5月5日加冕登基。

佛诞节：佛祖释迦牟尼诞生、悟道和涅槃的日期皆发生在泰历6月15日。佛教徒为了纪念大慈大悲佛祖，都在每年的泰历6月15日举行隆重祭祀典礼。

三宝节：泰历8月15日，是佛祖释迦牟尼向5位弟子讲述顿悟，成就佛、法、僧三宝的日子。

皇后华诞纪念日：当今泰国诗丽吉皇后1932年8月12日诞生于曼谷，泰国政府将每年8月12日定为泰国的"母亲节"。

守夏节：泰历8月16日，守夏节历时3个月(泰历8月16日至11月15日)，守夏节结束之日称"解夏节"。在此期间，僧侣均应驻守在寺中，尽量避免外出。

五世皇升遐纪念日：公历10月23日，为纪念泰国历史上最著名的拉玛五世王(又名朱拉隆功大帝)，他在位42年期间，发动了一场自强求富的改革运动，废除奴隶制、提倡科学、鼓励教育、改革官制、革新税制、建立司法体系，实现了国家繁荣进步和臣民安居乐业。

水灯节：泰历12月15日，人们通过在河边漂放水灯，寄托对滋润万物的水精灵的感谢之情，同时也希望所有的罪恶和污秽能够顺水漂走。

万寿节：即"泰国国王华诞纪念日"。当今泰国国王拉玛九世1927年12月5日诞生于美国，泰国政府将每年12月5日定为泰国的"父亲节"。

宪法纪念日：公历12月10日。1932年12月10日泰国颁布了第一部宪法，标志着泰国已迈进民主时代。

(四)传统文化、艺术

泰国人能歌善舞，民间舞蹈舞姿优美，音乐动听。伴奏的乐器主要有鼓、锣、小钹、拍板、笛子、胡琴、笙等民间乐器。泰国民间舞蹈除舞姿和眉目富有表现力和感染力外，演员手指的动作也能表达许多微妙的感情变化。比较有代表性的民间舞蹈有富有情趣的假面舞、玉指闪烁的指甲舞、烛光流萤的蜡烛舞、甜甜蜜蜜的南旺舞等。以拉摩契恩为题材编排的泰国舞蹈，最值得细细观赏品味。最为著名的泰国舞蹈为"khon"，该舞蹈由带假面具的男性舞者演出。"Lakhon"和"Likay"是"Khon"的两个流行的分支，两者与"Khon"的不同之处在于演出者不带面具,可到国家大剧院和一些有文艺演出的饭店欣赏。

世界闻名的"人妖歌舞"表演是泰国最为突出的一种变性人表演,也是众多游客最为惊叹的一个节目。"人妖"表演的节目,既有欢快的中国戏剧,也有迷人的泰国舞蹈、奔放的巴西桑巴,还有滑稽戏、哑剧、美国民谣、港台流行歌曲等。场面宏大,舞台灯光绚丽多彩,可谓丰富多彩,精妙绝伦。

泰拳是泰国的传统徒手技击技巧,可以以拳、腿、肘、膝等身体各个部位进攻对手,以凶猛强悍著称。特别是以足为轴、以髋发力、旋转身体摆拳甩腿的发力方式,在近距离搏斗中具有强大杀伤力。拳手都很注重借鉴跆拳道、柔道、摔跤、拳击等其他种类技击的长处,使得泰拳技巧更加丰富。有很多健身房将泰拳编成有氧健身操,在年轻女性中很受欢迎。

泰国的泰式按摩也十分著名,发源于古印度的西部,创始人是古印度王的御医吉瓦科库玛,他至今仍被泰国人民奉为医之父。他的传统医药知识及按摩知识技法由传教的僧人带入泰国,并由泰王召集,广泛吸收他们的传统医药及按摩的宝贵经验,把这些经验铭刻在大理石上,镶嵌于瓦特波的卧佛寺的游廊壁上。此地成为训练传统泰式按摩的基地。泰式按摩是古代泰王招待皇家贵族的最高礼节,主要分为保健按摩和娱乐按摩两类。

小知识

泰国的"人妖文化"

"人妖"是泰国的特产,也是泰国著名的城市风景,泰国独特的人文风情很多都集中在"人妖"身上。因此,泰国旅游业的繁荣,与"人妖"的存在有很大关系,欧洲人到泰国旅游,不少是冲"人妖"而来的。

人妖一般都来自生计艰难的贫苦家庭,可以说几乎没有富家子弟愿意做人妖。在泰国,有专门培养人妖的学校。一般是从小孩两三岁时开始培养。培养的方式是以女性化为标准,按照女式衣着、打扮、女性行为方式教育,培养女性的爱好。同时,更重要的一点是服用女性荷尔蒙药。这种药的作用在于抑制男性生殖器官的发育,促进体内女性特征超量发展。一般有十多年的服药期,十多年后,男性生理特征便逐渐萎缩,而皮肤就会变得细润。

泰国的人妖,主要集中在曼谷和芭堤雅,而尤以芭堤雅为多。芭堤雅是泰国的花城,是著名旅游胜地,该城有两个人妖歌舞艺术团。除了可以游览其优美的自然风光外,更重要的节目是观看具有最高水准的人妖艺术表演。剧场是一个能容纳六七百人的建筑,平时都是座无虚席,观看者大都是各国旅游者。有些欧美人专程坐飞机来看人妖表演,看完后又马上飞走。

演出一开始,所有的观众都圆睁着双眼,对每一位演员都以审视的眼神,从头到尾仔细品评一番,千方百计想从这些人妖艺人找出一点与众不同之处。可是大家都非常失望。在这些人妖艺人身上,不但找不到瑕疵,而且可以说"她们"比普遍女性形象更加完美。

(五)社交礼仪

泰国人见面时要各自在胸前合十相互致意,其法是双掌连合,放在胸额之间,这是见面礼,相当于西方的握手,双掌举得越高,表示尊敬程度越深。平民百姓见国王双手要举过头顶,小辈见长辈要双手举至前额,平辈相见举到鼻子以下。长辈对小辈还礼举到胸前,手部不应高过前胸。地位较低或年纪较轻者应先合十致意。别人向你合十,你必须还礼,否则就是失礼。合十时要稍稍低头,口说"萨瓦迪卡!"("您好!")。双方合十致礼后就不必再握手。男女之间见面时不握手,俗人不能与僧侣握手。与别人谈话时不得戴墨镜,手势要适度,不

许用手指着对方说话。从别人面前走过时(不管别人是坐着或站着),不能昂首挺胸,大摇大摆,必须弓着身子,表示不得已而为之的歉意。妇女从他人面前走过时,更应如此。学生从老师面前走过时,必须合十躬身。

泰国是个王国,泰国人民对王室很尊敬,身为游客也应入乡随俗,对他们的国王、王后、太子、公主等应表示敬意,电影院内播放国歌或国王的肖像在银幕上出现时,也应起立。凡遇盛大集会、宴会,乃至影剧院开始演出之前,都要先演奏或播放赞颂国王的“颂圣歌”,这时全场肃立,不得走动和说话,路上行人须就地站立,军人、警察还要立正行军礼,否则就会被认为对国王不敬。

另外,公然表示男女之间的爱恋之情会受到非议。按捺不住自己的脾气,特别是在公开场合,会被认为没有礼貌和缺乏教养。事先约会是必要的,准时赴约是礼貌的标志。作为客人,应对主人的家庭和住房表示感兴趣,但不要过分赞美某样东西,以免主人觉得非把它送给你不可。在一般情况下,小小的纪念品可作为礼物相赠,礼物通常应用纸包装好。鲜花也是合宜的礼物。

(六)禁忌

泰国人重头轻脚,不得摸泰国人的头,特别是小孩的头。传递物品时也切忌不要越过他人的头顶。而脚在泰人的眼中是最低下的,因为泰国气候常年如夏,古代泰国人都习惯光脚行走,所以脚被认为是最脏的。当你与泰国朋友围坐一起时,切勿把鞋底翘起对准任何人。这是一种侮辱性的举动,意即把人踩在脚下。用脚指东西更是失礼,而用脚踢门,则会受到人们的唾弃。

女士进入皇宫时不可穿短裙和无袖装,男士必须穿有领子的上装,不得穿拖鞋。进入寺庙要脱鞋,服装应整齐、端庄,最好不要穿短裤。人们购买佛饰时不能说“买”,而只能说是“求租”,否则就是亵渎神明,会招来灾祸,外国游客也必须遵守这一禁忌。遇见僧侣要礼让,女性应避免碰触僧侣,如奉献财物,可请男士代劳或直接放在桌上。俗人不得与和尚握手,只能合十致意。遇见托钵化缘的和尚,千万不能送现金,因为这是破坏僧侣戒律的行为。

在递送物品给人时,要用右手,不要用左手。因为在古时,左手是用来干便后擦洗屁股等脏活的,所以它也是肮脏的,用左手递物是一种鄙视人的举动。

切忌用红笔签名。在泰国,死者的名字是被人用红笔写在棺材上的。红笔签名,表示这人已死。知识、学问在泰国受人敬重,切勿在找不到凳子坐时,随意拿本书来坐,这是忌讳的。付小费时不要给硬币,一般硬币是给乞丐的。在人经常走过的地方,如门口、房顶等禁止悬挂衣物,特别是裤衩和袜子之类。

三、旅游业发展

(一)旅游业发展概况

泰国旅游业起步于20世纪60年代初,至1982年旅游业的外汇收入就达到238.78亿铢,旅游业的外汇收入第一次成为泰国最大的外汇收入来源。自20世纪80年代中期起,旅游业已成为泰国创汇最多的行业,超过了传统的大米、橡胶出口业,位居首位。进入20世纪90年代以来,泰国旅游经济更是快速发展,旅游业收入平均占泰国GDP的7.1%,全国(曼谷除外)有70%的国民收入与旅游业有关,旅游业成为泰国最大的外汇收入来源,也成为泰国经济的重要支柱之一。

1991年赴泰国旅游的外国人约达600万,旅游业收入约为57.6亿美元,泰国成为世界十大旅游市场之一。2000年,泰国接待外国旅游者近1 000万人次,外汇收入超过了70亿美元。旅游收入从1997年的2 200亿泰铢增长至2007年的5 475亿泰铢(约合163亿美元)。2006年经济收入13 393亿泰铢,旅游收入4 706亿泰铢(约124亿美元),占经济收入的35.14%。泰国旅游业外汇收入增长不断。据世界银行发布的《全球经济展望报告》,泰国2009年至2011年的旅游业收入分别为194亿、234亿和251亿美元,约占GDP比重的7%左右,年率增幅约为14%,远高于其他东盟成员国。在2011年,随着政局趋稳,泰国旅游业再次迎来爆发式增长,当年其迎来1 910万人次的国际游客,同比增幅约达20%。2012年泰国GDP为3 655.64亿美元,同比增长了6.4%,2012年,泰国旅游收入22 533亿泰铢(约合321亿美元),同比上一年增长了27.9%。可见,泰国旅游业的发展对泰国外汇收入的提高起到了很大的促进作用。

泰国旅游的客源国主要是中国、日本、韩国、新加坡、中国香港和中国台湾以及欧美国家。2015年泰国国内政局转向稳定,政府先后出台或发布购物促销、新签证类型、签证费减免等政策刺激旅游业,游客数量大幅增长,特别是中国游客。从旅客结构来看,国际旅客占比在最近几年呈现下降的趋势,但仍处于较高水平,2018年国际旅客占比约57.7%。2018年泰国全年接待境外游客共3 828万人次,同比增长7.2%。其中接待中国游客1 050万人次,同比增长7%,占总数的27.5%,与历年相比排名第一,为泰国创收超5 900亿泰铢,折合约为人民币1 260亿,同比增长10%~12%。

(二)主要的旅游资源

泰国历史悠久,是一个佛教色彩极浓的国家。历史文化旅游资源以佛教的庙宇、尖塔和与佛教有关的石雕、佛像和绘画为主要特征,其充满当地风土人情的各种节日庆典和舞蹈也对游客有相当大的吸引力。另外,泰国的自然风光和一些有特色的公园和动物园也令人流连忘返。

1.曼谷

曼谷是泰国的首都,全国政治、经济、文化和交通中心,东南亚第二大城市。曼谷位于湄南河下游,距暹罗湾40千米。该市主体部分在湄南河以东。这里有高大的楼群和宽阔的大道,王宫、国家机关、商业区、金融机构和娱乐设施、旅游饭店,而河西部分仍然保持传统的色彩。市内河道纵横,水上集市贸易十分繁忙,有“东方威尼斯”之称。该市名胜古迹众多,但以佛寺最突出。全市有佛寺400多座,故又有“寺庙之城”之称。主要寺庙有玉佛寺、卧佛寺、金佛寺,它们是“泰国三大国宝”,还有金山寺、亚仑寺、大理寺、云石寺,以及纪念我国航海家郑和的大宝公庙等著名寺庙。大王宫是曼谷最著名的古迹,以金碧辉煌的建筑物闻名于世。大王宫由节基殿、律实宫、阿玛林宫和玉佛寺组成。玉佛寺建于1784年,寺内有许多大殿及钟楼、金塔和壁画。

2.清迈

清迈是泰国第二大城市,泰国北部地区的政治、经济和文化中心,与曼谷相距750千米,坐落在湄南河支流滨河河畔。该市是历史古都,早在1296年就成为都城。“清迈”的意思是“新京”。它也是佛教圣地,全城有寺庙约100座,其中著名的有建于1411年的拥有巨大四方形佛塔的斋里銮寺、曾举行佛教史上第八次大会的斋里则育寺、建有5层方形佛塔的斋里廉寺、供奉着有1 000多年历史的水晶佛的昌挽寺等。该市还有泰国国王的避暑行宫——普平王宫和陈列山地民族手工艺品的泰北文化公园。市郊西北16千米处有索贴山风景区，距市区40千米处有泰国最美丽的嫩江瀑布。该市的玫瑰花、民间传统舞蹈和一年一度的泼水节也颇有名声。

3.普吉岛

普吉岛位于马来半岛附近的安达曼海岸边，面积810平方千米，是泰国最大的岛屿。由于多部美国大片在这里的外岛拍摄，使它拥有颇具人气的知名岛屿，如距离普吉岛市区约一个小时车程的攀牙湾、距离普吉岛最近的珊瑚岛、一线天沙滩、鸡蛋岛、大小PP岛、玛雅湾等，都是普吉岛最吸引游客的旅游景点。岛上还有许多兼有中国与葡萄牙风格的建筑物。站立最高峰上，可远眺印度洋景色。

4.芭提雅

芭提雅是泰国的花城，著名的旅游胜地。它位于曼谷东南150千米的曼谷湾畔。这里原是一个小渔村，经20多年的开发，现已具有每年接待300万游客的能力。该城气候宜人，鲜花遍布，路旁绿树成荫，有“花城”之称。除鲜花外，海滩和海水浴场也十分有名。附近有完善的旅馆和酒吧、小吃店等服务设施，还有网球场、高尔夫球场等，可开展多种运动，同时还可在海滩进行滑水、打水球等水上运动。

5.苏梅岛

苏梅岛是泰国重要的旅游胜地，位于泰国南部的海湾内。100多年以来，一直以盛产椰子而闻名于世。岛上椰子树多达200万株，居民通常用驯养的猴子采摘椰子。由于该岛植被状况极好，一片葱绿，故称为“绿岛”。岛上瀑布众多，有南汶瀑布、杏乐瀑布等。该岛还有许多著名海滩，如万夜喃、沃勃、林角环、那盖、呈通涓等，沙细水洁，风景优美。岛上有一座70年代兴建的角环佛寺。

6.大城

大城，也叫阿育他耶，华人称其为“大城”，是泰国的历史名城。位于湄南河中游，曼谷以北88千米处。公元1350年以来曾有33代君主在此建都。市内多王宫和行宫，如位于湄南河一小岛上的挽巴因宫，是历代君主的行宫，宫东墙附近有一尊帕蒙空母大佛，是泰国最大的佛像之一。建于大城王朝以前的三宝公佛寺，内有一尊坐禅佛像，每年在此举行礼佛大会。

7.古城公园

古城公园位于北榄府，于1963年兴建，其形状类似于泰国地图。在该公园可以看到全国不同王朝时期的著名建筑物。

8.鳄鱼动物园

鳄鱼动物园建于1950年，位于曼谷以南25千米处，园内除了一般动物外，主要饲养着4万多条鳄鱼，是世界上鳄鱼数量最多的动物园。

拓展阅读

讲究面子的泰国人

泰国人是一个很讲究面子的国家，非常注重礼仪和打扮。带泰国旅游团时，导游每天晚上会提前跟泰国人讲，明天早上的安排是6、7、8。意思是6点起床，7点下楼吃饭，8点钟车准时出发。为什么不能7点起床,7点30分吃饭呢,要是中国团客人肯定要求要多睡一会。但泰国人不这样,他们必须留有一小时的洗澡打扮时间,如果你只给半小时,泰国领队绝对不同意,半个小时?“客人的眉毛只够描一半”,可以想象她们花在打扮上的时间有多少,还是中国人好,脸一抹,衣服一套素面朝天就可以出门,把打扮的时间花在工作上或是休息上岂不是更好?中国人讲究自己过得好才是真的好,但泰国人乃至西方人非常注重公众的观感(或者说是美感),真的是各有各的好。

第七节　菲律宾

一、国情概述

(一)国名、国旗、国徽、国歌

1.国名

菲律宾共和国(The Republic of the Philippines),简称菲律宾。

2.国旗

菲律宾国旗呈横长方形,长与宽之比为2∶1。靠旗杆一侧为白色等边三角形,中间是放射着八束光芒的黄色太阳,三颗黄色的五角星分别在三角形的三个角上。旗面右边是红蓝两色的直角梯形,两色的上下位置可以调换。平时蓝色在上,战时红色在上。太阳和光芒图案象征自由;八道较长的光束代表最初起义争取民族解放和独立的八个省,其余光芒表示其他省。三颗五角星代表菲律宾的三大地区:吕宋、维萨亚和棉兰老。蓝色象征忠诚、正直,红色象征勇气,白色象征和平和纯洁。

菲律宾国旗

3.国徽

菲律宾国徽为盾形。中央是太阳放射光芒图案,三颗五角星在盾面上部,其寓意同国旗。左下方为蓝底黄色的鹰,右下方为红底黄色狮子。狮子和鹰图案分别为在西班牙和美国殖民统治时期菲律宾的标志,象征菲律宾摆脱殖民统治、获得独立的历史进程。盾徽下面的白色绶带上用英文写着“菲律宾共和国”。

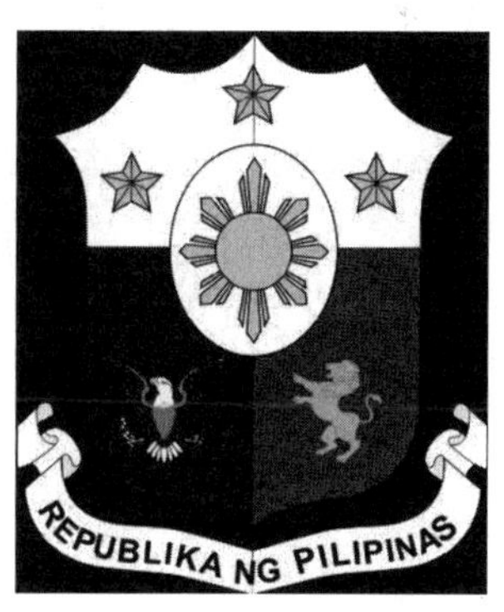

菲律宾国徽

4.国歌

菲律宾国歌是《菲律宾民族进行曲》。

(二)人口、民族、语言、宗教

1.人口

2018年菲律宾人口总数为10 665.19万人。其人口结构也非常年轻，人口中位数是23岁，在欧美和中国等国家面临人口老龄化等严峻情形时，菲律宾正处于人口上升期，是一个非常年轻化的国家。

2.民族

马来族占菲律宾全国人口的85%以上，包括他加禄人、伊洛戈人、邦班牙人、维萨亚人和比科尔人等；少数民族及移民后裔有华人、阿拉伯人、印度人、西班牙人和美国人；还有为数不多的原住民。

3.语言

菲律宾有70多种语言。绝大部分属于马来—波利尼西亚语系。他加禄语、宿务语、伊洛干诺语、比科尔语、萨马语、邦板牙语、邦加锡南语等使用广泛。他加禄语为全国通用语言。

4.宗教

菲律宾有将近90%的民众都是基督教徒。而这其中80%左右信奉天主教，是亚洲唯一一个以信奉罗马天主教为主的国家，甚至国家格言都是“为了天主、人民、自然和国家”。4.9%信奉伊斯兰教，少数人信奉独立教和基督教新教，华人多信奉佛教，原住民多信奉原始宗教。

(三)地理环境、气候

菲律宾位于亚洲东南部，北隔巴士海峡与中国台湾遥遥相对，南和西南隔苏拉威西海、巴拉巴克海峡与印度尼西亚、马来西亚相望，西濒南中国海，东临太平洋。

菲律宾是个群岛国家，由大小岛7 107个组成，面积为29.97万平方千米，其中吕宋岛、棉兰老岛、萨马岛等13个主要岛屿占全国面积的96%，海岸线约18 533千米，有许多良港。菲律宾各岛多以山脉为主，山地占全国总面积的3/4，沿海一带为窄小的平原。菲律宾有200多座火山，其中活火山21座，有“火山之国”之称。吕宋岛的马容火山是最大的活火山。棉兰老岛的阿波火山为全国最高峰，海拔2 954米。各岛之间为浅海，多珊瑚礁。菲律宾群岛两侧为深海,萨马岛和棉兰老岛以东的菲律宾海沟,最深达 10 479 米,是世界海洋最深的地区之一。

菲律宾属季风型热带雨林气候,高温、多雨、湿度大、台风多。年平均气温约 27℃,年平均降水量大部分地区在 2 000~3 000 毫米之间。群岛西部有旱季(11 月—次年 4 月)和雨季(5 月—10 月)之分,东部海岸终年有雨,并以冬雨最多。南部地区也终年多雨,无明显旱、雨季之分。东部的太平洋面是台风发源地,每年 6 月—11 月多台风。

(四)首都、行政区划

菲律宾的首都是大马尼拉市(Metro Manila),人口 1 780 148 人(2015 年 8 月)。马尼拉(Manila)早在公元 16 世纪就是著名的商港,现在仍是全国最大的港口城市。1975 年 11 月,菲律宾政府决定把马尼拉、卡洛奥坎、奎松、帕萨伊 4 个市和玛卡蒂等 13 个区组成大马尼拉市。

截至 2013 年,菲律宾共划分为吕宋、维萨亚和棉兰老三大部分。共设有首都地区、科迪勒拉行政区和棉兰老穆斯林自治区,以及伊罗戈区、卡加延谷区、中吕宋区、南塔加罗格区、比克尔区、西维萨亚区、中维萨亚区、东维萨亚区、西棉兰老区、北棉兰老区、南棉兰老区、中棉兰老区和卡拉加区等 13 个地区。下设 73 个省,2 个分省和 60 个市。

(五)简史

菲律宾人的祖先是亚洲大陆的移民。菲律宾在 14 世纪前后出现了由土著部落和马来族移民构成的一些割据王国,其中最著名的是 14 世纪 70 年代兴起的海上强国苏禄王国。1521 年,麦哲伦率领西班牙远征队到达菲律宾群岛。1565 年,西班牙侵占菲律宾,自此统治菲 300 年。1898 年 6 月 12 日,菲律宾宣告独立,成立菲律宾共和国。同年,美国依据对西班牙战争后签订的《巴黎条约》占领菲律宾。1942 年,菲律宾被日本占领。二战后,菲律宾重新沦为美国殖民地。1946 年 7 月 4 日,美国被迫同意菲律宾独立。

菲律宾独立后,自由党和国民党轮流执政。1965 年国民党候选人马科斯当选二战后第六任总统,并三次连任。1983 年 8 月,反对党领导人贝尼尼奥·阿基诺被谋杀,导致政局动荡。1986 年 2 月 7 日,菲提前举行总统选举,贝尼尼奥·阿基诺的夫人科拉松·阿基诺在民众、天主教会和军队的支持下出任总统。此后,拉莫斯和埃斯特拉达先后按宪制当选总统。2001 年 1 月,埃斯特拉达因受贿丑闻被迫下台,副总统阿罗约继任总统。2004 年 6 月,阿罗约当选总统。2016 年 6 月 30 日,杜特尔特宣誓就职成为菲律宾共和国第 16 任总统。

(六)政治

菲律宾实行总统内阁制,由总统组阁,总统是国家元首、政府首脑兼武装部队总司令。现行宪法规定:实行行政、立法、司法三权分立政体;总统拥有行政权,由选民直接选举产生,任期 6 年,不得连选连任;总统无权实施戒严法,无权解散国会,不得任意拘捕反对派;禁止军人干预政治。国会是最高立法机构,实行参、众两院制。参议院由 24 名议员组成,由全国直接选举产生,任期 6 年,每 3 年改选 1/2,可连任两届。众议院议员 250 名,其中 200 名从全国各选区选出,25 名由参选获胜政党委派,另 25 名由总统任命;众议员任期 3 年,可连任 3 届。有大小政党 100 余个,大多数为地方性小党。

(七)经济

菲律宾是出口导向型经济。第三产业在国民经济中地位突出,农业和制造业也占相当比重。20 世纪 60 年代后期采取开放政策,积极吸引外资,经济发展取得显著成效。80 年代后,受西方经济衰退和自身政局动荡影响,经济发展明显放缓。90 年代初,拉莫斯政府采取一系列振兴经济措施,经济开始全面复苏,并保持较高增长速度。1997 年爆发的亚洲金融危机对菲冲击不大,但其经济增速再度放缓。阿基诺总统执政后,增收节支,加大对农业和基础设施建设的投入,扩大内需和出口,国际收支得到改善,经济保持较快增长。杜特尔特于 2016 年升任总统职位,其致力于有力的改革、支持基础设施和反腐败,进一步加强了经济的增长前景。

近年来,菲律宾的经济一直保持较高的增长速度,2013—2019 年这 6 年里,菲律宾每年的 GDP 增长都超过了 6%。

2017 年菲律宾的农业产值为 302.89 亿美元,占 GDP 的 9.66%。主要出口产品为:椰子油、香蕉、鱼和虾、糖及糖制品、椰丝、菠萝和菠萝汁、未加工烟草、天然橡胶、椰子粉粕和海藻。工业产值为 954.97 亿美元,同比增长 1.6%。其中,矿业、制造业、建筑业和电力能源产值分别为 26.69 亿美元、609.99 亿美元、221.48 亿美元和 96.81 亿美元,占比 GDP 分别为 0.85%、19.45%、7.06%和 3.09%。电子、食品等轻工产品占制造业产出的比重接近 60%。菲律宾旅游业发达,1991 年至 2016 年月均游客量约 23 万人次,2017 年到访游客数量 660 万人次,同比增长 11%;旅游收入约占 GDP 的 8.6%。

菲律宾被誉为“全球英文呼叫中心之都”BPO(Business Pro-cess Outsourcing,也叫业务外包),这是菲律宾的经济生命线,目前是世界上最大的呼叫中心产业基地。人力资源中有超过一百万人口直接受雇于呼叫中心外包领域,每年为菲律宾创收超过 230 亿美元,2017 年的收入达到近 260 亿美元,占菲律宾经济产值的 10%,且以平均 25%～30%的速度增长,持续保持较高的全球领先水平。

菲律宾不仅是亚洲少数博彩合法化的国家之一,也是亚洲唯一网络博彩合法化的国家。在亚洲,菲律宾的博彩产业规模仅次于澳门,且网络博彩的产业规模是亚洲第一,远超柬埔寨等其他东南亚国家。近年来外国游客大量到菲参与博彩,推动着菲律宾博彩业的发展。2017 年,菲律宾博彩行业总收入为 1 600 亿比索(约 30 亿美元),同比增长 19%。此外,博彩业还带动相关的旅游消费、房地产发展和商业零售的经济发展。

2017 年,菲律宾成为全球第三大汇款接受国。来自 1 000 多万海外侨民的汇款是菲律宾第二大外汇来源,占该国国内生产总值的 10%,接近业务流程外包行业的收入。2018 年菲律宾海外劳工个人汇款达 322 亿美元,同比增长 3%,创下历史新高,有力地支撑了菲律宾比索的汇率。

菲律宾旅游业发达,1991 年至 2016 年月均游客量约 23 万人次,2017 年到访游客数量 660 万人次,同比增长 11%;旅游收入约占 GDP 的 8.6%。

交通运输以公路和海运为主。铁路不发达,集中在吕宋岛。航空运输主要由国家航空公司经营,全国各主要岛屿间都有航班。铁路总长 1 200 千米。公路总长约 20 万千米。客运量占全国运输总量的 90%,货运量占全国运输货运量的 65%。水运总长 3 219 千米。全国共有大小港口数百个,商船千余艘。主要港口为马尼拉、宿务、怡朗、三宝颜等。航空运输主要由国家航空公司经营,全国各主要岛屿间都有航班。全国有机场 288 个,国内航线遍及

40 多个城市，与 30 多个国家签订了国际航运协定。主要机场有首都马尼拉的尼诺·阿基诺国际机场、宿务市的马克丹国际机场和达沃机场等。海运交通发达，主要港口有马尼拉、宿务、怡朗、三宝颜等。

菲律宾与 150 个国家有贸易关系。近年来，菲政府积极发展对外贸易，促进出口商品多样化和外贸市场多元化，进出口商品结构发生显著变化。非传统出口商品如成衣、电子产品、工艺品、家具、化肥等的出口额，已赶超矿产、原材料等传统商品出口额。主要出口产品为电子产品、服装及相关产品、电解铜等；主要进口产品为电子产品、矿产、交通及工业设备；主要贸易伙伴有美国、日本和中国等。2018 年菲律宾吸引的外商投资总额达到了 1 178 亿元人民币(中国占比高达 46.8%)，比 2017 年的约 800 亿元人民币高出约 47.1%。主要来源地为中国、美国、日本和新加坡等国。主要投资领域为制造业、物流业、房地产、金融保险、矿业。

随着民族经济发展，私人财团实力不断扩大，在国民经济中占有重要地位。目前，菲律宾 10 多家大财团中，主要是苏里安诺家族财团、阿亚拉家族财团、科胡昂戈家族财团、伊丽萨尔德家族财团等。

菲律宾货币单位是比索(PHP)，中央银行发行，100 菲律宾比索相当于人民币 13.85 元(以 2019 年 11 月 21 日的比索对人民币汇率换算)。

二、民俗风情

(一)服饰

菲律宾男子的国服叫“巴隆他加禄”衬衣。这是一种丝质紧身衬衣，长可及臀，领口如同一般可以扎领带的衬衫、长袖，袖口如同西服上装。前领口直到下襟两侧，都有抽丝镂空图案，花纹各异，颇为大方。菲律宾女子的国服叫“特尔诺”。这是一种圆领短袖连衣裙。由于它两袖挺直，两边高出肩稍许，宛如蝴蝶展翅，所以也叫“蝴蝶服”。这种服装结合了许多西欧国家，特别是西班牙妇女服装的特点，并经过三四百年的沿革，而成为菲律宾妇女的国服。

菲律宾的男人还习惯于穿一种叫“康岗”(Kangan)的上衣。这种上衣无领、短袖、下垂略低于腰。与一条叫“巴哈”(bahag)的裹着腹部的下身装配套穿着。衣服的颜色多为蓝色或黑色，只有酋长穿的衣服为红色。男人头上还缠绕一块布，叫“布通”(putong)，不穿鞋。女人穿着“巴罗”(baro)的宽袖上衣和叫作“巴塔迪昂”(Patadyong)的裙子。“巴塔迪昂”是一块棉布，用来裹腰，下垂至足，穿着它时赤脚上路。现在，菲律宾人的服装已发生了很大变化，西装在中上层人中广泛流行，而老百姓的衣着则比较简单。男子上身穿衬衣，喜用白色，下身穿西装裤；女人喜欢穿无领连衣裙，或下身围“沙笼”。大部分青年穿西式皮鞋，老年人仍穿用木头、麻或草做成的拖鞋。

(二)饮食

菲律宾任何菜，甚至汤都用醋和大量的大蒜等辛辣调料烹饪。在马尼拉任何一家饭店的主餐厅中都会供应地道的菲律宾菜，以风味浓郁的海鲜最为出名。餐厅中常常有乐队演奏和民族舞蹈表演。

菲律宾当地的菜，除了乡土名菜外，还深受中国菜和西班牙菜的影响。“勒琼”(Lechon)是菲律宾典型的年节佳肴，以猪肉为主原料烧烤而成；而“阿多波”(Adobo)则是一道以鸡

肉、猪肉腌渍熟煮的家常菜，由于腌渍的主要调味料为醋，故不易腐坏，且非常入味。也有一些阿多波是以乌贼和牡蛎烹调而成的。除此之外，鲜鱼、蔬菜加上菲律宾特有的酸醋烹调而成的“派克苏皮纳加特”，及以鱼或虾为主材料捣碎后烹调而成的“克尼拉尔”，是相当具有菲律宾风味的名菜。“伊尼哈”则是类似炭烤的一种吃法，“雷利埃诺”是以螃蟹为原料的一种菜肴，看起来豪华，但相当便宜。

菲律宾的水果相当丰富，单是香蕉的种类就很多，而且吃法各有巧妙，如蒸过后洒上黑砂糖，颇有芋头的风味，油炸香蕉条，或烤香蕉等小吃，亦随处可见。其他如杧果、红毛丹等都是既便宜又好吃的水果。此外，还有一种类似金橘但皮是绿色的水果，菲律宾人通常是做菜时才使用，称之为菲律宾柠檬。

(三)节庆

菲律宾节日庆典很多，终年不断，并且充满民族宗教特色。

除夕新年：12 月 31 日—1 月 1 日。街道上到处施放烟火，充满热闹欢乐的气息。除夕新年与家人团聚是菲律宾的传统。

圣周节：3 月 15 日。菲律宾在复活节期间举行圣像游行和耶稣受难剧，封斋期戒律。因宗教纪律而自我鞭笞者和忏悔者为了履行一年一度的誓愿而鞭打自己。

复活节：当黎明时分，由 1 个小女孩扮演天使，踩在云端，将覆盖在圣母玛利亚和复活的基督身上的白纱，轻轻掀起来，这时大家共同欢唱“哈利路亚”。

五月花节：每天下午小女孩手捧花束献给圣母玛利亚，在五月的最后一个星期日，举行圣母像大游行，少女穿上白色缀满鲜花的长袍，跟随在圣母像之后。

国庆节：6 月 12 日是菲律宾独立纪念日，纪念菲律宾在 1898 年 6 月 12 日脱离西班牙的统治独立，结束长期的殖民统治。

万圣节：11 月 1 日。为纪念已逝去的亲人，全家到墓园去献花和燃烧蜡烛，并通宵守夜，这一天变成家庭团聚的日子。

圣诞节：12 月 25 日。菲律宾在黎明前举行弥撒敬礼，圣诞节这天，大家互相赠送礼物，家人欢聚团圆。

(四)传统文化、艺术

菲律宾民间流行斗鸡比赛。从城市到农村，各行各业，官宦士绅极为普遍。斗鸡大体可分为天然斗鸡、本地混种斗鸡和进口斗鸡三类。还有一种“蒙地诺”斗鸡，是美、古巴、西班牙、本地鸡杂配而成的，战绩最好。斗鸡场建在大厅中央，台高约 1.5 米，观众在四周。斗鸡开始后，鸡主人各抱自己的鸡，鸡腿上都缚有 1 枚长的刀片，放入围栏内，恶战开始后，双方拼命厮杀。斗鸡的场面惊险而残酷，不仅吸引着大批本地观众，也吸引着许多外国游客。

菲律宾还有着十分悠久的舞蹈艺术历史。1521—1896 年，它一直受西班牙的殖民统治，这使其相当一部分舞蹈艺术带有明显的西班牙色彩，有的已和民族传统融为一体。但在边远地方，如吕宋岛的北部山区和南部穆斯林聚居地以及一些小岛上，仍然保留着土著民间舞蹈。菲律宾舞蹈可以分为四大类：

1.乡村舞蹈

菲律宾最有代表性的民间舞蹈，也是它独立后整理加工的舞蹈。这种舞蹈把外来风格与本民族风格融为一体，具有浓郁的生活气息，表现了久经苦难的菲律宾人民乐观、热情、豪爽的性格。它深受人民群众喜爱,并得到广泛的推广普及。乡村舞蹈中著名的有:竹竿舞、班当果舞、鸭子舞、索毕利舞、捕虾舞、长凳舞等。

2.北部山区舞蹈

北部山区现在仍为酋长部落,信仰多神教,歌舞是人们生活中不可缺少的组成部分。在种稻、收割、婚嫁、驱病和丧葬活动中,都有歌舞相随。这种舞蹈,女性含蓄庄严,男性威武强悍,反映出艰苦生活的长期磨难。不同部落,舞蹈动作大同小异,表现出文化、宗教信仰的一致性。经专业人员的加工提炼,创作出水罐舞、婚礼舞、节日舞等,都已搬上舞台,以其浓郁的土风色彩吸引着观众。

3.南部棉兰老等地区的穆斯林舞蹈

这个地区的文化,属公元初期受印度文化影响而形成的马来文化圈。当地人主要信仰14世纪传入的伊斯兰教,因而舞蹈也受到伊斯兰文化的影响,带有浓郁的宗教色彩。这里除了民间土风舞外,还保留了宫廷舞蹈,代表剧目为《辛基尔》,是由王族史诗改编的,表现王子寻妃的经历。舞蹈高雅端庄,表演者面部表情庄严,眼帘低垂,感情内蕴,显示了伊斯兰文化的神秘色彩。其他舞蹈还有克扎都拉套舞、碧拉舞、昆套欧舞和长甲舞等。该地区的舞蹈注重手臂和手指的动作,韵律柔韧细腻,下肢屈膝,脚趾上翘,有时还向两侧出胯,舞姿呈曲线形。

4.西班牙风格舞蹈

从节奏到舞姿,都具有西班牙舞蹈开朗、泼辣的特点;但较西班牙舞蹈更为轻盈、柔美。表演者身着菲律宾化的西班牙服装,通常手持竹制响板。其主要舞蹈有:求爱舞、亚来舞、巴爱巴爱得马尼舞等。

菲律宾还有其他一些不同种族的舞蹈,如分布在巴丹、赞巴尔斯和塔尔拉克等山区土著黑人宗教舞蹈和充满生活情趣的哑剧性舞蹈土豆舞、蜜蜂舞等。在棉兰老、苏禄群岛散居的非穆斯林教派人,也有自己的土风舞。

小知识

关于菲律宾的10个冷知识

1.如果有人告诉你,菲律宾是全世界离婚率最低的国家,你肯定会认为是别人随意杜撰的愚人节新闻。可是,这的确是真的。因为菲律宾只准结婚,不能离婚,当局只办理结婚证而不办理离婚证。并且菲律宾的法律规定,一个男子最多可以拥有四个妻子。

2.菲律宾禁止堕胎,因此人口增长很快,目前已经有一亿多人口。

3.菲律宾有条法律规定:如果国歌唱跑调了,将会面临两年以下监禁,以及2 000美元罚款。

4.在菲律宾全国范围内,无论室内室外,凡公共场所均禁止吸烟,违例者将被处以最高四个月的监禁及5 000比索的罚金!

5.菲律宾是全亚洲英语普及率最高的国家。

6.菲律宾是世界最大劳务输出国之一,每10个菲律宾人中就有1个在国外打工。

7.菲律宾人回答你"Yes"不一定是他认同你的观点。因为在菲律宾说"No"是不礼貌的行为。例如你去购买家具,到家具店看好货样,问店主可不可以两天内送货,店主一定会说"Yes",可到时候你却极可能等不到人来。其实你可以换一种方式发问:"您看今天或明天送货上门有困难吗?"因为不需要说"No",店主说的话就靠谱多了。

8.菲律宾人时间观念淡薄。在菲律宾搭航班,无论菲航还是亚航,晚点是司空见惯的情况,但是所有的菲律宾人都会不急不躁地等候。

9.菲律宾的男女平等排名世界第二,只有北欧的挪威更好一点点。亚洲其他国家排名都在第80名以后。所以,到处都可以见到女人当官。

10.菲律宾民众基本上不存钱,发了工资很多人会立刻花掉。雇主需要每半个月支付一次员工薪水。并且菲律宾人习惯于“寅吃卯粮”式的超前消费,因此在菲律宾仅两成家庭有储蓄存款。

(五)社交礼仪

菲律宾人打招呼时用抬眉头以示问候。当你遇到不幸或不顺心的事情时,要是看到他们大笑,你不必生气,因为他们没有不好的意思。

菲律宾人的名字通常是教名在先,随后是母姓首字,再是父姓。菲律宾人在社交场合与客人相见时,一般都行握手礼;与好友相见时通常很随便。菲律宾伊斯兰教徒见面时,要双手紧握,表示亲如兄弟。

邀请菲律宾人赴宴,一定要多次邀请,否则他们会认为这是客套,前两次都谢绝。宴会结束后一般都要举行舞会。菲律宾的农村居民和部分穆斯林教徒惯用右手抓食。

(六)禁忌

跟菲律宾人打交道,不能“面无表情”,或是“三缄其口”。你若是面无表情或一声不发,他们会认为你不怀好意,或是不愿意跟他们打交道。收受或者赠送礼物不要当众打开,否则客人会有被当众羞辱的感觉。

在菲律宾,忌进门时脚踏门槛,当地人认为门槛下住着神灵,不可冒犯。有些菲律宾人家,特别讲究屋内整洁、干净,他们常常习惯于进屋前先脱鞋。在菲律宾忌红色,认为红色是不祥之色;忌鹤和龟以及印有这两种动物形状的物品;忌讳数字“13”和“星期五”,认为“13”是“凶神”,是厄运和灾难的象征。

菲律宾人喜爱打听私人情况,因此,与人谈话时要小声。老年人在菲律宾特别受到尊重,见面时要先向年长者问候、让座,一般情况下不能在老人面前抽烟。

菲律宾人的姓名大多为西班牙语姓名,顺序为教名—母姓首字—父姓。与专业技术人员交往时要称呼他们的职称,如工程师、建筑师、律师、教授等。交谈时要避免菲律宾国内政治纷争、宗教、菲律宾近代史等话题。

菲律宾人忌讳左手传递东西或抓取食物,他们认为左手是肮脏、下贱之手,使用左手是对他人的极大不敬。他们不爱吃生姜,也不喜欢吃兽类内脏和腥味大的东西,对整条鱼也不感兴趣,也不喝牛奶和烈性酒。

三、旅游业发展

(一)旅游业发展概况

20世纪70年代以来,菲律宾十分重视发展旅游业。1973—1981年,旅游人数一直稳步增长,1980年入境旅游者突破百万,创外汇3.2亿美元。1983年以后,由于政局动乱、通货膨胀、经济衰退等原因,入境旅游人数减少。1986 年政府重视旅游业复苏,旅游人数和创汇都有相应增加。1987 年接待国际游客 104 万人,创汇 14.24 亿美元。1999 年接待国际游客 217.1 万人次,旅游外汇收入 25.54 亿美元。2003 年和 2002 年来菲外国游客分别为 190.7 万人次和 193.2 万人次,旅游收入分别达 15.2 亿美元和 17.4 亿美元,约占菲律宾国民生产总值的 5%。在《世界经济论坛 2013 旅游业竞争力报告》中,菲律宾旅游业竞争力排名从 2011 年时的第 94 位跃升至第 82 位,在亚洲地区排名第 16 位,是亚洲地区排名提升最快的国家。但是基础设施缺乏仍是菲律宾发展旅游业的一大障碍,菲律宾南部地区有恐怖袭击、绑架等,这些都让外国人不愿前去旅行。

近年来,菲律宾政府决定把旅游业作为重点发展产业之一。据菲律宾旅游部统计数据,2015 年,菲律宾的外国游客总数达到 536 万人次,同比增长 10.91%。韩国、美国、日本、中国依次是 2015 年菲律宾前四大外籍游客来源地。其中,韩国游客数量达 134 万人次,同比增长 13.97%;美国游客数量达 77.9 万人次,同比增长 7.81%;日本游客数量达到 49.56 万人次,同比增长 6.88%;中国游客数量达到 49.08 万人次,同比增长 24.28%。统计显示,在 2015 年菲律宾前 12 大外国游客来源地中,中国游客数量增幅最大。随着中菲两国促进双方全面战略合作关系达成,两国间直航航班数量增多以及菲政府推出针对中国团体游客、商人和参会代表的落地签政策,中国赴菲游客人数持续快速增长。2017 年,中国跃升为菲律宾第二大游客来源地,赴菲律宾旅游人数为 96.8 万人次,同比增长超过 43%。

(二)主要的旅游资源

菲律宾是一个风情万种的热带岛国,由 7 100 多个岛屿组成。这里有美丽的热带自然风光,有巴拉盖岛白沙滩、独具特色的马荣火山以及峡谷漂流胜地百胜滩。这里又是东西方文化的融汇地,有世界文化遗产巴那威梯田、西班牙王城、战争岛和苏比克湾。主要的旅游城市有马尼拉、宿务、碧瑶、巴拉盖等。

1.马尼拉

马尼拉是菲律宾首都,位于吕宋岛西岸,马尼拉湾畔。是一座新旧交错、东西文化交融的城市。也是全国最大的城市和经济、文化和交通中心。这里是亚洲最欧化的城市,也被称为“亚洲的纽约”。据说它的名称来自开放在帕西河畔的尼拉特花。由于受西班牙统治 300 年之久,所以颇具西欧情调。大马尼拉也是亚洲的电影之都,这里共有 246 家电影院,大多数电影院放映美国电影。马尼拉港以南,有一块填海造地而成的 70 万平方米的土地,建有国际会议中心、文化中心、民间艺术剧院、国际贸易展览中心、椰子宫等现代化宏伟建筑,它们和马尼拉教堂、圣奥古斯丁教堂、圣地亚哥古堡等古建筑构成一幅奇特的城市景观。市区还有华侨区中国城、马拉卡南宫;市郊有百胜滩急流和瀑布、达尔湖等天然奇景,是旅游胜地。

2.宿务

宿务于 1571 年建市,是菲律宾最古老的城市,同时又是一个新兴的商业旅游城市。这座城市面积 340 平方千米,人口 80 万,是菲律宾第二大城市,素有“菲南皇后城”之称。目前宿务已发展成为菲律宾著名的旅游中心。这里有大片的森林,宿务国家公园面积 153.94 平方千米,又有无数白色沙滩和清澈海水,还有世界级的度假酒店——马克坦香格里拉饭店。宿务还是抗击侵略者的历史圣地,有一些与麦哲伦相关的遗迹留下来。

3.菲律宾夏都——碧瑶

碧瑶地处菲律宾吕宋岛北部,距离首都马尼拉 250 千米。举目四望,漫山遍布苍松翠

柏，俗称松市；芳草如茵，繁花似锦，又被赞为花城；高山之巅，四季如春，处此终年炎热，遍地火炉的国度，堪称一绝，而被誉为夏都。作为一个避暑旅游胜地，不但闻名于菲律宾和东南亚，而且在世界上都小有名气。人们用这样一句话来概括对碧瑶的观感，“如果你到菲律宾来没有来碧瑶，就不算真正到了菲律宾”。

4.巴拉盖

巴拉盖位于菲律宾中部维萨亚地区北部班奈岛西北角海中一个小岛，面积 20 平方千米。巴拉盖拥有菲律宾最著名的长海滩，因此也被称为“长滩岛”，其独特的由珊瑚形成的细如面粉的白沙非常出名，为了保护这些珍贵的白沙，巴拉盖机场有严格的检查程序，绝不允许游客带沙子离开，就凭这一点，足以引起大家对白沙滩的好奇。

5.巴拉望

巴拉望位于菲律宾西南部海中，西边是南中国海，东临菲苏绿海，全岛面积 1.49 万平方千米，人口 75.5 万，该省由 1 780 个岛屿组成，海岸线长 2 000 千米，拥有大量热带雨林，生态状况非常好。由于政府和人民生态保护意识很强，所以该省水域处处可见珊瑚丛，海水的能见度非常高，是潜水和开展海上游的最好去处。该省北部是石碳石形成的山和岛屿，不论近看远看都非常漂亮，犹如海上“桂林山水”。

拓展阅读

如何与菲律宾人交往

在菲律宾与人交往时应注意：(1)女士优先；(2)在升降梯上应把左侧让给有急事的人；(3)进入教堂等地方，穿着避免暴露；(4)饮酒适量，切勿酒后吵闹；(5)不要在马路、走廊上数人并排行走；(6)开关门时，如后面还有人，应按住门等候；(7)勿随便露出令人误解的微笑。

到菲律宾人办公室或住所，均应预先约定、通知，并按时抵达。如无人迎候，进门先按铃或敲门，经主人应允后方得进入。如无人应声，可稍等片刻后再次按铃或敲门(但按铃时间不要过长)。无人或未经主人允许，则不得擅自进入。因事急或事先并无约定，但又须前往时，则应尽量避免在深夜打搅对方；如万不得已，非得在休息时间约见对方时，则应见到约见人后立即先致歉意，说“对不起，打搅了”，并说明打搅的原因。

经主人允许或应主人邀请，可进入室内。尽管有时洽谈的事情所需时间很短，也应进入室内，不要站在门口进行谈话。有时，主人未邀请进入室内，则可退到门外，在室外进行谈话。进入室内，如说话所需时间较短，则可不必坐下，事毕也不要逗留；如所需时间较长，则要在主人邀请之下方可入座。在预先并没有约定的情况下，谈话的时间尽量不要过长。

应邀到菲律宾人家里拜访、做客，应按主人提议或同意的时间抵达，早到或迟到都是不礼貌的。如发生迟到的情况，应致歉意。进行拜访，一般安排在上午 10 时或下午 4 时左右。西方习惯备有小吃和饮料招待，客人不要拒绝，应品尝一下，接受的饮料应喝掉(但实在不习惯时，也不必勉强)。

不经主人的邀请或没有获得主人的同意，不得要求参观主人的庭院和住房。在主人的带领下可参观住宅，但即使是较熟悉的朋友也不要去触碰除书籍、花草以外的个人物品和室内的陈设。

对主人家中的人都应问候，尤其应问候夫人(丈夫)和子女。有小孩在场，应主动与孩子握手、亲抱表示喜欢。家中养有猫狗的，不应表示出害怕、讨厌，不要去踢它、轰它。离开时，应有礼貌地向主人告别，感谢主人的接待。

第八节　印度尼西亚

一、国情概述

(一)国名、国旗、国徽、国歌

1.国名

印度尼西亚共和国(The Republic of Indonesia),简称印度尼西亚或印尼。“印度”一词,在梵文中意为“海”“尼西亚”在希腊语中意为“岛屿”,印度尼西亚一名,就是“海”和“岛”的合称。此外,印度尼西亚还有一个动听的土著名称叫“奴山打拉”,也正是“群岛之国”的意思。

2.国旗

印尼国旗的旗面由上红下白两个相等的横长方形构成,长与宽之比为 3∶2。红色象征勇敢和正义,还象征印度尼西亚独立以后的繁荣昌盛;白色象征自由、公正、纯洁,还表达了印尼人民反对侵略、爱好和平的美好愿望。

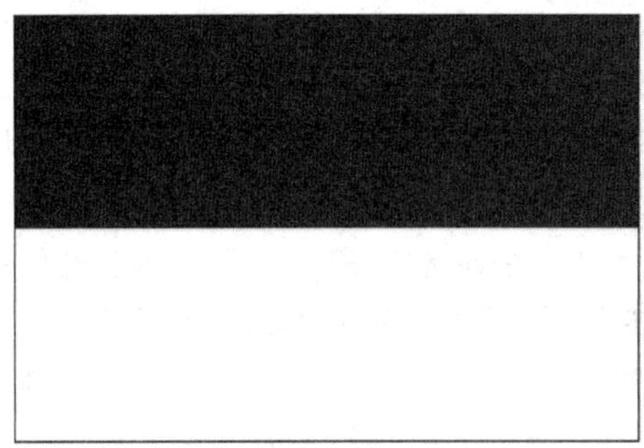

印度尼西亚国旗

3.国徽

印尼的国徽由一只金色的鹰、一面盾和一条鹰爪抓着的绶带组成。鹰象征创造力,鹰两翼各有 17 根羽毛,尾羽 8 根,这是为了纪念印度尼西亚的独立日——8 月 17 日。鹰胸前的盾面由五部分组成:黑色小盾和金黄色的五角星代表宗教信仰,也象征“潘查希拉”——印尼建国的五项基本原则;水牛头象征主权属于人民;榕树象征民族意识;棉桃和稻穗象征富足和公正;金色饰环象征人道主义和世代相传。盾面上的粗黑线代表赤道。鹰爪抓着的绶带上用印尼文写着“异中有同”。

4.国歌

印尼的国歌是《伟大的印度尼西亚》。

印度尼西亚国徽

(二)人口、民族、语言、宗教

1.人口

印度尼西亚人口超过 2.68 亿人(2018 年),为世界上人口第四多的国家。

2.民族

印尼是一个多民族的国家,拥有 100 多个民族,其中爪哇族占人口的 45%,巽他族占 14%。

3.语言

印尼的民族语言有 200 多种,官方语言为印尼语。约 87%的人口信奉伊斯兰教,是世界上穆斯林人口最多的国家。

4.宗教

印尼居民中 87.2%信奉伊斯兰教,6.1%信奉基督教,3.6%信奉天主教,此外还有印度教、佛教和原始拜物教等。

(三)地理环境、气候

印度尼西亚位于亚洲东南部,地跨赤道,与巴布亚新几内亚、东帝汶、马来西亚接壤,与泰国、新加坡、菲律宾、澳大利亚等国隔海相望。其 70%以上领土位于南半球,因此是亚洲唯一一个南半球国家。经度跨越 96°E 至 140°E,东西长度在 5 500 千米以上,是除中国之外领土最广的亚洲国家,地形以山地和丘陵为主,间以高原、盆地与平原。印尼约有 17 508 个岛屿,是全世界最大的群岛国家,疆域横跨亚洲及大洋洲,别称“千岛之国”。另外还拥有 400 多座火山,其中的 77 座是活火山,因此也被称为“火山国”。印尼各岛处处青山绿水,四季皆夏,人们称它为“赤道上的翡翠”。

印度尼西亚是典型的热带雨林气候,年平均温度 25～27℃,无四季分别,北部受北半球季风影响,7 月、8 月、9 月降水量丰富,南部受南半球季风影响,12 月、1 月、2 月降水量丰富。

(四)首都、行政区划

印尼的首都是雅加达(Jakarta),位于爪哇岛上,人口 1 027.7 万(以 2018 年统计数据为准)。

印尼共有一级行政区(省级)34个,包括首都雅加达、日惹、亚齐3个地方特区和30个省。二级行政区(县/市级)共512个。

(五)简史

公元3—7世纪,印尼建立了一些分散的封建王国。13世纪末至14世纪初,在爪哇建立了印尼历史上最强大的麻喏巴歇封建帝国。15世纪,葡萄牙、西班牙和英国先后侵入印尼。1596年荷兰侵入,1602年成立具有政府职权的"东印度公司",1799年年底改设殖民政府。1942年,日本占领印尼,1945年日本投降后,印尼爆发八月革命,于8月17日宣布独立,成立印度尼西亚共和国。1947年后,荷兰与印尼经过多次战争和协商,于1949年11月签订印荷《圆桌会议协定》。根据此协定,印尼于同年12月27日成立联邦共和国,参加荷印联邦。1950年8月印尼联邦议院通过临时宪法,正式宣布成立印度尼西亚共和国。1954年8月,脱离荷印联邦。

(六)政治

印尼为单一的共和制国家,实行总统制,总统为国家元首、行政首脑和武装部队最高统帅。2004年起,总统和副总统不再由人民协商会议选举产生,改由全民直选;每任5年,只能连任1次。总统任命内阁,内阁对总统负责。

人民协商会议是国家立法机构,由人民代表会议(国会)和地方代表理事会共同组成,负责制定、修改和颁布宪法,并对总统进行监督。如总统违宪,有权弹劾罢免总统。每5年换届选举。实行三权分立,最高法院独立于立法和行政机构。主要政党有民主党、专业集团党、民主斗争党、繁荣公正党、国家使命党、建设团结党。

(七)经济

印尼是东盟最大的经济体。农业、工业、服务业均在国民经济中发挥重要作用。1950—1965年GDP年均增长仅2%。60年代后期调整经济结构,经济开始提速,1970—1996年间GDP年均增长6%,跻身中等收入国家。1997年受亚洲金融危机重创,经济严重衰退,货币大幅贬值。1999年底开始缓慢复苏,GDP年均增长3%~4%。2003年年底按计划结束国际货币基金组织(IMF)的经济监管。苏希洛总统2004年执政后,积极采取措施吸引外资、发展基础设施建设、整顿金融体系、扶持中小企业发展,取得积极成效,经济增长一直保持在5%以上。2008年以来,面对国际金融危机,印尼政府应对得当,经济仍保持较快增长。近年来,印尼制造业增长速度均超过经济增长速度。印尼2018年国内生产总值(GDP)10 421亿美元,人均GDP 3 893美元。

石油、天然气以及煤、锡、铝矾土、镍、铜、金、银等矿产资源十分丰富。因此矿业在印尼经济中占有重要地位,产值占GDP的10%左右。印尼是亚太地区重要的石油和天然气生产国,长期以来油气产量分别位居该地区第二位和首位,石油主要出口到亚太国家和美国。但是近年来印尼原油储量和产量呈现递减趋势,2004年成为原油净进口大国,且其油气勘探开发对国外资金和技术的依赖性较强,炼油工业虽然具一定规模,但其深加工能力不足,化工工业较落后。

工业发展方向是强化外向型制造业。主要部门有采矿、纺织、轻工等。制造业在印尼国民经济中占有极为重要的地位,是印尼经济增长的关键驱动引擎之一。过去数十年印尼经

济依靠大量出口煤炭、橡胶、棕榈油等大宗商品得以快速发展，过度依赖初级产品出口却忽略了制造业，已经成为印尼经济的结构性问题。大宗商品占出口的60%以上，制造业产品所占份额仅为35%，90%以上为低生产力的非技术和半技术劳动力，制造业总体竞争力薄弱。印尼2012年决定对煤炭以外的65种矿石采取限制出口的措施并征收20%的出口税，并于2014年全面禁止未经加工的原矿出口，以便对农矿产品进行深加工，延长产业链。从2015至2018年4年间，印尼制造业投资显著增长达17.4%，2018年制造业吸收劳动力1 825万人，占全国劳动力总数的14.72%。印尼全国耕地面积约8 000万公顷。除了种植稻谷、玉米、大豆等粮食作物外，还盛产经济作物，2009年棕榈油、橡胶、咖啡、可可产量分别为2 520万吨、304万吨、74.8万吨、90.4万吨。渔业资源丰富，政府估计潜在捕捞量超过800万吨/年，2008年实际捕捞量为520万吨。森林面积1.37亿公顷(50年代为1.62亿公顷)，森林覆盖率超过60%。为保护林业资源，印尼宣布自2002年起禁止出口原木。2008年原木产量为806万立方米。旅游是印尼非油气行业中仅次于电子产品出口的第二大创汇行业。

公路和水路是重要运输手段，其中公路担负着国内近90%的客运和50%的货运。铁路设施相对落后，仅爪哇和苏门答腊两岛建有铁路。空运近十年发展迅速。雅加达苏加诺—哈达国际机场为最大机场。主要航空公司有鹰记、鸽记、狮航、曼达拉、室利佛逝等。

外贸在印尼国民经济中占重要地位，政府采取一系列措施鼓励和推动非油气产品出口，简化出口手续，降低关税。纺织业一直是印尼除石油与天然气之外的最大出口贡献者，在过去的10年中平均每年为印尼创汇超过50亿美元。印尼还是全球最大的棕榈油生产国和出口国。另外，按照印尼海关统计，机电产品多年来一直是印尼数量最大的进口商品。印尼的重要贸易伙伴除欧盟和美国外，主要集中在亚太地区，其中包括中国、日本、新加坡、马来西亚和澳大利亚等构成的九大贸易伙伴国。近年来，由于中国经济迅猛发展，中国对印尼的贸易地位不断上升，中国已经是仅次于日本、美国和新加坡的第四大出口市场，同时也是仅次于新加坡的第二大进口来源国。

印尼政府重视改善投资环境，吸引外资。1997年金融危机前每年吸引外资约300亿美元，金融危机后大幅下降。苏希洛政府重视改善投资环境，大力吸引外资。主要投资来源国为新加坡、日本、中国。

印度尼西亚货币单位是卢比(IDR)，100卢比相当于人民币0.05元(以2019年11月21日的卢比对人民币汇率换算)。

二、民俗风情

(一)服饰

印尼人的民族服装，一般是上身着衣，下身围纱笼(一种长围裙)。女的上衣是对襟长袖，没有衣领，下身是围色彩艳丽的沙笼。男的上衣是有领对襟长袖，下身是围带格图案的沙笼。女的一般要配戴丝绸的披肩，男的头上包扎各式头巾，或戴黑色无边小礼帽。平时男女都喜欢穿拖鞋或木屐。由于天热，印尼人一般不喜欢穿袜子。妇女喜欢穿戴金银饰品。

(二)饮食

印尼人的主食是大米、玉米或薯类,尤其是大米更为普遍。大米煮熟后,用香蕉叶或棕榈叶把大米或糯米,包成菱形蒸熟而吃,称为“克杜巴”。不过,印尼人也喜欢吃面食,如吃各种面条、面包等。

由于印尼人绝大部分信仰伊斯兰教,所以绝大部分居民不吃猪肉,爱将牛、羊、鸡、鱼及其内脏,用炸、烤、煎、爆的方法烹调,再用咖喱、胡椒、虾酱等作调料。因此印尼菜的特点一般是辛辣味香。印尼人还喜欢吃“沙嗲”(烤牛羊肉串)、“登登”(腌制生晒后油炸的牛肉干)、咖喱等。

印尼风味小吃种类很多,主要有煎香蕉、糯米团、鱼肉丸、炒米饭及各种烤制糕点。印尼人还喜欢吃凉拌什锦菜和什锦黄饭。印尼人视黄色为吉祥的象征,故黄米饭成为礼饭,在婚礼和祭祀上必不可少。

印尼人吃饭不用筷子,而是用勺和叉子,有时也喜欢用手抓饭。喜欢喝咖啡,还喜欢喝用菠萝、椰子、杧果等制作的各种冷饮。伊斯兰教徒不能喝烈性酒,所以印尼人多只喝啤酒。

(三)节庆

印度尼西亚的主要节日有:

国庆节:1945 年 8 月 17 日是印尼宣告独立的日子,每年这一天都要在总统府前广场上举行隆重的庆祝仪式,各地也要举行以升国旗为内容的庆祝活动。

全国野生动植物保护日:11 月 5 日这天印尼政府要组织活动,进行宣传,唤醒人们保护野生动植物的意识。

开斋节:这是印尼最重要的节日。每年伊斯兰教历九月,全国伊斯兰教徒都要实行白天斋戒禁食,斋月后第一天便是开斋节(日期在公历 2、3 月间)。开斋节前夕,伊斯兰教徒要进行慈善捐赠活动。节日法定只放假一天,但实际上一般都要放假三天以上,有的单位甚至放假一周以上。开斋节前夕的晚上是个不眠之夜,各清真寺整夜念长经,诵经声通过高音喇叭传到四面八方。

古尔邦节:也是伊斯兰教的主要节日之一。按伊斯兰教规定,伊斯兰教历十二月十日为古尔邦节。每逢此日,穆斯林沐浴盛装,举行庆祝活动。

卫塞节:是印尼佛教纪念佛教主悟道的日子。每逢这一节日,来自全国各地的佛教徒云集到中爪哇的婆罗浮屠、门都特等寺院举行盛大的庆祝活动。

(四)传统文化、艺术

在印尼人民的生活中,音乐占有十分重要的地位。其中最有代表性的是在中爪哇发展并流行于全爪哇岛和巴厘岛的一种叫作“加美兰”的音乐,印尼人民视加美兰音乐为国宝,在世界上(特别在西方国家中)也有很大的影响。加美兰主要是指以打击乐为主的合奏音乐,同时又泛指一切合奏音乐和演奏这些音乐的乐队。它的音乐主要用于戏剧、舞蹈、影戏的伴奏,同时也用于各种宗教仪式。

“哇拍”皮影戏是印尼文化最突出的一种戏剧表现形式。正如京剧脸谱让人想到中国,“哇拍”皮影则让人想到印度尼西亚。在近千年的岁月里,皮影戏在印尼曾是上至王公贵族、下至平民百姓的文化生活支柱,被视为印尼的国粹。2003 年爪哇皮影被收入联合国教科文组织“人类口头和非物质文化遗产”首批名录。在幕布上活灵活现的皮影曾长期被视为神灵和祖先的灵魂。时至今日，皮影戏仍然是许多宗教仪式和节日庆祝中的一个重要节目。

(五)社交礼仪

印度尼西亚人在社交场合与客人见面时，一般惯以握手为礼。与熟人、朋友相遇时，传统礼节是用右手按住胸口互相问好。印尼社会以尊重个人为基础，这一点在日常事务中必须记住。

进入铺有地毯的房间或神圣的场所——尤其是清真寺，必须脱鞋。遵守时间虽很重要但并不受到十分注意。事先约会是受人欢迎的。应邀做客，最好给主人送一束鲜花，用右手递接东西。客人不仅应用右手取食，而且不能用左手触碰食物。印尼人一般不要求客人随带礼物，但表示感谢的恭维话和便笺总是受欢迎的。主人若有馈赠，应亲切有礼地接受，因为推却不受是不礼貌的。不要谈论有关当地的政治、社会主义以及外援等话题。

(六)禁忌

印尼人忌讳用左手传递东西或食物。他们把左手视为肮脏、下贱之手，认为使用左手是极不礼貌的。他们忌讳有人摸他们孩子的头部，认为这是缺乏教养和污辱人的举止。印度尼西亚巴杜伊人衣着色彩除了他们只崇尚的白色、蓝色和黑色之外，禁忌穿戴其他色彩的衣服，甚至连谈论都不允许。爪哇岛上的人最忌讳有人吹口哨，认为这是一种下流举止，并会招来幽灵。印尼人对乌龟特别忌讳，认为乌龟是一种令人厌恶的低级动物，它给人以“丑陋”“春药”“性”“污辱”等极坏的印象。他们忌讳老鼠，认为老鼠是一种害人的动物，给人以“肮脏”“瘟疫”和“灾难”的印象。印尼人一般都不喜欢吃带骨刺的菜肴。

小知识

印尼沉香

印度尼西亚沉香与马来沉香(合称为星洲沉香)、惠安沉香三种为现今台湾地区的市场主力，使用量最多。

印度尼西亚沉香味含腥味，不适合单独使用，也不适合做纯香品(不掺中药)；但如与马来沉香掺杂，可做中药沉香，也是现今市场做中药沉香的主要沉香原料，十多年前在国际评价属中低等，那时价格偏低，但因沉木日渐短缺，现在达拉干、加里曼丹等由于中东各王亲贵族特别喜爱。现在因其材生闻香味浓厚又带凉气，且质坚硬适合雕刻和车沉木念珠，所以价格上等。

印度尼西亚是世界著名的沉香产地，其中有加里曼丹岛、打拉根岛(马泥涝)、苏门答腊岛、伊利安岛(加雅布拉)、马拉 OK 岛、苏拉维西岛、安汶岛。其中苏门答腊、苏拉维西、安汶岛产量极少，基本上市场已没有这些产地了。

印尼安汶产区的水沉最大的特点就是香味中带着印尼水沉那种特有的沼泽地水草的香韵，清新高雅。闻之舒畅，非常适合瑜伽修炼静心时使用。安汶产区的部分极品沉香还带有稀有的龙涎香的香味，这种极品在安汶比较少见，香味独特非常浓重，后味留香持久深远，富有韵味，渲染力极强，是香道的高雅用香。

三、旅游业发展

(一)旅游业发展概况

印度尼西亚的旅游业比较发达。政府十分重视发展旅游业,1969年就成立了旅游、邮政和电讯部,下设专门负责旅游业的旅游局。从第二个五年计划开始,印尼把促进旅游业的发展正式列入国家的经济发展计划,此后,印尼政府制订的几个五年经济与社会发展计划,都对旅游业的各项发展指标做了具体的规定。1990年10月,印尼颁布了《旅游法》。为了促进旅游业的发展,印尼政府每年都拨出大量资金发展旅游业。因此,印尼旅游业的发展速度较快。1980年,入境的外国旅游者只有56万人次,旅游收入仅2.7亿美元,占国内生产总值的0.4%,出口额的1.2%。而至1990年,外国旅游者人数猛增到217.8万人次,收入达20亿美元,在国内生产总值中占2.5%,占出口额的8.2%。1991年,虽受海湾战争和世界性经济衰退的影响,但外国旅游者人数继续增加,达到257万人次,超过了“1991印度尼西亚旅游年”接待250万人次外国旅游者的计划。2013年,在全球经济不景气情况下,印尼还接待了外国游客860万人次,实现外汇收入98亿美元。

目前,旅游业已经成为印尼政府五大优先发展的支柱产业之一,政府将国家预算的9%投入旅游业中,在政府的大力扶持下,印尼旅游业近年来以每年10%的速度增长。世界经济论坛发布的《2017年旅游业竞争力报告》显示,印尼旅游业的国际竞争力在全球136个国家和地区中位列第42位,和上一次排名相比上升8位。2018年印尼吸引国际游客1 600万人次,大幅超过2017年全年1 400万人次的水平,旅游外汇收入176亿美元,是印尼最大的创汇行业。中国在印尼入境旅游客源国中居于首位,占据印尼旅游入境旅客数量的20%。印尼旅游部设立了2019年跻身国际旅游业竞争力30强、吸引2 000万国际游客和创汇240亿美元的目标。为了实现这一目标,印尼旅游部会在2019年增加25亿美元的支出来改善旅游基础设施和加强宣传推介,具体措施包括优先开发10个“新巴厘”旅游景区、在全国范围内新增5 000间民宿、在16个旅游目的地实施“旅游可持续发展”计划、开发10个“游牧旅游”区。

近些年来,印度尼西亚出国旅游者人数一直维持在100万人次左右的水平,虽然有的年份变化较大。1991年,出国旅游者人数约为100万人次,比1990年增长43%。大部分出国旅游者去新加坡旅游。60年代中期,由于该国和中国外交关系中断,来华的旅游者甚少。1990年8月,两国正式恢复外交关系,推动了两国关系的发展,旅游的大门也被打开。

近年来,印度尼西亚的国内旅游也有很大发展。2013年,印尼国内游客达到2.48亿人次,实现旅游收入144亿美元。不过国内旅游者消费档次较低。他们乘飞机少,住高档饭店少,买高级纪念品也较少。大部分人乘公共汽车旅游,住低级饭店或亲友家。国内市场受国际环境和国际形势影响较小,海湾战争时,巴厘岛等地的国内旅客反而有明显增加。

(二)主要的旅游资源

印尼的主要景点有巴厘岛、雅加达缩影公园、日惹婆罗浮屠佛塔、普拉班南神庙、苏丹王宫、北苏门答腊多巴湖等。

1.巴厘岛

巴厘岛是印尼著名的旅游区。由于地处热带，且受海洋的影响，气候温和多雨，土壤十分肥沃，四季绿水青山，万花烂漫，林木参天。由于巴厘岛景物绮丽，万种风情，享有多种别称，如“神明之岛”“恶魔之岛”“罗曼斯岛”“绮丽之岛”“天堂之岛”“魔幻之岛”等。

巴厘岛人都是生活的哲学家，工作时认真工作，用餐时喜悦地吃，睡觉时安详地睡，与万物众神和平相处，心无旁骛地过每分每秒，生活自然逍遥，一生当然快意。巴厘人生性爱花，处处用花来装饰，因此，该岛又有“花之岛”“南海乐园”“神仙岛”的美誉。

2.万隆

万隆(Bandung)是美丽的花城，古称“勃良安”，意为“仙之国”，现名意为“山连山”。它是西爪哇首府、印尼第三大城市(仅次于雅加达和泗水)，面积 80 多平方千米。人口 139 万，位于印度尼西亚爪哇岛西部海拔 715 米的万隆盆地中，四面群峰环绕，植物繁茂，环境优美。虽地近赤道，但因地势较高，气候凉爽，空气清新。年平均气温 22.5℃，年降水量 1988 毫米。万隆景色秀丽，清静幽雅，四季如春，被誉为印尼最美丽的城市，素有“爪哇的巴黎”之称。早在 17 世纪，万隆就已成为著名的旅游和避暑胜地。

3.雅加达

雅加达(Jakarta)，又名椰城，是印度尼西亚最大的城市和首都，位于爪哇岛的西北海岸，是东南亚第一大城市，世界著名的海港。多数居民为爪哇人，少数为华人、华侨、荷兰人，官方语言为印度尼西亚语。在雅加达，有一处别具一格的旅游胜地，每天游客络绎不绝，印尼人亲切地称它为“美丽的印度尼西亚缩影”(又称迷你公园)。这个缩影公园把印尼全国岛屿山川、都市港口、名胜古迹、风土人情按照印尼全国的地理位置，以缩影的形式艺术地展现在游人面前。公园坐落在雅加达以南 10 千米处，占地 120 公顷，于 1972 年破土动工，1975 年 4 月 20 日落成。在“印尼缩影”公园的大门口，登高望远，鸟瞰全景，“千岛之国”尽收眼底。一个个岛屿、一块块陆地，自东而西，似颗颗翠珠，镶嵌在印度洋上、爪哇河畔。

4.日惹

日惹(Yogyakarta，或简称 Jogja)位于爪哇岛中南部，南向印度洋，是印尼的特区(称为日惹特区 Daerah Istimewa Yogyakarta)。是该国唯一仍然有苏丹统治的省份，也是爪哇岛的文化、教育中心。日惹是印尼最有历史的城市，是爪哇文化的摇篮和最大的城市，也是该岛重要的经济和教育中心。

日惹名胜古迹云集。世界最大的佛教寺庙群婆罗浮屠，印度教寺庙群巴兰班南等都是观光客的最爱，每年吸引 100 多万游客。在印尼也只有巴厘岛能与它的号召力抗衡。日惹风光美丽，城市风格具有浓郁的民族情调。

除了这些著名的旅游城市，印尼还有一处世界闻名的旅游景区，那就是婆罗浮屠。婆罗浮屠是世界上面积最大的佛教建筑遗迹，与中国的长城、印度的泰姬陵、柬埔寨的吴哥窟并称为古代东方四大奇迹，是世界文化遗产。“婆罗浮屠”是梵文，意为“山丘上的佛塔”。佛塔以当地火山岩建造，塔身分 10 层，基座边长 123 米，总高 42 米。整座佛塔供奉着 504 尊佛像(原为 505 尊)，各层回廊上的雕刻不但工艺精湛，也是当时社会生活和风土人情的生动记录。

拓展阅读

如何与印度尼西亚人交往

印尼是一个种族繁杂的国家，其人民的风俗习惯也千差万别，例如苏门答腊人通常喜欢睡在高地，而爪哇人都宁愿打地铺。印尼人一个显著的特点就是重深交、讲旧情，老朋友在一起可以推心置腹,若是一般交情的商人客户或朋友,虽然也客客气气,甚至谈得相当投机,那也只能是形式上的事,真正的心里话是不轻易掏出来的。所以与印尼人交往,一两次见面是不能抱太大的希望的。要着眼于将来,应把印尼商人当作你的朋友,充分表现出你的真诚,才能获得他的信赖。

和印尼人相处不可愁眉苦脸。印尼人最喜欢笑,心情舒坦就笑,顺利完成某件事就笑,笑是他们的另一种语言。他们也喜欢开玩笑,他们甚至认为“笑口常开”是社交上的一种礼貌。在印尼,一个具有良好教养的商人,在彼此初次相识时,应马上把自己的名片送给对方。不然,休怪对方冷眼相待。

与印尼人同座时,有打招呼的习惯,印尼人搭火车旅行碰到陌生人同坐,如果自己那份食物先送到,他一定向对方打个招呼:“我们一起来,如何?”对方就回答:“谢谢您,请用吧。”印尼人认为左手是不洁净的,他们习惯用右手而忌用左手或双手去接食物及其他物品。

印尼人不愿意谈论当地政治、社会主义和国外对他援助等问题。他们惯于遵守时间,有准时赴约的良好习惯。

印尼人还有崇拜蛇和敬蛇的习俗,视蛇为“德行”“智慧”与“本领”的象征,有的地方还设蛇舍,内设香案,供人祭祀。

第九节　越南

一、国情概述

(一)国名、国旗、国徽、国歌

1.国名

越南,全称越南社会主义共和国(The Socialist Republic of Viet Nam)。

2.国旗

越南国旗

越南宪法规定:“越南国旗为长方形,红底中间有五角金星。”国旗自1955年11月30日开始采用,即通常说的金星红旗,长宽比例为3:2。国旗旗底为红色,旗中心为一枚五角金星。红色象征革命和胜利,五角金星象征越南共产党对国家的领导,五星的五个角分别代表工人、农民、士兵、知识分子和青年。

3.国徽

越南国徽

越南的国徽为圆形、红底。国徽的正上方是一个五角金星,红底下面是半个齿轮。五角金星代表越南共产党,四周是稻穗和金色齿轮,代表工人阶层及农民阶层。金色齿轮下方有越南文“共和社会主义越南”。越南社会主义共和国国徽前身是越南民主共和国于1955年11月30日启用的国徽,齿轮下有越文“越南民主共和”。1976年越南统一,在原越南民主共和国国徽基础上将黄色五角星和麦穗等形体和颜色进行部分修改,原越南文“越南民主共和”被修改为“共和社会主义越南”。

4.国歌

越南的国歌是《进军歌》。《进军歌》于1945年8月革命前创作于越北解放区。1946年,越南召开第一届国会第二次会议,正式确定《进军歌》为国歌。1955年,第一届国会第五次会议根据政府建议对《进军歌》的歌词做了一些小修改。1976年7月2日,越南国会通过决议,确定《进军歌》为全国统一后的越南社会主义共和国国歌。

(二)人口、民族、语言、宗教

1.人口

截至2019年4月1日0时,越南人口总数达到9 620万人,位于全球第14位。其中男性占49.8%,女性占50.2%。平均年龄29岁。

2.民族

越南有54个民族,京族占总人口86%,岱依族、傣族、芒族、华族(汉族)、侬族人口均超过50万。

3.语言

官方语言为越南语,又称京语。法语较通行,有的也使用汉语、英语、高棉语。

4.宗教

越南是一个多宗教国家,主要宗教既包含传入宗教,如佛教、天主教、基督教、儒教、道教、伊斯兰教等,还包括本土宗教,即和好教和高台教。其中,佛教和天主教的影响最大。有研究认为,越南80%以上的人口都参加各种形式的宗教活动,持有某种宗教信仰,主要是佛教信仰。

(三)地理环境、气候

越南位于中南半岛东部,北与中国接壤,西与老挝、柬埔寨交界,东面和南面临南海。海岸线长3 260多千米。地处北回归线以南,属热带季风气候,高温多雨。年平均气温24℃左右,年平均降雨量为1 500～2 000毫米。北方分春、夏、秋、冬四季。南方雨旱两季分明,大部分地区5—10月为雨季,11月至次年4月为旱季。

(四)首都、行政区划

越南首都是河内,面积3358.9平方公里,人口821.5万人(2018年),从公元11世纪起就是越南政治、经济和文化中心,历史文物丰富,名胜古迹遍布,享有"千年文物之地"的美称。因位于越南境内红河三角洲西北部,坐落在红河右岸和红河与苏沥江的汇流处,地理位置十分重要。

越南是一个中等规模的国家,但它的省和直辖市却比中国多得多,共有61个省和直辖市,其中直辖市4个(河内、胡志明市、海防和岘港),其余57个是省。一些省的规模很小,只有数百平方千米和几十万人口(有的比中国的一些县还要小)。从中央到地方,越南把行政管理划分为4级:中央、省和直辖市、县(490个)区(也叫郡,33个)和乡(8 850个)镇(530个)坊(951个)。城市的管理类似中国的设置,分为三种:除4个直辖市外,还有类似中国地级市15个(行政级别低于省,又高于县级市),62个县级市。

(五)简史

公元968年,越南成为独立的封建国家。1884年,沦为法国保护国。1945年9月2日,越南宣布独立,成立越南民主共和国。同年9月,法国再次入侵越南,越南人民进行了艰苦的抗法战争。1954年7月,关于恢复印度支那和平的《日内瓦协定》签署,越南北方获得解放,南方仍由法国(后成立由美国扶植的南越政权)统治。1961年起,越南开始进行抗美救国战争,1973年1月,越美在巴黎签订关于在越南结束战争、恢复和平的协定,美军开始从南方撤走。1975年5月,南方全部解放,1976年4月,选出统一的国会,7月宣布全国统一,定国名为越南社会主义共和国。

(六)政治

宪法规定:越南社会主义共和国国家政权属于人民,越南共产党以马克思列宁主义和胡志明思想为指导思想。越南社会主义共和国国会是最高国家权力机关和唯一的立法机关,每届任期5年,通常每年举行两次例会。国会常务委员会是国会常设机关,由国会选出。国家元首为国务委员会主席。政府会议是国会的执行机关,由总理、副总理、各部部长等组成。越南共产党是执政党,参政议政的民主党派有民主党、社会党、祖国统一战线,党的助手有共青团、妇联、总工会等。

(七)经济

越南地处东盟自由贸易区的中间地带,自1986年实施改革开放政策以来,在政治经济文化外交等各领域取得较快发展,是目前东盟10国经济发展速度最快的国家,2018年越南国内生产总值实际增长7.08%,GDP总量约为2 449.48亿美元,人均GDP为2 563美元。

越南矿产资源丰富，种类多样。主要有煤、铁、钛、锰、铬、铝、锡、磷等，其中煤、铁、铝储量较大。有近 12 000 种海洋生物，其中鱼类 2 000 种，蟹 300 种，贝类 300 种，虾类 75 种。森林面积约 10 万平方千米。

越南农业总产值占全国 GDP 的 22%，年增速 3.76%，农业劳动力占全国人口 70%，全国农业用地 2700 万公顷。加入 WTO 后，越南农产品生产与贸易不断增长，大米、咖啡、橡胶、胡椒、腰果等农产品占比最大。目前，越南已跻身世界第二大米出口国、世界第二大咖啡出口国、东南亚农产品出口大国，农产品出口排名全球第 15 位。越南拥有巨大的人口红利，低廉的劳动力成本带来了纺织、制鞋等劳动密集型产业的快速发展，2016 年，越南电器、服装纺织品、机械与鞋类等出口产品约占越南总出口的 56%，价廉物美的越南制造成为全球市场的畅销品。越南的劳动效率有待提高，据国际劳动组织统计，越南的劳动效率仅相当于新加坡的 1/18、中国 1/3，经济改革的战略以及管理质量薄弱，影响了越南经济增长的绩效。

越南陆上运输以铁路和公路为主。河内和胡志明市为两大交通枢纽。全国铁路总长 3 220千米，主线为河内至胡志明市铁路，全长约 1 730 千米。北部有两条铁路与我国广西、云南铁路相接，1995 年已恢复通车。公路总长 20 万千米。越南海岸线共 3 260 千米，海岸线有 11 个国际港口及 80 个一般港口。其中最著名的有胡志明市、海防、岘港等。越南全国机场有 90 多处，其中民航机场 15 个，三大国际机场分别为内拜机场(河内市)、岘港机场(岘港市)和新山一机场(胡志明市)。近年来，越南交通运输业经过重组，提高服务质量，取得了较好的经济效益。2012 年客运量为 28.62 亿人次，比上年增长 12.2%，货运量 9.4 亿吨，比上年增长 9.5%。

越南和世界上 150 多个国家和地区有贸易关系。近年来越南对外贸易保持高速增长，对拉动经济发展起到了重要作用。2018 年越南对外的货物贸易进出口总额达到了 4 822 亿美元。其中，越南出口的商品总额约为 2 447 亿美元，进口的商品总额约为 2 375.1 亿美元，越南贸易顺差额为 72.1 亿美元。

越南主要贸易对象为中国、美国、欧盟、东盟、日本、韩国。主要出口商品有：原油、服装纺织品、水产品、鞋类、大米、木材、电子产品、咖啡。主要出口市场为欧盟、美国、东盟、日本、中国。主要进口商品有：汽车、机械设备及零件、成品油、钢材、纺织原料、电子产品和零件。

越南经济高速增长主要依靠扩大投资总额，对外国资本的依赖较大，2018 年越南吸引外国直接投资达 354.6 亿美元(含新批项目、增资项目以及外国投资者出资购买股票)。一旦面临经济危机，投资下滑就会导致越南经济发展出现严重问题。2016 年，越南外债总额为 838.5 亿美元，其中偿债率为 4.1%，负债率为 41.6%，债务率为 41.4%，债务水平较高。此外，越南经济效率也有待提高，据国际劳动组织统计，越南的劳动效率仅相当于新加坡的 1/18、中国 1/3，投资效率远远小于中国，经济改革的战略以及管理质量薄弱，影响了越南经济增长的绩效。

越南货币单位的越南盾(VND)，由越南国家银行发行，100 越南盾相当于人民币 0.03 元(以 2019 年 11 月 21 日的越南盾对人民币汇率换算)。

二、民俗风情

(一)服饰

越南女子习惯在正式场合穿着国服“ao dai”长衫。长衫是越南女性独特的传统服饰,通常以丝绸类质料轻盈软薄的布料裁剪,款式类似中国旗袍,但衣裤自腰以下开高衩,配上同花式或白色布料的宽松长裤,不论蹲、坐、骑车都很方便。

越南男人爱戴绿色的帽子,据说戴绿色帽子即表明自己家庭兴旺,多子多孙,和睦美满,甚至有钱有势而多妻,也因此这绿色帽子也比其他帽子价格昂贵得多,也因昂贵而能戴上也表明家庭富裕。越南女人则普遍戴着用竹篾编制而成的锥形锅顶帽,脸上还得用一条纱巾或专制毛巾遮住其脸,只露出鼻梁以上部分以供视线用,面纱的作用在于遮挡风沙。

(二)饮食

越南人以大米为主食。在作料中流行一种被称作鱼露的调味品。此品以小鲜鱼制作的为最佳,越南几乎人人会制作且喜欢食用。越南人有嚼槟榔的习惯,常在饭后咀嚼槟榔以助消化。

由于越南曾被法国统治,处处留下法国文化的痕迹,越南菜的口味也因此受到影响,因而有法式越南菜的说法。越南人承自中国饮食阴阳调和的饮食文化,烹调最重清爽、原味,只放少许香料,鱼露、香花菜和青柠檬等是其中必不可少的佐料,以蒸煮、烧烤、熬焖、凉拌为主,热油锅炒者较少。即使是一些被认为较“上火”的油炸或烧烤菜肴,也多会配上新鲜生菜、薄荷菜、九层塔、小黄瓜等可生吃的菜一同食用,以达到“去油下火”的功效。越南菜偏酸辣,越南特色檬、蔗虾、越南春卷是特色菜。

(三)节庆

由于受到中国文化的影响,越南历法和中国农历基本一致,所以很多的民间传统节日的日期和风俗也几乎相同,但是同时越南还有很多非常具有本民族特色的节日。

春节:1 月底或 2 月初,庆祝一周,一年中最重要的节日。送灶王、备年货、祭祖先、放烟花、贴春联,与中国的春节习俗十分相似。但是越南人不吃饺子和汤圆,而是吃一种圆形的米糕和方形的粽子,各家各户还会摆三样东西:一束鲜花、一盆金橘和一个盛着五种水果的果盘,以求新年大吉大利。春节期间还有种种禁忌:不能吵架、不能说粗话、不能干农活、不能弄坏东西等等。

端午节:越历五月初五,又称正阳节。端午节越南人也吃粽子,并且采草药驱虫,据说端午的草药非常灵验。此外父母在这天一早要为孩子准备几种酸味食品和水果。

哈节:是京族人的传统节日,其隆重程度仅次于春节。“哈”在越语中是“唱歌”的意思,所以“哈节”就是唱歌的节日。过节的日期各地有的在农历六月初十过,有的在八月初十过。京人的村庄都建有一所“哈亭”,平时供人们乘凉、唱歌及青年男女进行社交活动,遇上“哈节”时,这里会举行迎祖、祭祖、饮宴、唱歌、跳舞、唱戏等活动。

七月节:是拉志族的节日。七月节从农历七月初一开始,历时 13 天。初一每户派一名男子携带酒肉到“波米如”(老父母)家,由波米如主持“迎祖”仪式。以后按波米如指定的日

期，每户轮流举行“迎祖尝新”仪式，即向祖先祭献供品。节日期间严禁用非本民族的语言交谈。七月十三这天，人们在波米如家举行隆重的“送祖”仪式，节日在这时达到高潮。

中秋节：越历八月十五。越南的中秋节实际上是个儿童节，孩子们提着各种造型的纸灯在月光下玩耍。

盘古节：盘古节是京族的传统节日，时间在农历腊月下旬，家家杀鸡宰猪，祭祀开天辟地的盘古，以求始祖保佑。

华人的节日：在越南的华人保持着祭祀中国神的习俗，各路神仙的生日都算是小小的节日，有一定的仪式和活动。而天后（即妈祖）诞辰纪念日农历三月二十三日则是最重要的大祭祀，因为当地华人把天后视为保护神。

（四）传统文化、艺术

越南是整年举行礼会的国家，尤其是春天、农闲的时期。主要的节日是元旦节、元宵节、寒食节、端午节、盂兰盆节、中秋节、灶君节。每个地方都有个别的礼会，最重要的是农业例会（求雨、下田、丰收等），产业礼会（铸铜、打铁、制鞭炮、赛船等）。另外，是纪念为国立功的英雄的礼会，宗教及文化礼会（寺庙会）。礼会有两个部分：“礼”的带有求和谢恩，“会”的是举行共同文化生活，包括民间游戏和比赛等。

越南的舞台传统艺术有嘲戏、喽戏。水上木偶也是自李朝年代流行的特色传统艺术类型。20 世纪初，在南部出现改良戏，其中包括很多种“望古”音调的歌句。

嘲戏：是以舞台为讲故事的形式。以舞台和演员与公众为交流的方式。嘲戏原作的内容以带有现实价值和深刻思想的古老典迹的故事，突出体现越南民族本性。嘲戏舞台简单，演员可以不是专业的人，演员可随意表演。

这种民间艺术主要在越南北部农村地区出生和发展。其从 16 至 19 世纪间达到高峰发展。到 19 世纪，受到喽戏的影响。20 世纪初，嘲戏展开到城市舞台。

水上木偶：水上木偶出自越南北方农村庙会，以水面为舞台，木偶及其他道具是体现人物的工具。水上木偶迅速发展，成为越南特色的艺术形式之一。

喽戏：可谓“倍唱”，是一种曾进入宫廷生活的艺术，并逐渐有一些剧团成为专业化。19 世纪是喽戏艺术的黄金时代。在越南每个地方还有自己的喽戏特类，如广南喽戏。

改良戏：改良戏是越南南方在九龙江平原民歌基础和祭礼音乐上改良的唱戏艺术。这种艺术产生于 1917 年，比嘲戏和喽戏等纯粹艺术更多受西方音乐的影响。改良唱戏的内容与典籍和社会问题多有关系。现在，改良戏仍普及流行，尤其在越南南方。

民歌剧：是由八月革命胜利后出现的新舞台艺术类型，主要以地方民歌升调的音乐，如民歌剧、顺化民歌剧、打牌民歌剧、宜静民歌剧等。这是新艺术类型，与嘲戏、喽戏、改良戏相似。

打牌唱戏：打牌唱戏由广南—岘港省的居民打牌兴趣而成，后发展成讲故事、自事、吟诗等表演形式。音乐是从广南—岘港、顺化、广治等省，以春女、南春、桑西等为主要的声调。乐器简单为二胡、声锣，后来加上月琴、笛和生钱。打牌戏的特色是一个演员可以一人扮多角，虽音乐简陋，但仍吸引观众（与韩国的 Pansori 相似）。

（五）社交礼仪

越南人很讲究礼节。见了面要打招呼问好，或点头致意。招呼时对长辈称大爹、大妈或伯伯、叔叔,对平辈称兄、姐,对儿童称小弟、小妹。见面时,通行握手礼,一般不采用拥抱、接吻等方式。一些少数民族如苗、瑶族行抱拳作揖礼,信仰小乘佛教的民族(如高棉族)多行合十礼(双手合十齐唇或齐额为宜,过头则是拜鬼)。见面说话要先称呼对方,尤其对长辈更应如此,否则会被认为没有礼貌。做客时喝水、吸烟或吃饭前要先说一句"您先请",以示礼貌。越南人说话声音较小,温文尔雅,很少大喊大叫。

尊老爱幼,对老年人特别礼貌。在北方的京族家里由辈分最高的男人做主,南方的京族是老太太当家,凡事要多征求他们的意见,他们同意的事,其他人一般不会表示异议。

各族群众都特别好客,越南各族人常用他们最喜欢的酒、肉、菜等食物待客,即使不合口味,也要尽量多吃,否则被认为是看不起主人。客人走时,主人还要把自己种的水果、蔬菜和加工的食品送给来客,如果拒绝,会产生误会,一般客人总要多少收下一些,并相应还礼。南方山区少数民族,喜欢在节日喜庆时邀请客人一同喝坛酒,即轮流用管子从酒坛里吸酒喝,第一轮不能拒绝,否则认为是扫兴、失礼。第一轮以后,如不想喝,以双手抱拳向右肩举一举,表示致谢不再喝了。

与越南人交往,可以送对方一些具有纪念意义的礼品,但礼品价值不可过大,否则会被对方拒绝,有行贿之嫌。但请越南朋友进餐,则在情理之中。

(六)禁忌

不要随意摸别人的头部,包括小孩。忌讳称赞小孩胖。当村寨路口悬挂有绿色树枝时,是禁入的标志,外人不得进入。南部高棉人忌用左手行礼、进食、送物和接物。越南人忌讳三人合影,不能用一根火柴或打火机连续给三个人点烟,认为不吉利。席地而坐时不能把脚对着人。进入寺庙或参加重要的仪式时不应穿着短裤、短衣。

小知识

如何与越南人做生意

1."口是心非"视为体贴

许多亚洲文化都不赞成有话直说,多数越南人也不讳言地表示,公开的言论及手势往往与"完全的事实"相去甚远。在做生意时,越南商人真正的意图和想法时常秘而不宣,他们与外国人交往时尤其如此,因为他们相信外国人也在耍同样的伎俩。

但是,越南商人并不认为口是心非是欺骗的行为,反而视之为客气体贴的表现。越南文化视客气与体贴为善良的美德,坦白无隐与直来直往会引发冲突,人们应不惜一切避免与人发生冲突——尤其是公开的冲突。为此,他们所选择的策略是说假话,至少是口是心非。

2.找对人缘,生意全国通

越南的商业往来十分偏重个人交情。对于越南人来说,身为"自己人"或是被他认为是"自己人"有绝对的好处,甚至可以说是成败的关键。要成为越南的自己人不需花上数百万的钞票,也不用打响名声。由于越南各项物资严重缺乏,小资本家只要懂得开发人力和维系人力,商机并不比大企业家少。

越南人乐于结识新朋友,但绝不与不相识的人有商业往来。做买卖绝对先谈感情,后谈生意。在越南经商,人际关系非常重要,没有人缘便寸步难行。越南人通常不与不认识的人谈生意,他们固定与同一批人来往,生意圈十分狭小,圈子里人人都互相熟识,许多都是血亲或姻亲。

这对外国人来说是个好处，因为只要找对了人缘，很快就能畅通全国。不过如果把关系搞坏了，那在全国的关系可能也会跟着完蛋。

3.天生的企业家

越南人似乎是天生的企业家。在越南，每一户面对商业街道的人家，都会把前厅改造成仓库或店面，在他们的铁卷门后，藏着大大小小的木箱纸箱，里头货品一应俱全。有人戏称越南人："如果一粒木瓜从树上掉下来，在它掉到地上以前，就有人抢着要挂牌出售了。"

4.越南式决策特别慢

越南遵循亚洲传统的集体决策模式。越南商人重视群体的和谐，外国人通常会对越南方面各合伙人间的争议一无所知，其内部的资讯也绝少透露给外人知道。在越南，企业整个制度强调一致性。

与其他亚洲人比起来，越南人较不介意直接而坦率的说话方式，但他们仍不喜欢争执，因为争执与他们所褒扬的礼貌与和谐相抵触。这在决策时表现出越南人多是心平气和地表达意见，而少脸红耳赤、拍桌打椅的争吵。

与越南人做生意，必须亲自拜访对方多次，才能看到一点点即将进行决策的迹象，因此如果做决策所花的时间比预期的要长，也别失望。因为决策慢是越南人的一个特点。越南人以个人交情及面子问题作为决策的依据，如果他们对你的印象好，便会特意给你方便，倘若对方对你的印象不佳，则无论你的提案多好，他们也不会接受。

5.经商不重计划，率性而为

许多西方人喜欢制订计划，然后按照计划行事，越南人则较喜欢顺其自然、见招拆招。他们很欣赏西方人积极的作风，却无意起而效尤。外籍商人在越南经商，切记要保持轻松的态度与沉着的耐性。经验老到的商人认为，如果去一趟越南有75%的行程能够按预定计划进行，就算很成功了。

三、旅游业发展

(一)旅游业发展概况

越南以壮丽秀美的自然风光、丰富多样的美食、极具东方及本土特色的传统文化颇受各国旅游者的青睐。越南旅游业的发展一路从1960年诞生起步，到1975年缓慢发展，再到1990年迅速发展，之后在进入21世纪后成熟发展，最后在2011年以来稳定发展，直到2016年达成外国游客突破千万的里程碑，当前越南的旅游产业已经步入崭新的发展阶段。近年，通过越南政府对本国旅游资源的大力开发，越南旅游业取得了突破性的发展。接待国际游客量从2000年的200万人次提升为2018年的超1 500万人次，其中，中国仍是越南国际游客最大来源国，2018年到访越南近500万人次，同比增长23.9%。紧随中国之后，韩国、日本分别以340万、82.6万人次游客位居前列。国内游客人数从2000年的1 120万猛增到2018年的8 000万，2018年旅游营业收入达620万亿越盾。

近几年来，越南旅游业获得国际友人的好评，也荣获许多权威奖项，其中包括"2018年亚太地区最佳旅游目的地"奖、"亚洲最佳高尔夫球胜地"奖等。为了推动旅游业发展，政府总理已通过《至2025年旅游业结构调整提案》。该提案已对企业界征求意见，集中实施旅游市场结构调整、发展人力资源和产品系统等，从而努力提升越南旅游的国际地位。

目前,越南旅游业发展速度在全球排名第 6,在亚太地区位居榜首。旅游资源在 141 个国家中越南名列第 24;但是在全球旅游竞争能力,仅排名第 75;关于对世界的开放程度上名列第 89,其中关于签证需求排名第 119。目前,越南仅对 22 个国家公民实施免签,而泰国、马来西亚、新加坡、印度尼西亚的免签数据分别为 61 个、155 个、158 个、169 个。

为了进一步拓展越南的国际旅游市场,提升面向国际游客的服务能力和水平,开发多样化的旅游项目及路线,越南近几年国际旅行社的数量不断增长。至 2015 年年底,全国共计开设 1 500 多家国际旅行社。依照经济类型划分,国有旅行社大幅度减少,股份制旅行社的数量逐步上升且占据国际旅行社总量的大部分。非国有旅行社的比例提高,使得越南国际旅行社的产权结构更加多元化,市场进行资源和要素配置的决定性作用逐年加深,从而导致越南国际旅行社市场的竞争更加激烈。

近年来越南的旅游住宿设施增长率保持稳定,是国内外投资商较为关注的行业。随着不断推进该行业的投资,高级住宿设施不断扩展,越南旅游业的接待能力、接待质量和竞争力都不断增强。当前,中部地区、富国岛、广宁省诸多高档度假酒店投入运营;雅高、洲际酒店集团、万豪酒店、莫文等世界知名酒店管理集团已入驻越南;Vin Group、Sun Group、FLC、巡洲、孟青等国内著名公司开展了诸多大规模投资项目,都使得越南的旅游基础设施面貌有了明显改善。

(二)主要的旅游资源

1.河内市

河内是越南的首都,曾有规模巨大的禁城、皇城和京城,寺庙、宝塔林立,因屡遭战乱破坏,宫殿城垣已荡然无存。现存名胜古迹有还剑湖、西湖、文庙、独柱寺、二征庙、玉山祠、龟塔、螺城、巴亭广场和胡志明的故居、陵墓、博物馆等。

2.胡志明市

胡志明市古为真腊地,11 世纪被纳入越南版图,原名西贡,1956—1975 年为南越首都,1976 年南北统一后改称胡志明市。该市的名胜古迹有草禽园、骚坛公园、印光寺、舍利寺、永严寺、天后庙、独立宫等。永严寺有重檐庞殿顶的大殿和巍峨矗立的七级永严寺塔,蔚为壮观。独立宫为南越伪总统府,是现代建筑。

3.岘港

岘港位于越南海岸线中部。这里风光旖旎,景色迷人,有海水清凉、沙滩洁白的海滨浴场。名胜古迹有五行山、山水寺、玄空洞、望海台、海云岭、山茶半岛等。

在越南岘港附近的美索思圣地,有 4 世纪至 13 世纪起源于印度教的独特文化遗迹,圣地有很多雕刻精美的古代占族舞女石像及一些珍贵的古占族文化遗物,是古占族王朝的宗教和政治都城,被列为“世界文化遗产”。岘港以南 30 千米的会安古镇是古代的著名港口和商业中心,中国式的建筑到处可见,而且保存完整,有华人聚居的街道,有观音庙、关帝庙等中国式的庙宇,最突出的是福建会馆、广肇会馆、潮州会馆、琼府会馆和五帮会馆,各会馆里分别供奉着妈祖、关公、伏波将军等,被评为“世界文化遗产”。

4.顺化

顺化皇城(顺化故宫)在香江北岸,坐北朝南,面对御屏山,为阮氏王朝的皇宫,是越南现存最大最完整的古建筑群,被列为“世界文化遗产”。式样与中国的紫禁城相仿,围绕皇城外层的京城仿法国建筑。

5.大叻

林同省首府，越南著名避暑胜地。大叻地处西部地区的兰比安高原，气候凉爽，四季如秋，年均气温 18℃。市中心春香湖周围有连绵起伏的苍翠松坡和松坡深处玲珑多姿的别墅，风光宜人，为夏天避暑纳凉之佳地。

6.广宁省下龙湾

下龙湾在 1 500 平方千米的海面上分布着 3 000 多个岛屿，岛上石灰岩山峰神态各异，被誉为“海上桂林”，被列为“世界自然遗产”。

越南境内的丰芽—格邦国家公园充满梦幻色彩的喀斯特高原林莽地，一直延伸到老挝边境，在长达 65 千米的范围内布满了数不胜数的大小岩洞和许多地下暗河，十分壮观。整个保护区被热带森林覆盖，被列为“世界自然遗产”。

拓展阅读

越南文化对国民性格的影响

1.战争文化滋生的英雄主义情怀

越南国民性格中的一个重要特点就是具有英雄主义情怀，这种英雄主义情怀主要体现在对历史人物的崇敬和爱国爱家上。

越南的历史可以概述为被侵略和侵略，社会局势一直都是动荡不安的，战争一直伴随着越南的成长。战争文化激发了越南人民的爱国主义精神，让整个民族普遍具有强烈的民族自尊心和自立自强的性格特征。越南人民追求独立和自由，正如胡志明那句名言“没有什么比独立、自由更可贵”。简言之，就是英雄主义情怀。

2.中国文化感染下的礼貌简朴和艰苦奋斗

在日常交际中，越南人是礼貌的，而不是所谓南蛮的粗鄙。同时越南人也很朴素，发扬艰苦奋斗精神，这主要是受中国儒家文化的熏陶感染。尽管现在越南人努力淡化中国文化的影响，但中国文化对越南文化的影响在短期内是难以消除的。

公元 2 世纪至 10 世纪，越南一直是中国的附属国，而且有两千年使用汉字的历史，受中国文化的影响不言而喻，特别是在语言、风俗习惯、文学、宗教方面。儒家文化崇尚勤俭节约、艰苦奋斗，在越南奢侈品的销量很低，越南人穿衣风格也是朴素大方。儒家的等级、礼节也被越南很好地吸收，越南男权观念很重，老幼尊卑也很分明，在接人待物方面体现出一种儒家的礼让。同样道家的思想也影响着越南文化，深入大部分人的生活。老子“柔弱胜刚强”的思想非常符合越南人的思维方式，指导着他们的处世方法。例如，在生活中互相谦让、和睦相处，越南封建时代的历代统治者也多按照老子“以无事取天下”的思想来治国安邦。

3.大国包围下的危机意识

中国给越南带来了佛教、儒教、道教等；法国人改变了越南的文字，推广了天主教；美国人在给越南深重灾难的同时，也带来了西方文化……越南的文化已经是多国文化的融合，同时民族文化也在外来文化的冲击下顽强生存。

越南处在大国的关注与包围中，从战争到文化，在这样环境下越南有很强的危机意识。长期的战争，越南人深深感受到外来干涉对生存威胁，遇到外在矛盾时，越南人更善于具有主动进攻性，不愿忍气吞声，由于国家小，妥协余地小，不积极拼一把，任何妥协都会带来亡国的危险。越南的外交政策，对南海的态度问题，或多或少受到这种危机意识的影响。在文化方面,越南一方面接受着外来文化的精华,应用到自己的政治、生活中,一方面又保护自己的民族文化,强调国家的个性。

第十节　印度

一、国情概述

(一)国名、国旗、国徽、国歌

1.国名

印度共和国(Republic of India),简称"印度"(India),别称婆罗多。"印度"梵文的意思是月亮,中文名称是唐代高僧玄奘所著《大唐西域记》中的译法,在这以前称天竺或身毒。

2.国旗

印度国旗

印度国旗为长方形,长宽之比为 3∶2。全旗由橙、白、绿三个相等的横长方形组成,正中心有一个含 24 根轴条的蓝色法轮。橙色象征了勇气、献身与无私,也是印度教士法衣的颜色。白色代表了真理与和平。绿色则代表繁荣、信心与人类的生产力。法轮是印度孔雀王朝的第三位君主阿育王在位期间修建于佛教圣地石柱柱头的狮首图案之一。一般说来,人们笼统地称它为"阿育王法轮"(阿育王笃信佛教,对佛教的传承与发展有着莫大的贡献)。神圣的"阿育王法轮"象征着真理与道德,也代表了印度古老的文明。法轮的 24 根轴条则可代表一天的 24 小时,象征国家时时都向前进。

3.国徽

印度国徽图案来源于孔雀王朝阿育王石柱顶端的石刻。圆形台基上站立着三只金色的狮子,象征信心、勇气和力量。台基四周有四个守卫四方的守兽:东方是象、南方是马、西方是牛,北方是狮。雄狮下面中心处是具有古老印度教色彩的法轮;两边的守兽象征具有悠久

印度国徽

历史的农业以及坚定不移的决心和毅力；图案下面有句用梵文书写的、出自古代印度圣书的格言“唯有真理得胜”。1950 年 1 月 26 日，印度人民选择这些古老的雄狮图案作为国徽，以此来弘扬印度悠久的文化和历史。

4.国歌

印度国歌是《人民的意志》。

(二)人口、民族、语言、宗教

1.人口

印度的人口为 13.53 亿(2018 年)，是世界上仅次于中国的第二人口大国。

2.民族

印度有 10 个大民族和几十个小民族，其中印度斯坦族 46.3%，泰卢固族 8.6%，孟加拉族7.7%，马拉地族 7.6%，泰米尔族 7.4%，古吉拉特族 4.6%，坎拿达族 3.9%，马拉雅拉姆族 3.9%，奥里雅族 3.8%，旁遮普族 2.3%。

3.语言

印度的官方语言是印地语，30%人口使用；英语已经在 1965 年终止了它唯一官方语言(与印地语相同的)的地位，但依旧保留了它“第二附加官方语言”的地位，亦是全国性的通用语言，主要在政治和商业交往场合使用。另外还有其他 21 种少数民族的预定官方语言。

4.宗教

印度约有 80.5%的居民信奉印度教，其他宗教有伊斯兰教(13.4%)、基督教(2.3%)、锡克教(1.9%)、佛教(0.8%)和耆那教(0.4%)等。

(三)地理环境、气候

印度位于 10°N－30°N 之间，南亚次大陆最大国家，面积为 298 万平方千米，居世界第 7 位。印度东北部同中国、尼泊尔、不丹接壤，孟加拉国夹在东北部国土之间，东部与缅甸为邻，东南部与斯里兰卡隔海相望，西北部与巴基斯坦交界。东临孟加拉湾，西濒阿拉伯海，海岸线长 5 560 千米。

印度全境炎热，大部分属于热带季风气候，而印度西部的塔尔沙漠则是热带沙漠气候。夏天时有较明显的季风，冬天则较无明显的季风。印度气候分为雨季(6 月—10 月)与旱季

(3月—5月)以及凉季(11月—次年2月),冬天时受喜马拉雅山脉屏障影响,较无寒流或冷高压南下影响印度。

(四)首都、行政区划

印度首都为新德里(New Delhi),连同德里人口总共约2 500万(2019年)。德里位于印度恒河支流亚穆纳河(又译朱木拿河)畔,为中央直辖区,包括新、老德里和郊区乡村在内,面积1 485平方千米(其中城区面积446.3平方千米),是全印度的政治、经济、文化中心和铁路、航空枢纽。

除中央直辖区新德里外,全国分为27个邦(state)和6个联邦属地。邦下设县,中央直辖区下设立区。

(五)简史

印度是世界四大文明古国之一。公元前2500年至1500年之间创造了印度河文明。公元前1500年左右,原居住在中亚的雅利安人中的一支进入南亚次大陆,征服当地土著,建立了一些奴隶制小国,确立了种姓制度,婆罗门教兴起。公元前4世纪崛起的孔雀王朝统一印度,公元前3世纪阿育王统治时期,印度疆域广阔,政权强大,佛教兴盛并开始向外传播。公元前2世纪孔雀王朝灭亡,小国分立。公元4世纪笈多王朝建立,统治印度200多年。中世纪小国林立,印度教兴起。1398年,突厥化的蒙古族人由中亚侵入印度。1526年,建立莫卧儿帝国,成为当时世界强国之一。1600年,英国侵入印度,建立东印度公司。1757年,印度沦为英殖民地,1849年,印度全境被英占领。1857年,爆发反英大起义,次年英国政府直接统治印度。1947年6月,英国通过"蒙巴顿方案",将印度分为印度和巴基斯坦两个自治领。同年8月15日,印巴分治,印度独立。1950年1月26日,印度共和国成立,为英联邦成员国。

(六)政治

印度是一个西方资本主义联邦制共和国,总统是国家元首,但其职责是象征性的,实权由总理掌握。国家的总统及副总统任期5年,由一个特设的选举机构间接选举产生。行政权力由以总理为首的部长会议(即印度的内阁)行使。议会多数党向总统提名总理人选,由总统任命总理。然后再由总理向总统提名副总理及其他内阁成员。

印度国务院设国务卿一名、国务委员若干名。不设副国务卿。印度的立法权归议会所有。议会分为上下两院。上院称为联邦院,下院称为人民院。主要政党是印度国民大会党、印度人民党、印度共产党、泰卢固之乡党等。

(七)经济

印度是全球成长最快的新兴经济体之一、世界十大经济体之一。2016年印度按国内生产总值(GDP)衡量成为世界第七大经济体。2017年印度GDP超越法国,成为第六大经济体,是世界经济增长最快的主要经济体。2018年印度GDP达到2.73万亿美元,但人均GDP仅为2 015美元,世界银行依然将印度界定为低收入经济体。

印度经济产业多元化,涵盖农业、手工艺、纺织以至服务业。印度是世界排名第二的农业出产国,国内2/3的人口直接或间接地依靠农业维生,目前,印度是世界最大的牛奶生产

国和第二大水果蔬菜生产国。虽然近几年农业占的GDP有下降的趋势，但其仍然是最大宗的经济支柱，在稳定印度的社会经济上扮演着重要的角色。工业占27.6%的GDP且雇用17%的总劳动力。纺织业是仅次于农业的第二大劳动力来源，印度的输出品中大约有26%来自于纺织品。近年来服务业增长迅速，日益重要。印度凭借信息技术及大量受过教育并懂得英语的青年，发展成为全球企业将客户服务和技术支持等“后勤工序”外判的中心。印度是软件及金融技术人员的“输出国”，其他行业如制造业、制药、生物科技、电讯、造船、航空和旅游的发展潜力也十分巨大。

印度的金属矿产资源储量十分丰富，一些矿产的储量和产量在世界市场上占有重要的位置。铬铁矿、煤、褐煤产量居世界第三位，铁矿石产量排名第四位，铝土矿和锰矿石产量均居世界第六位。但由于矿石品位低、杂质成分较高，很难进行有效开采。另外，石油、天然气、铜、铅、锌、金等矿产资源严重匮乏，尤其是石油和天然气的短缺已经成为制约其经济发展的短板，需要从沙特阿拉伯、伊拉克等国家进口大量石油。

运输服务和基础设施是印度经济增长的引擎。印度拥有世界上第四大的铁路网络，除了运送旅客，铁路公司还运载大量货物，主要是水泥、化肥和煤炭。公路也是主要的旅客运输服务方式，而水运则主要承担货运。就国内客运量而言，印度拥有全球第三大航空旅游市场。根据国际航空运输协会(IATA)的数据，截至2017年年底，印度是连续三年增长最快的航空市场，但2017财年印度的航空旅行渗透率仍比同类国家低59%。海运方面，2017财年印度贸易货物总量的约95%，即其价值的68%由海运承运。截至2018年，印度在建地铁轨道里程约为600公里，这比当前已运营的轨道里程还要多。此外，印度的单轨铁路网络运营，类似基础设施也在不断扩大。

印度在全球对外贸易中扮演着重要角色，也是全球对外贸易大国之一。2018年印度货物对外贸易总额约为837十亿美元，出口额约为3 260亿美元，占全球出口贸易额的1.7%，位居全球第19；而印度进口额约为5 110亿美元，均占全球出口贸易额和进口贸易额的2.6%，位列全球第10。前三大出口贸易伙伴为美国、阿联酋和中国。矿产品、化工产品和贵金属及制品是印度的主要出口商品，2018年出口额分别为526.5亿美元、446.9亿美元和401.4亿美元，占印度出口总额的16.2%、13.8%和12.4%，其中，矿产品出口增长28.7%，化工产品和贵金属及制品出口分别增长13.8%和12.4%。从进口产品来看，矿产品、机电产品和贵金属及制品是印度进口的前三大类商品，2018年合计进口3 378.9亿美元，占印度进口总额的66.0%。

印度货币单位是卢比(INR)，100印度卢比相当于人民币9.81元(以2019年11月21日的卢比对人民币汇率换算)。

二、民俗风情

(一)服饰

印度男子的传统服装，下身是托蒂，实际上是以块缠在腰上的宽幅的白棉布，也有麻制或丝制的，长度一般为3.6米至4.5米，缠在腰间，垂至膝盖或垂至脚面，有的还带绲边。上身穿较肥大、长至膝盖的“古尔达”上衣。头巾的色泽各异，缠法也不同。拉贾斯坦人的头巾和锡克人的头巾很有名，有时人们还在头巾上插上羽毛。在印度农村，男子一般不穿上衣，只在肩上搭一条汗巾,或用一块布围住上身,一端搭在肩上,人们叫它“恰达”。

印度妇女的民族服装是“纱丽”。纱丽通常用一块长6米左右、宽1.1米至1.3米的布料做成。纱丽的穿法是从腰部缠起,最后披盖在肩上或蒙在头上。纱丽一般分棉布、丝绸、纱和尼龙几种。在印度,除了寡妇和年幼的少女不点痣外,女性都有在额头点痣的习惯。印度妇女额上的痣,以红色最为普遍,也有少数妇女点上紫黑色。不同的颜色代表的意义不同。

(二)饮食

印度人以大米为主食,但在一些北方地区小麦是主要食物。高级的印度风味米饭用肉汤烹制,里面再加上肉、青菜和果仁等佐料,称之为“皮罗”,不管是南方人还是北方人都爱吃。印度人烹饪时喜欢用大量的香料和调味品。印度厨师认为,每餐应当甜、酸、苦、涩、辣、咸六味俱全,这样才有益于健康。印度菜必须用水牛的奶制成的酥油来烹饪才算是正宗。在小吃当中,蒸制的米糕和“多萨”(一种麻辣土豆馅的米制薄煎饼)风行全印度。印度人不吃牛肉且好吃素。社会阶层越高,吃素的人就越多,处于社会较底层者才吃羊肉(羊排常用杏仁酱拌食)。

(三)节庆

印度的节假日名目繁多,但各地情况不一。有全国性的,也有地区性的,有政治性,也有民俗性的,但更多的是宗教性的,富有民族色彩。全国性的节日有:

元旦:1月1日。新年伊始,印度各家各户都要庆祝一番。在相互拜年的时候,要在亲朋好友的额头正中点上红点,以示吉祥。

印度共和日:1月26日,即国庆日。各邦首都均有庆祝盛会及巡行,而以首都新德里的巡行最壮观。

甘地逝世纪念日:1月30日。在首都的甘地陵有诵经、祈福活动。

湿婆神节:2月—3月,也叫湿婆神之夜节,在印度教寺庙庆祝。节日期间,不分男女老幼、高低贵贱都要斋戒。

洒红节:2月—3月。洒红节是印度纪念春天的节日,节日当天成群结队的印度教徒,在篝火旁边尽情跳跃,庆祝春天来临;并互相泼水,向路人撒红粉或红水。

马哈维那节:3月—4月。耆那教徒庆祝其祖师马哈维那的寿辰。过节时,数以万计的教徒聚集在当地耆那圣人的大石像前举行祭典和参拜活动。

佛诞节:5月—6月。纪念佛祖释迦牟尼诞生各国的佛寺及僧众都要举行诵经法会,并根据“佛生时,龙喷香雨浴佛身”的传说,用香水洒洗佛身。

独立节:8月15日,是印度全国性节日。这一天印度总理要在德里的红堡上升起三色国旗,发表讲话,总统要向全国人民致辞祝贺独立节。

十胜节:9月—10月,是印度教最盛大的节日,又叫凯旋节。仪式共举行10天,庆祝拉玛战胜邪魔。

灯节:10月—11月,是印度教徒四大节日之一。这一天,全国各地的印度教神庙显得格外热闹,人山人海。妇女们虔诚地手捧摆满祭品的盘子,缓步朝庙堂走去。祭祀仪式开始时,人们双手合十,闭合双眼,对着神灵,默默祈祷。

在众多节日之中,最为重要的就是:灯节、洒红节和十胜节。这三大节日实际上是印度教的节日,但印度其他宗教的信徒也照过不误。

(四)传统文化、艺术

印度文化崇尚直觉的思辨,这自然孕育了一批宗教家与思想家。印度是世界上好几种影响深远的宗教的发源地,也是几位闻名世界的宗教思想家的故乡。其中,有佛教创始人乔达摩·悉达多(佛陀)、耆那教先驱大雄、锡克教开山大师那纳克。在印度的历史上,印度宗教以及宗教神话一直贯穿于这一古老文明,直到今天仍然是印度社会各阶层文化的组成部分。

印度的舞蹈历史也十分悠久。印度的舞蹈源于古时候人们对神的崇拜。由于人们为了取悦于神,于是就有了各种各样的祭祀礼仪,天长日久,祭礼活动逐渐定型,在日常生活中也就衍生出舞蹈。印度古典舞蹈可分为北印度舞蹈和南印度舞蹈两类。北印度舞蹈主要有克塔克舞和曼尼普利舞。南印度的古典舞蹈主要有婆罗多舞和格塔克里舞。除古典舞蹈外,印度各地还有许多著名的民间舞蹈,比如彭戈拉舞、格塔舞、秋莫尔舞(即狂舞)、波瓦依舞、格尔比舞、拉斯舞等。

此外,印度瑜伽文化同样是印度传统文化的代表之一,在世界上享有盛誉。瑜伽起源于印度,距今有五千多年的历史文化被人们称为“世界的瑰宝”。瑜伽发源于印度北部的喜马拉雅山麓地带,古印度瑜伽修行者在大自然中修炼身心时,无意中发现各种动物与植物天生具有治疗、放松、睡眠或保持清醒的方法,患病时能不经任何治疗而自然痊愈。于是古印度瑜伽修行者根据观察动物的姿势、模仿并亲自体验,创立出一系列有益身心的锻炼系统,也就是体位法。

小知识

印度电影

印度电影产业因其年产影片量已超越好莱坞,被称作“电影王国”。其在全球的影响也很大,印度全国最大的印度语影片拍摄基地,被印度人自诩为东方好莱坞——宝莱坞。

印度电影的题材大都是根据民族历史改编,具有浓厚的民族特色。在风格上也受到好莱坞电影布景拍摄气势宏大、富丽堂皇的风格影响。印度电影在题材和风格方面日趋多样化。虽然印度的很多商业性电影是围绕社会生活中的戏剧性事件或恐怖故事而展开的,但印度电影从来就不乏表现民族正气的或非常高雅的艺术片。

印度电影的商业色彩浓郁,接近社会生活,并以大量穿插歌曲成为印度商业片的典范。有人概括印度电影的最大特点是简单明了,有时几近程式化的地步,即一个主题、三段舞蹈、六个插曲,最后是大团圆收场。印度电影歌舞以色彩华丽的民族服装、动人的音乐、浪漫的故事情节、婀娜多姿激情浪漫的歌舞、节奏明快的旋律、气势恢宏的场景,倾情演绎高水平的印度宝莱坞歌舞。

印度电影不仅受到国人的热捧,也让外国人痴迷。面对中东、非洲、东南亚以及阿拉伯世界等观众传统观念较强的特点,宝莱坞在电影制作上坚持了印度电影融合情、歌、舞于一体,以喜剧结尾的特色,着重突出了对宗教、伦理道德和家庭观念的歌颂,除了出色的歌舞、细腻的表演、曲折的剧情等,又添加了很多新的元素:时尚的气息、紧凑的节奏、轻松幽默的表演。再加上俊朗的男演员、漂亮的女演员,整个电影都非常养眼!使得宝莱坞在这些地方的受欢迎程度远远高于好莱坞。

总而言之,印度电影沿袭民族传统,印度大众普遍喜欢唱歌跳舞,而且也爱看歌舞片,崇尚民族风俗文化,成就了美轮美奂的 MTV 似的商业巨片。民族音乐的流行化、现实生活化倾向,广阔的歌舞展现空间、真实细腻的情感、灿烂的古印度文明,造就了植根于印度文化的电影。印度电影以其迷人的歌舞、深奥的哲理、人道主义和现实主义传统,在世界电影之林中占有独特的一席之地。

(五)社交礼仪

印度人相互见面的礼节,有合掌、举手示意、拥抱、摸脚、吻脚。一般两手空着时,口念敬语“纳马斯堆”,同时要施合掌礼。合掌之高低,对开者宜高,两手至少要与前额相平;对晚辈宜低,可齐于胸口;对平辈宜平,双手位于胸口和下颌之间。若一手持物,则口念“纳马斯堆”,同时要举右手施礼。对于长辈,或对某人表示恳求时,则施摸脚礼(即用手摸长者的脚,然后再用手摸一下自己的头,以示自己的头与长者的脚相接触)。摸脚跟和吻脚礼是印度的最高礼节。印度东南部的一些少数民族的人与客人相见时,总把自己的鼻子和嘴紧紧贴在对方的面颊上,并用力地吸气,嘴里还要叨念着:“嗅一嗅我!”以示其对客人的尊敬。印度安达曼群岛上的森蒂耐尔人,在与久别挚友重逢时,双方要交替互坐膝头,并热烈地拥抱数分钟,以表示相逢后的喜悦心情。印度伊斯兰教徒的见面礼节是按其传统宗教方式,用右手按胸,同时点头,口念“真主保佑”。见面与分手时,男人与男人握手。如被引见妇女,男人不与她握手而应双手合十,微微弯腰。男人不能触碰女人,在公共场所不能与单身女人说话。他们的肢体语言丰富,不过一些动作所示的意思与我们区别很大。如表示同意时,他们总要先把头稍歪左边,然后立刻恢复原状;表示不同意,他们反倒点头示意。接受或传递食品时,一定要用右手。做客时可以带水果和糖果作为礼物,或给主人的孩子们送点礼品。来到印度人家里时,主人会给你戴花环,你应马上把它取下来以示谦让。印度人喜欢谈论他们的文化业绩、印度的传统、有关其他民族和外国的情况,不喜欢谈及个人私事、印度的贫困状况、军事开支以及大量的外援。

(六)禁忌

印度人大多信奉印度教,一小部分人信奉伊斯兰教、基督教、锡克教、佛教等。他们忌讳白色,认为白色表示内心的悲哀,习惯用百合花当作悼念品。他们忌讳弯月的图案。他们把1、3、7视为不吉利的数字,所以总要设法避免这些数字的出现。他们忌讳左手传递东西或食物,也不愿见到有人使用双手与他们打交道。印度教徒最忌讳众人在同一盘中取食,也不吃别人接触过的食物,甚至别人清洗过的茶杯,也要自己再洗涤一遍后才使用。由于印度人敬牛如神,所以他们也禁食牛肉。

印度耆那教徒有忌杀生、忌食肉类、忌穿皮革和丝绸的民间习俗。他们甚至把飞虫等都列入不能误伤的范围,就连地里种的萝卜、胡萝卜等蔬菜也都忌吃。印度阿萨姆邦的居民,对来访客人不接受、品尝他们敬让的槟榔果是极为不满的,认为这样是对主人的不友好和不信任。印度的锡克教人禁止吸烟。印度人不爱吃蘑菇、笋、木耳、面筋等,也不喜欢旺火爆炒而成的菜肴。

三、旅游业发展

(一)旅游业发展概况

印度旅游服务贸易总体水平较低,无论是从入境游客数量还是所赚外汇收入来看,印度

在全世界所占份额都比较小，旅游服务贸易总体水平较低，与其拥有的旅游资源数量和质量不成比例，长期处于旅游贸易逆差的状态。《2019 年旅游业竞争力报告》显示，在榜单前25%的国家和地区里，印度的排名增长最为迅速，从 2017 年的第 40 名提升至第 34 名。根据印度旅游局的相关统计，2017 年印度入境旅游人数超过 1 000 万，旅游业对国内生产总值贡献达到 2 340 亿美元，预计到 2028 年可成长到 4 920 亿美元。2017 年印度出境游客为2 400万人次。联合国世界旅游组织估计，受日益壮大且日益富裕的中产阶层推动，到 2020 年，印度出境游人数将达到 5 000 万人次。

印度入境旅游对英、美两国的依存度过高，主要客源地为西欧、北美以及邻近的南亚诸国。由于历史文化的联系以及存在大量印度移民等原因，英、美两国长期以来是印度的主要客源国，且两国入境印度游客长期超过出境印度游客。印度旅游服务贸易的逆差还来自新加坡、泰国、中国大陆、香港和马来西亚等。印度是中国的主要客源国之一，2017 年在来华客源国的排名是第十位。2017 年有 140 万印度旅客前往中国(中国大陆、中国香港和中国澳门)，但中国仅有 30 万旅客前往印度。

印度的医疗旅游发展快速，凭借顶尖的医疗人才、高水平的医疗设备以及价格低廉的药物，成为欧美等国的首选。每年赴印治疗的外国患者近 30 万人。根据毕马威和 FICCI 的《印度医疗价值旅行》报告，印度医疗旅游市场预计将以 27%的复合年增长率从 2011 年的19 亿美元增长到 39 亿美元。2015 年 10 月，印度的医疗旅游业估计价值 30 亿美元。预计到 2020 年将增长到 70 亿至 80 亿美元。

印度旅游服务贸易受季节影响明显。印度大部属热带季风气候，一年分为凉季(10 月至翌年 3 月)、暑季(4 月至 6 月)和雨季(7 月至 9 月)三季。由于暑季酷热难耐，有时气温高达 50℃以上，时有热死现象发生，不适合户外旅行，因此 4—6 月为旅游淡季。雨季虽然温度有所降低，但连绵的雨水造成洪水肆虐、道路中断和疫病流行。7—8 月为国际旅游旺季，但雨季的存在使印度入境游客数量受到明显影响。10 月到次年 3 月是印度一年中最好的旅游季节，入境游客一般占到全年的约六成。

(二)主要的旅游资源

印度的自然旅游资源比较丰富，但历史、文化旅游资源更加突出，并具有独特性。主要有以下一些旅游城市、地区和旅游点。

著名的旅游城市有：

1.新德里

印度的首都，位于恒河支流亚穆纳河畔。新德里建成于 1929 年，是一座现代化花园城市，植被茂盛，草坪、花坛遍布，尤以不同风格的建筑著名。大圆盘式的国会大厦是典型中亚式建筑物，白色圆柱、柱头和屋檐又具有印度艺术风格。总统府是英国建筑风格和印度传统风格相结合的建筑物。建于 1710 年的古天文台，由分别用以测量日月星辰的 4 种奇特建筑构成。位于亚穆纳河畔的印度国父甘地的陵墓庄严肃穆、质朴无华，反映了这位伟人的伟大而朴素的一生。尼赫鲁纪念博物馆，展出尼赫鲁的许多著作和照片。市内还有多座寺庙、博物馆和若干科研教育机构。

2.斋浦尔

斋浦尔位于德里西南 190 多千米处，是拉贾斯坦邦首府，也是印度教和耆那教的中心。全城建筑物普遍呈粉红色，故有“粉红城”之称。该城有许多古建筑，如斋浦尔王宫(现为王宫博物馆)、印度教风格的风宫、用洁白大理岩建造的湿婆神庙、壮观的阿姆巴古堡等。建于18世纪的简塔·曼塔天文台是印度最大的天文台。

3.马德拉斯

马德拉斯是印度第四大城市,最大的人工港。它地处印度东南部,面对浩瀚的孟加拉湾。该市寺庙特别多,仅市内就有120座,故人们称其为“千庙城”。其他古建筑也很多,如建于1639年的圣乔治城堡、圣玛丽教堂、古堡博物馆、伊斯兰风格的建筑物切帕库宫等。在城南海滨有著名的“七塔城”,城内有远近闻名的岩石神庙。风光美丽的玛丽海滩是长度居世界第二位的著名海滩。

4.海德拉巴

海德拉巴位于德干高原上,为安得拉邦的首府。最著名的建筑物有1592年建造的普拉纳普尔23孔桥、建于1591年高50多米的四尖塔,以及阿斯胡尔·克哈纳典礼厅、大清真寺、法拉克努马宫等古建筑。印度唯一用乌尔都文授课的奥斯马尼亚大学即在此城。

5.孟买

孟买位于印度半岛西岸,濒临阿拉伯海,是印度最大的海港和第二大城市,有“印度的西大门”之称。孟买面积603平方千米,人口800余万。该市最繁华的地区在孟买岛南部,东海岬是海军基地,巴克湾地带及其腹地一带集中着许多大商店、公司、银行和旅馆。对旅游者有吸引力的地方,除繁华地区外,还有建于1861年的维多利亚花园、伊斯兰教和印度教建筑风格融合为一的“印度门”(其顶部的4座塔楼,为孟买市的象征)、建于公元7世纪供奉湿婆神的石窟庙宇及许多清真寺、基督教教堂和天主教教堂。该市是印度各民族艺术与宗教的荟萃之地,居住着国内各族人民和数十个国家的侨民。阿旃陀,位于马哈拉施特拉邦的文达雅山悬崖上,是世界闻名的石窟,据认为开凿于公元前2世纪前后。中国唐代玄奘曾来到此地,并有过记述。后石窟湮没,无人知晓。欧洲人据玄奘的记载于1817年重新发现该石窟。在山腰部位共有29座石窟,内有壁画和石雕,艺术价值极高。壁画色彩鲜艳,内容多与释迦牟尼的生平及当时的社会和宫廷生活有关。石雕和廊柱皆用整块岩石雕成,人物形象生动、栩栩如生。

6.迈索尔

迈索尔在印度南部,地处卡纳塔克邦西南部的一个盆地中。这是一座美丽的花园城市,但城市建筑富有古代风格,从而又像是一座中世纪城市。名胜古迹有古印度和伊斯兰建筑风格的市政厅、查姆迪山上的夏宫、查姆德斯瓦里神庙等,还有郊区的克里希纳贾萨格尔水坝和不远的林德万公园。该地还以丝织品和檀香木器闻名。

7.阿姆利则

阿姆利则地处印度西北边境,是旁遮普邦的最大城市,著名的锡克教圣地。建于1577年,因城内在阿姆利则·萨拉斯圣湖而得名。湖泊中心的小岛上有规模巨大的金庙。市内还有为纪念被殖民主义者杀害的爱国者而建的民族纪念碑,以及吉兰特·辛格夏宫和杜尔贾纳印度教庙宇等名胜。

著名的旅游景点有:

1.那兰陀

规模巨大的佛教圣地遗址,在比哈尔邦首府巴特那附近。早在公元5世纪,这里即建有10余座佛寺,有当时世界最大的佛教学院。中国唐代玄奘曾到过此地,并在其著作《大唐西域记》中有所记载。12世纪末13世纪初,被入侵者烧毁旋又湮没无闻。直至19世纪,科学工作者根据玄奘的记载才使废墟重见天日。从遗址残存的石壁和石柱来看，昔日佛寺的辉煌依稀可辨。现已在遗址建博物馆陈列各种出土文物。

2.红堡

红堡位于德里城，建于1638—1648年，是莫卧尔王朝沙贾汉大帝仿照亚格拉堡兴建的皇宫。用红色砂岩砌成，外形像城堡，故称红堡。该建筑物呈八角形，内有宫殿、花园、军营等建筑。宫殿用大理石和其他珍贵石料建成，著名的有觐见宫、枢密宫等。前者为一平顶宫殿，由60根红色砂岩石柱支撑；后者是国王和大臣议事的地方，全部用白色大理石砌成，是皇宫中最豪华的宫殿。

3.泰姬陵

泰姬陵是位于北方邦西南部阿格拉市郊的一座古代陵墓，为世界七大建筑奇迹之一。该陵墓是莫卧儿王朝第5代皇帝沙贾汗为其爱妻建造的。始建于1631年，历时22年竣工。陵墓全用大理石砌成，正方形的基座中部为寝宫，其四角各有一40米高的圆塔。整座建筑风格独特，造型优美，被誉为建筑艺术一颗灿烂的“明珠”。

4.胡马雍陵

胡马雍陵是莫卧儿王朝时期的建筑典范和印度建筑史上的重要分水岭，标志着印度建筑艺术从单调的建筑形式转入结构复杂、讲究装饰华丽的建筑新时期。该陵共安放着莫卧儿王朝6个帝王、1个妃子的石棺。

5.金庙

金庙是印度锡克教最神圣的庙宇，位于印度西北部的旁遮普邦的阿姆利则市。该庙被一个大水池（称为“圣池”）所包围。1803年重修时，仅圆形顶就用了400公斤的黄金，内部装饰可谓金碧辉煌，锡克教朝圣者络绎不绝。

6.阿旗陀石窟

阿旗陀石窟位于孟买东北480千米一个半圆形山谷下的河流旁，开山凿石而成，是建筑、雕刻和绘画三种艺术完美结合的范例。阿旗陀石窟的壁画，以佛教内容为主，讲述释迦牟尼的一生，有些壁画反映古印度人民的生活及帝王生活。石窟被列为“世界文化遗产”。

7.埃洛拉

埃洛拉石窟始建于公元350年，约在公元700年完成。印度教、佛教和首那教三种宗教的寺庙共建在一起，达34座之多，被列为“世界文化遗产”。

拓展阅读

中国人与印度人性格之比较

1.中国人守时，印度人拖拉

每个到印度的外国人都必须首先学会忍受印度拖拉的习惯。与印度人见面总是比约定的时间晚半个小时左右，还有甚者一声招呼不打连面也不露，让你白等半天，等你打电话过去询问缘由时，对方好像没事人似的，说“忘了”。“稍等一分钟”意思就是等半个小时或者一个小时，“明天见面”意思就是——一个星期或者一个月后重逢。

2.中国人形象思维发达，印度人抽象思维发达

印度人抽象思维发达，而中国人擅长形象思维。印度学生速算特别快，而且计算的都是大数，动辄便是十几位数乘以十几位数。甚至连菜摊上根本没上过学的小商贩算起账来麻利得很，又快又准。而大多数中国人显然做不到这一点。

3.印度人多务虚,而中国人多务实

翻看印度政府制订的各项计划书,有很多点子和措施让人拍手叫绝,叫人感叹印度真是一个富有创新思维的国度。但过了一段时间再看计划的实施情况,则遗憾地发现,完美的计划和精彩的想法还停留在纸上。在这一方面,中国人显然又强一些。

4.印度人相信来世,而中国人只信今生

中国人只相信今生今世。在我们看来,眼前的日子才是最重要的,也是生活的目的所在。由于眼中只有"今世",中国人愿意尽力过好每一天,让自己过得平和、舒适和富足。中国人更愿意面对现实,做实用主义者。

印度人相信宗教,并幻化了诸多神灵以供敬仰。敬神是出于畏惧,或想得到切实的好处(发财、升官、得子)。印度人花费了大量时间和金钱来取悦神灵,创造出天堂和地狱等概念及作孽和积德等观念。

虽然佛教试图将许多印度教的教义传入中国,但中国人依然不这样来看待作孽与积德。佛教、伊斯兰教及基督教的态度仍显得不冷不热并带有功利主义色彩。

5.印度人重精神,而中国人重物质

印度人为自己只注重精神世界而自豪,因此他们信仰精神与灵魂。中国人却要和精神、物质两个世界打交道。对印度人来说,精神世界比物质世界重要,内容比形式重要,意愿比表达重要。对中国人来说,形式和表达则比精神和意愿更重要。

印度人关于"来世"的人生观使得他们将超度灵魂作为人生的首要目标。他们相信身体禁锢了灵魂,是灵魂超度的障碍。因此,人生的目标不是用美食和好酒来满足身体的需求,而是让它饱尝饥饿并穿最简朴的衣服。出于这种原因,许多印度人变成了素食主义者,滴酒不沾。中国人则正好相反,他们用美味的食物和漂亮的衣服来放纵身体。对中国人而言,身体是父母赠送的礼物,应该善待而不是去伤害它。

中国人创造了美味的食物、奢华的家具及精致的瓷器。信仰物质生活的西方人很自然地会被中国吸引。而印度人在精神方面高谈阔论,物质生活却维持在很低的水平上,从而让整个世界远离自己。

6.印度人多自信,而中国人多自卑

印度人靠积极上进、非常自信来处处显示自身的优越感,而中国人则正好相反,显得非常谨慎、仔细和谦逊。他会和你谈你的事情,却闭口不谈自己。当要合影的时候,一个印度人会使劲向前挤,而中国人却不会这样做,除非有人特别邀请。

印度人出于自大心理,往往会把所有的牌都摊在桌子上。中国人则会把牌留到最后,而笑到最后的也往往是他们。中国人非常善于使用拖延的技巧,通过请客吃饭和观光旅游让对方先提起话题。与中国人打交道的代表团有时不得不等上许多天甚至几个星期,而中国人却正按部就班地让对手变得焦躁不安、极不耐烦并最终决定不惜任何代价使双方达成协议。

思考题

一、名词解释

1.能乐

2.宋干节

3.假面剧

二、简答题

1.新加坡为什么被称为“世界人种博览馆”?

2.简述马来西亚人的饮食习惯。

3.简述娘惹文化。

4.简述蒙古人的社交礼仪。

第三章

大洋洲地区

学习目标

1.熟悉大洋洲地区主要客源国的基本概况。
2.掌握大洋洲地区主要客源国的民俗风情。
3.掌握大洋洲地区主要客源国的旅游业发展概况和旅游资源。

第一节　澳大利亚

一、国情概述

(一)国名、国旗、国徽、国歌

1.国名

澳大利亚(Australia),全称为澳大利亚联邦(The Commonwealth of Australia)。“澳大利亚”一词,意即“南方大陆”,欧洲人在17世纪初发现这块大陆时,误以为这是一块直通南极的陆地,故取名“澳大利亚”,Australia即由拉丁文terraaustralis(南方的土地)变化而来。澳大利亚很早就有人居住,但作为国家的历史却很短,故被称为“古老土地上的年轻的国家”。此外,它因为畜牧业发达、矿产丰富而有“骑在羊背上的国家”“坐在矿车上的国家”之称。

2.国旗

澳大利亚国旗呈横长方形,长与宽之比为2∶1。旗底为深蓝色,左上方是红、白“米”字,“米”字下面为一颗较大的白色七角星。旗底右边为五颗白色的星,其中一颗小星为五角,其余均为七角。澳大利亚为英联邦成员国,英国女王为澳大利亚的国家元首。国旗的左上角为英国国旗图案,表明澳大利亚与英国的传统关系。一颗最大的七角星象征组成澳大利亚联邦的六个州和联邦区(北部地区和首都直辖区)。五颗小星代表南十字星座(是南天小星座之一,星座虽小,但明亮的星很多),为“南方大陆”之意,表明该国处于南半球。这是1903年从三万多个作品中选出来的。

澳大利亚国旗

3.国徽

澳大利亚国徽左边是一只袋鼠，右边是一只鸸鹋，这两种动物均为澳大利亚所特有，是国家的标志、民族的象征。中间是一个盾，盾面上有六组图案分别象征这个国家的六个州。红色的圣乔治十字形（十字上有一只狮子、四颗星），象征新南威尔士州；王冠下的南十字形星座代表维多利亚州；蓝色的马耳他十字形代表昆士兰州；伯劳鸟代表南澳大利亚州；黑天鹅象征西澳大利亚州；红色狮子象征塔斯马尼亚州。盾形上方为一枚象征英联邦国家的七角星。周围饰以澳大利亚国花金合欢，底部的绶带上用英文写着"澳大利亚"。

澳大利亚国徽

4.国歌

澳大利亚的国歌是《前进，美丽的澳大利亚》，启用于 1984 年 4 月 19 日。

（二）人口、民族、语言、宗教

澳大利亚人口约 2 544 万（2019 年 7 月），其中英国及爱尔兰裔占 74%，华裔占 5.6%，土著人占 2.8%，其他族裔主要有意大利裔、德裔和印度裔等。官方语言为英语。澳大利亚是一个宗教信仰自由的国家，居民中约 63.9%信仰基督教，5.9%信仰佛教、伊斯兰教、印度教等其他宗教，无宗教信仰或宗教信仰不明人口占 30.2%。

小知识

2013 年 2 月 13 日，澳大利亚正式承认澳大利亚土著人和托雷斯海峡岛民是澳大利亚的第一代居民。这是澳大利亚为修改宪法承认土著澳大利亚居民准备的过渡性法案。从 20 世纪初至 20 世纪 70 年代初，澳大利亚政府实行白澳政策，认为土著居民是低贱无知的，将他们的孩子强行带走交给白人抚养或送到白人学校寄宿，希望同化土著人。那些被带走的土著孩子后来被称为“被偷走的一代”。

(三)地理环境、气候

澳大利亚位于南太平洋和印度洋之间，由澳大利亚大陆和塔斯马尼亚岛等岛屿和海外领土组成。它东濒太平洋的珊瑚海和塔斯曼海，西、北、南三面临印度洋及其边缘海，海岸线长约3.67万千米。面积769.2万平方千米，占大洋洲的绝大部分，是继俄罗斯、加拿大、中国、美国和巴西之后面积第六大的国家。

澳大利亚虽四面环水，沙漠和半沙漠却占全国面积的35%。全国分为东部山地、中部平原和西部高原3个地区。全国最高峰科修斯科山海拔2 230米，最长河流墨累河长3 490千米。中部的埃尔湖是澳大利亚的最低点，湖面低于海平面12米。在东部沿海有全世界最大的珊瑚礁——大堡礁。

澳大利亚具有独特的地理和气候特点，约可分为两个气候区。在南回归线以北的北部地区(约占澳大利亚40%土地)，为热带区；其他地方(即南回归线以南)，则属于温带区。澳大利亚幅员辽阔，不同地区的气候也会有差异。大部分时间，北部各州通常很暖和，而南部各州的冬天比较凉爽。澳大利亚的季节，恰与地处北半球的中国相反，每年四季时间：春季9月—11月，夏季12月—2月，秋季3月—5月，冬季6月—8月。澳大利亚的冬天是观光旅行的最好季节。

(四)首都、行政区划

澳大利亚首都是堪培拉，面积2 395平方千米，人口41.03万(2016年)，原为牧羊地，1913年按规划始建，1927年联邦政府从墨尔本迁至此，是全国政治中心，以银行、饭店和公共服务业为主要经济部门。

澳大利亚全国划分为6个州和2个地区。6个州分别是新南威尔士、维多利亚、昆士兰、南澳大利亚、西澳大利亚、塔斯马尼亚；2个地区分别是北方领土地区和首都地区。各州有州督、州议会、州政府和州长。

(五)简史

澳大利亚拥有悠久的历史，从永恒的原住民大陆变成英国囚犯流放地，后来发展成了一个现代化的多元文化国家。澳大利亚最早的居民为土著人。1770年，英国航海家詹姆斯·库克抵达澳大利亚东海岸，将其命名为“新南威尔士”，并宣布这片土地属于英国。1788年1月26日，英国流放到澳大利亚的第一批犯人抵悉尼湾，英国开始在澳大利亚建立殖民地，后来这一天被定为澳大利亚国庆日。1900年7月，英国议会通过《澳大利亚联邦宪法》和《不列颠自治领条例》。1901年1月1日，澳大利亚各殖民区改为州，成立澳大利亚联邦。1931年，澳大利亚成为英联邦内的独立国家。1986年，英议会通过《与澳大利亚关系法》，澳大利亚获得完全立法权和司法终审权。

(六)政治

澳大利亚名义上的国家元首是英国女王，女王在选举出的澳大利亚政府的建议下任命总督作为其代表，但澳大利亚总督实际上不干预政府的运作。澳大利亚政府为联邦制，有6

个州及 2 个地区，各州设有州长，负责州内事务。澳大利亚政府由众议院多数党或党派联盟组成，每届政府任期 3 年。内阁是政府的最高决策机关，现共有 30 名部长。国家最高行政领导人是总理。澳大利亚有大小政党几十个，主要政党有澳大利亚工党、自由党、国家党。

(七)经济

澳大利亚是一个后起的发达资本主义国家，农牧业发达，自然资源丰富，长期靠出口农产品和矿产资源赚取大量收入，盛产羊、牛、小麦和蔗糖，同时也是世界重要的矿产品生产和出口国。农牧业、采矿业为澳大利亚传统产业。近年来，制造业和高科技产业发展迅速，在国际市场上竞争力有所提高。自 20 世纪 70 年代以来，澳大利亚经济经历了重大结构性调整，旅游业和服务业迅速发展，占国内生产总值的比重逐渐增加，目前已达到 70%左右。

澳大利亚对国际贸易依赖较大，与 130 多个国家和地区有贸易关系，主要贸易伙伴依次为中国、日本、美国、韩国、印度、新西兰、英国、新加坡、泰国、德国、马来西亚等。

澳大利亚旅游业近年来蓬勃发展，海外游客人数呈上升趋势，但国内游客仍是旅游业的主力军。2017/2018 财年，国内游客消费 889.0 亿澳元，海外游客在澳消费 425.0 亿澳元。澳大利亚旅游资源丰富，著名的旅游城市和景点有悉尼、墨尔本、布里斯班、阿德莱德、珀斯、黄金海岸、大堡礁和塔斯马尼亚等。

澳大利亚的交通运输业较发达，国际海、空运输尤为突出。悉尼是南太平洋主要交通运输枢纽。墨尔本为全国第一大港。澳大利亚航空业务主要由“快达”(Qantas)、“维珍澳洲”(Virgin Australia)和“捷星”(Jetstar)航空公司主导。客流量排名前十的机场为：悉尼、墨尔本、布里斯班、珀斯、阿德莱德、黄金海岸、凯恩斯、堪培拉、霍巴特和达尔文。

澳大利亚的货币单位是澳大利亚元(AUD)，由澳大利亚储备银行发行，100 澳大利亚元相当于人民币 477.84 元(以 2019 年 11 月 21 日澳大利亚对人民币汇率换算)。

二、民俗风情

澳大利亚社会由来自各种不同文化、民族、语言和宗教信仰背景的人群组成。自英国移民踏上这片美丽的土地之日起，已先后有来自世界 120 个国家、140 个民族的移民到这里谋生和发展。澳大利亚是典型的移民国家，被社会学家喻为“民族的拼盘”，多民族形成的多元文化是现代澳大利亚社会的一大特征。

(一)服饰

澳大利亚大部分的居民是来自英国和其他欧洲国家的移民后裔，所以他们的服饰会受到欧洲风格的影响，但又因其独特的地理环境和文化风格而产生差异。澳大利亚人在正式的场合多穿西装、套裙，平时一般穿着 T 恤、短裤或者牛仔装、夹克衫。无论男女都喜欢穿牛仔裤，他们认为穿牛仔裤方便而自如。由于阳光强烈，他们在出门时，通常喜欢戴上一顶棒球帽来遮挡阳光。在澳大利亚的达尔文市，当地居民的穿着自成一体，他们在正式场合一定要穿衬衫、短裤和长袜。这种穿法，当地人叫作“达尔文装”。

澳大利亚的土著居民平时习惯于赤身裸体，至多在腰上扎上一块围布蔽体。但他们通常要佩戴额箍、鼻针、臂环、项圈等多种饰物，有时他们还会在身上扎上一些羽毛，并且涂上各种颜色，用于装饰和吸引异性的爱慕，节庆仪式或节日歌舞时更是彩绘全身。

有趣的是,由于澳大利亚地处南半球,季节正好与北半球相反,所以,澳大利亚人在同一个季节里的穿着可能恰恰与北半球的人相反。如在欢度圣诞节的时候,澳大利亚人要穿夏装。

(二)饮食

澳大利亚人的饮食习惯基本和英国人相似,但他们更喜爱吃鱼类的菜肴,对中国菜也颇感兴趣,华人餐馆在各大城市均可见到,他们特别爱吃中国风味的清汤饺子。

澳大利亚人饮食特点是口味清淡,不喜油腻,不吃辣味。主食是面包,副食大多为牛羊肉、鸡肉、鱼肉、禽蛋等,特色的食品有袋鼠肉、皇帝蟹、鲍鱼等,爱喝的饮料有牛奶、咖啡、啤酒与矿泉水等。他们不吃狗肉、猫肉、蛇肉以及动物的内脏与头、爪,有不少的澳大利亚人还不吃味道酸的东西。对于加了味精的食物,他们十分厌恶,他们认定味精好似"毒药",令人作呕。

平时,澳大利亚人也十分喜欢外出野餐,并以烧烤为主,澳大利亚许多旅游场所都配有免费的烧烤设备,边烧烤边玩,乐趣无穷。澳大利亚人喜欢饮酒,据统计,在澳大利亚人中,83%的男性和64%的女性都是嗜酒者。

澳大利亚土著居民目前大多数尚且不会耕种粮食、饲养家畜。他们靠渔猎为生,并且经常采食野果。一般来说,他们的食物品种繁多,制作方法也各具特色。在进食的时候,经常生食,并且习惯于以手抓食。

(三)节庆

澳大利亚全年举办的活动令人目不暇接,展现着这里精彩纷呈的独特文化气息。主要节日有:

元旦:1月1日。

国庆日:1月26日。纪念首批欧洲人抵达澳大利亚的日子,每年这天,澳大利亚各大城市都会举行各种大型的庆祝活动。

情人节:2月14日。

复活节:3月28日—31日。

澳新军团日:4月25日。又称"澳纽军团日",是纪念1915年4月25日,在加里波利之战牺牲的澳大利亚和新西兰军团将士的日子,纪念形式有仪式、奉献花圈、军队巡游。

女王生日:6月9日(伊丽莎白女王生日)。除西澳大利亚州外,其他各州各领地都会于每年6月的第二个星期一庆祝女王诞辰;西澳大利亚州则在9月或10月纪念女王诞辰。

圣诞节:12月25日。

开盒节:12月26日。打开圣诞所赠礼盒的日子,在南澳大利亚,称为"宣告节"。

此外,11月第一个星期二,是闻名世界的澳大利亚赛马——墨尔本杯大奖赛的举行日,全国性赛马发源地墨尔本市将这一天列为公休日。届时,全国其他地区也停止工作,进行观马大赛。

(四)传统文化、艺术

澳大利亚由具有不同文化背景的民族组成,在文化艺术方面充分展示了它的丰富多彩。一方面,它体现在土著人的绘画、文学和音乐中;另一方面,也表现在西方传统的艺术、文学、

现代舞蹈、电影、歌剧和戏剧中。而亚太地区也是影响澳大利亚文化的一个重要因素，因此，澳大利亚的作品在其内容和风格上往往融澳大利亚和其他国家的特色于一体，充分体现了多元文化的影响。

作为一个多民族的国家，土著文化的价值越来越被人们所认识，澳大利亚的土著文化的历史可以追溯到2万年前，土著人有丰富的口头传说，有与祭祀有关的原始舞蹈，但最为突出的还是绘画，绘画是土著人记录历史、延续文化的一个重要手段，土著绘画的内容以梦幻为永久的主题，主要描绘各种神话传说及土著的风俗习惯和生活情景，土著绘画的形式主要有石壁画、树皮画和沙石画，颜色多取于褐、白两色。

澳大利亚的文学作品在国际上享有盛誉，土著人以及来自海外的移民作家为这方面增添了新的内容。目前，澳大利亚的文学作品逐渐反映出对亚太地区文化的意义以及本地区国家间共同利益重要性的认识。

澳大利亚的电影在世界上有很大的影响力，经常荣膺世界各项电影大奖，并为好莱坞输送了大量的优秀人才。歌剧在某种意义上看是一种典型的澳大利亚的艺术形式，尽管它发源于意大利，但澳大利亚人赋予它特殊的热情和新的内涵，从内利·梅尔巴夫人到琼萨瑟兰夫人，澳大利亚为世界培养了许多杰出的女歌剧演唱家。

澳大利亚人酷爱欣赏音乐会、观看戏剧演出及参观美术展览。如果按人口平均计算，澳大利亚人购买杂志和书籍的数量在世界上属于最多者之列。澳大利亚拥有众多的美术馆、剧院和图书馆，每个首府都有设施先进的文化艺术演出中心。

体育运动是澳大利亚文化的一个重要组成部分。澳大利亚人酷爱体育活动，大约有23.5%的15岁以上青少年经常组织体育活动。在澳大利亚的体育迷眼中，任何事情都可以视作一种运动，偏爱橄榄球、网球、冲浪、游泳、滑雪、赛马、帆板、钓鱼等运动项目。赛马是澳大利亚的“国赌”。

(五)社交礼仪

澳大利亚在社交礼仪方面，有“亦英亦美，以英为主”和“兼收并蓄，多姿多彩”两个特点。

澳大利亚人见面习惯于握手，不过有些女子之间并不握手，女友相逢时常亲吻对方的脸。土著居民在见面时行勾指礼，即相见的双方各自伸出手来，令双方的中指紧紧勾住，然后再轻轻往自己身边一拉，以示相亲、相敬。

在称呼方面，澳大利亚人大部分名在前，姓在后。称呼别人先说姓，再接上“先生”“小姐”或“太太”之类的称谓，熟人之间可直呼其名。澳大利亚是一个讲求平等的社会，不喜欢以命令的口气指使别人做某事。

澳大利亚男子秉承了英国传统绅士的作风，讲究“女士优先”，感情不外露。多数男人不喜欢紧紧拥抱或握住双肩之类的亲密动作。在社交场合打哈欠、伸懒腰等小动作，是非常不雅观、不礼貌的行为。

澳大利亚人的时间观念很强，约会时必须事先联系并准时赴约。如果你是去别人家拜访，最合适的礼物是给女主人带上一束鲜花，也可以给男主人送一瓶葡萄酒。

澳大利亚人普遍乐于同他人进行交往，并且表现得质朴、开朗、热情，过分地客套或做作，均会令他们不快。澳大利亚人有邀请友人一同外出游玩的习惯，对此类邀请予以拒绝，会被他们理解成不给面子。澳大利亚人习惯拥有较大的个人空间。在公共场所都自觉排队等候服务，人与人之间要留有一定的距离，绝不能紧靠前后的人，推推碰碰别人是极不礼貌的行为,“加塞儿”更是失礼行为。澳大利亚人还有个特殊的习俗,他们乘坐出租车时,总习惯与司机并排而坐,即使是夫妇同时乘车,通常也是丈夫坐在前面,妻子独自坐在后排,他们认为这样才是对司机的尊重,否则会被认为失礼。

(六)禁忌

澳大利亚人喜爱的动物有琴鸟、袋鼠,而对兔子及兔子图案特别忌讳,认为兔子是一种不吉利的动物,人们看到它都会感到倒霉。对他们忌送菊花、杜鹃花、石竹花和黄颜色的花。受基督教的影响,澳大利亚人忌讳“13”与“星期五”,认为它们会带来灾难和不幸。议论种族、宗教、工会和个人私生活以及等级、地位问题,最令澳大利亚人不满,与他们交谈时,可多谈旅行、体育运动及到澳大利亚的见闻等。不可竖大拇指对其表示赞扬,切记对人眨眼。

与澳大利亚人打交道时,还有下列四点事项需要特别注意。第一,澳大利亚人不喜欢本国与英国处处联系在一起。虽然不少人私下里会对自己与英国存在某种关系而津津乐道,但在正式场合,他们却反感将两国混为一谈。第二,澳大利亚人不喜欢听“外国”或“外国人”这一称呼。他们认为,这类称呼抹杀个性。是哪一个国家,是哪个国家的人,理当具体而论,过于笼统地称呼是失敬的做法。第三,澳大利亚人对公共场合的噪声极其厌恶。在公共场所大声喧哗者,尤其是门外高声喊人的人,是他们最鄙视的。第四,澳大利亚的基督徒有“周日做礼拜”之习。他们的这种做法“雷打不动”,想在这天与他们约会,往往“难于上青天”。

 **小知识**

如何与澳大利亚人交往

1.澳大利亚人一般较直爽、实事求是,交谈者如故作姿态、矫揉造作是不受欢迎的。

2.参加任何业务会谈,都得穿得整齐。天气炎热,主人会请你卸去上装。一般社交场合,衣着不拘形式,除非请柬上特别注明要穿礼服。

3.招待应酬时需注意,如应邀参加“午后茶会”一般在下午 4:30 左右,只招待茶或咖啡;如参加“茶会”,那往往是请吃晚饭。招待对方要慷慨大方,但请客吃饭时一般不谈业务。应邀参加家宴,如有女伴陪同前往,应由她向主人面赠鲜花或一盒巧克力;若无女伴陪同,则应于翌日给女主人送去鲜花,并附谢笺一封。

4.总的说来,澳大利亚人不太喜欢一本正经,也不计较社会地位。出租汽车司机喜欢单身旅客坐在他的身边,两人一路上拉扯闲谈,否则会被认为是不友好的表现。

三、旅游业发展

(一)旅游业发展概况

旅游业是澳大利亚发展最快的行业之一。由于旅游资源的特点和优势,加上各级政府的重视,澳大利亚旅游业近几十年来发展迅速。出境旅游、国内旅游、入境旅游发展都相当发达。

澳大利亚经济发达,人民生活富足,福利齐全,促使更多的居民出境旅游。澳大利亚实行的是“带薪假期”制度,除了公共假日外,该国公民每年至少有 20 天的带薪休假,还能获得

相当于平时工资17.5%的奖励工资。因此，澳大利亚人有出国旅游的良好条件，出国旅游已成为他们生活中的重要内容，而且旅游消费在西方发达国家中名列前茅。澳大利亚每年出境旅游的人口比例相当高，已经成为人均出游率最高的国家之一，平均每五六人中就有一人出国旅行。澳大利亚人出游的主要海外旅游目的地有新西兰、英国、美国、印度尼西亚、斐济、泰国和中国，前往亚太地区旅游的人数增长最快。出境旅游中主要是商务旅游、休闲度假和探亲访友。

澳大利亚是中国的重要旅游客源国之一。近年来，澳大利亚来中国的旅游者逐年增多，旅华市场的特点是：散客、小包价团增长快；中转游客增长；商务旅游看好，商务旅游占澳大利亚旅华总人数的20%以上。

目前，澳大利亚的经济发展得益于旅游业的繁荣，入境旅游业每年平均为澳大利亚经济贡献大约200亿澳元，据世界旅游预测委员会预测，在未来10年，可能增长到340亿澳元，而中国则是澳大利亚入境游客的最大来源国。近十多年来，澳大利亚的国际旅游者在构成上发生了很大的变化。由于近些年澳大利亚在国外，特别是在亚洲国家，采取大力宣传等措施，目前，澳大利亚的外国旅游者中，来自亚洲的最多。主要客源地亚太地区占六成以上，欧洲占两成以上，美洲占一成。中国已超越新西兰成为澳大利亚最大的国际游客来源国。2015年，中国赴澳游客首次突破100万人次，2018年赴澳游客人数达到143万人次。2018年，新西兰赴澳游客人数138万人次，屈居第二。新西兰也失去了自1999年以来第一大游客来源国的位置，但新西兰仍是澳大利亚人第一旅游目的地。澳大利亚旅游业研究机构预测，中国赴澳游客数量将保持强劲增长，到2024至2025年，中国游客数量将会再翻一番，至200万人次，中国游客在澳消费将达137亿澳元。

国内旅游仍是澳大利亚旅游业的主导。该国居民的旅游需求大部分能在当地，特别是该国东南部得到满足。国内旅游目的以度假休闲为主，其次为探亲访友和公务等。以度假为目的过夜游客消费占国内旅游总消费的60%。国内旅游的交通工具以私人汽车为主。每年1月份是澳大利亚的盛夏，圣诞节、新年之后学校一般放3个月的暑假，人们或举家，或携友纷纷外出度假，形成旅游高峰期。国民旅游的宣传口号是："没有假日，就没有生活。"(no leave no life)

(二)主要的旅游资源

澳大利亚是一个自然风光秀丽、民族风情独特的国家，著名的景区景点遍布全国，旅游资源十分丰富。其在自然旅游资源方面主要有以下四个特点：一是季节与北半球相反，有利于吸引北半球的旅游者；二是许多地区气候比较优越，为旅游活动提供了良好的条件；三是有风光秀丽的优质海岸和沙滩，很受度假旅游者的青睐；四是有许多奇异特有的野生动植物。在人文旅游资源方面，主要有以下两个特点：一是风格多样而独特的城市建筑；二是奇特悠久的土著文化。

澳大利亚建国历史不长，移民国家的历史决定了本土文化与外来文化并存，原始文明与现代文明交织、自然生态与人文风情兼具，共有19处世界自然或文化遗产，正如它的旅游宣传口号所说，"集地球四角于一体，感受澳洲魅力"，"澳大利亚，与众不同"。

1.堪培拉

堪培拉是澳大利亚的首都，位于澳大利亚东南部，在悉尼和墨尔本之间。它是在1913年联邦政府定都于此后从平地拔起的一座新城，是一个纯粹的政治中心。这里除了旅游业、赌博业以及满足联邦政府机构、科研单位、大专院校及文化娱乐等部门需要的服务行业以外,没有其他经济部门。

堪培拉是世界上城市规划与景观建筑最杰出的范例之一。堪培拉的城市设计十分新颖,环形及放射状道路将行政、商业、住宅区分开。法律规定,除总理府外其他建筑均不得建围墙。城市中心的格里芬湖喷泉,极为壮观。全城树木苍翠,鲜花四季,每年九月,堪培拉都举办花节,以数十万株花迎接春天的到来,被誉为“大洋洲的花园城市”。

主要旅游景点有:

(1)格里芬湖

格里芬湖位于国会山和首都山之间,是一个人工湖,湖名来源于规划堪培拉的设计师格里芬。格里芬湖最醒目的标志物是库克船长喷泉,是为纪念库克船长登陆200周年而建的。喷泉水柱可以高达137米,站在全城任何地方,都可以看到高大的白色水柱直刺蓝天,水柱四周的水珠和雾粒在阳光的照耀下,闪烁着一道道彩虹,极为壮观。

(2)新国会大厦

新国会大厦建立在市区最高的国会山上,是堪培拉最为显著的地标。其主体建筑及配套工程总投资11亿澳元,是澳大利亚建筑史上最为昂贵的一座建筑物,于1988年澳大利亚建国200周年时落成。以大理石为建筑材料的新国会大厦,在白、黑、红三种颜色的大理石空间中,成功地营造出权力机构的非凡气势。大厦顶端高高竖立的,是一个81米的巨型不锈钢旗杆。旗杆最高处飘扬的澳大利亚国旗,宽12.8米,高6.4米。全世界没有几个国家正在办公的国会大厦是常年对外开放、任人游览参观的,澳大利亚便是极少数之中的一个。

(3)国立水族馆

国立水族馆离市中心只有5分钟路程,可在此观赏到水生和野生动物。水族馆内同时拥有淡水及咸水的蓄鱼槽,并建有一个容量达一百万公升的观光隧道,其中养育了多种多样的澳大利亚鱼类供玩赏。此外水族馆内有野生动物保护区,有树熊、袋鼠、小企鹅和其他野生动物。

2.悉尼

悉尼是澳大利亚最大城市和重要港口,也是新南威尔士州的首府,是全国的文化、经济和金融中心。该市气候宜人,环境优美,自然景观和人文景观都很丰富且极有特色。悉尼连续多年被评为世界最佳旅游城市。

主要旅游景点有:

(1)悉尼歌剧院

悉尼歌剧院是最能代表澳大利亚的建筑,有“世界第八奇景”之称。它是澳大利亚悉尼市一个大型综合性文艺演出中心,以建筑形象独特而著称于世。由丹麦人约恩·乌松所设计,1959年开始建造,历经14年的时间才完成,在外形上犹如数个巨大的贝壳向后张开,又像是即将乘风出海的白色风帆。悉尼歌剧院白色屋顶是由瑞典陶瓦铺成,并经过特殊处理,因此不怕海风的侵袭,屋顶下方就是悉尼歌剧的两大表演场所——音乐厅和歌剧院。悉尼歌剧院每天都会有大量来自世界各地的游客络绎不绝前往参观和拍照,以感受它给世间所带来的美丽震撼。

(2)悉尼海港大桥

悉尼海港大桥被当地居民称为“衣服架”,号称世界第一单孔拱桥,是世界上唯一允许游客爬到拱桥顶端的大桥。这座大桥从1857年设计至1932年竣工，是连接港口南北两岸的重要桥梁。它是悉尼歌剧院明信片的完美背景，在距离水面147米的高处遥望悉尼歌剧院，这个角度绝对独一无二，也是摄取港口全景的绝佳地点。

(3)悉尼塔

悉尼塔和悉尼歌剧院、悉尼海港大桥并称为悉尼三大地标性建筑，是旅游者游览悉尼必到的景点。塔高304.8米，是澳大利亚最高的建筑，也是南半球最高的参观平台。金黄色的外观闪耀夺目，登上圆锥形塔楼，纵目四望，悉尼市容一览无遗。

(4)悉尼水族馆

悉尼水族馆是世界上最大的水族馆之一，这里收集了来自澳大利亚北部热带区、大堡礁以及国内大小湖泊溪流的超过5 000种澳大利亚土产海洋生物，深受各国游客的喜爱。在水族馆内真正刺激的是走过位于两个巨大流动海洋水族馆之下的透视水底隧道，游客可以尽情欣赏海底生态环境的媚姿。

(5)岩石区

岩石区正是澳大利亚与西方世界接触的源头，菲利普船长带着1 000多人犯便是从这里开始垦殖澳大利亚的。目前这里已恢复殖民时期的风貌，成为展示澳大利亚开发最初20年艰辛岁月时民情风貌的“活动博物馆”，也是探寻澳大利亚源头的重要旅游景点。在精心规划之后，更成为悉尼人文荟萃的中心。岩石区现今已成为悉尼最受游客欢迎的观光据点，是每个来到悉尼的游客的必游之地。

(6)悉尼唐人街

悉尼的唐人街位于悉尼市的南部，涵盖悉尼市两条主要大街——德信街、海街以及莎瑟街、汤玛士街、阿尔梯姆路、格欧本街和乔治街等五大街道主要部分。悉尼唐人街的位置非常优越。它的东面接近市政厅，而市政厅又连接着悉尼最豪华的商业中心——维多利亚女王大厦；西面是悉尼娱乐中心和悉尼展览中心；南面靠近全澳大利亚最大的火车站——中央火车站以及悉尼长途车站；北面的“情人港”是悉尼最繁华最浪漫的旅游胜地。唐人街和澳大利亚主流社会的交往这几年越来越密切，并已成为澳大利亚多元社会的一个重要组成部分。

(7)邦迪海滩

邦迪海滩的名字来自于原居民的语言bondi，意思是海水拍岸的声浪。邦迪海滩长达一千米，虽然只是个沙滩滨海小镇，却是澳大利亚最具历史的冲浪运动中心，是澳大利亚传统冲浪救生训练基地。在夏季的周末，这里有各类冲浪活动，运动员们轮番上阵表演；有非正式的乐队在岸上演出；有民俗活动、艺术展览活动等。

(8)澳洲野生动物园

澳洲野生动物园位于悉尼以西40千米处，丛林占地40 000平方米，园内饲养了种类繁多的野生动物，如红袋鼠、灰袋鼠、树熊、南方毛鼻袋熊、巨型蜥蜴、咸水鳄、淡水鳄、神仙企鹅、刺猬、塔斯马尼亚魔鬼、野狗等。

3.墨尔本

墨尔本位于亚拉河畔，是维多利亚州的首府，澳大利亚第二大城市，澳大利亚的文化、运动、购物、餐饮中心。该市建立于1835年，1927年以前是联邦政府的首都，是在19世纪中期淘金热潮中迅速发展起来的城市。目前市内仍保留许多19世纪华丽的维多利亚式建筑，林木茂盛，公园众多，是澳大利亚最具有欧洲风味的大城市。墨尔本城市的绿化面积高达

40%,曾连续多年被联合国人居署评为最适合人类居住的城市。

主要旅游景点有：

(1)疏芬山

黄金引发了淘金者的梦,黄金也造就了巴拉列淘金镇。疏芬山记录着1851—1861年的梦幻时代,整个淘金镇能呈现当时的社会状况。

(2)大洋路

长达320千米的大洋路,是澳大利亚最著名的道路,在这里能欣赏到全球最佳的海岸风光。大洋路上的参观景点很多,旗杆山海事博物馆详尽地呈现了澳大利亚的海洋开发史;国家羊毛博物馆位是澳洲唯一以羊毛为展览主题的博物馆;十二使徒岩的断崖奇景是大洋路上的一绝。

(3)帕芬·比利蒸汽火车

从1900年至今,帕芬·比利一直是墨尔本最受欢迎的旅游火车,它穿过Dandenong山谷,以有韵律的节奏缓缓前进,让人悠闲地享受时间。帕芬·比利中间的停留站是Menzies Creek,可以参观一些与火车相关的展览馆,终点站在翡翠湖公园。途中风景秀丽,湖光山色美不胜收。

(4)菲利普岛

以黄眼企鹅闻名于世的菲利普岛,成为游客最希望游览的自然生态岛。在黄眼企鹅生物保护区,夕阳西下之时,外出觅食的企鹅带着满口的鱼,陆续归巢喂哺幼儿。坐在观景台上,游客们可亲眼看到企鹅们奋力游上岸,一起摇摇摆摆地走回家的情景。除了黄眼企鹅保护区外,岛上还有其他生态保护区供游客参观。

(5)维多利亚艺术中心

维多利亚艺术中心是一座宏伟的表演艺术场地,也是墨尔本市社交与文化活动的焦点,是墨尔本的标志性建筑之一。其顶部有115米高的锥形铁架,造型犹如一位翩翩起舞的芭蕾舞女正旋转着她的舞裙,因而被誉为"芭蕾舞女的裙子"。

4.布里斯班

布里斯班是昆士兰州的首府,也是澳大利亚的第三大城市,由于这里有不少树袋熊——考拉的保护区,因而人们又称它为"考拉之都"。它地处澳大利亚东南部,是澳大利亚一个重要的度假休闲胜地。布里斯班有着迷人的自然风光,多种多样的动植物生活在这里。此外,这里的人文景观也很丰富。布里斯班是一个城市规划方面很有特色的城市,分割区域的街道,南北方向以女性名字命名,东西方向则是男性名字。主要旅游景点有乔治街、铁塔、市政厅、库沙山、孤松无尾熊保护区等。

5.珀斯

珀斯是西澳大利亚州的首府,位于该州的西南部,由于该市湖泊中有许多黑天鹅,因而有"黑天鹅城"的美誉。这里的气候十分有利于开展旅游,阳光和海洋是它的标志。长达数千米的白色海滩,为人们提供了天然浴场,并且以绝无污染深受游客和冲浪爱好者的喜爱。市内还有许多文化设施和办公大楼,如艺术博物馆、珀斯歌剧院、市政厅大厦等。交通也比较发达,向北有公路通向达尔文市,向东有铁路通向悉尼。主要的旅游景点有珀斯沙滩、海底世界、高欢旅树熊公园、科技展览中心等。

6.达尔文市

达尔文市是澳大利亚北部地区的首府,也是比较著名的旅游城市,因英国生物学家达尔文于 1839 年曾到此考察，故而得名。这里原来是土著人的居住地，19 世纪 70 年代发现金矿后迅速发展起来。1974 年，因飓风袭击而受到严重破坏，后经重建，成为具有现代化街道和建筑的美丽城市。达尔文市气候炎热多雨，树木繁茂，有许多特有的植物种类，东、西、北三面有海滨环绕，旅游者在此可参加多种水上活动。市内有中国庙宇列圣宫，南郊的亚罗奥加公园有鳄鱼、野牛和澳大利亚特有的野狗等动物，东南郊有霍华德温泉以及自然奇观白蚁冢，据说每座蚁冢可容纳蚂蚁 200 万只左右，令人叹为观止。市内有通往亚洲和欧洲国家的国际机场。

在达尔文市以东不远处，有澳大利亚最大的国家公园——卡卡杜国家公园，该国家公园以其自然景观、土著人的岩画艺术以及沼泽湿地的水牛、鳄鱼与多种水鸟等野生动物而著名，它是文化与自然双重世界遗产。

7.凯恩斯

凯恩斯是进出澳大利亚主要的国际门户之一，此城也是前往大堡礁和北部地区的必经之路。这里自然景观迷人，有高原、热带雨林、瀑布、奇花异草等。购物商场规模不比布里斯班逊色，各式食肆齐全，特别是海鲜更是多不胜数。

8.黄金海岸

黄金海岸位于澳大利亚东部海岸中段、布里斯班以南，它由一段长约 42 千米、10 多个连续排列的优质沙滩组成，以金黄色的沙滩而得名。这里景色宜人，日照充足，特别是海浪险急，适合于进行冲浪和滑水活动，是冲浪者的乐园，而且旅游接待设施较为齐备，有各种各样的游乐场、赌场、酒吧、夜总会以及华纳电影世界、海洋世界、梦幻世界等主题乐园。

9.大堡礁

大堡礁是世界上最大、最长的珊瑚礁群，名列世界七大奇景之一，是澳大利亚人最引以为傲的天然景观。它纵贯于澳大利亚的东北沿海，海岸线绵延 2 000 多千米。珊瑚礁沿海岸分布，像堡垒保卫着海岸，故称为“堡礁”。大堡礁距海岸约 20 千米～350 千米，由 600 多个珊瑚礁组成，总面积达 8 万平方千米。这里是成千上万种海洋生物的安居之所，其中包括 1 500种鱼类、4 000 种软体生物、350 种珊瑚家族以及多种鸟类和海龟等，构成了世界最大的生态系统。大堡礁不利于航行，但是可以开展多项水上活动，还可以在水下观赏美丽的珊瑚和其他水下生物，因而成为澳大利亚一个主要的旅游区。

在过去的 30 年里，大堡礁失去了近 50％的珊瑚，并且现有的珊瑚正以越来越快的速度不断衰亡。联合国教科文组织正考虑将大堡礁列入世界遗产保护“危险”名录，拯救这一澳大利亚的“国宝级”景观。

拓展阅读

澳大利亚的特色旅游产品

1.自然观光与生态探奇之旅：世界自然遗产大堡礁、大蓝山溶洞、昆士兰热带雨林、波奴鲁鲁国家公园、威兰德拉湖、豪勋爵岛生物保护区、沙克湾生物保护地等。“荒漠三绝”艾尔斯独石、奥加斯山与艾丽思温泉小镇。卡卡杜国家公园以鸭嘴兽、树熊、袋鼠和琴鸟为代表的珍禽异兽。菲利普岛的小企鹅保护区。

2.滨海度假之旅：四面环海，海岸线绵长，拥有许多优良的海滨浴场，其中东海岸昆士兰州内长约 42 千米的沙滩“黄金海岸”是举世闻名的避暑胜地。

3.历史开拓寻踪之旅：墨尔本库克小屋、淘金主题公园、本迪戈采金博览馆，世界文化遗产澳大利亚监狱遗址,世界文化遗产皇家展览馆和卡尔顿园林,以及土著风情。

4.现代文化休闲之旅:世界文化遗产悉尼歌剧院、悉尼游艺节(1月)、墨尔本欢乐节(3月的第一个星期一开始)、墨尔本国际喜剧节(3月—4月)、墨尔本国际电影节(5月—6月)、墨尔本赛马节(11月第一个星期二)、堪培拉花卉节(9月)、南太平洋艺术节(每四年一次)、澳大利亚网球公开赛(1月)、悉尼至霍巴特风帆赛(12月)等节庆活动。

第二节　新西兰

一、国情概述

(一)国名、国旗、国徽、国歌

1.国名

新西兰(New Zealand)作为国家的名称,来自荷兰语“新泽兰”,意即“新的海中陆地”。“新西兰”则是对“新泽兰”一词的英语译法。在中国台湾、香港地区以及海外华人多称其为“纽西兰”。由于新西兰距离其他大洲路途遥远,并且环境十分优美,故有“世界边缘的国家”“绿色花园之国”和“白云之乡”的称号。新西兰的畜牧业极为发达,国民经济以其为主,因此又有“畜牧之国”“牧羊之国”之称。新西兰是地球上最年轻的国家,也是地球上最后一块被发现的主要大陆。

2.国旗

新西兰国旗

新西兰国旗呈横长方形,长与宽之比为2∶1。旗底为深蓝色,左上方为英国国旗红、白色的“米”字图案,右边有四颗镶白边的红色五角星,四颗星排列均不对称。新西兰是英联邦成员国,红、白“米”字图案表明同英国的传统关系;四颗星表示南十字星座,表明该国位于南半球,同时还象征独立和希望。新西兰国旗启用于1902年6月12日。

3.国徽

新西兰国徽中心图案为盾徽。盾面上有五组图案:四颗五角星代表南十字星座,象征新西兰;麦捆代表农业;羊代表该国发达的畜牧业;交叉的斧头象征该国的工业和矿业;三只扬

帆的船表示该国海上贸易的重要性。盾徽右侧为手持武器的毛利人，左侧是持有国旗的欧洲移民妇女；上方有一顶英国伊丽莎白女王二世加冕典礼时用的王冠，象征英国女王也是新西兰的国家元首；下方为新西兰蕨类植物，绶带上用英文写着“新西兰”。

新西兰国徽

4.国歌

新西兰的国歌是《上帝保佑新西兰》，启用于1977年。

(二)人口、民族、语言、宗教

新西兰人口约为492万(2019年6月)。其中，欧洲移民后裔占74%，毛利人占15%，亚裔占12%，太平洋岛国裔占7%(部分为多元族裔认同)。官方语言为英语、毛利语。48.9%的居民信奉基督教、新教和天主教。

小知识

新西兰人口稀少，平均密度为每平方千米12人，仅相当于世界人口密度的1/3；人口城市化是新西兰人口分布的另一重要特点。同其他发达国家相比，新西兰最突出的特点是没有大城市，在所有城市中，只有奥克兰人口超过50万。

毛利人有着悠久的历史和灿烂的文化。毛利人的雕刻艺术技艺精湛，大到房檐，小到手杖都异常精美。他们的舞蹈别具一格，鲜艳的民族服装、美丽的花环、项上挂着的绿佩玉以及腰上系着的蒲草裙充分展现了毛利人独特的民族风情。毛利人的迎宾舞蹈已成为新西兰官方迎接贵宾的最高礼仪。

(三)地理环境、气候

新西兰位于太平洋西南部，介于南极洲和赤道之间。西隔塔斯曼海与澳大利亚相望，相距1 600千米，北邻汤加、斐济。新西兰由北岛、南岛、斯图尔特岛及其附近一些小岛组成，南、北两岛被库克海峡相隔。新西兰面积27万多平方千米，专属经济区120万平方千米，海岸线长6 900千米。

新西兰全境多山，山地和丘陵占全国面积的75%以上，平原狭小。河流短而湍急，航运不便，但水利资源丰富。北岛多火山和温泉，南岛多冰河与湖泊。南岛的库克峰海拔3 754米，为全国最高峰。

新西兰属温带海洋性气候，被誉为“白云朵朵的国家”，素来以蓝天白云、温和的气候闻名世界。平均气温夏季20℃左右，冬季10℃左右。年平均降水量600～1500毫米。9、10

月份气温平均在15～20℃之间，是出游最佳时节。

(四)首都、行政区划

新西兰的首都是惠灵顿，它是世界上地理位置最南的首都，有“港市山城”“风城”之称。城市面积266.25平方千米，人口约45万。平均气温夏季16℃左右，冬季8℃左右。

新西兰全国设有11个大区，5个单一辖区，67个地区行政机构(其中包括13个市政厅、53个区议会和查塔姆群岛议会)。主要城市有：惠灵顿、奥克兰、克赖斯特彻奇(基督城)、哈密尔顿、达尼丁等。

(五)简史

700年的毛利文化和18世纪以来的欧洲殖民史，造就了新西兰久远而充满传奇的历史。1350年起，毛利人在新西兰定居。1642年荷兰航海家在此登陆。1769年至1777年，英国库克船长先后5次到达新西兰。此后英国向这里大批移民并宣布占领。1840年2月6日，英国迫使毛利人酋长签订《威坦哲条约》，新西兰成为英国殖民地。1907年新西兰独立，成为英联邦的自治领，但政治、经济、外交仍受英国控制。1947年成为主权国家，同时为英联邦成员。

(六)政治

新西兰实行英国式的议会民主制。英国女王是新西兰的国家元首，女王任命的总督作为其代表行使管理权。总督与内阁组成的行政会议是法定的最高行政机构。内阁掌握实权，由议会多数党组成。议会只设众议院，由普选产生，任期3年。无成文宪法，其宪法是由英国议会和新西兰议会先后通过的一系列法律和修正案以及英国枢密院的某些决定所构成。新西兰大小政党约有14个，其中主要政党有工党、国家党、联盟党、第一党等。

(七)经济

新西兰是经济发达国家，以农牧业为主，农牧产品出口约占出口总量的50%，羊肉、奶制品和粗羊毛的出口量均居世界第一位。新西兰盛产乳酪，世界乳酪需求量的25%是由它供应的。新西兰还是世界上最大的鹿茸生产国和出口国，生产量占世界总产量的30%。新西兰的农业高度机械化，主要农作物有小麦、大麦、燕麦、水果等，但粮食不能自给，需从澳大利亚进口。

新西兰经济严重依赖外贸。主要进口石油、机电产品、汽车、电子设备、纺织品等，出口乳制品、肉类、林产品、原油、水果和鱼类等。主要贸易伙伴为中国、澳大利亚、欧盟、美国、日本、新加坡、韩国。

旅游业是新西兰近年来兴起的一个大产业，发展非常迅猛，在整个国民经济中所占的比重也越来越大。旅游业收入约占新西兰国内生产总值的10%，是仅次于乳制品业的第二大创汇产业。

新西兰交通运输发达，通信联络畅通。进出口货物主要以海运的方式，但空运在对外贸易中的重要性与日俱增。新西兰的航空业非常发达，因新西兰气候良好，飞行管制服务先进，能见度优良，私人飞机拥有量非常高，平均每十人就有一人拥有私人飞行执照。

新西兰的货币单位是新西兰元(NZD)，由新西兰储备银行发行，100新西兰元相当于人民币 448.41 元(以 2019 年 11 月 21 日的新西兰元对人民币汇率换算)。

二、民俗风情

新西兰是一个种族多元化的国家,它的族群包括欧洲人后裔、亚洲人和太平洋岛国居民,以及土著居民毛利人,他们共同形成和谐、丰富多彩的新西兰文化风情。

(一)服饰

新西兰人是欧洲移民的后裔,在日常生活里通常以欧式服装为主。他们注重服饰质量,讲究庄重,偏爱舒适,强调因场合而异。正式盛大的集会大都穿深色西服或礼服,但在一般场合人们的穿着趋于简便。外出参加交际应酬时,新西兰妇女不但要身着盛装,而且一定要化妆,在她们看来,参加社交活动时化妆是一种基本的礼貌。

新西兰毛利人的传统服饰鲜艳而简洁,富有民族特色,有披肩、围胸、围腰和短裙。最常见的是“比乌比武”短裙,它是用亚麻类植物织成,人们习惯称之为毛利草裙。此裙不分男女,现在多作为演出时的道具。毛利人最讲究的是羽毛大氅,过去是酋长才能披戴的,现在遇有盛大庆祝活动时才穿上迎接贵宾,以示庄重威严。现今毛利人平时的穿戴也是西装革履,并无异样。

(二)饮食

新西兰人的饮食习惯大体上与英国人相同,饮食以西餐为主。口味清淡,饮食中肉类占很大比重,爱吃牛肉、羊肉、鸡肉、鱼肉,新西兰饮食的特色品种有炸鱼土豆条,芭甫洛娃甜食。新西兰人特别喜欢中国的苏菜、京菜和浙菜,喜欢喝啤酒,人均年啤酒消费量达 110 公升,但饮酒在新西兰又受到了极为严格的限制。新西兰法律规定:在特许售酒的餐馆里,只准出售葡萄酒。在极少数准许销售烈性酒的餐馆里,顾客唯有购买了一份正餐以后,才有机会买到一杯烈性酒。

受英国习俗的影响,饮茶也是新西兰人的嗜好,他们也养成了“一日六饮”的习惯,即每天要喝六次茶。它们分别称作早茶、早餐茶、午餐茶、下午茶、晚餐茶和晚茶。茶叶店和茶馆遍布各地,许多机关、学校工矿企业都有专门的用茶时间。每逢循例饮茶时,他们都会按部就班,一丝不苟。新西兰可说是世界上喝茶最多的地区之一。茶叶在进口商品中占相当大的比重。

毛利人在一般情况下都爱吃一种叫作“夯吉”的食物,它是利用地热蒸熟的牛羊肉和土豆一类的食物。最具特色的“烧石烤饭”,可谓新西兰的“民族饭”,它与毛利木雕一样,历史悠久,饮誉世界。

(三)节庆

新西兰是一个移民国家,人们从世界各地走到一起,同时也带来了各自五花八门的节日,其中尤属受西方国家文化的影响最为深刻。新西兰的主要节日有:

元旦:1 月 1 日—2 日。

国庆日:2 月 6 日,又称为怀唐伊日,是 1840 年签订《怀坦吉条约》的纪念日。

复活节:4 月 14 日—17 日。

澳新军团日:4 月 25 日。

女王诞辰日:6 月第一个星期一。

劳动节:10 月第四个星期一。

圣诞节:12 月 25 日。

节礼日:12 月 26 日。

(四)传统文化、艺术

新西兰的文化和艺术得自于各个种族,产生了结合毛利人、欧洲人、亚洲人和大洋洲人的特质,新西兰的艺术圈反映了这种融合,这也使得新西兰文化艺术呈现出多姿多彩、极富生机而又十分独特的风格。

新西兰人民生性乐观、豁达,他们在工作之余,善于欢度闲暇时光,除在国内外旅游度假外,经常举行各种全国性或地方性的赛事及文娱表演。由于新西兰畜牧业非常发达,许多比赛活动都围绕着动物进行,如剪羊毛比赛、牧羊犬比赛、障碍赛马、赛狗等。他们还举行水果和其他农产品的展览,进行农事和牧业活动表演。

土著居民毛利人有着独特而奇妙的语言和文化,这在新西兰人民的生活中扮演着极其重要的角色。比如,新西兰人的语言、艺术,甚至说话的腔调都深受其影响。毛利人有一种独特的舞蹈,被称为“哈卡”,这种舞蹈来源于古毛利土著武士的站舞,男女舞蹈的具体方式有所不同。新西兰国家橄榄球队在每次开场比赛前,总是集体表演这种舞蹈,用以鼓舞士气。

新西兰人热爱运动,有近一半的新西兰人参加至少一种运动或健身俱乐部。新西兰最普遍的运动项目有橄榄球、高尔夫球、英式女子篮球、田径、板球、泛舟、网球、足球、滑雪、游泳等。橄榄球是新西兰最受欢迎、影响最大的体育运动,新西兰国家橄榄球队因其一身全黑色的标志性队服而被称为“全黑队”。在冬季寒冷的下午,大批球迷聚集在电视机前观看每星期六举行的橄榄球比赛是新西兰很常见的景象。

新西兰的极限运动与探险旅行非常有名。早在 1988 年,南岛的皇后镇便建立了全球第一座商业化的高空弹跳场。登山也是颇受欢迎的运动,最有名的登山家是艾德蒙·希拉里爵士,他是全球第一位成功攀登珠穆朗玛峰峰顶的人。

(五)社交礼仪

新西兰的主流社会的交际礼仪具有鲜明的欧洲特色,尤其是英国特色。新西兰人社交礼仪的特点可以用这样几句话来概括:四面临海新西兰,土著民族史久远;会客礼节极特殊,碰鼻为礼表情感;国民多为英后裔,性格习俗随祖传;坦诚直率无拘束,生活乐趣颇广泛;待人盛情重礼貌,态度真挚讲和善。

新西兰人见面和分手均行握手礼,男士应等候妇女先伸出手来再握。初次见面,身份相同的人互相称呼姓氏,并加上“先生”“小姐”等,熟识之后,互相直呼其名。

新西兰人的时间观念较强,约会须事先商定,准时赴约。客人可以提前几分钟到达,以示对主人的尊敬。交谈以气候、体育运动、国内外政治、旅游等为话题,避免谈及个人私事、宗教、种族等问题。应邀到新西兰人家里做客,可送给男主人一盒巧克力或一瓶威士忌,送给女主人一束鲜花。

在新西兰,毛利人仍保留着浓郁的传统习俗。他们大都信奉原始的多神教,还相信灵魂

不灭，尊奉祖先的精灵。每遇重大的活动，他们便照例要到河里去做祈祷，而且还要相互泼水，以此表示宗教仪式上的纯洁。他们有一种传统的礼节：当遇到尊贵的客人时，他们要行"碰鼻礼"，即双方要鼻尖碰鼻尖两三次，然后再分手离去。据说，按照毛利风俗，碰鼻子的时间越长，就说明礼遇越高，越受欢迎。

(六)禁忌

受基督教、天主教的影响，新西兰人讨厌"13"与"星期五"。要是有一天既是13日又是星期五，那么新西兰人无论干什么事都会提心吊胆。对于在这一天外出赴宴、跳舞、观剧之类的邀请，他们则能推就推。

新西兰非常注重动植物保护，即使是公园的花草、野鸭和小鸟都不得侵害，违法者将受到严厉的处罚。新西兰人喜爱动物，最爱国鸟"几维鸟"。他们对狗怀有特殊的感情，视狗为"终生的伴侣""牧羊的卫士"。若是对新西兰人谈论狗肉如何好吃，如何大补，定然会触怒对方。

新西兰虽然流传有许多英国人的肢体语言和示意动作的习俗，但是他们却不喜欢像英国人那样，用"V"字手势去表示胜利。他们对大声喧嚷和过分地装腔作势也会表示不满。

新西兰是禁烟国家，所有的公共场所均不准吸烟。吸烟要注意标志，拿不准的情况下应主动询问，否则一旦违法将引起不必要的麻烦。

毛利人对有人给他们拍照、摄像是极为反感的。

三、旅游业发展

(一)旅游业发展概况

新西兰旅游业的历史十分久远。新西兰旅游局是全世界最早成立观光机构的国家，旅游业是新西兰的支柱产业，也是新西兰最大的外汇来源之一。现阶段，旅游业年收入在新西兰商品和服务出口中排名第一，为新西兰经济创造直接就业岗位超过18万个。新西兰旅游业在2014年经历了坚实和持续增长，在全球金融危机后国际游客收入首次恢复强劲增长。过去几年来，新西兰国际游客人数持续增长，入境新西兰的外国游客主要来自澳大利亚、中国、美国和英国。新西兰政府预计，2023年赴新西兰的国际游客数量将达到490万人次，国际旅客在新西兰年消费额将达到153亿新西兰元。

由于新西兰经济稳步增长，新西兰人出境旅游的势头日益增强，其中澳大利亚、英国、库克群岛、斐济、中国和美国是最受欢迎的旅游目的地。近年来，中新两国双向旅游交流人数不断增长，2019年为"中新旅游年"，"中新旅游年"的举办推动了两国间文化和旅游领域的交流与合作。一年来，双方举办了丰富多彩的活动，还签署了《中华人民共和国文化和旅游部与新西兰商业、创新和就业部关于旅游事务对话与合作的协议》，使业界合作迈上了新台阶。

近年来，中国成为新西兰最重要的游客来源地之一，中国游客为新西兰旅游业注入了强大活力。据新西兰旅游局的数据显示，中国是新西兰第二大旅游客源国。截至2019年8月，过去一年中，超过41.7万人次的中国游客访问新西兰，且中国游客的人均度假消费在新西兰海外游客中排第一。新西兰商业、创新与就业部的数据显示，预计到2025年，中国游客数量将增长至69.6万人次,占新西兰游客市场的15%。新西兰正在从机场航线、签证、中文服务、旅行线路开发等方面为中国游客提供便利的旅游体验。

新西兰的国内旅游也不应忽视。自2007年以来,国内旅客增长已经超过了国际游客,对整个国家旅游业的可持续增长作出了重要贡献。

小知识

"中国—新西兰旅游年"开幕,为两国旅游合作带来哪些新契机?

2019年"中国—新西兰旅游年"开幕式于3月30日在惠灵顿新西兰国家博物馆隆重举行。

中国文化和旅游部部长雒树刚和新西兰旅游部部长凯文·戴维斯分别宣读了两国领导人贺词。

中国驻新西兰大使吴玺强调,中国的发展将为新西兰带来更多机遇,为两国旅游合作提供更广阔的空间。她说,新西兰是21世纪海上丝绸之路的自然延伸。2017年李克强总理访新期间,双方签署了"一带一路"合作文件。设施连通、民心相通是"一带一路"的重要内容。中新开展"一带一路"合作,不仅有助于提升新西兰的旅游基础设施建设,也将进一步巩固新西兰作为中国游客理想旅游目的地的优势,吸引更多的中国游客。

新西兰旅游局总经理丽贝卡·英格拉姆表示,中国是新西兰最有价值的游客市场,新西兰旅游局的工作重点是确保新西兰成为中国游客的理想目的地和首选。

李克强总理2017年3月访问新西兰期间,中新双方宣布2019年为"中新旅游年"。

(二)主要的旅游资源

新西兰拥有开阔的空间、美不胜收的景色、靓丽的海滩、壮观的地热与火山活动、温和的气候以及让人迷恋的动植物生态,无怪乎这里的纯天然环境对世界各地的游客会有如此之大的吸引力。而到新西兰观光的最大好处是,这些迥然不同的风景、环境与生态系统都融于方寸之地,彼此相距都不远。

1.北岛

新西兰北岛是融多姿多彩的风光美景于一身的海岛。首都惠灵顿,位于该岛屿南端;最大城市奥克兰,位于其中北部。岛上人口占全国的半数以上,并不断增加,土著居民毛利人,大部分在北岛。北岛多火山和温泉,鲁阿佩胡火山和周围14座火山的独特地貌形成了世界罕见的火山地热异常带。这里分布着1 000多处高温地热喷泉。这些千姿百态的沸泉、喷气孔、沸泥塘和间歇泉形成了新西兰的一大奇景。鲁阿佩伊山是北岛的最高峰,这里冬天降雪丰沛,是北岛最大的滑雪圣地。

(1)奥克兰

奥克兰是新西兰最大的城市和港口,位于北岛北部的奥克兰半岛南部的一个地峡上。它四周被海洋和火山环抱,有美丽的港湾和壮观的大桥,这里吸引了世界各国的帆船爱好者,奥克兰是全世界拥有私人船只比率最高的城市,大约每11个人便拥有1艘游船,有"帆船之都"的美誉(每年1月的帆船竞赛场面十分壮观)。

奥克兰旅游资源的特点主要有:一是有许多毛利人遗迹和纪念物;二是火山遗迹特多;三是公园和风景区众多。此外,还有大学、教堂、图书馆、天文馆、动物园及海滨浴场、游艇俱乐部等。

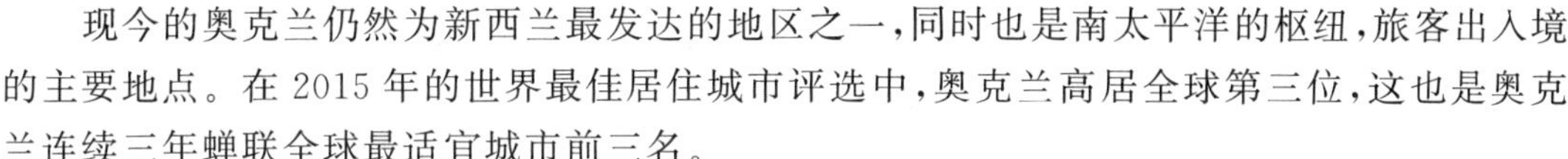

现今的奥克兰仍然为新西兰最发达的地区之一，同时也是南太平洋的枢纽，旅客出入境的主要地点。在2015年的世界最佳居住城市评选中，奥克兰高居全球第三位，这也是奥克兰连续三年蝉联全球最适宜城市前三名。

（2）惠灵顿

新西兰的首都惠灵顿位于北岛的南端，三面依山，一面临海，天气和暖，阳光充沛，是世界上最美丽的都市之一。整个城市平和宁静，没有大都市的喧嚣，却处处给人温馨安定的感觉。这里少有高楼大厦，公益性的建筑却非常多，显得人情味十足。坐落在市中心的政府办公楼建于1876年，是全球第二大全木建筑物，因其外形呈蜂窝状，故有“蜂窝巢”之称。惠灵顿街头有着鲜明的酒吧、咖啡文化特色，这里人均拥有的酒吧和咖啡馆数量甚至超过了纽约。惠灵顿有许多火山公园，公园里的沸泉、沸泥塘、喷气孔等地热景观，吸引了大批国内外旅游者。

（3）毛利民俗文化村

新西兰北岛上有不少毛利族人的文化村，其中罗托鲁阿更是毛利族历史文化荟萃之地，它展现出最完整的毛利文化。游客可深入文化村里，欣赏独特的毛利歌舞表演，体验毛利人的日常生活，观看毛利人或古朴或精致的雕刻、编织等手工艺品，借此了解毛利族人的历史、文化和传统。

（4）罗托鲁阿

罗托鲁阿是享誉全球的新西兰地热观光名城，南半球最有名的泥火山和温泉区。“罗托鲁阿”是毛利语火山口湖的意思。这里的热泉及泥浆池多不胜数，到处弥漫着浓浓的蒸汽和硫黄气味。游客置身于地热区内，仿佛腾云驾雾。当地的华卡雷瓦喷泉定时喷发，擎天水柱倾泻而出，蔚为奇观，成为罗托鲁阿的最佳地标。

罗托鲁阿也是新西兰著名的田园风景名胜之一。除了观看新西兰农场的生活示范和表演，这里还有众多的湖泊，适合各种水上活动，激流泛舟、蒸汽轮游湖、空中缆车、下坡滑道车等，喜欢垂钓的人花1小时车程就能到北岛最大的陶波湖，享受钓取鳟鱼的乐趣。因此，几乎每一位来到北岛的游客都会造访罗托鲁阿，感受那些除了绵羊及牧场之外的新西兰最地道的风貌。

（5）岛屿湾

岛屿湾位于北岛东北部，150多个岛屿星罗其间，各具特色。岛屿湾以碧蓝的海水和明媚的阳光著称，海水温暖，冬季也在20℃以上，素有无冬海湾的美誉，一年四季游客如云。得天独厚的自然环境，使这里成为海豚的乐园。

2.南岛

南岛和北岛虽只是一水之隔，但气候迥异，四季明显，人口非常少。在南岛，可以看到海边的雪山、宁谧的峡湾、剔透的冰河、辽阔的平原等自然美景，西方人甚至称其是世界上除南北极之外仅存的净土。南岛最重要的观光胜地皇后镇以及最有名的花园城市基督城是南岛最耀眼的两颗明珠。如今的新西兰南岛也已成了国际巨片的拍摄基地。

（1）皇后镇

皇后镇，又译“昆士敦”，位于新西兰南岛、瓦卡蒂普湖北岸，背靠雄伟的南阿尔卑斯山脉，可谓依山傍水。皇后镇处在整个新西兰地势最险峻、最美丽的地区，这里不仅可以观赏纯净的湖泊、雪山，还能体验到包括喷射船、激流泛舟、滑翔机、蹦极等在内的各种各样的极限运动，而蹦极的发源地——镇边的卡瓦劳大桥已经成为全世界蹦极迷的朝圣地。

皇后镇多次被媒体评为“世界最美丽的地方”之一,美国前总统克林顿也曾称赞皇后镇为“地球最美”,但是把它剥离开它所在的大环境,恐怕它的美丽身影就会显得有些许单薄。皇后镇之所以能不断吸引大量游客前往,还得要归功于它“南岛之南”的中心位置。许多旅游者都把皇后镇作为旅游线路的节点,向四周辐射状地设计自己的旅行线路。

(2)基督城

基督城是新西兰最有名的花园城市,南岛最大的城市,是南岛工商业中心和羊毛、牛羊肉及农产品的集散地,另外它有一个地位尤其引人注目,它是进入南极的门户。

基督城以“英国之外,最像英国的城市”著称,整个城市完好地保留着许多英国 19 世纪的典雅建筑。基督城道路洁净,林荫浓浓,环境雅致,文化气息醇厚,让人迷醉。走在这古朴而又充满生机的城市中,游人可以看到清澈的小溪,可以听见小鸟的鸣唱,可以接受阳光、清风的抚慰,一切都是那么的自然、和谐。

(3)凯库拉

凯库拉是新西兰南岛坎特伯雷区的一个小镇,风景优美,让人陶醉,近年来成为一个炙手可热的旅游小镇,以同海豚一起游泳与观鲸而知名,吸引了国内外游客的光临。

拓展阅读

如何与新西兰人打交道

同新西兰人打交道时,有下列三条主要的注意事项:

第一,新西兰人做人比较严肃寡言,并且很讲绅士风度。当众闲聊、剔牙、吃东西、喝饮料、嚼口香糖、抓头皮、紧腰带,均被新西兰人看作不文明的行为。

第二,新西兰人奉行所谓“不干涉主义”,即反对干涉他人的个人自由,对于交往对象的政治立场、宗教信仰、职务级别等等,他们一律主张不闻不问。对其国内种族问题,以及将新西兰视为澳大利亚的一部分,他们则更为反感。

第三,新西兰人在男女交往方面较为拘谨保守,并且有种种清规戒律。在新西兰,男女同场活动往往遭到禁止。即使是看电影,男女也要分场。男士不准观看女士专场,女士也不准观看男士专场。

另外,在新西兰,根据法律规定,同性恋婚姻是合法的。

思考题

1.简述澳大利亚、新西兰两国的社交礼仪。

2.澳大利亚与新西兰在旅华市场有哪些差异,中国应如何进一步开发澳大利亚和新西兰旅游市场?

第四章

欧洲地区

学习目标

1.熟悉欧洲地区的概况。
2.掌握欧洲地区的民俗风情。
3.掌握欧洲地区旅游业发展概况和旅游资源。

第一节　英国

一、国情概述

(一)国名、国旗、国徽、国歌

1.国名

大不列颠及北爱尔兰联合王国(The United Kingdom of Great Britain and Northern Ireland),简称联合王国(United Kingdom)或不列颠(Britain),通称英国,是由英格兰、苏格兰、威尔士和北爱尔兰组成的联合王国,统一于一个中央政府和国家元首,1649 年 5 月 19 日宣布成立共和国。

2.国旗

英国国旗

英国国旗为长方形,长宽之比为 2∶1 的“米”字旗,由深蓝底色和红、白三色组成。旗中带白边的红色正十字代表英格兰守护神圣乔治,白色交叉十字代表苏格兰守护神圣安德鲁,红色交叉十字代表爱尔兰守护神圣帕特里克。此旗产生于 1801 年,是由原英格兰的白底红色正十旗、苏格兰的蓝底白色交叉十字旗和爱尔兰的白底红色交叉十字旗重叠而成。

3.国徽

英国国徽

英国国徽,即英王徽。中心图案为一枚盾徽,盾面上左上角和右下角为红底上三只金狮,象征英格兰;右上角为金底上半站立的金狮,象征苏格兰;左下角为蓝底上金黄色竖琴,象征北爱尔兰。盾徽两侧各由一只头戴王冠、分别代表英格兰和苏格兰的狮子和独角兽守护。

4.国歌

英国国歌产生于 18 世纪 40 年代,原名《天佑国王》,1837 年至 1901 年维多利亚女王在位时和 1952 年伊丽莎白二世登基后改称《天佑女王》,它是称颂英国国王的歌曲。

(二)人口、民族、语言、宗教

1.人口

根据最新数据统计,英国人口大约有 6 648 万(2018 年),其中三分之一居住在英格兰东南部(首都伦敦 2018 年人口已经突破 860 万,创下自 1939 年以来的最高记录)。其中英格兰人占 83.6%;苏格兰人占 8.6%;其他还有威尔斯人占 4.9%、北爱尔兰人占 2.9%、印度人占 1.8%以及非洲人占 1.8%等等。

2.民族

在英国,英格兰人占总人口的 80%以上,其余为威尔士人、苏格兰人和爱尔兰人等。居民主要居住在英格兰中部和东南部、奔宁山脉两侧、苏格兰中部、威尔士南部沿海。而奔宁山区、威尔士中部、苏格兰南部和北部则人口稀少,有大片土地,人口密度每平方千米不足 10 人。

威尔士人是西欧英国民族之一,有 308 万人,占英国人口 4.6%,聚居在不列颠的威尔士半岛。当地人使用威尔士语,属印欧语系克尔特语族,威尔士语现仅为北部山区农业居民的口语,大多已通用英语。

英国主要以白种人为主,大约占 92%,印巴裔占 4%,非洲裔 2%,华裔 0.4%。也就是说在英国居住的有色人种中一半是印巴裔,另四分之一是非洲裔,华裔和其他只占到很小一部分。这与席卷这个英伦小岛的几次战争密切相关。二战后,英国人口剧减,因此吸入了大量的印巴、南非及东欧移民帮助英国的恢复重建工作。

3.语言

英国的官方语言为英语。此外，还有威尔士语、爱尔兰盖尔语、阿尔斯特苏格兰语、苏格兰盖尔语、康沃尔语等为英国各地区的官方语言。

一直以来，英国人瞧不起其他英语变体，认为其英式英语才是正宗英语。但第一次世界大战之后，美国国力大增，美式英语开始成为英式英语的竞争对手。特别是第二次世界大战以后，美国的大众传播媒介迅速发展，美式英语对英式英语产生了重大冲击，尤其是美音和美词对英式英语的发音和拼写中的影响有增无减。其实在整个现代英语的发展过程中，美式英语与英式英语是相互影响，相互促进的，但总的看来现今前者对后者的影响是主要的。

4.宗教

在英国，每个人都享有宗教自由，因此，在英国各中心地区也形成了多种不同的宗教信仰蓬勃发展的局面。英国有两个“官方的”教堂：即英格兰教堂(英国圣公教会)和苏格兰教堂(长老教派)。除此之外，各种不同的宗教和数不胜数的教派在英国都可以找到自己的代表。

绝大多数的英国人都信奉基督教，尽管当前去教堂做礼拜的信徒人数并不多，每周大约只有 110 万人。穆斯林是英国国内最大的非基督教团体，约超过 150 万人。此外，佛教、印度教、锡克教和犹太教也拥有大量的信徒，而且数量还在不断增长。

(三)地理环境、气候

英国位于欧洲西北部，是由不列颠岛(包括英格兰、苏格兰、威尔士)以及爱尔兰岛东北部的北爱尔兰和周围 5 500 个小岛(海外领地)组成。地理位置为北纬 50 度到 58 度，东经 2 度到西经 7 度，属温带海洋性气候类型。英国本土位于欧洲大陆西北面的不列颠群岛，被北海、英吉利海峡、凯尔特海、爱尔兰海和大西洋包围。英国国土面积为 24.41 万平方千米(包括内陆水域)，其中英格兰地区 13.04 万平方千米，苏格兰 7.88 万平方千米，威尔士地区 2.08 万平方千米，北爱尔兰地区 1.36 万平方千米。英国是位于欧洲西部的岛国，隔北海、多佛尔海峡、英吉利海峡与欧洲大陆相望。它的陆界与爱尔兰共和国接壤。海岸线总长 11 450 千米。全境分为四部分：英格兰东南部平原、中西部山区、苏格兰山区、北爱尔兰高原和山区。

英国地处欧洲西部，大西洋东岸，为典型的温带海洋性气候。一方面受中纬度西风影响下，常年温和多雨。另一方面与流经此处的北大西洋暖流也有关系，暖流能对沿岸起到增温增湿的作用。英国雾气较重，主要是潮气所致。

英国虽然气候温和，但天气多变。一日之内，时晴时雨。多变的天气也为人们提供了经常的话题，在英国甚至最沉默寡言的人也喜欢谈论天气。

小知识

伦敦——雾都变花园

1952 年的伦敦，是名副其实的雾都，12 月 6 日开始，城市连续 4 天被浓雾笼罩，能见度极低，司机甚至需要人坐在引擎盖上指引才能开车。4 天的浓雾直接间接造成 1.2 万人死亡，这是和平时期伦敦遭受的最大灾难。而如今，到过伦敦的人都会为它的自然风光所倾倒。这一切是如何发生的呢？

1.减少居民取暖煤炭使用

20 世纪中叶，由于英国还没有进行“去工业化”，大批的工业企业和居民家庭需要大量使用煤炭发电和取暖，致使伦敦煤烟排放量急剧增加。1952 年持续 4 天的“烟雾”竟然造成

1万多人死亡,这一惨案使英国政府和人民惊醒,他们意识到必须在改善空气环境上下大力气了。英国于1956年颁布了世界上第一部《清洁空气法》,并逐渐实现了全民天然气化,停止了燃煤,并逐步将重工业设施迁出伦敦城外。

2.限制私家车,发展公共交通

随着时代发展,交通污染已取代工业污染,成为伦敦空气污染的首要来源。英国政府出台一系列举措对小汽车尾气排放进行严格限制。2003年,伦敦市政府出台了“堵塞费”(Congestion Charge),对那些进入市中心的私车征收“买路钱”,由此获取的收入则完全用于改善伦敦的公交系统。此外,伦敦还规定不向对环境污染较严重的车辆颁发执照。为了进一步减少污染,伦敦一直大力发展地铁、公共汽车、火车等公共交通,以减少私家车的“刚性需求”。

3.建立节能办公楼,利用新型能源

此外,伦敦有21%的空气污染物来自于建筑物的取暖需求。为此,伦敦政府通过建立节能写字楼、提高现有建筑能源利用率、利用新能源等方法减少此类污染。

今日之伦敦已成为一座“绿色花园城市”,城区三分之一面积都被花园、公共绿地和森林覆盖,拥有100个社区花园、14个城市农场、80千米长的运河和50多个长满各种花草的自然保护区。蓝天白云,绿树成荫,芳草萋萋,碧水粼粼,去伦敦寻找“雾都”的人们肯定要失望了。

(四)首都、行政区划

英国首都为伦敦(London),跨泰晤士河下游两岸。伦敦的行政区划分为伦敦城和32个市区,伦敦城外的12个市区称为内伦敦,其余20个市区称为外伦敦。伦敦城、内伦敦、外伦敦构成大伦敦市。伦敦市人口2017年为890万,是世界上最大的城市之一。

英国本土实际上由四个部分组成:英格兰、苏格兰、威尔士和北爱尔兰。英格兰划分为43个郡。苏格兰下设32个区,包括3个特别管辖区。威尔士下设22个区。北爱尔兰下设26个区。苏格兰、威尔士议会及其行政机构。全面负责地方事务,中央政府仍控制外交、国防、总体经济和货币政策、就业政策以及社会保障等。英国君主同时还是其他15个英联邦王国的象征性国家元首,英国政府对英联邦会员国仍有实质的影响力。

(五)简史

大不列颠岛于公元7世纪开始形成,当时七个封建王国争雄达200年之久,史称“盎格鲁—撒克逊时代”。公元829年威廉克斯国王爱格伯特统一了英格兰。1066年诺曼底公爵渡海征服英格兰。1338—1453年英法进行“百年战争”,英国先胜后败。1588年英国击败西班牙“无敌舰队”,树立海上霸权。

1640年英国在全球第一个爆发资产阶级革命,1649年5月19日,宣布成立共和国,1660年,斯图亚特王朝复辟。1668年,英国发生“光荣革命”,确定了君主立宪制。1707年,英格兰与苏格兰合并,1801年又与爱尔兰合并。18世纪后半叶至19世纪上半叶,英国成为世界上第一个完成工业革命的国家。19世纪是大英帝国的全盛时期,1914年,美国占有的殖民地比本土大111倍,是第一殖民大国,自称“日不落帝国”。

第一次世界大战后英国开始衰败,殖民体系逐步动摇。第二次世界大战中经济实力大为削弱,政治地位下降。随着1947年印度和巴基斯坦的相继独立,至20世纪60年代,大英帝国殖民体系瓦解。1973年1月,英国加入欧共体。

（六）政治

英国政治制度以议会内阁制为核心。英国政府的正式名称为"女王陛下政府"或"国王陛下政府"（取决于在位君主），负责英国的行政功能。首相为政府首脑，由英国君主任命，但是依惯例此人必须是下议院中最有可能获得下议院支持的议员。首相获任命后再挑选其他部长和行政首脑，组成政府。大约20名最资深的政府部长和首相本人组成内阁。政府对议会负责，回答议会质询。政府提出的任何议案如果未获议会通过，就将可能面临议会的不信任动议，而这项不信任投票一旦通过则将迫使首相或宣布辞职，或解散议会重新举行大选。实践中，各政党指任一名"党鞭"，以保证所有该党的议员根据党的政策投票。这确保了一个在下议院中有较大比例优势的政党能够组成一个稳定的政府。但是一个只在下议院拥有微弱多数的政党组成政府，甚至或是一个多党组成的联合政府，就会比较脆弱。议会是英国政治的中心舞台，它是最高立法机关，政府就是从议会中产生，并对其负责。英国的国会为两院制，由上议院和下议院组成。

（七）经济

英国作为一个重要的贸易实体、经济强国以及金融中心，是世界第六大经济体系，也是全球最富裕、经济最发达和生活水平最高的国家之一。在过去的30年间，政府大量减少了国有资产，并减缓了社会福利计划的发展。18世纪时英国本地小麦开始不敌北美廉价小麦，于是放弃种植小麦，大量从美洲进口粮食作物，逐渐转以乳畜业为主，生产较为集中，采用高度机械化种植技术，效益十分高，1%的劳动人口能够满足大约60%的食品需要。

英国拥有大量的煤、天然气和石油储备。英国的主要能源生产大约占总GDP的10%，在工业国家是算非常高的。服务业，特别是金融业、航运业以及商业服务业占GDP的比重最大，而且处于世界领导地位，首都伦敦更是世界数一数二的金融、航运和服务中心。英国的名牌国际工业包括劳斯莱斯汽车和引擎，名牌国际服务业包括马莎百货公司和汇丰银行。

英国的教育、学术研究和科学研究亦处于世界领先地位，举世闻名的剑桥大学和牛津大学都位于英国，英国是美国以外全球最重要的教育枢纽。英国每年吸引不少来自世界各地的留学生慕名前来升学，不仅为国家带来丰厚的外汇，也为这个属知识型经济体系的国家吸纳不少人才。

英国是欧洲很受欢迎的投资国。英国政府鼓励吸引外资，外资在英投资项目主要为计算机软件、信息技术、互联网、电子商务、电子和通信、医药和生物技术、管理行业、汽车、食品和饮料等。投资形式为收购兼并现有企业、扩大生产规模、建立科研基地或跨国公司等。美国是对英最大的投资国，中国对英的投资也呈井喷式增长。

英国的货币单位是英镑（GBP），由英格兰银行发行，100英镑相当于人民币910.12元（以2019年11月10日的英镑对人民币汇率换算）。

二、民俗风情

（一）服饰

英国是绅士之国，讲究文明礼貌，注重修养，同时也要求别人对自己有礼貌。注意衣着打扮,什么场合穿什么服饰都有一定讲究。在穿戴上,英国人非常讲究,在交际应酬中重视“绅士”“淑女”之风。男士在参加宴会时,要穿燕尾服,头戴绅士帽,手持文明棍或雨伞,这是他们的标准行头。女士是穿深色套裙或素雅的连衣裙,庄重、肃穆的黑色是首选。英国最传统的男子服装是“基尔特”,是一种由腰至膝的花格短裙,穿着时,还要配上很宽的腰带。英国人在重要场合穿着很正规,而平时则追求简单、舒适的服饰。

(二)饮食

英国人的饮食样式简单,注重营养。在英国人的饮食习惯里,他们早餐大多喝牛奶、麦片粥,吃鸡蛋、面包片,间或有火腿、咸肉或熏鱼等。上午茶点在10点30分左右,喝杯咖啡、奶茶或可乐,吃些饼干或甜点,意在工作间小憩,并适时补充一些水分和热量,以利做好后面的工作。午餐在下午1—2点之间,上班族一般在快餐店用餐,以炸薯片、汉堡包、热狗、三明治、意大利馅饼、可乐为主。即使是居家午餐也较为简单,往往吃前一天晚上剩下的冷肉、蔬菜沙拉、面包等。下午四五点钟又是茶点休息,时间约20分钟,喝杯奶茶,吃点点心。一天当中最丰盛的是晚餐,也称正餐,至少三道菜,最常见的主菜是烤炙肉类浇肉汁以及牛排、火腿、鱼类等,还有土豆泥、蔬菜沙拉等,一般还要喝啤酒或葡萄酒。饭前要先喝汤,饭后上水果。

英国人普遍喜爱喝茶,“下午茶”几乎成为英国人的一种必不可少的生活习惯,即使遇上开会,有的也要暂时休会而饮“下午茶”。英国人不喝清茶,他们喜欢在杯中加上冷牛奶或柠檬汁,再加点糖,最后倒上茶制成奶茶或柠檬茶。他们还喜欢喝威士忌、苏打水、葡萄酒和香槟酒,有时也喝啤酒和烈性酒。

(三)节庆

英国的国庆日期并不固定,而是以国王的正式生日为国庆日。英国还有8天的所谓“银行假日”,这是全国性的假日,并不仅限于银行。8天银行假日是一年中最受欢迎的节日,其原因是该假日期间正值孩子们放假,许多人设法趁机去海边或乡村度一个较长的周末。

其他主要的节日有:

新年:元旦(1月1日)。

情人节:2月14日。

愚人节:4月1日。

复活节:一般在3月底至4月中春分月圆的第一个星期日。

银行节:5月的第一个星期一及最后一个星期一,8月的最后一个星期一。

五朔节:5月1日。

阅兵日:6月份的第二个星期六。

万圣节:11月1日。

感恩节:圣诞节前夕(12月24日)。

圣诞节:12月25日。

节礼日:12月26日。

(四)传统文化、艺术

英格兰民族悠久的历史孕育了丰富的传统文化,其传统文化既体现在传统住宅和婚庆习俗这样的重要方面，也体现在普通英国人的日常生活之中，而英格兰的传统节日则是民俗民风最好的缩影。

1.罗宾汉

罗宾汉是一位典型的英格兰民间英雄，在现代故事的多种版本里，他以伸张正义、打抱不平、救济穷人而著称。其实关于罗宾汉的传说在每个时期都有所不同。这一事实告诉我们寻找“真实”或“真正”的罗宾汉是没有什么意义的，罗宾汉这一形象已经不局限在一个人的身上了，更多的是经过重新塑造的带有读者各种个人理想色彩的形象。基于多年来人们对罗宾汉的兴趣，并且从研究罗宾汉身上可以找到英国历史的发展轨迹，从2007年开始，诺丁汉大学将罗宾汉这一人物的研究开设了博士学位。

2.摄政舞

对于热衷于阅读《傲慢与偏见》《妻子与女儿》这类英国摄政期小说的文学爱好者，会发现参加舞会是那个时代一种十分时髦的娱乐方式。摄政时期的舞蹈十分精巧，其舞步纷繁复杂，大部分舞蹈都来源于英国乡村舞蹈，它与苏格兰乡村舞蹈有一些相似之处。尽管许多人认为对面舞源于法国，但实际上它是由英国传到法国去的。这种舞蹈的名字本来就是形容英格兰乡村舞蹈中舞者排成的纵长队伍。

3.圣乔治日

圣乔治日即4月23日，圣乔治日从15世纪早期开始一度是和圣诞节同样重要的节日。然而，这项传统到18世纪末却逐渐没落。近年来，圣乔治日再次受到欢迎，声望不断提高。英国广播公司（BBC）在2006年做了一个关于圣乔治日的完整节目报道。国会议员安德鲁·罗斯登也在下议院提出将圣乔治日列为公共假日。传统的习俗是这天在自己的翻领上戴一朵红色的玫瑰花，另一种习俗则是悬挂和敬慕圣乔治十字旗。例如，酒吧在4月23日会用花环装饰十字旗。现如今在英国和圣乔治十字旗相关的运动有板球、足球、英式橄榄球等。

（五）社交礼仪

英国人看重绅士、淑女风度，尤重女士优先原则。他们通常感情不外露，视夸夸其谈、指手画脚、烦躁发火等为缺乏教养的行为。英国人遵守纪律，在公共场合有排队习惯。等候电梯都在右边排队。他们重契约，安排日程要求准确无误。公务赴约要准时，可迟到几分钟，但不能提前。

英国人见面相互握手、道安，进行介绍时，一般先少后老、先低后高、先次后要、先宾后主。男子间切忌拥抱。交谈时，双方距离不要太近。忌讳打听个人私事，要回避北爱尔兰、君主制、王室等话题。英国人不喜欢被同城为“English”（英格兰人），最好称“British”（不列颠人）。

（六）禁忌

英国人忌用山羊、孔雀等做商品装潢。山羊有“不正经男子”和“坏人”的意思；孔雀是祸鸟，孔雀开屏是自我炫耀的不良习性。英国人很忌讳黑猫，尤其是黑猫若从面前穿过，会感到恶心，认为这预示将要遭遇不幸。英国人对墨绿色很讨厌，认为墨绿色会使人懊丧。他们忌讳把食盐碰洒，哪怕是不小心的，也会感到非常懊丧，认为这是引发口角或与朋友断交的一个预兆。他们忌讳有人打碎玻璃，认为打碎玻璃就预示着家中要死人或起码要有7年不幸。英国人非常忌讳“13”这个数字，认为这是个不吉祥的数字，日常生活中尽量避免“13”这个数字。用餐时，不准13个人同桌。如果13日这天又是星期五的话，便认为是双倍的不吉利。英国人忌讳百合花,并把百合花看作是死亡的象征。他们忌讳在众人面前相互耳语,认为这是一种失礼的行为。

三、旅游业发展

(一)旅游业发展概况

英国是世界上最富裕的国家之一,在近一百多年的时间里,它经历了旅游发展阶段的全过程,因而具有典型意义。王室文化和博物馆文化以及古老的城堡、宁静的乡村、美丽的湖泊使英国一直是最具有魅力的旅游目的地之一。2019 年 1 月 16 日,世界旅游城市联合会(WTCF)与中国社会科学院旅游研究中心(TRC-CASS)共同发布了《世界旅游经济趋势报告(2019)》(以下简称"报告")。报告根据 2012—2019 年的研究成果,首次推出 T20 国家(旅游总收入占全球比例排名前 20 位的国家和地区)。从 T20 国家的构成来看,2012 年以来,英国一直占据世界旅游总收入排名的第五位,排名前四的国家分别是美国、中国、德国、日本。世界旅游组织 UNWTO 最新发布的数据显示,2015 年英国入境人次和收入分别排名世界第八位、第五位,分别占欧洲 5.7%、10.1%。据英国文化传媒体育部统计,英国从事旅游业的企业有 20 多万家,每年直接为英国国内生产总值贡献 520 亿英镑;旅游从业人员总计 136 万,占全国就业总人口的 4.4%;旅游全行业每年对英国国内生产总值的贡献高达 900 亿英镑,如果算上供应链,贡献高达 1 150 亿英镑。预计到 2020 年,英国旅游业直接从业人员将达到 150 万人,如果算上间接提供服务的供应商,从业人员将达到 290 万人。

2012 年伦敦奥运会对英国的旅游业发展起到了积极的促进作用。奥运会期间,英国吸引了 3 070 万名游客赴英旅游,这些人在英国的消费达到 176 亿英镑。

为了改变旅游业在相当长时期内是"英国经济中被忽视的巨人"的尴尬状况,英国首相戴维·卡梅伦明确指出大力发展旅游业是英国经济增长战略的重要环节,并要求相关政府部门携手拟定英国旅游业发展战略。2011 年 3 月,英国文化传媒体育部出台了新的旅游业发展战略,即"政府旅游政策"(Government Tourism Policy),提出了三大发展目标:投资 1 亿英镑用于开展吸引海外游客的营销活动,以期在以后的 4 年内吸引 400 万海外游客;增加英国居民在国内旅游的比例;提高英国旅游业生产力,跻身世界效率最高和最富竞争力的旅游经济前五强。

(二)主要的旅游资源

英国旅游资源以人文资源最丰富、最具特色,其中又以历史文化遗迹与建筑最有吸引力。自然旅游资源虽然并不丰富,但却得到良好保护。被联合国教科文组织列为自然与文化遗产的有:伦敦塔、威斯敏斯特宫、巴斯城、布莱妮姆宫、达勒姆堡和大教堂、圭内斯的爱德华国王城堡、汉德里安防御墙、亨德森岛、种马场皇家公园和方廷斯修道院、巨石阵和埃夫伯里环形石阵。

英国历史悠久、文化灿烂。至今仍完好地保留着许多王宫、城堡和教堂。英国的博物馆比比皆是,平均不到 4 万人就拥有一座,仅伦敦就有大小 100 座博物馆。此外,还有著名的大学城、名人故居等。

英国共有 11 个国家公园,它们是洛森伯兰、北约克禁猎地、湖区、约克郡溪谷、山峰区、

斯洛多尼亚、彭布罗克郡海滨、布莱肯、比科落、埃克斯禁猎地和达特禁猎地。

英国海岸线漫长，多优美海滨。全国没有一个城镇距离海滨超过130千米。英国是世界上最早流行海滨度假的国家，有海滨浴场400多个，因此海滨度假是英国人最主要的旅游度假方式。

1.伦敦

伦敦(London)是英国的首都、第一大城及第一大港，也是欧洲最大的都会区之一兼世界四大世界级城市之一，与美国纽约、法国巴黎和日本东京并列。从1801年至20世纪初，作为世界性帝国——大英帝国的首都，伦敦因在其于政治、经济、人文文化、科技发明等领域上的卓越成就，而成为全世界最大的都市。伦敦是一个非常多元化的大都市，其居民来自世界各地，具有多元的种族、宗教和文化，城市中使用的语言超过300种。同时，伦敦还是世界闻名的旅游胜地，拥有数量众多的名胜景点与博物馆等。

"当你对伦敦厌倦之际，就是对人生也已经厌倦了。"18世纪英国文坛大师，因独自编纂《英语辞典》而名扬天下的萨廖埃尔·约翰逊曾经这样感慨过。如今，恐怕已经没有哪个伦敦人敢如此断言了。但至少伦敦并非是一个停滞的、灰暗的、阴郁的都市，虽然"英国病"等词常常给人们以这样的联想。确实，伦敦的街道会给人尘染烟熏的印象，那是过去的浓烟重雾所致。现在，主要建筑物都在进行洗烟刷尘的工作。不管怎样，伦敦从古代罗马帝国以来一直保持着自己的悠久传统，是被称为"日不落"大帝国的首都。这里的每一个角落都有历史遗痕在诉说过去，这里的大街小巷都流露出历尽多年霜雪的风采。如果到伦敦塔或威斯敏斯特大教堂去探寻游览，一刹那间，您会觉得似乎是回到了数百年前，而为迎接千禧年而建造的英航"伦敦眼"则会令你为之一振。此外，这里又是超短裙的发源地，常有最新流行时装由此走向世界各国。

2.王子街

王子街是爱丁堡最繁华的街道，店铺林立。王子街把爱丁堡分为新旧二城，北面为新城，南面为旧城。新、旧两城之间有一座长条山丘，天然壁垒分明。王子街素有"全球景色最佳的马路"之称。全长不过500米，许多华丽摩登的商店汇聚在该街道两侧。王子街以南则是一片青翠的绿地，东端尽头是王子街花园。

古堡下的王子街花园风景如画，里面屹立着苏格兰著名文学家司各特的纪念塔。在花园的另一块绿地上，伫立着蜚声世界的苏格兰钟，其主要结构设于地下。此钟建于1803年，分针长2.4米，时针长1.5米，钟面直径为3.5米，花钟图案由2.4万朵各种鲜花组成，每1分钟就有一枝杜鹃花跳出来。据称，它是世界上最大、最独特的一座花钟。每到文艺节期间，王子街花园群花怒放，甚为艳丽，王子街花园内不时有穿上传统苏格兰裙的艺人演奏风笛。苏格兰美术馆也设在花园外。花园北面是爱丁堡繁华的商业街。新城北部有皇家植物园，占地0.3平方千米，园内杜鹃花品种之多，数量之多，号称天下第一。

3.爱丁堡

爱丁堡是英国北部城市，苏格兰的首府、经济和文化中心，位于在苏格兰中部低地、福斯湾的南岸，面积260平方千米。爱丁堡于1329年建市，1437—1707年为苏格兰王国首都。该市造纸和印刷出版业历史悠久，造船、化工、核能、电子、电缆、玻璃和食品等工业也发达。随着北海油田的开发，该市又建立一系列相关工业与服务业，是重要的运输枢纽、航空港。城东北临福斯湾的利斯为其外港，是福斯湾港区大港口之一。爱丁堡是英国的文化古城，18世纪时为欧洲文化、艺术、哲学和科学中心。该市有1583年建立的爱丁堡大学，还有古城堡、大教堂、宫殿、艺术陈列馆等名胜古迹。

爱丁堡充满了苏格兰独特的魅力。他们尊重自给自足的精神,自立心极强。虽然爱丁堡不像伦敦那么大,但她有独特的文化与历史,更有鉴赏他国文化的智慧眼光。这座小城何以具有支撑全苏格兰的力量呢?您自己去试着找一找答案吧。一年中英国最美的时间是5月和6月,万紫千红的各种花草一起绽放。特别是在6月份,许多新人喜结良缘。5月、6月之后较为理想的日子是7月、8月。毕竟,一年中以这两个月天气最好,白昼长,晴天也多,十分适合旅行。当然,每一个季节都有自己独特的魅力,这是毋庸置疑的。这里的春夏季(4—9月)天气晴朗少雨,尤其是夏天7—8月,很适合旅游。当然,各航空公司的机票价格也根据旅游淡季和旺季略作浮动。

4.剑桥大学城

剑桥大学(University of Cambridge)位于英格兰的剑桥镇,是英国也是全世界最顶尖的大学之一。英国许多著名的科学家、作家、政治家都来自于这所大学。剑桥大学也是诞生最多诺贝尔奖得主的高等学府,88名诺贝尔奖获得者曾经在此执教或学习,其中70多人是剑桥大学的学生。剑桥大学和牛津大学(University of Oxford)齐名为英国的两所最优秀的大学,被合称为"Oxbridge"。剑桥大学还是英国的名校联盟"罗素集团"(Russell Group of Universities)和欧洲的大学联盟"科英布拉集团"(Coimbra Group)的成员。

剑桥大学有31个学院,有3个女子学院,2个专门的研究生院,各学院历史背景不同,实行独特的学院制,风格各异的31所学院经济上自负盈亏。剑桥大学负责生源规划和教学工作,各学院内部录取步骤各异,每个学院在某种程度上就像一个微型大学,有自己的院规院纪。剑桥大学的第一所学院彼得学院于1284年建立,其他的学院分别在14世纪和15世纪陆续建立。

剑桥大学的许多地方保留着中世纪以来的风貌,到处可见几百年来不断按原样精心维修的古城建筑,许多校舍的门廊、墙壁上仍然装饰着古朴庄严的塑像和印章,高大的染色玻璃窗像一幅幅瑰丽的图画。剑桥大学共有全职学生18 071名,其中包括5 969名研究生,70%的研究生来自其他大学,研究生中38%是欧盟以外的留学生,全校学生中女生占46.7%。全校各专业、各年级留学生总人数中美国留学生最多,大约有660名,来自中国的次之,约600人(其中读一年制研究生的学生最多)。

剑桥大学的学生热衷于参与多种业余活动,其中划船是最流行的体育运动,剑桥大学各学院间经常比赛,而且剑桥大学每年都会与牛津大学举行划船比赛。各学院间还举行其他各种体育比赛,包括橄榄球、板球、国际象棋等。2008—2009年度剑桥大学总收入约18.5亿美元(不包括各个学院收入),排名世界前5,为世界上最富有的大学之一。其中绝大部分的资金来自校友和社会捐助,其中约1/4的资金来自政府(此数据摘自2008—2009年度剑桥大学财务报告)。

5.大本钟

大本钟(Big Ben),是英国伦敦著名古钟,即威斯敏斯特宫报时钟,建于1859年,安装在西敏寺桥北议会大厦东侧高97.5米的钟楼上,钟楼四面的圆形钟盘,直径为7米,是伦敦的传统地标。大本钟坐落在英国伦敦泰晤士河畔,是世界上最大的哥特式建筑。英国最高立法机构——国会上、下议院都设在这里。

1859年,大本钟由当时的英王工务大臣本杰明·霍尔爵士监制,铸造时耗资2.7万英镑。大本钟被视为伦敦的象征,凡到伦敦观光的人,无不想到钟楼周围,站在议会桥上欣赏

伦敦这个独具一格的建筑。1834 年整个西敏寺被大火所毁，目前的这座 97.5 米高的钟楼是 1837 年维多利亚女王登基时建造的。大钟造于 1856 年，以建造工程的第一名监督官本杰明爵士的名字命名，叫“Big Ben”（大本钟）。1857 年该钟出现裂痕，于 1859 年重新铸造。大本钟钟盘的直径为 7 米，有四个钟面，时针和分针的长度分别为 2.75 米和 4.27 米，钟摆重 305 千克，大钟总重量为 13.5 吨，每走 1 小时，大钟即发出铿锵的报时声，余音袅袅。

大本钟东临泰晤士河，沿泰晤士河南北向伸展，正门向西，占地约 0.32 平方千米，其主体建筑是前后 3 排长达 287 米的宫廷大楼，两端和中间由 7 座横楼相连，从而构成一个整体。宫殿的西南角和东北角各有一个高塔，西南角的维多利亚塔长、宽各 22.9 米，高 102 米，为全石结构，内部共分 11 层，因为不怕火烧，所以被用来存放议会的重要文件档案。英国电台、电视台每天播放的新闻节目，都是以大本钟的报时声为前奏。每当议会开会的时候，白天在维多利亚塔上升起英国国旗，夜晚则用灯光照射大本钟。

拓展阅读

英国旅游业鼻祖，托马斯·库克集团宣布破产，约 60 万游客被滞留在全球!!

据英国媒体报道，2019 年 9 月 24 日，世界上最古老的旅行社托马斯·库克（Thomas Cook）于当地时间 22 日宣布倒闭，使全球成千上万的度假者陷入困境，并导致英国二战以来最大规模的遣返工作。这意味着此前选用该集团服务的全球 60 万旅客，如今只能滞留在各自所在机场——其中包括 15 万目前还身处海外的英国人。英民航局表示，预计未来 13 天里，救援航班还将带回 15 万名乘客。不论国籍或是否受到政府保护，每个人都将被强制遣返。

托马斯·库克（Thomas Cook）出生于英格兰墨尔本，是近代旅游业的先驱者，也是第一个组织团队旅游的人。据此前媒体报道，托马斯·库克集团称得上是英国人的“共同记忆”，被誉为是该国“旅游业的鼻祖”。托马斯·库克集团拥有 178 年历史，其官网介绍，该集团拥有 2.1 万员工，在 16 个国家经营酒店、度假村、航空公司和游轮业务，每年接待游客 1900 万人次。

最近 40 年，该集团经历了 20 世纪 70 年代的重新私有化，20 世纪 90 年代先后两次被德国公司收购，以及创办自己的航空公司等。但步入 21 世纪后，互联网预订和廉价航空公司的兴起，开始改变大众旅客的消费习惯，托马斯·库克的利润空间遭到挤压。托马斯·库克历年财报显示，该集团自 2007 年起连续 14 个半年度亏损。上一财年，托马斯·库克集团全年亏损（税后）1.63 亿英镑。

英国民航局在推特上宣布，托马斯·库克的所有预定均已取消，包括航班及旅行计划。在正式宣布破产前，托马斯·库克经历了一段难熬的时间，由于债务攀升及利润下降的问题，苏格兰皇家银行及多家银行要求托马斯·库克筹集 2 亿英镑资金用于支付夏季服务的相关费用，但该集团和债权人的谈判破裂，2 亿纾困资金无望。当地时间 2019 年 9 月 23 日凌晨 2 点，托马斯·库克集团官网发布声明，门店也同时宣告关闭。

自 2018 年 5 月以来，受英国“脱欧”的不确定性和旅游业激烈竞争的影响，托马斯·库克的股价下跌了 96%以上。约翰逊表示，托马斯·库克曾向政府申请约 1.5 亿英镑的援助，但政府考虑如果对其进行纾困，将“在未来企业面临此类商业困难的情况下，构成道德风险”，因此拒绝了该公司的请求。而清算程序的开始，也标志着这家历史悠久的英国公司走向终结。

第二节　法国

一、国情概述

(一)国名、国旗、国徽、国歌

1.国名

法国(The Republic of France),全称为法兰西共和国,现在是法兰西第五共和国。

2.国旗

法国国旗

法国国旗是由白、蓝、红三种颜色组成的三色旗,是法国大革命时巴黎国民自卫队队旗。白色代表国王,蓝、红色代表巴黎市民,是王室和巴黎资产阶级联盟的象征。今天的法国人民也认为,三色旗上的蓝色是平等的象征,白色是自由的象征,而红色代表了博爱,正如法国人民"自由、平等、博爱"的宣言。1946 年宪法确认其为国旗。三色带的宽度比为 30∶33∶37。

3.国徽

法国国徽

法国没有正式国徽，但传统上采用大革命时期的纹章作为国家的标志。纹章为椭圆形，上绘有大革命时期流行的标志之一——束棒，这是古罗马高级执法官用的权标，是权威的象征。束棒两侧饰有橄榄枝和橡树枝叶，其间缠绕的饰带上用法文写着“自由、平等、博爱”。整个图案由带有古罗马军团勋章的环带饰品所环绕。

4.国歌

法国国歌为《马赛曲》，作于1792年奥、普武装干涉法国革命的危急时刻，表达了法国人民争取民主、反对暴政的坚强信心和大无畏精神。1795年，《马赛曲》正式定为法国国歌。

(二)人口、民族、语言、宗教

1.人口

法国人口有6 699万人(2018年1月，含海外领地)。法国是全球第六大移民国，移民占总人口的8.8%。

2.民族

法国以法兰西民族为主体，占总人口的81%。边境地区有阿尔萨斯人、布列塔尼人、科西嘉人等少数民族，大约占人口总数的7.9%。阿尔萨斯人是法国边境阿尔萨斯地区的基本居民，有140多万人。法国还有约占人口总数8%的来自非洲和欧洲的外国移民。

3.语言

以法语为国语。从公元939年起，法语成为法国唯一的官方语言。法语作为一种国际语言在近代曾有过一段辉煌时期。自18世纪以来的欧洲各国上流社会中，尤其是外交界，讲法语成为一种时尚。第二次世界大战后，法语在国际上的地位受到英语和其他语种的严重挑战，使用人数大大减少。目前，以法语为官方语言或日常语言的国家仍有40多个。

法国有10余种语言，法语为官方语言。其他主要语言包括：普罗旺斯语、布列塔尼语、德语方言、佛兰芒语(荷兰语的一种方言)等。在与西班牙毗邻的地区，人们使用卡塔兰语(加泰隆语)、巴斯克语。在科西嘉岛上，居民使用一种与意大利语有近亲关系的语言——科西嘉语。

4.宗教

法国的主要宗教是天主教，其次是基督新教、东正教、伊斯兰教和犹太教。

(1)天主教

数百年来，天主教一直是法国的国教。天主教在法国有17个教省、9个大教区、95个教区，共有教徒4 500多万人。教会在国内开办各种神学院校，其中以巴黎天主教学院和斯特拉斯堡神学院最为有名。

(2)基督新教

法国的基督新教分成许多派别，比较大的派别有长老宗和信义宗。

(3)东正教

法国的东正教大约有教徒53万人，其中约30万人在巴黎。他们归属于莫斯科大主教区在西欧所设的基督主教区。另外，法国有亚美尼亚正教徒约18万人。

(4)伊斯兰教

伊斯兰教是法国的第二大宗教。法国有伊斯兰教教徒约200万人，其中75万人集中在巴黎。法国的穆斯林教徒人数居西欧第一位。现在，穆斯林主要聚居于法国东南部和巴黎、里昂地区，马赛、蒙彼利埃、德拉吉尼昂、里昂等城市都有清真寺。

(5)犹太教

除苏联外,法国的犹太人社会是欧洲最大的犹太人社会,目前有教徒54万人,主要分布在巴黎。

(三)地理环境、气候

法国总面积为551 603平方千米,位于欧洲大陆西部,高高耸立的阿尔卑斯山和比利牛斯山分别是法国与意大利、西班牙最天然的地理分界线。法国西部濒临大西洋的比斯开湾,西北隔多佛尔海峡、英吉利海峡与英国相望,东南濒地中海,东、东北与摩纳哥、意大利、瑞士、德国、卢森堡、比利时相接,西南同西班牙、安道尔接壤。法国的领土呈对称的六边形,三边临海,三边靠陆,国境线共长5 300千米,海岸线长约3 120千米。

法国西部属温带海洋性气候,南部属地中海气候,东北部属温带大陆性气候。平均降水量从西北往东南由600毫米递增至1 000毫米以上,山区达1 500毫米以上。月平均气温:一月西部及南部4~7℃,东部及北部1~3℃;七月北部及西部16~18℃,南部及东部21~24℃,大部分地区气候温和、环境优美,是一个适合居住的地方。

(四)首都、行政区划

法国首都为巴黎,位于法国北部巴黎盆地的中央,横跨塞纳河两岸,是法国最大的城市。

法国行政区划分为大区、省和市镇。省下设专区和县,但不是行政区域,县是司法和选举单位。法国本土共划分为22个大区、96个省、4个海外省、4个海外领地、2个具有特殊地位的地方行政区。

(五)简史

公元5世纪法兰克部落在此建立王国,843年成为独立国家。17—18世纪路易十四统治时期,法国达到封建社会鼎盛时代。1789年7月14日,法国爆发资产阶级革命。此后曾先后建立过五次共和国和两次帝国。1871年,巴黎工人起义,建立了世界上第一个无产阶级政权——巴黎公社。1958年,戴高乐领导建立了第五共和国。

(六)政治

法国实行议会共和制。1958年,宪法扩大了总统权力,限制了议会职权,但仍保留议会制关于政府对议会负责和议会监督政府的基本原则。

法国总统由普选产生,任期7年,期满后可再次当选。法国总统为国家元首,掌握国家的行政权、军事权和外交权。法国宪法规定,在共和国总统因死亡、患病、出国访问等各种原因无法行使其权力时,由参议院议长临时代行总统职务。法国政体中不设副总统。总统有权任免总理和批准总理提名的部长,主持内阁会议,有权解散议会,可超越议会将某些重要法案直接交公民投票表决。

法国议会为国家最高权力机构,由国民议会和参议院组成,拥有制定法律、监督政府、通过预算、批准宣战等权力。当涉及国防、行政、教育、劳动权和私有制等立法问题时,议会只能制定一般原则,具体细则和实施措施则由政府制定。国民议会由选民直接选举产生,议员任期5年。

法国政府由总理、部长、国务秘书等成员组成。法国政府成员的人数和各部设置的数目并无法律上的限制。政府决定并指导国家的政策，对议会负责。地方权力机构由地区议会、行政区议会和市镇议会组成。每一级地方政府享有极大的行政和财政权力。

法国实行多党制。主要政党有：保卫共和联盟、社会党、法国民主联盟、法国共产党、国民阵线等。

(七)经济

法国是全球经济发达国家之一，是欧盟大国，实行的是现代市场经济体制，产权的基本形式是私有制，市场是配置资源的主要机制，经济对外开放程度较高，奉行自由贸易政策。

法国是工业发达国家之一，从重工业、轻工业到农副产品加工业样样俱全，特别是核能、宇航、石油加工等在世界上名列前茅。核电设备、石油加工技术居世界第二位；航空和宇航工业居世界第三位；钢铁、纺织工业居世界第六位；农业在国民经济中也占有重要地位，是西欧最大的农业生产国。法国是西欧国家中矿藏较丰富的国家，主要有铝土、铀、铁、钾盐等资源，其中铝土和铀矿储量居欧盟国家之首。

法国与德国、意大利、西班牙的货币单位都是欧元(EUR)，由欧洲央行发行，100 欧元相当于人民币 779.19 元(以 2019 年 11 月 21 日的欧元对人民币的汇率换算)。

二、民俗风情

(一)服饰

法国时装在世界上享有盛誉，选料考究、设计前卫、制作技术高超使法国时装一直引领世界时装潮流。在巴黎就有 2 000 家时装店，在大街上几乎看不到两个女性穿着一模一样的服装。法国人对于衣饰的讲究，在世界上是最为有名的。所谓“巴黎式样”，即与时尚、流行含义相同。

在正式场合，法国人通常要穿西装、套裙或连衣裙，颜色多为蓝色、灰色或黑色，质地则多为纯毛。在出席庆典仪式时，法国人一般要穿礼服，男士所穿的多为配以领结的燕尾服或黑色西服套装，女士穿着多为连衣裙式的单色大礼服或小礼服。

法国人的服饰重在搭配，在选择发型、手袋、帽子、鞋子、手表、眼镜时，都十分强调与自己的着装相协调。

(二)饮食

法国大餐的盛名远扬海外，法国菜在西餐中最为著名，影响最大，地位最高，被称为“西方文化最亮的明珠”。法国菜注重新鲜、原味。法国菜选料广泛，主要偏好牛肉、禽类、海鲜、蔬菜等，特别是蜗牛、松露菌、蘑菇、龙虾、鹅肝、鱼子酱。在配料上，酒、橄榄油、鲜奶油以及各式香料是他们的最爱。

一顿标准式法国式大餐的上菜顺序主要为冷盘菜、汤类、主菜和甜品。第一道菜是冷盘菜，一般是沙丁鱼、火腿、奶酪、鹅肝酱和沙拉等，用于开胃。第二道菜是汤类，汤大致分为清汤、蔬菜汤、肉汤、海鲜汤，一般要配面包一起食用。第三道是主菜，一般先上鱼类再上肉类，鱼类包括淡海水鱼、贝类以及软体动物类。肉类有牛羊肉、家禽等，其中牛排是主菜的主打，常用的烹调方式有烤、煎、铁扒等。用完主菜后，便到甜品了。法国人爱好甜食是出了名的，蛋糕、冰淇淋、馅饼、酥饼、布丁等等,种类口味多样。当然,整顿大餐中,葡萄酒是不可缺少的。吃开胃菜有开胃酒,用餐中也要有酒。

法国咖啡馆遍布城乡,而且几乎都设有露天座。咖啡馆是法国浪漫、诗意文化的一部分。

(三)节庆

圣女贞德节:5 月 8 日,这是奥尔良市最隆重的节日,人们齐唱《马赛曲》和《出征歌》,举行游行,并由女学生装扮成贞德。此外,还在大教堂为贞德做弥撒,燃放焰火,参观"贞德馆"和"贞德中心"等。

国庆日:7 月 14 日(1880 年议会立法确认攻克巴士底狱日为国庆节,以国庆节纪念法国资产阶级大革命)。

遗产日:9 月的第 3 个周六和周日(1984 年正式开始,最初的活动在 9 月的第 3 个周日举办,在当时的文化部长雅克・朗的推动下,诸多深宫中的历史文化遗产敞开大门向公众开放,目的是让更多的人了解热爱进而保护人类历史和文化遗产,最初名称为"国家文物开放日",直至 1992 年,开放时间延长为周六和周日两天。)

(四)传统文化与艺术

17 世纪开始,法国的古典文学迎来了自己的辉煌时期,相继出现了莫里哀、司汤达、巴尔扎克、大仲马、雨果、福楼拜、小仲马、左拉、莫泊桑、罗曼・罗兰等文学巨匠。他们的作品成为世界文学的瑰宝。其中《巴黎圣母院》《红与黑》《高老头》《基度山伯爵》《悲惨世界》和《约翰・克利斯朵夫》等,已经被翻译成多国语言,在世界广为流传。

近现代,法国的艺术在继承传统的基础上颇有创新,不但出现了罗丹这样的雕塑艺术大师,也出现了莫奈和马蒂斯等印象派、野兽派的代表人物。

从 17 世纪开始,法国在工业设计、艺术设计领域的世界领先地位早已为世人所共睹。有关实用美术、建筑、时装设计、工业设计专业的学校也早已凭借其"法国制造"的商业硕果而闻名海外。

法国的戛纳电影节是世界五大电影节之一,每年 5 月在法国东南部海滨小城戛纳举行,它是世界上最早、最大的国际电影节之一,为期两周时间。

(五)社交礼仪

法国重视礼仪,现在欧美国家流行的许多礼仪都源于法国。法国人性格开朗,天性快乐、热情,喜欢与人交谈,谈吐风趣,处事乐观,喜好高雅的东西,尤其爱好音乐、舞蹈。法国人爱美、尚美,衣着讲究。法国人乐于助人,待人彬彬有礼,尊重个人隐私。

法国人赴约或赴宴,准时是对主人的尊重,但迟到一刻钟,甚至是半小时是常事。法国人对送礼物十分看重,送礼不一定贵重,但要讲究包装。法国人在社交场合与客人见面时,一般以握手为礼,女性也常施屈膝礼。行接吻礼时,规矩很严格,只有夫妇和情侣才接吻,朋友、亲戚或同事间只能贴脸或颊,长辈对小辈通常亲额头。

法国人注重公共场合的形象。在公共场所,不能随便指手画脚、挖鼻子、剔牙、掏耳朵,男子不能提裤子,女子不能隔着裙子提袜子。法国人尊重妇女,在社交场合处处体现女士优先的原则。

小知识

如何与法国人相处

香榭丽舍大街、香水、情人、农民、冷淡、迟到、不说英语，组合在一起就是法国人。

在法国，农民朴素的特性仍能在人们的性格中反映出来。他们喜欢度假，会毫不吝惜地把一年辛辛苦苦工作积存下来的钱在假期中花光，且任何劝诱都不会使他们错过或推迟假期。所以，你别妄想在你的法国上司或同事休假时找到他，或是请示一些问题。一定要在休假前把该问的都问了，否则你只能把所有问题都自己扛了。法国人大都着重于依赖自己的力量，很少考虑集体的力量，个人的办事权限也很大。组织结构单纯，从下级管理职位到上级管理职位大约只有二三级。所以法国人每个人所担任的工作范围很广，能精通好几个专业，一个人可以应付很多工作。如果你在法国人手下做事，就请你不断地充电，因为他如此能干，理所当然地会要求下属也要一人顶几个人用。

法国人为人冷淡，但面上的事从不含糊。每天和你握手的次数，比你洗手的次数还要多。江律师就对法国人的握手记忆犹新，他曾会见法国一家公司的28名雇员，当他进入房间时，每个人都和他一一握手；离开时，这种握手又重复了一遍。所以，既然手都要握，不如你主动点伸出手，显出你的风度来。

在法国的社会交往中，外国人并不重要，你的迟到是不会被原谅的。但如果他们自己迟到，他们就会准备好一大堆冠冕堂皇的理由(交通不好是最常用的借口，到了北京这更是最现成的借口)。而且，在正式宴会上，有一种非正式的习俗，那就是主客身份越高，就会来得越迟。如果有人邀请你，出席有公司总经理参加的宴会，你可以预见，他肯定会晚到，并且宴会总要推迟半小时再开始。你得学会容忍他们迟到的坏习惯，你不妨在赴宴前先吃点东西，和已来的人随便交谈。法国人非常健谈也喜欢健谈的人，但在等人时不要喝酒。否则他们来时，你可能已经醉了！

和法国人建立友好关系，需要做出长时间的努力。在非正式场合，你可以与他们聊聊关于社会新闻或文化等方面的话题，以创造富于情感的气氛。一旦友好关系建立，那么，你就会发现，他们是容易共事的伙伴。他们会热忱地与你交往，以美酒佳肴招待你，使过去的不快烟消云散。

法国人是“边跑边想的人种”，法国商人在生意谈妥了50%的时候，就会在合同上签字了。但昨天才签的合同，也许明天又要求修改，这一点很令对手头疼。简而言之，如果他们错了，他们会若无其事；而如果他们认为你错了，他们就会起诉你。

(六)禁忌

在法国，鲜花是备受欢迎的礼物，但不送红玫瑰(情人节的礼物)、黄色的花(不忠诚的表示)和菊花(葬礼上使用的花)。与法国女性接触时，不能以香水作为礼物。法国人忌讳数字13，不喜欢星期五，尤视“13日星期五”为不详之日。

三、旅游业发展

(一)旅游业发展概况

法国是世界主要发达国家之一，也是世界上旅游业最发达的国家之一，平均每年接待外国游客 7 000 多万人次，超过了本国人口总数，旅游年收入超过 1 000 亿美元，其中旅游商品收入占到一半以上。据《欧洲时报》报道，尽管 2018 年年底法国的旅游业绩曾受"黄衫"示威的影响，但 2018 年全年，法国接待的外国游客人数接近 9 000 万人次，创下新纪录。法兰西银行的最新报告显示，法国旅游业当前发展势头良好，2018 年成为法国旅游业的创纪录之年，但仍然存在部分薄弱环节。受此前系列恐袭事件影响，法国旅游业曾遭遇短暂寒冬，到法旅游人数持续下降，随着政府对国内安保措施的不断加强，安全形势持续改善，旅游业也逐步复苏，特别是在 2016 年到 2018 年间，法国旅游业收入持续增长，并打破 2014 年 540 亿欧元的历史纪录。

2015 年 6 月，法国在促进旅游业发展委员会会议上通过了促进法国旅游业发展的措施，其中包括改进旅游接待工作、旅行签证便利化、完善退税手续等，还包括通过品牌推广战略，集中精力和财力推介一些具有世界声誉的旅游景点；提高旅游行业的地位，加强人才培养，提高从业者服务质量、数字技术能力和文化素养等旅游业发展措施，以制定 2020 年前的旅游业发展战略。法国旅游业共有 200 多万个就业岗位，产值占国内生产总值的 7%。政府计划到 2020 年，法国年接待游客量达到 1 亿人次。

(二)主要的旅游资源

法国是欧洲浪漫的中心，它的悠久历史、丰富文化内涵的名胜古迹及乡野风光吸引了世界各地的旅游者。风情万种的花都巴黎、美丽迷人的蓝色海岸、盛开着薰衣草的普罗旺斯、美酒飘香的波尔多，都是令人神往的旅游胜地。

1.巴黎凯旋门

巴黎凯旋门坐落在巴黎市中心星形广场(现称戴高乐将军广场)的中央，是法国为纪念拿破仑 1806 年 2 月在奥斯特尔里茨战役中打败俄、奥联军而建的，12 条街道以凯旋门为中心，向四周辐射，气势磅礴，形似星光四射。工程由建筑师夏格朗设计，1806 年 8 月奠基，历时 30 个寒暑，于 1836 年 7 月落成。凯旋门高 49.54 米，宽 44.82 米，厚 22.21 米。它四面有门，中心拱门宽 14.6 米，门楼以两座高墩为支柱，中间有电梯上下。在拱形圆顶之上有三层围廊，最高一层是陈列室，这里展示着有关凯旋门的各种历史文物以及拿破仑生平事迹的图片；第二层收藏着各种法国勋章、奖章；最低一层则是凯旋门的警卫处和会计室。

2.埃菲尔铁塔

埃菲尔铁塔(La Tour Eiffel)在巴黎市中心塞纳河南岸，埃菲尔铁塔是世界上第一座钢铁结构的高塔，被视为巴黎的象征。因法国著名建筑师古斯塔夫 · 埃菲尔设计建造而得名。建于 1887—1889 年。塔高 300 多米，塔身重达 9 000 吨，分三层。第一层平台距地面 57 米，设商店和餐厅；第二层平台高 115 米，设有咖啡馆；第三层平台高达 276 米，供游人远眺，底部面积 1 万平方米，在第三层处建筑结构猛然收缩，直指苍穹。从一侧望去，像倒写的字母"Y"。该塔由 1.8 万多个组成部件和 250 多万个铆钉构成。可通过电梯或步行登塔顶。入夜，塔顶发出转动着的彩色探照灯光，防飞机碰撞。塔旁竖立长方形白色大理石柱，柱顶安放斯塔夫埃菲尔镀金头像。

3.罗浮宫

罗浮宫是法国最大的王宫建筑之一，位于巴黎市中心塞纳河右畔、巴黎歌剧院广场南侧。罗浮宫原是一座中世纪城堡，16 世纪后经多次改建、扩建，至 18 世纪为现存规模，占地约 0.45 平方千米。早在 1546 年，法国国王弗朗索瓦一世决定在原城堡的基础上建造新的

王宫，此后经过9位君主不断扩建，历时300余年，形成一座呈U字形的宏伟辉煌的宫殿建筑群。1793年8月10日，在推翻君主制的周年纪念日时，法国"国民公会"决定把昔日的皇宫辟为国立美术博物馆；同年11月18日，罗浮宫博物馆正式向公众开放，其全部工程于1857年完成。在罗浮宫口字形正殿的西侧，伸展出两个侧厅，中间的空地形成卡鲁赛广场。宫的东侧有长列柱廊，建筑巍峨壮丽。其画廊长达270多米，藏有大量17世纪以及欧洲文艺复兴期间许多艺术家的作品，馆藏品达40万件。罗浮宫美术博物馆分为六大部分：希腊和罗马艺术馆，东方艺术馆，埃及艺术馆，欧洲中世纪、文艺复兴时期和现代雕像馆，历代绘画馆。展览按不同流派、学派和时代划分。一层展出雕刻，二层油画，三层是素描和彩粉画。80年代初，法国政府实施扩建和修复罗浮宫的"大罗浮宫计划"。

4.巴黎圣母院

耸立在塞纳河西堤岛上的巴黎圣母院，始建于1163年，并在1345年完工，拥有850年历史。圣母院建筑总高度约超过130米，是欧洲历史上第一座完全哥特式的教堂，具有划时代的意义，也是巴黎历史悠久、最具代表性的古迹、观光名胜与宗教场所。这座哥特式教堂更因法国文学家雨果所著作的《巴黎圣母院》而闻名，每年吸引数百万游客。

2019年4月15日晚，法国巴黎圣母院发生罕见火灾，大火延烧近10个小时，使这座位于巴黎市中心、拥有800多年历史的天主教堂塔尖倒塌，整栋建筑受损严重。虽然法国总统马克龙已经表示，将重建巴黎圣母院，但有专家指出，重建圣母院需要几十年的时间。巴黎圣母院此次历史性的灾难烧毁的不止是建筑，外媒报道称，法国旅游业或将因此遭受重创。

英国《独立报》指出，巴黎圣母院是迄今为止法国最受欢迎的旅游景点，也是世界各地游客前往巴黎"打卡"的必到之地。直至火灾发生前，大教堂的开放时间一直是巴黎所有主要景点中最为慷慨的：工作日(周一至周五)早上8点到下午18点45分，周六日开放时间会延长半小时，即早上8点到下午19点15分。巴黎的其他热门景点，比如卢浮宫和埃菲尔铁塔的访客量或许会因此增加，不过这些景点在会在周一或周二关闭，而巴黎圣母院是每周7天都开放，并且门票免费，这也是圣母院格外受欢迎的原因之一。巴黎圣母院的价值已经远远超出了宗教意义，选择来这里的并不是只有天主教徒，更多的是慕名前来的游客。据统计，2018年前往巴黎圣母院参观的游客约为1 300多万，是巴黎乃至欧洲参观人数最多的景点之一。巴黎圣母院作为法国首都的标志性建筑，平均每天的访客量约有3.6万，游客在这里停留的时间约为2至3个小时。

"巴黎圣母院这一历史性的遗产在大火中悲剧般地燃烧，对巴黎、法国以及全人类来说，都是令人心碎的。"英媒指出，这场大火也将对法国旅游业造成重大影响。火灾发生后，巴黎游客数量无疑将会下降，而选择来到巴黎的游客也不得不改往其他景点进行参观，巴黎的旅游业模式也将发生转变。

5.巴士底狱遗址

巴士底狱遗址位于巴黎市区东部、塞纳河右岸，这里曾是公元1369—1382年建立的一座军事堡垒。"巴士底"一词的法文原意是"城堡"。这座古城堡拥有8座巍峨坚固的炮台，兴建之初是用来抵抗英国入侵的。1380—1422年，这座城堡被改为王家监狱。整座城堡占地2 670平方米，四周建有一堵又高又厚的石墙和8座高30多米的塔楼，四周掘有宽24米的深沟，设吊桥进出。早在16世纪，这里就开始关押囚犯。在法国人民心目中，巴士底狱已成为法国封建专制统治的象征。1789年7月3日，巴黎人民奋然起义，14日，攻占了巴士底狱，揭开了法国大革命的序幕。1791年，巴黎人民拆毁了巴士底狱，在其旧址上建成了巴士底广场,并把拆下来的石头铺到塞纳河的协和桥上,供路人践踏。1830 年,法国人民又在广场中心建起一座纪念七月革命的烈士碑。这座烈士碑高 52 米,碑身是用青铜铸成的圆柱体,人称“7 月圆柱”,在柱顶端是一尊右手高举火炬的金翅自由神像,神像左手提着被砸断的锁链象征着获得了自由。在巴士底狱遗址前方立着一块牌子,写着:“大家在这里跳舞吧!”1880 年 6 月,法国将 7 月 14 日巴黎人民攻占巴士底狱这一天定为法国国庆日。

6.先贤祠

先贤祠位于巴黎市中心塞纳河左岸的拉丁区,于 1791 年建成,是永久纪念法国历史名人的圣殿。它原是路易十五时代建成的圣·热内维耶瓦教堂,1791 年被收归国有脱离宗教后,改为埋葬“伟人”的墓地。1814 年至 1830 年间,它又归还教会。先贤祠中的艺术装饰非常美观,其穹顶上的大型壁画是名画家安托万·格罗特创作的。1830 年七月革命之后,绘画的主题改变,先贤祠具有了“纯粹的爱国与民族”特性。先贤祠内安葬着伏尔泰、卢梭、维克多·雨果、爱弥尔·左拉、马塞兰·贝托洛、让·饶勒斯、柏辽兹、马尔罗和大仲马等伟人。至 2002 年 11 月,共有 70 位对法兰西做出非凡贡献的人享有这一殊荣。

7.乔治·蓬皮杜国家艺术文化中心

乔治·蓬皮杜国家艺术文化中心(Centre National d'art et de Culture Georges Pompidou)坐落在巴黎拉丁区北侧、塞纳河右岸的博堡大街,当地人把它简称为“博堡”。文化中心的外部钢架林立、管道纵横,并且根据不同功能分别漆上红、黄、蓝、绿、白等颜色。因这座现代化的建筑外观极像一座工厂,故又有“炼油厂”和“文化工厂”之称。这座设计新颖、造型特异的现代化建筑是已故总统蓬皮杜于 1969 年决定兴建的,1972 年正式动工,1977 年建成,同年 2 月开馆。整座建筑占地 7 500 平方米,建筑面积共 10 万平方米,地上 6 层。整座建筑共分为工业创造中心、大众知识图书馆、现代艺术馆、音乐音响协调与研究中心四大部分。

8.巴黎协和广场折叠

巴黎协和广场位于巴黎市中心、塞纳河北岸,是法国最著名广场和世界上最美丽的广场之一。广场始建于 1757 年,是根据著名建筑师卡布里埃尔的设计而建造的。因广场中心曾塑有路易十五骑像,1763 年曾命名为“路易十五广场”。大革命时期又被改名为“革命广场”。1795 年又被改称为“协和广场”,后经名建筑师希托弗主持整修,最终于 1840 年形成了现在的规模。广场中央矗立着一尊 23 米高、有 3 400 多年历史的埃及方尖碑,这是路易·菲利普于 1831 年从埃及卢克索移来的著名文物,碑身的古文字记载着拉美西斯二世法老的事迹。石碑两侧各有一座喷水池。池中精致的雕刻也是希托弗的作品。广场四周放置了 8 座雕像,分别象征着 8 座在法国历史上起过重要作用的城市:里昂、马赛、波尔多、南特、鲁昂、布勒斯特、里尔和斯特拉斯堡。1793 年大革命时期,巴黎人民奋起捣毁了路易十五的铜像,并在这里将路易十六送上了断头台。

9.香榭丽舍大街

香榭丽舍大街东起协和广场西至星形广场,全长约 1 800 米,街道最宽处约 120 米,是横贯巴黎且最具特色、最繁华的街道之一。在法文中“香榭丽舍”是“田园乐土”的意思。过去,这里曾是一片低洼潮湿的空地。17 世纪路易十四在位时,曾在这里植树造林,使之成为专供宫廷贵族游乐的禁区。后来,图勒里公园的东西轴线向西延伸,在这里建成了近 1 千米长的林荫道,以后又加扩展。1709 年才将其命名为香榭丽舍大街。大街以南北走向的隆布万街为界,分成风格迥异的东西两段。幽静的东段体现了田园风光,长约 700 米,一排排梧桐苍翠欲滴,街心花园夹在万木丛中时隐时现。东端的星形广场中央有巍峨雄伟、遐迩闻名

的凯旋门。大街附近有波旁宫、玛德琳娜大教堂。这里还有图勒里公园、罗浮宫、市政府大厦和爱丽舍宫等名胜古迹。西段长 1 100 多米，西端的协和广场是巴黎的另一个交通要冲。法国的一些重大节日——7 月 14 日国庆阅兵式、新年联欢都在这条著名的街道上举行。

拓展阅读

法国的浪漫文化

提起法国，人们的第一联想就是浪漫：塞纳河边的散步，香榭丽舍林阴下的低徊，酒吧里的慢酌，咖啡馆里的细语……法国式的浪漫无一例外地与鲜花、烛光、香水、拥吻联系在一起。只有你真正到了法国，才会发现其实法国人的这些浪漫表达体现了他们对优雅、精致、舒适生活的追求。

法国的亲脸礼节是很常用的礼仪习惯。男人与女人之间，女人与女人之间，无论初见、再见或是分别，总会彼此贴一下两边的脸颊，同时伴随嘴里响亮地“啵”一声，法语称之为“Bizoux”。到了后来，入乡随俗，虽然那声“啵”无论如何学不标准，但对亲脸却习以为常，而且还慢慢体会出它的好处来。这种近距离接触无形中拉近了陌生人之间的距离，能使原本可能拘谨的气氛马上缓和起来；而好朋友之间再加上拥抱，更觉得亲切。毫无疑问，在非正式场合，这种礼节是结交朋友的敲门砖。

鲜花是法国人生活中不可或缺的东西。与其说是点缀，不如说是生活的一部分。集市上、大街上、超市里，随处可见卖花的店面或摊位。那些花儿或是插在花筒里，或是各种花扎成花束，颜色之鲜艳，种类之繁多，让人眼花缭乱，叹为观止。走在路上，常常可见怀抱一束花的男人，面露微笑，眼含温柔，此时的他一定是心中充满柔情吧？而收到花的人又将是怎样一种心情呢？家中有花的日子，即使在再阴霾的天也将是阳光明媚，法国人深谙这一点。不论花的贵贱，不论生活贫富，只在花瓶里插上几支姹紫嫣红的花儿，整个房间即被照亮。

香氛，是法国人生活的另一个必不可少的组成部分。作为世界上最大的香水生产国，法国人的香水消费量也位居世界第一。他们对用香的讲究已达到无与伦比的地步。且不说冬夏有别，昼夜有别，光是配套使用的香氛产品就让人瞠目结舌：同一种香型同一种品牌的肥皂、沐浴乳、按摩膏、体霜、面霜、淡香水、香精、熏香油……陈列在货架上，林林总总，目不暇接。男人、女人、年轻人、年老人，每个人都想让自己的味道与众不同，个性张扬。而当人们劳累一天回到家里，点上香熏，浸泡在充满香气的热水里，空气中弥漫着自己喜欢的香味，多么放松，多么惬意！对香氛的追求已在不经意中变成了对生活的实实在在的享受。

法国人无论用什么、买什么都讲究色彩和气氛的搭配，穿衣戴帽如此，日常生活中的一些琐事也是如此。比如请客吃饭，讲究的家庭会端上色彩雅致、做工精细的陶瓷餐具或银制餐具：餐巾与餐桌布是成套的，刀、叉、勺、盘、碗也是搭配得完美无缺。有些单身汉则使用一次性纸餐具，但花形、图案、颜色同样完美融合，反映着主人的个人品位和喜好。每个家庭几乎都备有烛台，蜡烛有高矮胖瘦，各色各样，完全随心情而用。朋友小聚时点上几支蜡烛，弹上几首曲子，烛光曳曳，人影婆娑，乐声缈缈，偶尔呷上一口红酒，酒不醉人人自醉。

其实，法国人的浪漫无处不在。在街上行走，随时可以见到激情拥吻的年轻情侣，他们那种旁若无人的忘我情景只会引人羡慕；也常常看到发色苍苍的老夫妇携手挽臂而行，那自然又是另一种让人感动的浪漫；甚至商店橱窗竖立的身穿情侣装的模特情侣，超市货架上一排排精心摆置、颜色协调的用品，街头广告牌上匠心独具、创意无限、令人浮想联翩的广告，还有街角那家橱窗和内部装饰一周一变的小小点心店以及那一款款小巧精致、点缀鲜艳水果的甜点,目之所及,无处不映现着他们在不经意中流露出来的浪漫。

浪漫已经渗透于法国人生活中的一点一滴。它是一种优雅,一种从容。在法国人的眼中,浪漫已不是为了达到某种情调的刻意追求,而是融于生活的每一时刻、每个方面,是一种的现实的生活方式。

第三节　德国

一、国情概述

(一)国名、国旗、国徽、国歌

1.国名

德意志联邦共和国(The Federal Republic of Deutschland),简称德国。

2.国旗

德国国旗

德国国旗为长方形,长与宽之比为5∶3。自上而下由黑、红、黄三个平行相等的横长方形相连而成。1990年10月3日,统一后的德国仍沿用德意志联邦共和国国旗。三色国旗可在机场、宾馆、宴会和其他场合悬挂。联邦政府机构和驻外使馆等悬挂带有黑鹰图案的国旗。

3.国徽

德国国徽

国徽为金黄色的盾徽。盾面上是一头红爪红嘴、双翼展开的黑鹰，黑鹰象征着力量和勇气。

4.国歌

《德意志之歌》的歌词是奥古斯特海因利希・霍夫曼・冯・法勒斯雷本于1841年撰写的，曲调由约瑟夫・海顿(1732—1809)谱写。1922年，魏玛共和国第一任帝国总统弗里德里希・艾伯特将《德意志之歌》升格为国歌。1952年，在联邦总统豪伊斯和联邦总理阿登纳之间的一次通信中，这首歌重新被承认为国歌。

(二)人口、民族、语言、宗教

1.人口

2018年年底德国人口总数约为8 293万，德国2017年净增移民为41.6万人，新增移民多来自欧盟和亚洲。德国国籍人口约占德国人口的91%，联合国人口基金统计德国移民数量超过1 000万人，约占全世界1.91亿移民的5%，移民数量居世界第3位。德国移民的最大来源地是欧洲国家:2017年，来自欧洲国家的移民占67%，而最大的群体是欧盟国家移民，他们共占全体移民的53.4%。来自亚洲的移民占15.4%。

2.民族

今天的德意志民族统称日耳曼人，他们是由法兰克人、撒克逊人、施瓦本人和巴伐利亚人等这些古老的日耳曼部族经过近些年的同生共长而形成的。德国是以德意志民族为主的民族国家，但在德国西部有少量法国血统居民，主要是在萨尔州。德国东部也有少量斯拉夫族裔，称为索布族，他们的语言文化和德国主体民族有很大区别。德国还有一些二战后残存的犹太民族，他们在德国的历史很长，如著名的罗斯柴尔德家族就是出身法兰克福犹太区的犹太金融家。战后，德国的劳动力匮乏，所以陆续从意大利、西班牙、前南斯拉夫以及土耳其引进外劳，这些人也都成为现在德国人中的少数民族。亚裔人主要是德国西部的日本、越南、中国居民。但这些大量的少数民族都不对德国的主要人口构成有影响，德国仍然是以德意志民族为主的国家，正式官方语言也是德语。

3.语言

德语为德国的官方语言及主要通行语言，为23个欧盟官方语言之一，并为3个欧洲联盟委员会的工作语言之一。德国所承认的少数语言包括丹麦语、低地德语、索布语、罗姆语及弗里西语，并受欧洲区域或少数民族语言宪章保护。移民使用的语言主要为土耳其语、库尔德语、波兰语、巴尔干地区语言及俄语。调查显示67%的德国公民能以一种外语沟通，而27%能运用两种或以上外语。

标准德语与英语、低地德语、荷兰语及弗里西语较为相近，同属西日耳曼语支，该语支与东日耳曼语支与北日耳曼语支同属印欧语系的日耳曼语族，该语族也是多数德语词汇的来源;部分词汇来自拉丁语及希腊语，另有一小部分来自法语，近来多来自英语。德文以拉丁字母书写。德语方言差异可追溯至日耳曼部落时期并能从与标准德语在词汇、音韵、语法等语言变体而分辨。

4.宗教

基督教是主要宗教，新教(主要分布在北部和东部)和天主教(主要在南部和西部)现在各占总人口的33%。新教集中于德国北部及东部;而天主教多分布于德国西部及南部，而东正教信仰占1.6%。

伊斯兰教为德国第二大宗教,信仰人口介于380万至430万人(4.6%至5.2%),而佛教、犹太教及印度教分别约25万人(0.3%)、20万人(0.3%)及9万人(0.1%),其他各宗教信仰则不超过5万人。在伊斯兰教信仰者中,大多为逊尼派及土耳其的阿莱维教派(Alevi),什叶派及其他教派则较少。德国的犹太人数量仅次于法国及英国,居欧洲第三位。在德国的佛教徒中,约有一半为来自亚洲的移民。

(三)地理环境、气候

德国在地区分类上属于西欧或中欧,东面与波兰和捷克接壤,南面临奥地利和瑞士,西面与法国、卢森堡相界,西北毗比利时以及荷兰,北面与丹麦相连并临北海和波罗的海,德国国土位于40°N~55°N、5°E~16°E。德国国土面积为357 021平方千米,其中包括349 223平方千米的陆地及7 798平方千米的水域,德国为欧洲面积第七大国家及世界面积第六十二大国家。

德国地势南高北低,高度由南方的阿尔卑斯山向北海及波罗的海递减。德国的地理最高点为楚格峰,标高2 962米;最低点为威尔士特马斯克,海拔高度为海平面以下3.54米。莱茵河、多瑙河及易北河等大河穿行而过德国中部的森林高地及北部低地,在阿尔卑斯山地区仍有冰河存在,但冰河逐渐消退。德国重要的自然资源包括铁矿、煤、草木灰、木材、褐煤、铀、铜、天然气、盐、镍、耕地及水。

德国大多数地区受潮湿的西风影响,属温带海洋性气候。此地区气候因北大西洋暖流而较为温和,该暖流较温暖的海水影响北海周边区域。全年皆有降水,夏季降水较多。冬季时北部较南部温暖,而夏季时则为南部较北部温暖。

德国东部偏向大陆性气候,冬季寒冷,夏季温暖,较常出现长时间的干燥。德国中部及南部地区为海洋性气候及大陆性气候的过渡带,最南部的阿尔卑斯山区气温较低,德国中部的高地属山地气候,气温较低且降雨较多。

(四)首都、行政区划

德国首都为柏林,人口363.4万(2018年9月30日),年平均气温约8.6℃。柏林是著名的欧洲古都,始建于公元1237年。建城人是勃兰登堡边疆伯爵阿伯特,因伯爵的绰号叫"熊",后人就一直以一只站立的黑熊作为柏林城的城徽。

德国由16个"邦"所组成,16个邦共同组成国家整体。各邦拥有邦宪法并对各邦内部事务有相当大的自治权限。由于各邦的领土面积及人口数量上的差异,尤其是城市州与拥有较大领土的邦间的差异,而于巴登-符腾堡、巴伐利亚、黑森、北莱茵-威斯特法伦及萨克森设有22个一级行政区管理地方事务。

(五)简史

公元前德国境内就居住着日耳曼人,公元10世纪形成了德意志早期封建国家。18世纪初奥地利和普鲁士崛起,根据1815年的维也纳会议,它们组成了德意志邦联。1871年统一的德意志帝国建立。该帝国1914年挑起第一次世界大战,1918年因战败而宣告奔溃。1919年2月德意志建立魏玛共和国,1933年希特勒上台实行独裁统治。德国于1939年发动第二次世界大战,1945年5月8日德国战败投降。

第二次世界大战后,根据雅尔塔协定和波茨坦协定,德国分别由美、英、法、苏四国占领。

1948 年 6 月，美、英、法三国占领区合并。1949 年 5 月 23 日，合并后的西部占领区成立了德意志联邦共和国。同年 10 月 7 日，东部的苏占区成立了德意志民主共和国。德国从此分裂成两个主权国家。1990 年 10 月 3 日，民主德国正式加入联邦德国，民主德国的宪法、人民议院、政府自动取消，原 14 个专区为适应联邦德国建制改为 5 个州并入了联邦德国，分裂 40 多年的两个德国重新统一。

(六)政治

德国政治体制于 1949 年的基本法架构下运行，修改基本法则须联邦议院及联邦参议院以三分之二多数通过，基本法的核心原则包括人性尊严、权力分立、联邦组织架构及依循法治。

联邦总统为国家元首，仅具象征性权利及责任，由德国联邦大会选举产生，德国联邦大会由联邦议院全体议员及各邦议会选出与联邦议院同等数量的代表组成，其中各邦代表数量依人口比例分配。联邦议院议长地位仅次于联邦总统，由联邦议院选举产生，负责议院日常事务。总理为政府首脑及位阶第三高者，由联邦议院选任后经联邦总统任命。

安格拉·默克尔为现任总理，为政府首脑并领导政府运作，类似于其他实行议会民主制国家的首相。立法机构则由联邦议院及联邦参议院组成，联邦议院代表通过直接选举产生，选举采用联立制；联邦参议院代表则由各邦政府成员出任，代表各邦利益。

自 1949 年起，德国基督教民主联盟及德国社会民主党为主导政党，至今总理皆由这两党党员出任，而德国自由民主党(于 1949 年起于联邦议院取得席次)及绿党(于 1983 年起于联邦议院取得席次)亦为议院中重要力量。

(七)经济

德国实行社会市场经济，拥有高度技术的劳动力、庞大股本、罢工较少发生且具高度创新能力。德国为欧洲最大且最具影响力的经济体。按国际汇率计算，德国为世界第四大经济体，以购买力平价计算则为世界第五大经济体。服务业约占德国国内生产总值的 71%，而工业与农业则分别占 28%及 1%。

德国对欧洲经济上及政治上整合持正面态度，在经济政策上逐步遵循欧盟各国及欧洲会议之决议。德国于 2002 年 1 月 1 日起改采欧洲共同货币——欧元为流通货币，该项货币政策由欧洲中央银行负责，而德国为欧元区的主导力量。虽然两德统一已逾 20 年，但西德地区的生活水平及人均所得仍明显高于东德地区，而促进东德经济整合及现代化的长期政策将持续至 2019 年，西德地区每年约向东德地区投入 800 亿美元。德国政府于 2009 年 1 月批准规模 500 亿欧元的刺激经济方案，以避免部分产业衰退及所伴随的失业率上升。

以企业营业额排名的财富世界 500 强排行榜中，有 32 家企业的总部设于德国。德国 DAX 指数则由 30 家市值最大的德国公司组成。德国较著名的企业包括梅赛德斯-奔驰、BMW、SAP、西门子、大众汽车、阿迪达斯、奥迪、安联、保时捷、拜耳、罗伯特·博世、妮维雅等。德国具备专业技术的中小型企业也相当重要，约有 1 000 家此类企业在各领域居领先地位而被认为是隐形冠军。

德国与法国、意大利、西班牙的货币单位都是欧元(EUR)，由欧洲央行发行，100 欧元相当于人民币 779.19 元(以 2019 年 11 月 21 日的欧元对人民币汇率换算)。

二、民俗风情

(一)服饰

德国人不喜欢花哨的服装,但都很注重衣冠的整洁,穿西装一定要打领带。在赴宴或到剧院看文艺演出时,男士经常穿深色礼服,女士则穿长裙,并化淡妆。在东部地区,已婚者都会带上金质戒指。

(二)饮食

德国的饮食因地区不同而有差异,德国南部的巴伐利亚及施瓦本地区的饮食文化与瑞士及奥地利相近。传统上,德国肉类食品大多制作成香肠。有机食品的市场占有率约 2%,未来将持续成长。虽然德国许多地区对葡萄酒的接受度提高,但啤酒仍是全国性酒精饮料,德国人均啤酒消耗量虽有下降,但 2009 年仍以人均 121.4 升居世界第一位。德国共有 9 家餐厅获选为《米其林指南》的三星餐厅,并有 15 家以上的二星餐厅。

(三)节庆

德国的节日可分为法定的公共假日及民间节日,民间节日中以慕尼黑啤酒节最为著名,该节日源自于路德维希一世与泰瑞莎公主的婚礼庆祝活动;另有狂欢节、司徒加特感恩节其他较著名的民间节日。

(四)传统文化与艺术

德国文化由欧洲主流知识分子及大众思潮所塑造,包括宗教及世俗层面,由于德国作家及哲学家对西方文化发展的贡献,德国在历史上被称作“诗人与思想家的国家”。

德国各邦主管文化机构,德国境内有 240 座政府资助的戏院、数百个交响乐队、数千座博物馆及 10 361 间图书馆,每年约 9 100 万人次造访德国博物馆;至剧院观赏歌剧约 2 000 万人次;以及 360 万人次聆听交响乐队表演。德国国内则有 37 处联合国教科文组织认可的世界遗产。

德国社会重视性别平等及性别障碍者的权利,社会及立法上也对同性恋者相当宽容,同性恋者可收养伴侣的亲生子女,并自 2001 年起承认民事结合。德国对移民态度也有所转变,自 1990 年代中期起,德国政府及多数民众对经过资格审核的移民表示欢迎。英国广播公司于 2011 年所做的全球民意调查显示德国为正面影响力最高的国家。

不少德国画家的作品享有高度国际知名度,其创作形式也相当多元,老卢卡斯·克拉纳赫、小汉斯·霍尔拜因、马蒂亚斯·格吕内瓦尔德及阿尔布雷希特·丢勒为文艺复兴时期重要艺术家,卡斯帕·弗里德里希及马克斯·恩斯特分别为浪漫主义及超现实主义画家。源自德国地区的卡洛琳式建筑及奥托式建筑促进了罗曼式建筑发展,之后则以哥特式建筑、文艺复兴建筑及巴洛克建筑为主。沃尔特·格罗佩斯创设的包豪斯建筑学校,和 20 世纪著名建筑师、提出全玻璃帷幕摩天楼的路德维希·密斯·凡德罗在现代主义建筑发展中也起了相当重要的作用。

许多世界知名古典音乐作曲家来自德国,包括路德维希·范·贝多芬、约翰·塞巴斯蒂安·巴赫、沃尔夫冈·阿马德乌斯·莫扎特、约翰内斯·勃拉姆斯、理查德·瓦格纳、理查德·施特劳斯等。德国为欧洲第一大及世界第三大音乐市场。

(五)社交礼仪

德国是一个讲究秩序的国家,每人都得有自己的"归属",甚至连每一样东西也都有其"合适"的位置。外国人在德国旅游,第一个感觉是那里的一切都是井井有条的,维持秩序的标志牌和禁令牌随处可见。德国人出现在公开场合以及与人交往时,讲究举止端庄,对人敬重适度,事事循规蹈矩。

德国人的特点是勤奋、自信。严于律己的德国人很讲究形式和准时,公私事宜必须事先约定时间并准时赴约。未经预先约定想与德国人会面,是办不到的事。如果因故需要推迟约会或取消约会的话,一定要打电话通知对方。否则,不仅失礼,也被认为是对其莫大的侮辱。德国人工作中讲求效率,注重纪律,一丝不苟。

德国人送礼比较实惠,送东西都有所缘由,如生日、订婚、结婚等,客人只带点小东西,像一束花、一瓶酒,或自己制作的东西,被喻为"小小礼物,滋吞友谊"。不要随便送德国人很贵重的礼物,他们对贵重礼物的第一个反应是戒心,反而小礼物比如一小盒中国茶叶、几张剪纸等都会很受他们欢迎。

(六)禁忌

在德国穿黑鞋尤其别系白鞋带。走在德国大街上,常常会感到诧异,不管是黑皮鞋还是黑色的休闲鞋、运动鞋,德国人从不系白色鞋带,因为那是纳粹的标志。由于纳粹的军服是墨绿色的,在德国这种颜色的服装已销声匿迹。

在德国,不宜随意以玫瑰或蔷薇送人,前者表示求爱,后者则专用于悼亡。玫瑰表示爱,香水与内衣表示亲近,即使女性之间,也不宜互赠这类物品。刀、剪刀和餐刀、餐叉等餐具因为有"断交"之嫌,向德国人互赠礼品时,不宜选择这些。以褐色、白色和黑色的包装纸包装礼品也是不允许的。

如果德国朋友过生日,记着不得提前祝贺。在中国,友人生日临近,提前送生日礼物和生日祝福,他一定会为你的关心及热情而感动。但如果这件事发生在德国,则适得其反,因为按照德国的习俗生日不得提前祝贺。

在德国人家里拜访,不能早到,可以迟到5～10分钟,免得让主人手忙脚乱。

三、旅游业发展

(一)旅游业发展概况

德国是一个富有魅力的旅游之国,它为旅游者提供了丰富多彩的城市与自然风光。宁静的世外桃源或生机勃勃的都市都能在这里找到。德语地区漫长而丰富的历史所经历过的社会与文化生活为今天留下了为数众多的历史名城、文物建筑、图书馆、博物馆与艺术品收藏、花园与剧场等供人们参观和游览。

美丽的自然风光地比比皆是。北海和波罗的海岸边和岛屿上的海洋性气候温和宜人;荷尔斯泰因和梅克伦堡的多湖平原使人流连忘返;中等山脉地区和阿尔卑斯山是徒步旅行者的乐园;星罗棋布的湖泊令水上运动爱好者心动不已;莱茵河、美因河、摩泽尔河、内卡河、多瑙河、易北河以及萨勒河的河谷充满了浪漫色彩。远离交通干线的大约100多条旅游之路,例如"童话之路""歌德之路""度假之路""浪漫之路""葡萄酒之路""帝王之路",以及"古典之路"和"文艺复兴之路",这些路线展示了德国古代的文化和风光。最著名的路线是"浪漫之路",主要在陶伯尔河上游的罗腾堡、丁克尔斯比尔和内尔特林根,它使中世纪的情景历历在目。

在这些著名的旅游地点之外,旅游者也会意外地发现历史的遗迹。在巴伐利亚处处见到的是清新明快的巴洛克式建筑,在北方则是庄重严谨的哥特式砖砌房舍。很多地区的乡土节日和民族服装节、葡萄酒周向旅游者提供了与当地人接触的良机。

根据德国境内旅游局的统计,在21世纪的十年之后,德国的旅游业发展已经超越了38 000人,连续在三年内占据了旅游业发展的首位,在整个欧洲地区都是非常不错的,有很多外国游客喜欢到这里游玩,在德国境内过夜人数大约是在6 000万左右,每年都在不断增长,在20世纪的90年代,德国旅游业发展出现了最高纪录,现在已经成为德国境内的第三大支柱产业,为德国发展带来了巨大经济效益,是服务行业中的一个重要支柱。预计在以后的发展中,还会为德国创立一批新的业绩,是欧洲旅游发展中的热门国家。

小知识

德国的工业旅游

工业旅游作为德国新兴的旅游产品,现在正在急速发展,它是旅游业发展到一定阶段的产物,但是它出现在中国的时间不长,人们对它还没有一个完整的认识。参加德国的工业旅游,可以去些什么地方。以下小知识可提供参考:

1.参观具有现代艺术感的奔驰博物馆大厦

总部坐落于斯图加特城的奔驰汽车,被评为世界上最成功的高档品牌之一,以完美的技术、过硬的质量以及新颖的创新能力被世界汽车爱好者所称赞,它是汽车业的三巨头之一,它的每一道生产环节都代表了这个时代的工业进化最高水平。奔驰汽车以其流畅、近乎完美的曲线征服了每一个人,它所代表的是一个时代的技术水平,是新世纪汽车技术的标杆。拥有一辆奔驰,是每一个成功男人的愿望。

2.参观具有历史意义的奔驰老爷车

在一个充满流线型布景的场馆中,你所路过的通道几乎没有台阶的痕迹,在这个博物馆中,游客可以坐观光梯自上而下地观看,还有特意为游客准备的观光椅和电子游戏设备,深受老人和孩子的喜爱。展品的摆放错综复杂,凌乱的美表现得淋漓尽致。奔驰总部的接待设备独一无二,这里的服务既周到又特别,在这里你会感受到他们给予的是家一般的服务、家一般的温暖。

3.德国工业旅游一条与众不同的路线

北莱茵-威斯特法伦州有密集的水路、陆路,各种水网、运输道在城市中运作,这里的工业区和生活区没有明显的分区和界限,都是相互交错。这里投产和没有投产的厂房、工业名胜古迹和博物馆,对游客来说都是一卷卷德国历史的百科全书,吸引着人们前来探索。这里有100多个名胜古迹,历史都很悠久,在其他地方,你不会找到这样密集的建筑。在这里还可以体验好多东西,参观与体验这沉重的德国工业史。

4.德国工业旅游景点遗存:弗尔克林根钢铁厂

弗尔克林根钢铁厂建于1873年，当时通货膨胀、物价飞涨，给钢铁厂的生产带来了很大的压力，由于产能过剩、供大于求，尤利乌斯·布赫在被逼无奈的情况下，熄灭了最后一个高炉，这是当时一个钢铁时代的结束。现如今的它成了欧洲艺术和工业文化的焦点，是迄今为止最重要、保存最好的炼铁厂。

21世纪旅游业最重要的主题是——怀旧。在这种环境下，回味一段历史的重要作用就显得很有吸引力，那种与众不同的感觉对于德国工业文化有很浓重的味道。德国工业旅游，21世纪旅游的新起点。

(二)主要的旅游资源

1.特里尔——德国最老的城市

在摩泽尔河的堤坝上，坐落着特里尔城，是德国最老的城市。这座城市建立于罗马殖民时期的16世纪，并且成了以后许多罗马君王最喜欢居住的地方。

现在在德国已经没有地方能像这里一样有一个可以看见的殖民证据了。城里最著名的就是尼格拉城门，当时罗马城最大的门；特里尔教堂中，有一个神圣的遗物吸引了许多的朝圣者——圣袍，一件据说是耶稣基督被钉在十字架上时穿的袍子。

2.科隆大教堂

科隆大教堂是德国最重要的建筑遗址之一，同时也是世界上第三高教堂。建造这座哥特式杰作用了600年，当1880年它完成时，还是遵循着1248年的原始设计。

在第二次世界大战中，这座大教堂是当时唯一幸存的建筑物。战争后在平扁的废墟中依然傲然屹立的教堂，有些人说这是由于上天的保护，但是更多的人说是因为这个高大的建筑是当时战斗机飞行员的基准目标点，后者更为人们所接受。

3.慕尼黑皇家啤酒馆和啤酒节

也许这是大家众所周知的事情，但是它确实是在德国最重要的体验：光顾慕尼黑的皇家Hofbr Uhaus皇家啤酒馆，它是世界上最出名的啤酒庄园。在这里，巴伐利亚的特色小吃和巨大的椒盐卷饼配啤酒是最"舒服的"搭配，而且啤酒只按一种尺寸的杯子卖——一升。

德国的啤酒节(也叫十月节，每年10月10日举行)，这个节日堪称是世界上最大的活动，每年有600万人在这个节日里吃着香肠和德国泡菜，喝着啤酒狂欢。节日中有14种不同的啤酒房，在喝啤酒吃小吃的同时也同样可以享受德国的特色节目——击鞋舞、吹阿尔卑斯号角和唱约得尔调。

4.德累斯顿圣母大教堂

德累斯顿圣母大教堂是德国最著名的新教巴洛克教堂。这座在1726年至1743年由建筑师格奥尔格·贝尔建造的雄伟的中心建筑也是世界上最大的砂石建筑。它的圆顶，所谓的"石钟"是德累斯顿的标志之一。

1945年教堂被摧毁，废墟成为战争与毁灭的纪念碑。从1994年至2005年，圣母大教堂被作为信仰与希望之地，使用原来的建筑部件重建，重建的费用基本上全部来源于私人的捐款。

5.圣诞市场——纽伦堡

纽伦堡的中心有着城市高大雄伟的帝国城堡，绝对值得在每年的11、12月来游览。到了11月份，著名的圣诞市场就把这座城市变成了神奇的冬季乐园。

漫步在这个露天的市场中，你会发现装饰着180个用彩花和红白布料、小灯还有新鲜的花绳做的木帽子。并且还有专门为小朋友开放的圣诞市场,里面有蒸汽火车和怀旧的旋转木马。

最奇幻的一刻就是所有小朋友和年轻人都参加超过 1 500 人的灯笼游行,他们一直提着漂亮的灯笼排着队走到山上的城堡中去。

拓展阅读

德国的汽车文化

你听说过"汽车改变不了人,但文化可以改变人"这句至理名言吗?从世界上第一辆现代汽车在德国诞生开始,严谨、专注的德国人便一直在通过汽车这一载体向世界输出着自己的文化理念。

如果说"最能凸显一个民族传统与智慧的,莫过于文化",那么,"最能凸显德国传统与智慧的文化,莫过于汽车文化"。百年打造的德国汽车工业无比辉煌,百年积累的德国汽车文化独具魅力。德国汽车文化是德国文化的重要组成部分。德国人一丝不苟、追求每一个螺钉都完美的认真性格,以及德国人对品质、对性能永无止境的执着追求造就了德国汽车,使其成为高品质、高技术的代名词。

德国的汽车文化涉及当代德国社会的方方面面,包括人们的出行、交通、能源、运输、环保、旅游、社会生活、政府管理、法律法规,以及人们的道德观念、思想理念、价值观、人生观和民族精神等,其中有许多方面值得我们借鉴。难怪有人把当代的西方消费文化称为"汽车文化"。

德国是第一个进入我国汽车领域并进行合作的西方国家,中国人对德国的汽车文化,从某种意义上讲已不陌生。德国汽车文化所折射出来的光辉,正是德意志民族文化和德意志民族精神中的闪光点,也是中德两国跨文化研究的一个重要内容。

对中国人而言,当代德国最知名、最有特色和最值得称道的,除了让人回味无穷的啤酒、香肠和音乐以外,当属德国汽车了。追求品牌和性能的德国汽车如同德国人一样,100 多年来一直保持着那种严谨、传统的风格。德国汽车追求的是那种内在的而非表面的、相对永恒的东西。难怪世人会有"美国的房子、日本的妻子、德国的车子"这样经典的说法。

德国人有个比喻,说汽车工业是德国"最爱的孩子"。此话不假,看看汽车工业城市对德国经济的影响吧:大众所在的沃尔夫斯堡,属鲁尔工业区,是德国最发达的地区之一;奔驰本部斯图加特,以及其辐射的巴登地区,是德国最发达地区之一;慕尼黑的宝马和"阴沟城"的奥迪支撑了拜仁这个德国的"国中之国";而法兰克福的欧宝,也是德国最发达的地区之一。

当然,德国的汽车工业不仅仅对城市发展和经济做出了不能忽视的贡献,它对于德国人生活的方方面面也起着潜移默化的作用。比如德国的高速公路是全程无限速的。德国的高速路没有限速,就好比美国没有禁枪。这个国家的人,对于汽车的爱,已经是深入骨髓了。

第四节　意大利

一、国情概述

(一)国名、国旗、国徽、国歌

1.国名

意大利共和国(The Republic of Italy),简称意大利。

2.国旗

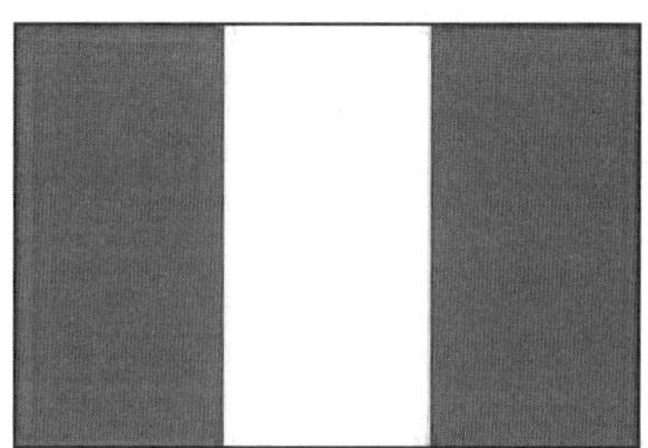

意大利国旗

意大利国旗呈长方形,长与宽之比为 3∶2。旗面由三个平行相等的竖长方形相连构成,从左至右依次为绿、白、红三色。意大利原来国旗的颜色与法国国旗相同,1796 年才把蓝色改为绿色。据记载,1796 年拿破仑的意大利军团在征战中曾使用由拿破仑本人设计的绿、白、红三色旗。1946 年意大利共和国建立,正式规定绿、白、红三色旗为共和国国旗。

3.国徽

意大利国徽

意大利国徽呈圆形。中心图案是一个带红边的五角星,象征意大利共和国。五角星背后是一个大齿轮,象征劳动者。齿轮周围由橄榄枝叶和橡树叶环绕,象征和平与强盛。底部的红色绶带上用意大利文写着"意大利共和国"。

4.国歌

意大利国歌名为《马梅利之歌》(Inno di Mameli)。歌词由意大利爱国诗人戈弗雷多·马梅利(Goffredo Mameli)创作于1847年9月;由米凯莱·诺瓦洛(1822—1885)于同年谱曲。1847年12月,热那亚群众举行了一次爱国示威游行,第一次高歌出这激昂人心的旋律。此后,这首歌很快流传起来。1946年6月2日意大利共和国成立后,《马梅利之歌》被定为国歌。

(二)人口、民族、语言、宗教

1.人口

意大利人口有6 043万人(2018年)。欧盟统计局发布的社会人口调查分析报告显示,近年来,意大利社会人口负增长现象突出,根据目前的人口下降趋势,预计到2065年,意大利总人口将降至5150万人左右。意大利人口的减少,主要是死亡率高于出生率以及移民人口数量逐年变化所致。

意大利国家统计局公布的数据表明,截至到2018年,意大利合法移民数量为525万人,移民人口数量已经达到社会人口总量的8.5%,人数最多分别为罗马尼亚人(120.7万人)、阿尔巴尼亚人(44.1万人)、摩洛哥人(42.3万人)、中国人(30万人)和乌克兰人(23.9万人),这些人几乎占意大利外国人总数的50%。

2.民族

意大利的主要民族是意大利人,人数约占全国人口的97.8%。

意大利民族是非常古老的民族。历史上,拉丁人在公元前6世纪建立罗马城,从此拉丁人被称为罗马人。罗马人后来建成罗马帝国。西罗马帝国灭亡后,罗马人与后来入侵的日耳曼人、阿拉伯人、希腊人、西西里人等混合,逐渐形成意大利民族,也就是今天的意大利人。

意大利的其他少数民族,有撒丁人100多万,居住在撒丁岛上,讲撒丁语,是少数民族中人数最多的;弗留利人约50万,居住在意大利东北部的乌迪内省;拉丁人约15万人,居住在塔兰托省。还有奥地利人30万、阿尔巴尼亚人12万,以及少数日耳曼人、法兰西人、斯洛文尼亚人、斯拉夫人和希腊人。

华人旅居意大利,始于20世纪30年代。最早移民意大利的,是一些浙江的手工艺者和农民。从20世纪70年代起,意大利收容了相当数量的印支华侨难民。80年代以后,华人人数不断增加。目前旅居意大利的华侨华人约12万人,在西欧国家居第四位。餐饮业是意大利华侨华人的主要行业,全国有中餐馆800余家。另外,意大利还有不少华人经营皮件,有的华侨华人开办针灸诊所、武术馆等。

3.语言

意大利语为意大利全国通用语言和官方语言。意大利语属于印欧语系东罗曼语支。随着罗马帝国的衰亡和各民族口语的兴起,意大利语在"通俗"拉丁文的基础上发展起来。意大利标准语是以佛罗伦萨方言为基础的。因此,佛罗伦萨地区是外国人学习意大利语的好去处。意大利语听起来优美、动听,它还有语言生动、词汇丰富等特点,其成语、典故、谚语和格言很多,受到世人的欢迎。

意大利语是世界上使用人口较多的语言。意大利语也是圣马力诺、梵蒂冈的官方语言。

由于历史原因，不少阿尔巴尼亚人、索马里人、埃塞俄比亚人、利比亚人、马耳他人也能讲意大利语。还有生活在欧洲、美洲、澳洲的意大利侨民及其后裔，总计约 5 000 万人，也讲意大利语。

大多数受过教育的意大利人懂一些英语，在威尼斯、米兰、罗马等大城市，不少场合英语也能行得通。英语在旅游区很通行，观光酒店与大百货公司的服务员大多能讲英语或法语。商务活动可以使用英语，一切商贸文件使用意大利文。菜谱少用英语，只用意大利语和法语。

4.宗教

意大利宪法规定，一切宗教在法律面前完全平等，只要不违反法律，都有权按自己的意愿建立其组织并开展活动。

90%以上的意大利人信仰天主教，其余信仰新教、东正教、犹太教、伊斯兰教、耶和华见证会及佛教。各种宗教组织达 440 多个，成员 60 多万，加上同情和支持者超过 100 万。

天主教在意大利的势力和影响巨大，全国有 281 个教区，大主教和主教 440 多名，神甫 6 万多名，修女 14 万多名，各种修士人数众多。

(三)地理环境、气候

意大利国土面积 301 338 平方千米，位于欧洲南部，包括亚平宁半岛以及西西里岛、撒丁岛等岛屿。北以阿尔卑斯山为屏障与法国、瑞士、奥地利和斯洛文尼亚接壤，80%国界线为海界。东、西、南三面临地中海的属海亚德里亚海、爱奥尼亚海和第勒尼安海，并且与突尼斯、马耳他和阿尔及利亚隔海相望，海岸线长约 7 200 多千米，全境 4/5 为山丘地带。意大利北部有阿尔卑斯山脉，中部有亚平宁山脉，意、法边境的勃朗峰海拔 4 810 米，居欧洲第二。意大利多火山和地震，亚平宁半岛西侧有著名的维苏威火山，西西里岛上的埃特纳火山是欧洲最大的活火山。意大利最长河流是波河，发源于阿尔卑斯山南坡，水能蕴藏丰富；较大湖泊有加尔达湖、特拉西梅诺湖马焦雷湖、科摩湖等。意大利大部分地区属亚热带地中海气候，1 月年平均气温为 2～10℃，7 月为 23～26℃，年平均降水量 500～1 000 毫米。

(四)首都、行政区划

意大利首都罗马(Roma)是有着辉煌历史的欧洲文明古城，是天主教中心、罗马教廷所在地。罗马位于亚平宁半岛中部的台伯河畔，总面积为 1 507.6 平方千米，其中市区面积 208 平方千米。罗马市现由 55 个居民区组成，人口约 300 万(2018 年)，其都会区人口约 540 万，罗马市是意大利最大的城市。

意大利的行政区划单位是行政区、省和市(镇)。意大利全国划分为 20 个行政区、103 个省、8 088 个市镇。全国的行政区中，有 5 个是特别区，15 个是普通区。行政区是具有自主权和职能的行政自治单位。行政区在国家法律所规定的基本原则的范围内，对其所属的行政机关、地方警察、医疗卫生、职业和学校教育、旅游业、市政建设、农牧渔业以及手工业等方面，享受立法权和一定范围内的财政自治权。行政区的权力机关是区议会和区政府。行政区政府主席是全区首脑，主持行政区的政府工作，对外代表全区。

特别区在立法方面拥有更大的自治权，甚至在一些特定问题上，可以制定仅服从于宪法而不受国家一般法律约束的地方法律。

行政区的下一级行政单位是省。除个别区外，每个行政区至少有 2 个省。省的职权有限，主要负责本省医疗卫生、公共建设、公共教育、救济和慈善、环境保护等工作。省设省议会和省政府。

(五)简史

意大利是文明古国,公元前27年至476年为罗马帝国时期。11世纪诺曼人入侵南部并建立王国。12—13世纪分裂成许多王国、公国、自治城市和小封建领地。16世纪起先后被法国、西班牙、奥地利占领。1861年3月建立意大利王国。此后,意大利同其他欧洲列强进行殖民扩张竞争。一战时作为盟国一员参战。1922年10月31日墨索里尼上台,实行长达20余年的法西斯统治。1946年6月2日成立意大利共和国。

(六)政治

意大利共和国是议会制共和国。意大利现行宪法于1947年12月22日由立宪大会通过。宪法规定意大利是一个建立在劳动基础上的民主共和国。议会是最高立法和监督机构,采用两院制议会形式,由共和国参议院和众议院组成。两院权力相等,可各自通过决议,但两院决议相互关联。

议会的主要职能是:制定和修改宪法和法律,选举总统,审议和通过对政府的信任或不信任案,监督政府工作,讨论和批准国家预算、决算,对总统、总理、部长有弹劾权,决定战争状态和授予政府必要的政治决定权力等。

司法机构:最高司法委员会是最高司法权力机构,拥有独立司法体制和任命法官的权力,有法官的任命、分配、调遣、提升和规定措施等项权力。由33人组成,总统任主席,最高法院院长和总检察长为当然成员。其他成员由议会选举的10位委员(律师和司法教授)和全体法官选出的20位法官组成,任期4年,不得连任和兼职。宪法法院主要是检查和监督法律条文是否符合宪法,由15名法官组成,任期9年,不得兼职,享有豁免权。此外,还设有地方调解法官、初审法院(轻罪)、法庭、初审法院(负责民事和刑事案件)、上诉法院、审计院(主管公共账目和养老金)等。

(七)经济

意大利是世界主要工业化国家之一。近年意大利经济发展较快,居西方七大工业发达国家的第五位。

意大利经济中,工业占36.5%,农林渔业占5.3%,服务业占58.1%。意大利经济主要的基础是私营企业,但电力、运输、电话、电台、电视网络都是国营的。区域经济在意大利的经济地区发展很不平衡,80%的工业分布在北方,北部集中了国民收入的80%;南部的人均收入只有北部的60%。北部拥有罗马、米兰、都灵三个现代化大城市,南部只有纳波利一个大城市。

意大利分为四个经济区。第一,北部经济区,是意大利最发达的工业三角区,这一地区有意大利"经济首都"米兰、著名的汽车城都灵和全国最大的商港热那亚,世界著名的旅游城市威尼斯也坐落在这个地区。第二,中部经济区,是以农业、轻工业为主的经济发达地区,这一地区有经济、文化中心罗马、文艺复兴发源地佛罗伦萨及港口城市比萨。第三,南部经济区,经济比较落后,近十多年有不小发展,主要城市有南部最大城市纳波利、港口城市巴里等。第四,岛屿经济区,包括西西里岛和撒丁岛,这一地区的经济以农业为主,工业落后,主要城市有巴勒莫、卡塔尼亚和卡利亚里等。

意大利与德国、法国、西班牙的货币单位都是欧元(EUR),由欧洲央行发行,100 欧元相当于人民币 779.19 元(以 2019 年 11 月 21 日欧元对人民币汇率换算)。

二、民俗风情

(一)服饰

当谈及意大利的悠久文化时,人们不难联想到意大利人引以为傲的服装设计制造产业。意大利服装制造业在世界上是享誉全球的,不仅款式新颖、花色繁多,而且品种齐全,高、中、低档一应俱全。如今,无论是在欧洲大陆,还是在亚非拉地区,你都可以发现出自于亚平宁半岛服装设计师之手的高档西装和晚礼服。每当初冬的意大利夜幕降临,放眼意大利的街头小巷,随处可见穿着裘皮大衣的女性来去匆匆。在微微的寒风中,一头金黄色的秀发披散在肩上随风飘动,脚下那双轻便的皮鞋有节奏地发出一阵阵清脆的响声,不失为意大利大街小巷中一道亮丽的风景。

意大利服装大致可分为民族服装、普通服装、正式服装和流行服装四类。民族服装代表着各民族的传统习惯,只是现代人一般很少穿这种服装。早在古罗马时期,伊特鲁里亚人就学会了缝制一种长袍服装,古罗马人、拉丁人和萨宾人都有自己的民族服装。后来,随着古罗马帝国的灭亡,外来文化对意大利各地生活习惯、服装、服饰和语言也带来了一些深刻的影响,意大利人的服饰也融入了一些外来民族的特色。第二次世界大战后,意大利共和国成立了意大利老年男子民族服饰。

(二)饮食

意大利人习惯本国传统餐饮,即意式西餐,以意大利各大区的地方传统风味菜、大餐为主。就西餐烹饪来讲,意大利应是始祖,可以与法国和其他西欧国家的大餐媲美。因此,意大利人请客人吃意式大餐时也津津乐道,并以此为傲。也有一部分意大利人喜欢中餐,尤其喜欢富有地方特色的北京烤鸭和清淡又略带酸甜的粤菜。他们一般重视晚餐,重要的请客活动往往都安排在晚上,携配偶同往。午餐一般称为工作餐,比较简单,一个小时结束用餐,不带配偶。晚餐时间就比较长,用餐时往往边喝酒,边聊天,一顿饭要吃两个多小时甚至更长时间,他们比较推崇慢餐运动,认为这是真正的饮食文化。

意大利人喜爱面食,往往将其放在第一道。意大利面食的做法吃法甚多,制作面条有独到之处,各种形状、颜色、味道的面条至少有上百种,如字母形、贝壳形、实心面条、通心面条、菜汁面条等,还有意式馄饨、意式饺子等。吃意式西餐主要用刀叉,因此,意大利在餐桌上的习惯是吃要尽可能闭嘴,吃喝尽量不发出声音,吃面条要用叉子卷好送入口中,不可吸入发出声音。餐间谈话也宜等嘴中无食物再交谈。否则被认为没教养。每一道菜吃完后,只要把刀叉并排放在盘内,就表示已吃完,有剩的话服务员也会撤了。餐桌上不要起身跨越几个人去夹取较远的餐点或拿调味品,需要,应请邻座代劳,将远处的餐点盘或调味品拿到面前,再取食物放入个人碗盘中。

意大利从南到北都适宜种植葡萄,所有大区都盛产葡萄酒,因此,意大利的葡萄酒品种和品牌都很多。意大利人喜欢喝葡萄酒,葡萄酒是家庭餐桌上顿顿必备的饮料,客人来了更是以酒相待。但是,意大利人喝酒的方式比较讲究,一般在饭前喝开胃酒,又称餐前酒,使人喝了能刺激胃口，增加食欲。席间视海鲜或肉类等不同的菜或饮白葡萄酒，或饮红葡萄酒，餐后还要喝少量甜酒或烈性酒以助消化。席间一般不用烈性酒，更没有习惯劝酒，因此，基本没有酗酒现象。此外，意大利人还比较喜欢在开胃的软饮料里掺点烈性酒，在冰激凌上浇点白兰地，就连最后一道咖啡也要掺上些酒，认为这样喝起来吃起来才更有味道，与众不同。

(三)节庆

羊排节：在圣皮埃特罗城堡，一个靠近波洛尼亚的村庄里举行。每一个前去参加的人都将免费得到两块美味的、刚刚在户外火堆上烤熟的羊排。

好客节：每年在意大利中部费利附近的皮蒂诺诺举行。该节是为了纪念中世纪的传统。

佛罗伦萨盛装足球赛：自从佛罗伦萨沦为罗马的殖民地以后一直盛行这一比赛，据说它还是橄榄球的前身。

佛罗伦萨5月音乐节：它是意大利的音乐节之王，相当于在奥地利萨尔茨堡举行的欧洲音乐节。

国际古乐节：在马尔凯区的乌尔比诺举行。

地中海民间乐器节：在西西里的埃利西举行。

桑格罗烹饪节：在阿布鲁佐区的圣玛丽镇举行。

祖父葡萄节：在皮埃蒙特区的卡斯塔诺拉·蒙费拉托举行。

地菰节：在皮蒙特区的阿尔巴举行。这种圆形、凹凸不平的块状物一装在银餐具里便价涨10倍。

福尔特圣乌尔斯节：在瓦莱·达奥斯塔区的奥斯塔举行。

鲜花节：在拉齐奥区的齐赛诺举行。

葡萄节：在拉齐奥区的马利诺举行。

拯救节：在威尼斯举行。16世纪后期。一场致命的瘟疫袭击了威尼斯城。感恩救世主的节日就是几个世纪以来威尼斯每年纪念那场瘟疫结束之时。这个节日在7月的第三个星期六到星期日之间的夜晚举行。

马市：在威尼斯的维罗纳举行。

象棋比赛：这一棋赛是在威民托区马罗斯蒂卡广场粉红与白色相间的块状大理石上进行的。

圣拉尼里桥梁赛：在托斯卡纳区的比萨城举行。

狂欢节：在托斯卡纳区的维利齐奥举行。

(四)传统文化与艺术

提起文明古国意大利，人们立刻会联想到历史上显赫一时的古罗马帝国、于公元79年毁于维苏威火山大爆发的庞贝古城、闻名于世的比萨斜塔、文艺复兴的发祥地佛罗伦萨、风光旖旎的水城威尼斯、被誉为世界第八大奇迹的古罗马竞技场。其中，庞贝古城遗址是由联合国教科文组织批准的世界遗产之一。公元79年，庞贝古城被附近的维苏威火山喷发后淹没，后来经过意大利考古学家挖掘，人们从庞贝古城遗址可以看出古罗马时代的社会生活。

公元14—15世纪，意大利文艺空前繁荣，成为欧洲“文艺复兴”运动的发源地，但丁、达·芬奇、米开朗琪罗、拉斐尔、伽利略等文化与科学巨匠对人类文化的进步做出了无可比拟的巨大贡献。如今，在意大利各地都可见到精心保存下来的古罗马时代的宏伟建筑和文艺复兴时代的绘画、雕刻、古迹和文物。

意大利举办过三届世界博览会，一届为意大利1906年米兰世界博览会，一届为意大利1992年热那亚世界博览会，另一届为意大利2015年米兰世界博览会。

小知识

米兰时装周

米兰时装周是国际四大著名时装周之一（即米兰、巴黎、纽约、伦敦）。在四大时装周中，米兰时装周崛起的最晚，但如今却已独占鳌头，聚集了时尚界顶尖人物，上千家专业买手，来自世界各地的专业媒体和风格潮流，这些精华元素所带来的世界性传播远非其他商业模型可以比拟的。作为世界四大时装周之一，意大利米兰时装周一直被认为是世界时装设计和消费的"晴雨表"。

在这里，世界各大品牌的时装秀目不暇接。

每年举办两次，分春夏时装周（9、10月上旬）和秋冬时装周（2、3月），每次在大约一个月内相继举办300余场高水平的时装发布会。发布的品牌包括：Gucci、Prada、Versace、Giorgio Armani、Fendi等。

一年一度的意大利米兰时装周，更是世界顶级品牌和大牌设计师的超级聚会平台，每年来参加米兰时装周的品牌都是代表国家，并在本国是非常有影响力的品牌，参加的设计师也要求是在本国达到顶级综合标准的设计师。每年想要到米兰时装周做发布的品牌很多，但是来此做发布一定要经过时装周评审团的资格审评才行，评审团是由Armani、Valentino这样的设计大师组成的。

（五）社交礼仪

90%以上的意大利人信奉天主教。如果有人打喷嚏，旁边的人马上会说："萨路德！"（祝你健康）另外，当着别人打喷嚏或咳嗽，被认为是不礼貌和讨嫌的事，所以本人要马上对旁边的人表示"对不起"。据说是因为欧洲曾有过因重感流行而置死人命的先例，感冒在意大利人眼中也如洪水猛兽般恐怖，因此旁边的人马上会说："萨路德！"（祝你健康）

意大利人热情好客，待人接物彬彬有礼。在正式场合，穿着十分讲究。见面礼是握手或招手示意；对长者、有地位和不太熟悉的人，要称呼他的姓，加上"先生""太太""小姐"和荣誉职称。在就餐、乘车、乘电梯等情况下，都会让女士先行。

（六）禁忌

意大利人忌讳"13"和"星期五"，认为"13"这一数字象征着"厄兆"，"星期五"也是不吉利的象征。和意大利人谈话要注意分寸，一般谈论工作、新闻、足球，不要谈论政治和美式橄榄球。意大利人忌讳菊花，因为菊花是放在墓前悼念故人用的花，是扫墓时用的花。因此，人们把它视为"丧花"。如送鲜花，切忌不能送菊花；送礼品，也不能送带有菊花图案的礼品。意大利人还忌讳用手帕作为礼品送人，认为手帕是擦泪水用的，是一种令人悲伤的东西。所以，用手帕送礼是不礼貌的。意大利还忌讳别人用目光盯视他们，认为目光盯视人是对人的不尊敬，可能还有不良企图。在与不认识的人打交道时，忌讳用食指侧面碰击额头，因为这是骂人"笨蛋""傻瓜"。一般也忌讳用食指指着对方，讲对方听不懂的语言，这样做造成的后果将不可收拾。

三、旅游业发展

(一)旅游业发展概况

意大利旅游业历史悠久,它作为一个成熟的产业已有100多年的历史。意大利是欧洲文化的摇篮、文艺复兴的发源地,也是名副其实的世界文化遗产大国,有49项世界文化遗产被列入联合国教科文组织名录,位列全球首位。与此同时,意大利也是世界旅游大国,每年入境旅游人次高达1.17亿,位列世界第五,国际旅游收入位列世界第六。20世纪80年代以来,意大利从世界第二旅游大国下降到世界第五位。据意大利《欧洲侨报》报道,作为全球第五大、欧洲第三大旅游国,意大利旅游业占国民生产总值近10%,是仅次于服装业的第二大产业。

意大利是传统旅游大国,早在1950年代,就曾接待世界1/4的游客,居世界首位。在世界旅游业竞争激烈的今天,意大利旅游业仍居世界前列。特别是1973年石油危机爆发后,发展更为迅猛。意大利所需石油98%依赖进口,由于石油价格猛涨,对其经济影响很大,迫使意大利更加重视发展旅游业。目前,意大利旅游部门就业人数达123万,与旅游业有间接关系的其他部门就业人员还有近140万,旅游部门成为意大利最有活力的部门。旅游业的兴旺对促进意大利经济发展、平衡国际收支、扩大就业,起了重大作用。意大利旅游业几十年来能保持经久不衰,这与意大利发展旅游业的优势条件分不开。

(二)主要的旅游资源

1.威尼斯

(1)圣马可广场

圣马可广场在欧洲城市的广场中是独一无二的,坐落在市中心,却不像其他广场那样喧闹,这归功于威尼斯宁静的水路交通。作为威尼斯的地标,它受到游客、摄影师和鸽子的青睐,拿破仑曾称赞其为“欧洲最美的客厅”。

圣马可广场在历史上一直是威尼斯的政治、宗教和节庆中心,是威尼斯所有重要政府机构的所在地,自从19世纪以来是大主教的驻地,同时也是许多威尼斯节庆的举办地。200多年过去了,这个位于大运河边上的梯形广场,魅力依然不减。从元旦到狂欢节,再到圣诞节,威尼斯人在圣马可广场举办大大小小的节日盛会,即使在平常的日子,来自四面八方的人们也奔向这个广场。广场长约170米,东边宽约80米,西侧宽约55米。广场边上一圈精美的文艺复兴风格建筑,圣马可大教堂、造币厂、总督宫位于广场的东侧;南侧是钟楼及新、旧议会大楼,登上钟楼可以俯瞰整个广场全景;西面是科雷尔博物馆;背面则是一排精品店,出售金饰、玻璃、服饰、家居装饰等等,店面不大,但是橱窗设计都是一流。

(2)威尼斯大运河

威尼斯大运河是威尼斯市的主要水道,沿天然水道自圣马可教堂至圣基亚拉教堂呈反S型,并且与许多小运河相连。市内交通运输大部分通过这些水道。

15世纪的法国作家兼驻威尼斯大使康米尼这样描述威尼斯大运河:世界上最精美的街道,两边有最精美的房屋。5个世纪过去了,大运河仍可以和世界上最美的林阴大道相媲美。这就坐上一趟从罗马广场始发的水上巴士,在两岸古老建筑之间穿行,静赏威尼斯的灵魂之河，尽可能贴近地感受在水上过日子的威尼斯人的日常生活吧。

大运河呈倒 S 型，从西北面的罗马广场蜿蜒抵达位于市中心的圣马可广场，长约 4 公里，深约 6 米，宽 40 到 100 米，是威尼斯最主要的交通要道。沿岸两旁 100 多座古老建筑曾是 12 到 18 世纪威尼斯贵族和富商的府邸。

每年 9 月份的第一个星期天是威尼斯的传统赛舟会，也就是在大运河上举行的刚朵拉和其他传统船只的比赛，赛前还会有装饰成 15 世纪风格的船只的壮观大游行。

2.米兰

(1)米兰大教堂

米兰大教堂坐落于米兰市中心的大教堂广场，是米兰的标志性建筑，它始建于 1387 年，历经 500 年时间才完成。教堂上共有 135 大小尖塔，每个塔上都有一座雕像，雕刻和尖塔是哥特式建筑的特点之一，米兰大教堂把这个特点淋漓尽致地表现了出来，因此它也是世界上雕像最多的哥特式教堂，共有大理石雕像约 6 000 多座。走进教堂，会感觉到教堂外表华丽，内部简朴。大厅长而窄，并且非常高，大厅的地面是彩色的地砖，历时数百年鲜艳依旧。大厅的两侧有着高耸的石柱和绚丽的花窗，这里的花窗是全世界最大的，主要以耶稣故事为主题。花窗经历了 500 年，至今仍光彩夺目。参观完教堂，绝美的楼顶绝对不容错过。步行到达顶楼的平台层(乘电梯也到此处)，从平台层需要走一段室外廊道，然后才能继续登顶。在平台层可以看到教堂顶部的精美塔尖和塔尖上的雕像，雕像形态各异，有人物，也有动物，栩栩如生。在平台层还能远眺教堂最高塔尖上的圣母玛利亚镀金雕像，非常漂亮。踩着教堂的屋脊继续向上来到楼顶，这里的景象比你在下面仰望还要震撼，这里看到的景观足以作为米兰大教堂的象征。在楼顶，让你眩晕的不仅是米兰城的美景，还有那 135 个美丽的石笋状塔尖，仿佛在你周围筑起了一个童话世界。而塔尖上的雕像都是真人大小，让你不禁感叹米兰大教堂就是人类建筑史上的瑰宝。

(2)斯卡拉大剧院

斯卡拉大剧院是世界最著名的歌剧院之一。它位于埃马努埃莱二世长廊的正后方，连接的部分是斯卡拉广场，广场中间矗立着达·芬奇的雕像。这座略带传奇性色彩的歌剧院，被看成是美的化身、建筑的典范。

斯卡拉歌剧院是原址重建的第二座剧院，首座剧院公爵剧院在一场大火中被焚毁。两年后，斯卡拉歌剧院在斯卡拉圣母堂的旧址上建成并启用。第二次世界大战期间，剧院又遭到轰炸，整个演出大厅片瓦无存。战后，意大利政府拨出巨资，以当时最高的标准重建，将其建成了世界最美的剧院之一。

斯卡拉歌剧院的外表朴实无华，你绝对无法想象内部是如何富丽堂皇。歌剧院的装饰极其奢华，它以内部装饰有树枝形灯饰的六层镀金拱门和用红丝绸分割的私人包厢而闻名。能在这里看一场演出会令人终生难忘。歌剧院被称为“歌剧的天堂”，一年除了 8 月以外，其他时间总是上演着著名的歌剧、音乐会及话剧，大家比较熟悉的如《图兰朵》《蝴蝶夫人》等曾在此首演。

3.佛罗伦萨

(1)圣母百花大教堂

圣母百花大教堂是天主教佛罗伦萨总教区的主教堂，也是世界第三大教堂。它是佛罗伦萨的标志，也是佛罗伦萨市内最高的建筑。教堂建筑群由主教堂、钟楼和洗礼堂构成，不仅规模宏大，更是整个文艺复兴初期的代表性建筑。

教堂外立面搭配使用鲜艳的红色、墨绿色和白色大理石拼成几何图形,非常壮观,将文艺复兴时代所推崇的古典、优雅、自由诠释得淋漓尽致,从任何一个角度观察都显得非常肃穆和精美,难怪会被命名为"花之圣母"。1982 年大教堂作为佛罗伦萨历史中心的一部分被列入世界文化遗产。

值得一提的是大穹顶的内部为 16 世纪佛罗伦萨画家乔尔乔·瓦萨里所绘的巨幅天顶画《末日审判》,可以好好欣赏一番。此外,教堂大厅墙壁上有壁画《乔凡尼·阿古托纪念碑》和为纪念但丁 200 年诞辰所绘的《但丁与神曲》,浮雕更是比比皆是。

教堂的钟楼是哥特式建筑,高 85 米,由六层方形结构向上堆叠成柱形,外墙铺着白色大理石,纯净优雅,让巍峨的教堂更有气势。

(2)米开朗琪罗广场

米开朗琪罗广场位于阿诺河南岸,佛罗伦萨市区南端的高地上,是俯瞰和拍摄佛罗伦萨全城美景的绝佳位置,很多游客将其作为游览佛罗伦萨的起点站。广场上还有米开朗琪罗《大卫》的复制品。

米开朗琪罗广场建于 1869 年,由建筑设计师朱塞佩·波吉设计,用来纪念文艺复兴时期的伟大艺术家米开朗琪罗。现在的米开朗琪罗广场是一个大型停车场,大多数游人来此都是为了一睹佛罗伦萨的风景。在这里可以看到全城的风貌:圣母百花大教堂、乔托钟楼、巴杰罗美术馆、老桥等尽收眼底。这里也是观赏日出和日落的绝佳位置,在朝阳或夕阳笼罩下,佛罗伦萨城焕发出不同的光彩。

4.拉齐奥

罗马斗兽场

斗兽场是世界八大名胜之一,也是罗马帝国的象征。这座巨大的露天剧场叫作弗拉维奥剧场,因为它是由弗拉维奥家族的几位皇帝建造的。通常,人们称之为科洛塞竞技场。斗兽场是建造在一片凹地上的宏伟建筑,外观像一座庞大的碉堡,占地 20 000 平方米,围墙周长 527 米,直径 188 米,墙高 57 米,相当于一座 19 层现代楼房的高度,场内可容纳 10.7 万名观众。像所有罗马的建筑一样,其基本结构是拱券结构,一系列的拱、券和恰当安排的椭圆形建筑构件使整座建筑极为坚固。这是当年用于斗兽、英竞技、赛马、戏剧和歌舞表演的场地。这座雄伟的建筑堪称建筑的楷模。

大斗兽场位于古罗马广场较低的一头,是罗马最具地标性的建筑。这里曾是角斗士们性命相搏、死囚们与饿狮苦斗的地方,也是永恒之罗马的伟大象征所在。

5.梵蒂冈

(1)圣彼得大教堂

圣彼得大教堂是世界上最宏大、壮丽的天主教堂,建于 16 世纪,可容纳六万人以上。这座教堂由文艺复兴时期众多知名的建筑师、艺术家参与设计,包括米开朗琪罗、拉斐尔等。教堂中央是直径 42 米、高约 138 米的穹顶,前方是圣彼得广场。教堂正面及广场一圈伫立着多根石柱,每根顶上都有一尊雕像。教堂入口处有五扇大门,从右至左分别为圣门、圣事门、中门、善恶门、死门,每扇大门上都刻有圣经人物或故事的浮雕画。圣门每隔 25 年的圣诞之夜才会打开,上一次还是 2000 年。而游客一般从中门进入,幸运的话在周日可以见到为大众祈福的教皇。正殿被 6 根石柱分成了 3 条通道,非常宽阔,巨柱之间的圆拱布满了各种雕塑和装饰物,极其华丽。教堂内部简直是一座艺术宝库,保存着米开朗琪罗、拉斐尔等诸多艺术家的壁画与雕刻。其中最不可错过的是三大珍品:米开朗琪罗的雕塑作品《哀悼基督》、贝尔尼尼雕制的青铜华盖及其设计的圣彼得宝座。除这三大珍品外，大教堂里还有很多值得观赏的文物。很多游客会来摸圣彼得铜像的右脚，据说可以得到神的保佑、带来好运。

教堂共有 13 个圆顶，包括 1 个大圆顶和 2 个中型圆顶，中央最大的由米开朗琪罗设计。登顶的入口在教堂大殿外的北侧（有写着“Cupola”的指示牌），和进入教堂内部不是同一入口。购票后可以通过狭长的环形楼梯抵达大教堂的顶端，需要爬 551 级台阶，也可以买电梯票，上到一半左右再爬 320 级台阶。

巨大的穹顶内壁被图案分为 16 瓣，每瓣又各有 6 层细石镶嵌画，极其精致。而穹顶下面的一圈走道墙上也都是细致的马赛克拼贴。站在这里的环形平台上能俯视壮观的教堂内部，下面的游客显得十分渺小。

从穹顶的小门出来继续爬上狭窄的楼梯，能到达大教堂正殿圆顶外的瞭望台，是俯瞰梵蒂冈、眺望罗马全景最好的地方。在这里还可以看到大教堂顶上的 13 尊雕像，中间是手持十字架的耶稣基督。

(2)圣彼得广场

圣彼得广场位于梵蒂冈圣彼得大教堂前，建于 17 世纪，是基督教的聚集场所。站在这样一个恢宏的广场上，即使你不是教徒，你也会为它的气势所震撼。

圣彼得广场位于梵蒂冈的最东面，集中各个时代的建筑精华，是世界上最大的公共空间之一。搭乘教堂的电梯来到顶部，俯瞰全城，整个广场就如一枚钥匙，分别由四排多立克式圆柱形成的两个半圆形的柱廊组成一个巨大的椭圆，弧形地包围住整个广场而后延伸向大教堂。广场的中央是卡里古拉从古希腊赫利奥波利斯带回罗马的方尖碑，有说法称这座方尖碑的顶部铜球中是恺撒的骨灰。

广场两侧有两座喷泉，右边是玛德尔诺 17 世纪时修的，左侧的是贝尼尼设计、后来修的复制品。站在圆柱与喷泉之间的白色大理石上看长廊里的圆柱，最不可思议的是 4 根圆柱看上去好像只有 1 根，贝尼尼的伟大造诣从这里也可见一斑！

每年，世界各地到这里朝圣的信徒和游客络绎不绝。每逢 1 月 1 日、复活节、圣诞节，广场上往往都会聚集 20 万之众。每逢周日，也总有成千上万的人在此聆听教皇在阳台上播送晨祷词，接受教皇的祝福，不需要门票就能参加。

(3)梵蒂冈博物馆

梵蒂冈博物馆是世界上最早的博物馆之一，由 12 个陈列馆与 5 个艺术长廊组成，汇集了埃及、希腊、罗马古代文物和文艺复兴时期的艺术精华，是一座藏有无价瑰宝的博物馆。

虽然梵蒂冈博物馆的占地面积不大，但其堪称巨作的馆藏。如米开朗琪罗创作的穹顶画《创世纪》和《最后的审判》都收藏于此，十分值得一看。同时，对于爱好考古的朋友来说，馆内收藏的一些古希腊、古罗马文物同样值得研究。当然，除了里面的藏品，博物馆本身的建筑风格也值得称道。古老的犹如城墙一般的外墙、出口处的螺旋形坡道、松果庭院内的雕塑作品《破碎的地球》，都值得大家细细品味。

值得一提的是，看完众多展馆的精品之后，还有一处很值得游客品味的地方，那就是博物馆出口处的螺旋形坡道，由摩莫设计建造，世界上独此一个，上面装饰有教皇们的徽章。事实上这条螺旋坡道是由两条环形坡道构成的，因为视觉上的错觉，看起来好像只有一条坡道，十分有趣。从楼梯顶部朝下拍摄，这个角度的照片出现在各种媒体上。

拓展阅读

意大利人的乡土观念

身份对意大利人来说是很重要的。也许因为他们对自己的“意大利人”身份有些不肯定,而且对他们的民族身份真正带来了什么没有把握,所以他们特别执着于自己的根。“你是哪里人?”对意大利人来说是一个重要的问题,需要一种完美的回答。与英国人或者美国人不同,没有一个意大利人在被问及这个问题时会感到为难。他绝不会结结巴巴地这样回答道:“实际上我自己也不太清楚。让我想一想。我居住在伦敦,但我出生在哈福德郡,随后我的父母迁往了利兹,而我是在布里斯托尔上的大学,我的第一份工作则是在南安普敦……”意大利人非常清楚自己是哪里人,而且将会毕生把那个地方与自己联系在一起,就像一种标志。一个居住在都灵但却来自普利亚区圣乔尔乔的人,会始终自称并被别人称为普利亚人。他会表现和期望表现得与都灵人有所不同。他与圣乔尔乔之间的联系会在他的整个一生中始终保持着。即使他在30年前就离开了那个城镇,而且每年仅回来一次看望他的远房兄弟,他也仍然会帮助任何来自圣乔尔乔的人。同样,成功的实业巨头和政客们应当善于照顾他们的家乡,在那里投资并且为他们的同乡们找到工作。

说明你是哪里人,这一点与意大利人的重要概念乡土观念是紧密联系在一起的,campanilismo这个词的字面意思是“忠实于你家乡的钟楼”,但实际上还包含了认为你出身的乡村或城镇是世界上最好的地方的思想。意大利人始终热爱他们的家乡,并觉得很难将它从他们的心中抹去。

但是,这种市民的自尊也意味着巨大的竞争,而这点在相邻的乡村、城镇、省份和地区之间显得尤其强烈。这种竞争通常是如此强烈,以致除此之外意大利人也就没剩下多少时间干其他事情了。因为他们知道,其他人尤其是来自不同家庭、乡村、城镇或地区的意大利人,是可悲地缺乏自我约束和不能信任的。若是没有“那些其他意大利人”,意大利会有多么辉煌。

第五节　西班牙

一、国情概述

(一)国名、国旗、国徽、国歌

1.国名

西班牙王国(The Kingdom of Spain),简称西班牙,于1492年10月12日独立。

2.国旗

西班牙国旗为长方形,长与宽之比为3∶2。旗面由三个平行的横长方形组成,上下均

西班牙国旗

为红色，各占旗面的1/4；中间为黄色。黄色部分偏左侧绘有西班牙国徽。红、黄两色是西班牙人民喜爱的传统颜色，并分别代表组成西班牙的4个古老王国。有一种说法是红色代表碧血，黄色代表黄沙，碧血黄沙象征的是西班牙人民酷爱的斗牛运动，从中体现的是英勇顽强、不畏强暴的精神。

3.国徽

西班牙国徽

西班牙国徽的中心图案为盾徽。盾面上有六组图案：左上角是红底上黄色城堡，右上角为白底上头戴王冠的红狮，城堡和狮子是古老西班牙的标志，分别象征卡斯蒂利亚和莱昂；左下角为黄、红相间的竖条，象征东北部的阿拉贡；右下角为红底上金色链网，象征位于北部的纳瓦拉；底部是白底上绿叶红石榴，象征南部的格拉纳达；盾面中心的蓝色椭圆形中有三朵百合花，象征国家富强、人民幸福、民族团结。盾徽上端有一顶大王冠，这是国家权力的象征。盾徽两旁各有一根海格力斯柱，亦称大力神银柱，左、右柱顶端分别是王冠和帝国冠冕，缠绕着立柱的饰带上写着“超越极致”。

4.国歌

西班牙国歌是《皇家进行曲》。西班牙国歌最早源于18世纪卡洛斯三世时期的格拉纳达军队进行曲，皇家名称为《西班牙荣誉进行曲》，民间则称为《步兵进行曲》。王室曾多次组织音乐家谱写新歌，但无一能够超过这个曲子，于是这首有曲无词的国歌便延续下来，直至2007年年底，全国发起征集歌词的活动，才确定了西班牙国歌歌词。

(二)人口、民族、语言、宗教

1.人口

西班牙人口 4 672 万人(2018 年)。目前在国外居住的西班牙人总计约有 336 万人,其中美洲有 220.7 万人,欧洲为 107.3 万人。不断地迁移是西班牙人口统计的特点,这与其曾经的殖民地统治有关。新大陆发现之后,大量的西班牙人涌向中美洲和南美洲,甚至北美洲的一部分地区寻找黄金和冒险。至 1913 年,西班牙美洲移民共有 22 万人。"二战"后,西班牙移民方向发生了方向性的逆转。1960 年以前,最多有 85%的移民的目标是大西洋对岸的美洲,后来骤降到 10%;同时,大量移民把新的梦想转向了欧洲,他们最乐于去的地方是法国、德国和瑞士。"二战"后,西班牙迁往国外的人口共有 150 万。

2.民族

西班牙的主要民族是卡斯蒂利亚人,即西班牙人,讲西班牙语,约占总人口的 73%。在几千年的漫长岁月中,西班牙各民族同外来的罗马人、西哥特人,尤其是摩尔人融合和同化。许多西班牙人不像其他西欧、北欧人那样高大,反而同阿拉伯人很相似,身材中等、皮肤白皙、头发乌黑、长睫毛、大眼睛。

西班牙还有 17 个少数民族。其中,加泰罗尼亚人 690 万,约占总人口的 17%,主要居住在巴塞罗那及周围地区;加利西亚人约 300 万,占总人口的 7%,主要居住在西部大西洋沿岸,他们同葡萄牙人在文化上很接近;巴斯克人约 85 万,占总人口的 2%,生活在北边靠近法国的边境地区,是一个强悍的民族,具有北方人的粗犷与豪放,其体格与其他欧洲人无显著差别。加泰罗尼亚人、加利西亚人和巴斯克人同卡斯蒂利亚人没有什么大的区别,生活习惯、思维方式基本上大同小异,外人很难辨别,所不同的只是他们的语言和文化。

目前,在西班牙有外国移民约 100 万人。其中拉美人和欧洲人占 90%以上,如葡萄牙人、美国人和古巴人。西班牙的华人、华侨约 1 万人,其中 70%来自浙江的青田、温州,其次是上海、广东、福建。华人主要分布在马德里、巴塞罗那、巴伦西亚、塞尔维亚和加那利群岛。绝大多数华人从事餐饮业,全国华人餐馆约有 2 300 多家。

3.语言

西班牙语为主要通用语言,即卡斯蒂利亚语,为西班牙的官方语言,属于印欧语系。除高档酒店外,英语并不通用。商务中多使用英语和法语。西班牙语是世界上一个大语种,为国际通用语言和联合国 6 种工作语言之一。

除西班牙本土外,拉丁美洲除巴西之外的大部分国家,如委内瑞拉、哥伦比亚、玻利维亚、秘鲁、阿根廷、智利、墨西哥、巴拉圭、乌拉圭、厄瓜多尔、危地马拉、洪都拉斯、哥斯达黎加、巴拿马、尼加拉瓜、萨尔瓦多、古巴、多米尼加,以及赤道几内亚等国,都讲西班牙语。美国和菲律宾也有不少居民讲西班牙语。目前,全世界讲西班牙语的人约有 3.45 亿人。

在西班牙,除了讲西班牙语外,有些地区还有第二语言。如在加泰罗尼亚地区使用加泰罗尼亚语,在巴伦西亚地区使用巴伦西亚语,在巴利阿里群岛使用马略卡语。

4.宗教

94%以上的西班牙人信奉罗马天主教,天主教信徒达 3 780 万人。其他人信仰基督教新教、东正教、犹太教、伊斯兰教、巴哈伊教等。

西班牙的基督新教教徒约有 3 万人。早在公元 1 世纪,西班牙已成为西方基督教世界的中心之一。西班牙约有 2 000 名希腊东正教会成员。西班牙的穆斯林大多是二战后从中东、北非来的移民，约 20 万人，马德里是欧洲最重要的伊斯兰教中心之一。巴哈伊教约有 5 000名成员。西班牙现有约 1 万名公开的犹太教教徒，分别属于 7 个犹太会社。

(三)地理环境、气候

西班牙西邻葡萄牙，南隔直布罗陀海峡与非洲的摩洛哥相望，东北与法国、安道尔接壤，东和东南临地中海。西班牙海岸线总长为 7 921 千米，西班牙太阳海岸是著名的代表，其中地中海海岸线长 2 058 千米，大西洋海岸线长 1 728 千米，北部坎塔布里亚海海岸线长 1 086 千米，地中海巴利阿里群岛各岛屿海岸线长 1 428 千米，大西洋中的加那利群岛各岛屿海岸线长 1 583 千米，北非两个飞地——休达和梅利亚的海岸线分别为 20 千米和 9 千米，北非一些小岛的海岸线长 9 千米。西班牙境内多山，是欧洲高山国家之一。境内高原和山地相间，全国平均海拔 660 米，全国 35%的地区海拔 1 000 米以上，平原仅占 11%，是欧洲地势最高的国家之一。主要山脉北有坎塔布连、比利牛斯，南有莫雷纳山脉和安达卢西亚山脉。南部的木拉散峰海拔 3 478 米，为全国最高峰。

西班牙中部的梅塞塔高原属温带大陆性气候，北部和西北部沿海属温带海洋性气候，南部和东南部属地中海气候。西北部较湿润，内陆和东南部较干燥。月平均气温从北到南：1 月为 9.4℃～10.3℃；7 月为 19.1℃～28.1℃。年降水量一般为 350～500 毫米，山地高达 1 500毫米。中部的马德里地区属于高原气候，夏季干热，冬季干冷。东北部的巴塞罗那地区则为最典型的地中海气候，常年气候温和湿润，夏季较炎热干燥，降水以冬季为主，一年能保证有 250 天以上的阳光。

(四)首都、行政区划

西班牙首都马德里(Madrid)，是全国第一大城市，全国经济、交通中心，马德里省首府。马德里是欧洲著名的一座历史名城。市区面积 607 平方千米，人口约 310.1 万，包括郊区和卫星城镇在内，面积 1 020 平方千米，人口约 452 万。其位置处于西班牙国土中部，曼萨纳雷斯河贯穿其中，因此地理位置十分重要，在历史上因战略位置重要而素有“欧洲之门”之称。

西班牙全国划分为 17 个自治区、50 个省、8 000 多个市镇。西班牙的城市由于环境不同发展不平衡。沿海地区的城市由于地理位置优越，交通便利，获得较快的发展；地处内陆地区的城市发展较慢。目前在西班牙的政治和经济中占据重要地位的城市，有首都马德里、巴塞罗那、巴伦西亚、马拉加、萨拉戈萨等。有些内陆地区和沿海地区的城市已成为国家指定的地区开发中心。

(五)简史

公元前 8 世纪起，西班牙受罗马人、西哥特人和摩尔人统治。1492 年，“光复运动”胜利后，建立封建王朝。此后西班牙逐渐成为海上强国，拥有不少殖民地。1588 年，西班牙“无敌舰队”被英国击溃，开始衰落。1873 年，建立第一共和国。1947 年，弗朗哥宣布西班牙为君主国，自任终身国家元首。1976 年 7 月，胡安·卡洛斯一世国王任命原国民运动秘书长阿·苏亚雷斯为首相，西班牙开始向西方议会民主政治社会过渡。

(六)政治

现行宪法规定,西班牙实行议会君主制。王位由胡安·卡洛斯一世的直系后代世袭。国王为国家元首和武装部队最高统帅,代表国家。政府负责管理国家,并向议会报告工作。

西班牙的议会由参议院和众议院组成。议会行使立法权,审批财政预算,监督政府工作。立法权以众议院为主,参议院为地区代表院。议会议员由普选产生,任期 4 年。

西班牙的司法领导机构是司法总委员会,由 20 名成员组成,最高法院院长兼任主席。最高法院为最高司法机关,下设高等法院(各自治区设一个)、省法院(各省设一个)及第一审判庭、地区审判庭、家庭审判庭等司法机构。

最高检查机构是国家总检察院、下辖各级检察院及派驻各司法部门的检察官。

(七)经济

西班牙属于欧盟成员国之一,位于世界发达国家之列。西班牙最重要的传统产业包括服装和制鞋业,橄榄油产量居世界第一,而西班牙的葡萄酒业也闻名世界。西班牙拥有丰富的自然资源,如各种金属矿藏均居西欧前列,依靠充足的树木资源制作出的软木,出口居世界第二,得力于长长的海岸线,西班牙的渔业稳步发展。而西班牙最主要的支柱产业则依赖于旅游业和金融业,近年来受金融危机的影响,旅游业和金融业的发展下滑较快,对全国经济的影响较大。

西班牙是世界足球大国之一,西班牙足球产业每年的产值约 60 亿美元,占国内生产总值的 1%。据报道,西班牙足球事业是拉动西班牙经济增长的重要动力之一,它大大促进了西班牙交通运输、旅游、酒店和商业等经济活动的发展。

西班牙与德国、意大利、法国的货币单位都是欧元(EUR),由欧洲央行发行,100 欧元相当于人民币 779.19 元(以 2019 年 11 月 21 日的欧元对人民币汇率换算)。

小知识

西班牙建筑风格

人们往往习惯于将那些有庭院和纯白墙面的建筑称作西班牙风格建筑,而事实上,这些并不仅仅是西班牙建筑的特点,差不多地中海沿岸国家、中东地区乃至整个阿拉伯世界的建筑都有着类似的特征。

那么,到底什么才是“西班牙风格”呢?或许我们并不能用一句话或者是一个定义来作为衡量标准,但纵观西班牙经典建筑楼盘,不难总结出其中的 8 个重点细节,它们都表达了西班牙建筑的共同之处,证实了这种建筑风格及形式的美观和宜居性。

1.海湾式布局:西班牙是海洋国家,所以“水”是西班牙风格的灵魂元素之一,一些西班牙项目通常在空间分割中使用水系、绿化带为分隔媒介,使社区与外部自然区分,由社区空间到生活空间,水岸气息散落每个角落,体现了建筑、水、人的完美和谐。

2.层级分明的规划设计:西班牙建筑通常以远高近低的层级方式排布,高低错落,符合人的空间尺度感。外立面设计着重突出整体的层次感和空间表情,通过空间层次的转变,打破传统立面的单一和呆板,其节奏、比例、尺度符合数学美。

3.创新联排别墅独栋化:以往的联排别墅大多是多联体的简单复制,不具备可识别性和整体感官效果。而在现在的一些西班牙建筑项目中,设计者通常用模块的形式雕筑联排别

墅,每户不再是简单的复制。这样的设计对于过客是美景的享受,对于家人则是舒适的生活空间。

4.浅色调:西班牙风格的最大特点是在西班牙建筑中融入了阳光和活力,采取更为质朴温暖的色彩,使建筑外立面色彩明快,既醒目又不过分张扬,且采用柔和的特殊涂料,不产生反射光,不会晃眼,给人以踏实的感觉。

5.具有典型的西班牙建筑元素及特征:从红陶筒瓦到手工抹灰墙(Stucco),从弧形墙到一步阳台,还有铁艺、陶艺挂件等,以及对于小拱璇、文化石外墙、红色坡屋顶、圆弧檐口等符号的抽象化利用,都表达出西班牙风格的特征。

6.取材朴实,产品完全手工化、精细化:西班牙建筑采用的建筑材料一般都会给人斑驳的、手工的、比较旧的感觉,但却非常有视觉感和生态性,像陶瓦、泥土烧制、环保吸水等都可以保持屋内温度。无论是在地形处理还是铁艺、门窗及外墙施工工艺方面,西班牙风格建筑能体现出手工打造的典型特征。

7.家庭庭院:典型的西班牙建筑一般每户都有两个庭院——入户庭院和家庭庭院,入户庭院突出了会客的气氛,院门为仿旧铁艺门;家庭庭院则体现了家人交流空间的特点,同时有一定的私密性。

8.强调家庭厅:家庭厅在房屋的最好位置,采光效果也最好,是家人聚集的地方,体现了以居住为本的功能性。另外淘汰了大客厅,满足了主人饮食起居、交流礼仪等各方面的家庭生活需要。

总的来说,西班牙的建筑与其多元的文化有着很明显的关联性,基督文化和伊斯兰文化的碰撞更给西班牙艺术带上了奇异的色彩,而且西班牙民族天生就有一种热情奔放和狂野的个性,在建筑上就反映出诗意的、幻想的、神话般的风格,充满了丰富的想象力和浪漫情怀。

二、民俗风情

(一)服饰

西班牙人的穿着相对比较随意,特别是在休闲场所以舒适为主,但在会谈等正式场合要求穿西装,特别隆重的场合要求穿礼服(如燕尾服等)。因此,到西班牙进行工作访问,肯定需要带西装等正式服装。按照西班牙人的礼仪要求,参加外事活动时建议男士穿西装,内穿白衬衫,打领带,穿黑色皮鞋;女士穿职业套装(或套裙),尽量避免下身穿裤子(而是穿裙子)。去剧院看演出或去赌场,也一定要穿正装。在出席外事活动时,应注意请帖上的服装要求,绝对避免穿便装(如牛仔裤等)。在外出旅游观光(特别是郊游)时,可以穿休闲服装(如有外国人陪同,最好事先与外方打招呼)。参观教堂等场所时,注意着装整齐。

(二)饮食

西班牙的饮食结构多重,因为历史上受到多个民族多种文化的熏陶,导致食物类型多种多样。

马德里有着来自安达卢西亚、加利西亚、阿斯图里亚斯及其他地区的移民,因而当地的饮食也融合了伊比利亚半岛所有的烹调风格,而且融会贯通、更加丰富。

巴塞罗那饮食代表了典型的加泰罗尼亚地方风味,最常使用的原料是鳕鱼、蜗牛、蘑菇等,从家常的小白豆杂烩到西班牙最丰富的海鲜菜肴,口味非常多变。美食遍布大街小巷,新式美食集中在伯恩区,传统美食则集中在哥特区。

西班牙人的主食以面食为主,也吃米饭,喜食酸辣味的食品,一般不吃过分油腻和咸味太重的菜。早餐习惯吃酸牛奶、水果,午餐和晚餐通常要喝啤酒、葡萄酒或白兰地酒,饭后则喝咖啡及吃水果。

(三)节庆

西班牙有比较富有民族风格的节日,还有狂欢节,瓦伦西亚的法亚节(火节),圣周、塞维利亚的4月节,马德里的圣伊西德罗节(又称斗牛节)、圣体节、奔牛节、圣地亚哥节、西红柿节、圣皮拉尔节等。西班牙人在节日期间举行露天音乐会、化装舞会、宗教游行、燃放烟火、歌舞表演、斗牛等活动,全民出动、尽情狂欢。西班牙人还常常利用节日“搭桥”休假,其中在圣周期间、七八月份、圣诞节和新年期间等西班牙人纷纷外出休假,这一期间西班牙几乎所有公路都车满为患,在机场、车站、码头、海边等场所则人满为患,几乎无人办公,全国处于休息状态。

(四)传统文化与艺术

1.叠罗汉

叠罗汉是西班牙加泰罗尼亚地区的一项传统民俗活动,流传至今已有数百年的历史了。

2.科卡

“科卡”表演源自当地中世纪的一个传说。根据当地传说。中世纪时两个当地的女子就是依靠这种舞姿摆脱了恶龙的纠缠,得以生还,“科卡”便由此而来。在“科卡”表演上,小姑娘穿上美丽的传统服饰,再让妈妈把她们放在肩膀上,母女共舞。

3.奔牛节

奔牛节是潘普洛纳市的传统节日,始于1591年,每年都吸引数万人参加。西班牙一年一度的奔牛节的正式名称叫“圣·费尔明节”。奔牛节的起源与西班牙斗牛传统有直接关联。据说当初对潘普洛纳人来说,要将6头高大的公牛从城郊的牛棚赶进城里的斗牛场是件非常困难的事情。17世纪时,某些旁观者突发奇想,斗胆跑到公牛前,将牛激怒,诱使其冲入斗牛场。后来,这种习俗就演变成了奔牛节。

4.弗拉门戈歌舞

弗拉门戈歌舞是西班牙人的骄傲,它与斗牛并称为西班牙两大国粹。弗拉门戈源于西班牙吉卜赛人世代相传的艺术。吉卜赛人独特的嗓音吟唱出带着浓浓哀愁的民谣,同时伴随着热情奔放的舞蹈。在安达卢西亚,人们觉得弗拉门戈是最亲切、易懂、强烈拨动他们心弦的音乐。这种民歌和由它伴唱的弗拉门戈舞,在西班牙有60多种。弗拉门戈舞如今已是西班牙最具代表性的民间舞蹈,它不仅流行于安达卢西亚地区,在西班牙其他地区也能见到。

(五)社交礼仪

西班牙人在正式社交场合通常穿保守式样的西装,内穿白衬衫,打领带。他们喜欢黑色,因此一般穿黑色的皮鞋。西班牙女性外出有戴耳环的习惯。西班牙人通常在正式社交

场合与客人相见时，行握手礼和吻礼。与熟人相见时，男性朋友之间常紧紧地拥抱。西班牙人的姓名常有三四节，前一二节为本人姓名，倒数第二节为父姓，最后一节为母姓。通常口头称呼称父姓。

西班牙人很重视信誉，总是尽可能地履行签订的合同。

西班牙人吃东西时，通常会礼貌地邀请周围的人与他分享，但这仅是一种礼仪上的表示，不要贸然接受，否则会被他们视为缺乏教养。

(六)禁忌

在西班牙，不要对斗牛活动有非议，如果你对情况不了解，最好不要对斗牛活动发表任何意见。到西班牙人家中做客，可送上鲜花，他们最喜爱石榴花。

西班牙人忌讳送大丽花和菊花，只有在葬礼上才送菊花。送的时间也有讲究，每月的13日一般都不送花，送花时也不送13支，因为“13”这个数字在西班牙人心中被视为不吉利的数字。

三、旅游业发展

(一)旅游业发展概况

旅游业是西班牙名符其实的支柱产业。自20世纪70年代起，西班牙始终把发展旅游业放在国民经济的首位来考虑，发挥旅游业在经济发展中的作用。无论在旅游接待人数还是旅游创汇方面，西班牙一直处于世界前列。西班牙旅游业得以长盛不衰的主要原因，除了该国政府高度重视旅游业以外，还在于他们善于利用西班牙独特的旅游资源，不断更新旅游项目，使西班牙旅游业长期在世界上享有很高的声誉。

世界经济论坛2019年9月4日公布的《2019年旅游竞争力报告》显示，在140个国家中，西班牙的旅游竞争力连续三年高居第一名，法国和德国分居第二名和第三名。连续三年高居榜首的西班牙凭借优美的海岸、独具特色的美食和文化被评为“最具竞争力的旅游目的地”。西班牙的海岸线超3 000英里(4 828千米)，拥有至少48个联合国教科文组织世界遗产地。就旅游业而言，西班牙是世界上最具竞争力的经济体，也是访问量第二大的国家。此外，西班牙近年来大力发展旅游经济，旅游收入已占到全国收入的一半。西班牙的主要优势在于旅游服务设施完备，并凭借丰富的世界文化遗产、数量众多的博物馆和体育设施等因素，轻而易举地成为全球最具吸引力和品质最高的旅游目的地之一。2018年，西班牙共接待游客约8 260万人，其中国际游客人数增长幅度达0.9%。

(二)主要的旅游资源

1.巴塞罗那

带有哥特风格的古老建筑与高楼大厦交相辉映，共同构成了巴塞罗那令人迷醉的天际线。格局凌乱的小巷子紧贴着新城区的边缘，古色古香的旧城区里会忽然冒出工业时代的烟囱，在巴塞罗那，这一切的不协调看来都顺理成章。当然，巴塞罗那最大的骄傲还要属现代主义的天才建筑师高迪的杰作，他令这颗半岛明珠更加光彩夺目。一个人的6件作品被列入世界文化遗产，这在全世界也是绝无仅有的。巴塞罗那所在的加泰罗尼亚大区，是西班牙最大的自治区。在发现新大陆之前,加泰罗尼亚以面向地中海的地利,成为强盛的海洋国家。这是整个西班牙受罗马文化影响最大的地区,有独特的文化传统和自己的语言——加泰罗尼亚语。

2.托莱多

托莱多位于马德里以南的70千米处,为卡斯蒂利亚·拉曼却省的中心城市,曾是西班牙的古都。阿拉伯人、犹太人和基督教曾在此定居,这座千年古城的建筑和当地文化也融合了伊斯兰教、犹太教和基督教的元素,魅力独特。托莱多被塔霍河环绕,城内有诸多耐人寻味的美术馆和精致建筑物,充满了浓厚的艺术气息,旧城区已被联合国纳入世界文化遗产之列。

3.大教堂

大教堂建于559年,由于年久失修,受到毁损。11世纪经过修复,成为罗马风格教堂。13世纪又修复成哥特式建筑。至今对伊澳门和一部分穹顶仍保留罗马风格。教堂的突出特点是两座八边形的塔楼。整个教堂外形雄丽壮观,内部结构精细,陈设富丽。教堂内藏有金银器、绘画、雕塑等艺术珍品,供游人欣赏。

4.西班牙广场

1930年为纪念塞万提斯而建西班牙广场。在这座1930年为纪念塞万提斯而修建的广场上,塞万提斯雕像好像在俯瞰着堂吉诃德和桑丘·潘沙的雕像一般屹立在广场的正中。在雕像背后的大楼是西班牙大厦。旁边是1948年建成的当时欧洲最高的马德里塔。1948年完成的马德里塔曾经是全欧洲最高的塔,最顶楼设有咖啡厅,可在此一边喝咖啡一边鸟瞰全城风景,令人身心舒畅。

其实,西班牙广场只是市中心的一个大公园,没有独特的景致及宏伟的建筑,四周都是商业大厦,只因公园以国家命名,而广场内更放了一座堂吉诃德雕像,故备受万人注视。在雕像上方稳坐着《堂吉诃德》作者塞万提斯的石像,很多游客都喜欢跟堂吉诃德的雕像拍照,以示到此一游。

4.太阳门广场

太阳门广场在马德里的正中心位置,从那里有10条街道呈放射状向外延伸。现在太阳门广场是马德里孩子们游玩的场所,所以永远人声鼎沸。太阳门广场是一个半圆形的广场,闻名于世。太阳门广场的名称缘于这里原有一扇朝东方开的称为太阳门的大门,现在此门已不存在。该广场于1853年扩建,面积为1.2万平方米。太阳门广场是一个具有历史意义的广场,1808年5月2日,马德里人民在这里奋起抵御入侵的拿破仑军队,从而拉开了西班牙独立战争的序幕。1848年,马德里安装了煤气街灯,太阳门广场首先被照亮。1879年,西班牙有轨电车诞生,发车仪式也在太阳门广场举行。

保安局大楼是太阳门广场中最突出的建筑物,这是一座18世纪末新古典风格的宫殿式建筑。建成后,曾作为马德里的中心邮局、陆军司令部、内政部等。楼顶的钟楼是1867年加建的。此后,西班牙人就把这座大钟表示的时间视为“标准时间”。在保安局大楼门前的广场马路边,可以看到地上的全国公路“零千米”标记。该标记是用彩色石子镶嵌的直径约33厘米的圆环,环内有伊比利亚半岛的地图,地图中央标有“零千米”的字样。西班牙用“零千米”为起点,全国公路的里程碑都从这里向外计算。太阳门广场还是马德里市门牌号的起点。

5.皇宫

西班牙皇宫是欧洲第三大皇宫,仅次于凡尔赛宫及维也纳的皇宫。建于18世纪中叶加

尔罗斯三世时期，是波尔梦王朝代表性的文化遗迹，其豪华壮丽程度，在欧洲各国皇宫中堪称数一数二。内墙上的刺绣壁画及天花板的绘画都经常维修，保存情况相当好。西班牙皇宫建在曼萨莱斯河左岸的山冈上，它是世界上保存最完整而且最精美的宫殿之一。

皇宫建于1738年，26年后才完工。它呈正方形结构，每边长180米，外观具有罗浮宫的建筑美，内部装潢是意大利式的，整个宫殿豪华绝伦。里面藏有无数的金银器皿和珍宝级的绘画、瓷器、皮货、壁毯、乐器及其他皇室用品。现在西班牙皇宫已被辟为博物院，专供游人参观。

6.阿尔罕布拉宫

阿尔罕布拉宫建于13、14世纪，为摩尔人作为要塞之用的宫殿，堪称是伊斯兰教艺术在西班牙的瑰宝。阿尔罕布拉宫按照意译应该为“红堡”。这是中世纪摩尔人统治者在西班牙建立的格拉纳达王国的宫殿。它由众多的院落组成，建筑在海拔730米高的地形险要的山丘上。宫殿的围墙东西长200米，南北长200米，高达30米。

在阿尔罕布拉宫内众多的庭院中，以爱神木之院为最大，也最漂亮，其院中水池倒映出的北廊的倒影十分有名。建于14世纪的宫殿，宫殿内分为行政场所、活动仪式场所、王族居所等三大部分，每一空间独立又相连，其布局巧妙高超。在阿尔罕布拉宫中，最著名的是大使厅、两姊妹厅、狮子中庭及大浴场等地方。

7.黄金塔

位于瓜达及维河旁的12边形的黄金塔(torre del oro)是公元1200年时由伊斯兰教教徒所建。原为监视塔，现在为航海博物馆；而原来在外墙贴有闪亮的金色瓷砖，现在只有塔顶所反射的耀眼光芒可以回想当年金光闪烁的风光。之所以叫黄金塔，还有一个原因是这里曾是贮存黄金的金库。据传说，当年哥伦布发现美洲新大陆后，西班牙殖民帝国从拉美掠夺了大量黄金、白银，从海上运回来后先暂存在这座塔内，然后再从陆路运往马德里上缴王室。

8.格兰维亚大道

格兰维亚大道是马德里的主要交通干道，于1952年建设完成。该大道上多为一些掺有欧洲及美洲风格的西班牙传统建筑，它们都有着华丽的外观、雄伟的柱廊及临街的阳台。这条街上较为著名的建筑物有都会大楼、雪茄博物馆、加里西亚斗牛士小礼拜堂等。特别值得一提的是西班牙国家电信总局，它是由美国设计师韦克司在1929年完成的，是马德里的第一座摩天大楼。

9.塞维利亚大教堂

大教堂博物馆(museo de la catedral)已被联合国教科文组织宣布为人类遗产，内有巨幅绘画、圣经手稿、诗歌唱本，十字架，以及华丽的金饰收藏品。这里原来建有塞维拉大清真寺，后于15世纪被拆毁，随后便开始在清真寺原址上修建大教堂。

这座教堂在很多世纪里一直是基督教世界中最大的宗教名胜建筑。大教堂中包括了5座带有宽大交叉甬道的哥德式殿堂，其主礼拜堂拥有银匠式风格(带有复杂的花叶形装饰)的华丽栅栏和精美绝伦的祭坛装饰。大教堂于1506年竣工，其中位于圣殿内的银匠式风格的王室礼拜堂后来被用作费尔南多三世及其被冠以智者称谓的儿子阿方所十世之下葬处。祭坛上供奉的是塞维亚市的守护神，此外教堂还供奉哥伦布的陵墓。唱经处的长排座椅表现出穆德哈尔式的风格，连同巴洛克风格的管风琴琴箱显得既壮观又豪华。大教堂中还保留了旧清真寺的遗迹——橘园和城内最出类拔萃的名胜建筑希拉尔达塔。

10.普拉多博物馆

普拉多博物馆(prodo)建于18世纪,被认为是世界上最伟大的博物馆之一,亦是收藏西班牙绘画作品最全面、最权威的美术馆。收藏有15—19世纪西班牙、佛兰德和意大利的艺术珍品。尤其以西班牙画家戈雅的作品最为丰富。二楼是博物馆最重要的地方,分为很多小厅,陈列了不少西班牙及意大利画作,参观者要花上半天才能尽览无遗。

普拉多博物馆被认为是世界上最伟大的博物馆之一,亦是收藏西班牙绘画作品最全面、最权威的美术馆。它建于18世纪,收藏有委拉斯盖兹、哥雅、葛雷柯、左巴朗、里贝拉、里巴塔、提香、拉斐尔、波提切利、法拉安赫里哥、鲁本斯、波许、方德维登、波森、罗拉里、瓦特奥、雷布朗特、杜尔、曼斯等绘画大师的作品。

拓展阅读

西班牙斗牛文化的危机

马德里拉斯文塔斯斗牛场内经常人流如织,如皇家马德里足球队比赛时的情景。但在斗牛场热闹景象的背后,斗牛产业正面临着经济和文化的双重考验。

据西班牙斗牛饲养者联盟的统计,在1987年至2007年间,西班牙专业饲养斗牛的牧场和斗牛的数量分别增长30%和150%。受经济危机影响,2012年西班牙斗牛表演场数急转直下。过少的表演场数导致许多牧场所获回报甚至不如20年前,斗牛的质量也有所下滑。斗牛表演的精彩程度取决于斗牛的表现,斗牛士只有面对一头优秀的斗牛时,才能淋漓尽致地展现自己的技术和能力。在许多评论人士看来,病怏怏的状态是对现今大多数斗牛的真实写照,难以承载应有的激情与活力,失去了已往的震撼力和吸引力。

除却经济压力,动物保护主义组织掀起的反斗牛运动也愈演愈烈,成为斗牛未来发展的隐患之一。2010年7月,加泰罗尼亚自治区议会表决通过了禁止斗牛的提案,成为西班牙继加纳利自治区后第二个禁止斗牛的自治区。虽然加泰罗尼亚的斗牛表演已日渐萧条,但提案的象征意义使已遭遇危机的斗牛产业雪上加霜。

作为西班牙的国粹和文化名片,斗牛已非第一次遭遇危机。在漫长历史中,这项充满浓郁西班牙风情、备受西班牙民众喜爱的表演曾多次陷入低谷。恰如许多西班牙人认为的那样,斗牛是西班牙的一个传统,是一种民间文化和艺术,理应受到保护。马德里自治大区主席埃斯佩兰萨·阿吉雷也曾说:“斗牛活动给了西班牙画家毕加索、西班牙诗人洛尔迦、美国作家海明威、美国导演奥逊·威尔斯等艺术名家以灵感,这是源自我们传统文化中的一项古老的艺术。”

在传统民俗文化遭遇发展阻力时,如何将其与现实经济结合,寻找新的发展出路,产生新的商业模式,实现其社会价值与经济价值?为帮助斗牛产业应对危机,西班牙政府已采取相应扶持措施,并于2011年7月将斗牛产业的发展和推广权从内政部转到文化部,有望通过西班牙国家斗牛保护和发展计划。

尽管政府部门努力扶持斗牛产业,可是,面对欧债危机的冲击,面对日益高涨的动物保护主义风潮,斗牛这种西班牙传统的民俗文化能否走出一条新路,还是个未知数。

第六节 俄罗斯

一、国情概述

(一)国名、国旗、国徽、国歌

1.国名

俄罗斯的全称是俄罗斯联邦(The Russian Federation)。公元9世纪,在建立以基辅为中心的古罗斯国家过程中,逐步形成了俄罗斯人的祖先古罗斯部族人,这也成为此后国家名称的来源。

2.国旗

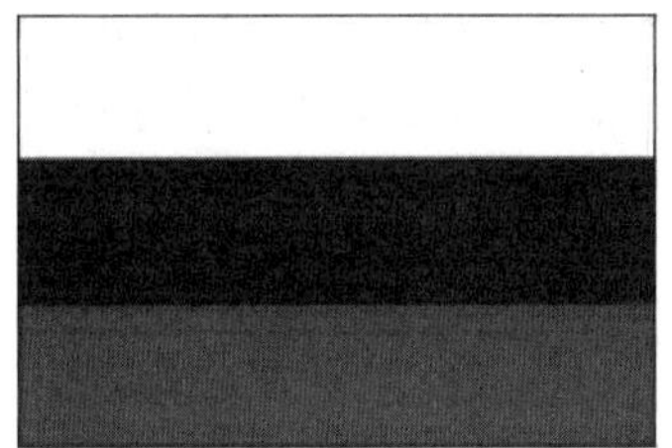

俄罗斯国旗

俄罗斯国旗呈横长方形,采用传统的泛斯拉夫颜色,旗面由三个平行且相等的横长方形组成,由上到下依次是白、蓝、红三色。旗帜中的白色代表寒带一年四季的白雪茫茫;蓝色代表亚寒带,又象征俄罗斯丰富的地下矿藏和森林、水力等自然资源;红色是温带的标志,也象征俄罗斯的悠久历史和对人类文明的贡献。三色的排列显示了俄罗斯幅员的辽阔。

3.国徽

俄罗斯国徽

俄罗斯国徽为盾徽。1993 年 11 月 30 日,俄决定采用十月革命前伊凡雷帝时代的、以双头鹰为图案的国徽:红色盾面上有一只金色的双头鹰,鹰头上是彼得大帝的三顶皇冠,鹰爪抓着象征皇权的权杖和金球。

4.国歌

俄罗斯联邦国歌歌名为《俄罗斯,我们神圣的祖国》,沿用的是原苏联国歌《牢不可破的联盟》的旋律。2000 年 12 月,俄罗斯总统普京正式签署了一项关于国旗、国徽、国歌的法案,将原苏联国歌经修改歌词后正式定为新国歌,即《俄罗斯,我们神圣的祖国》。

(二)人口、民族、语言、宗教

1.人口

截至 2018 年年底,俄罗斯人口为 1.4448 亿,其中城市人口 1.0945 亿(74%),农村人口 0.3734亿(26%)。俄罗斯的人口主要分布于中心城市,约 1/5 的全国人口和超过1/3的城市人口聚集在莫斯科、圣彼得堡、新西伯利亚、下诺夫哥罗德、叶卡捷琳堡、萨马拉、鄂木斯克、喀山、车里雅宾斯克、顿河罗斯托夫、乌法、伏尔加格勒、彼尔姆等 13 座大城市。

2.民族

俄罗斯全国有 193 个民族,主要少数民族有鞑靼、乌克兰、楚瓦什、巴什基尔、莫尔多瓦、白俄罗斯、德意志、乌德穆尔特、亚美尼亚、阿瓦尔、马里、奥塞梯、布里亚特、雅库特、卡巴尔达、犹太、科米、列兹根、库梅克、印古什、图瓦等。人口分布极不均衡,西部发达地区平均每平方千米 52～77 人,个别地方达 261 人,而东北部苔原带不到 1 人。高加索地区的民族成分最为复杂,有大约 40 个民族在此生活。

3.语言

俄语(Русский язык)是俄联邦的官方语言。各共和国有权规定自己的国语,有 30 多种语言,并在该共和国境内与俄语一起使用,俄语是四个独联体国家的官方语言。

4.宗教

俄罗斯的主要宗教为东正教,其次为伊斯兰教。2001 年俄权威社会调查机构抽样调查结果显示,俄居民 55%信奉宗教,其中 91%信奉东正教,5%信奉伊斯兰教,信奉天主教和犹太教的各为 1%,0.8%信奉佛教,其余信奉其他宗教。

俄罗斯正教会,又称“莫斯科宗主教区”,是世界上规模最大的正教会团体,其最高权力属于主教公会。公会根据需要召开,由全体主教参加;在公会休会期间,则由莫斯科和全俄罗斯大牧首领导,宗座设在莫斯科,2009 年 2 月起这一职位由基里尔一世担任。全俄罗斯有超过一亿信徒,实际活跃成员超过 2 000 万。

俄罗斯人被称为是最具宗教品格的一个民族,在现实生活和文学作品中,东正教所宣传的爱与宽恕的思想处处可见。在陀思妥耶夫斯基、果戈理、列夫·托尔斯泰等著名俄罗斯作家的作品中都充满了种种宗教的哲理。

(三)地理环境、气候

俄罗斯国土面积 1 707.54 万平方千米,占原苏联总面积的 76.3%。位于欧亚大陆的北部,领土包括欧洲的东半部和亚洲的西部,是世界上国土最辽阔的国家。海岸线长达 4.3 万千米,濒临大西洋、北冰洋、太平洋的 12 个海;陆界长达 1.7 万千米,与 14 个国家接壤,即挪威、芬兰、爱沙尼亚、拉脱维亚、立陶宛、哈萨克斯坦、格鲁吉亚、阿塞拜疆、白俄罗斯、乌克兰、

中国、蒙古、朝鲜、波兰。其领土的36%在北极圈内，自北向南为北极荒漠、冻土地带、草原地带、森林冻土地带、森林地带、森林草原地带和半荒漠地带。

俄罗斯幅员辽阔，气候复杂多样，总体基本属于北半球温带和亚寒带的大陆性气候，依其大陆性程度的不同，以叶尼塞河为界分为两部分，西部属温和的大陆性气候，西伯利亚属强烈的大陆性气候。西北部沿海地区具有海洋性气候特征，而远东太平洋沿岸则带有季风性气候的特点。俄罗斯大部分地区冬季漫长、寒冷，夏季短促、温暖，春秋两季很短。1月份平均气温为－37℃～1℃，7月份平均气温为11℃～27℃，相对湿度30%～80%。

(四)首都、行政区划

首都莫斯科是俄罗斯政治、经济、金融、科学、艺术、教育、商业中心，也是欧洲最大的城市。俄罗斯主要的经济中心城市有：莫斯科、圣彼得堡、新西伯利亚、下诺夫哥罗德、叶卡捷琳堡、萨马拉、鄂木斯克、喀山、车里雅宾斯克、顿河罗斯托夫、乌法、伏尔加格勒、彼尔姆等。

根据俄罗斯的宪法，俄罗斯联邦现由83个平等的联邦主体组成，其中包括21个共和国、9个边疆区、46个州、2个联邦直辖市(莫斯科和圣彼得堡)、1个自治州和4个自治区。2000年5月，根据总统命令，成立了7个联邦区(中央区、西北区、南部区、伏尔加河沿岸区、乌拉尔区、西伯利亚区和远东区)。2010年1月，增设北高加索联邦区，国家领土也相应如此划分。

(五)简史

俄罗斯人的祖先为东斯拉夫人罗斯部族。公元15世纪末，大公伊凡三世建立了中央集权制国家——莫斯科大公国。1547年，伊凡四世自封为"沙皇"，其国号称俄国。16—17世纪，伏尔加河流域、乌拉尔和西伯利亚各族先后加入俄罗斯，使它成为一个多民族国家。17世纪中期乌克兰和俄罗斯合并为统一的国家。1689年8月，彼得一世正式亲政。经过1700—1721年的北方战争，俄罗斯得到了通往波罗的海的出海口，使俄罗斯从内陆国变为濒海国。1812年，俄罗斯消灭了入侵的拿破仑军队。1898年，俄罗斯成立了俄国社会民主工党(苏联共产党前身)，在它的领导下，俄国工农群众经过1905年第一次俄国革命和1917年2月推翻罗曼诺夫王朝的资产阶级民主革命(即二月革命)，于1917年11月7日取得了十月社会主义革命的伟大胜利，建立了世界上第一个社会主义国家。1917年11月7日(俄历十月二十五日)成立了俄罗斯苏维埃联邦社会主义共和国。1922年12月30日，苏维埃社会主义共和国联盟正式成立，俄罗斯联邦同乌克兰、白俄罗斯和外高加索联邦(包括阿塞拜疆、亚美尼亚和格鲁吉亚)一起加入。1990年12月25日，俄罗斯苏维埃联邦社会主义共和国最高苏维埃决定，将国家正式名称改为"俄罗斯联邦"(简称俄罗斯)。1992年4月16日，俄罗斯第六次人代会决定将国名改为"俄罗斯"，从而恢复了历史上的名称；17日，最后决定使用两个同等地位的正式国名"俄罗斯联邦"和"俄罗斯"。

(六)政治

俄罗斯实行总统制的联邦国家体制。俄罗斯宪法规定，总统是国家武装力量的最高统帅并领导国家安全会议。总统有权解散议会，而议会只有指控总统犯有叛国罪或其他十分严重罪行并经最高法院确认后才能弹劾总统。俄罗斯联邦实行的是联邦民主制。以俄罗斯联邦宪法和法律为基础，根据资产阶级立法、司法、行政三权分立又相互制约、相互平衡的原则行使职能。总统是国家元首，任期6年，由人民直选产生。总统拥有相当大的行政权力，有权任命包括总理在内的高级官员,但必须经议会批准。总统同时也是武装部队的首领以及国家安全会议的主席,并可以不经议会通过直接颁布法令。总统不可以连任超过两届。

(七)经济

俄罗斯联邦拥有巨大的经济潜力。工农业基础较好,工农业总产值约占原苏联的70%。俄罗斯农业生产近几年来连续下降,但在国民经济中仍占据重要地位。俄罗斯联邦工业部门齐全,以机械、钢铁、有色金属、石油、天然气、煤炭、森林及化工等重工业为主。军事工业是俄罗斯机械工业的支柱产业。由于拥有丰富的原料,再加上多年的产业政策倾斜,俄罗斯的重工业非常发达。相反,轻工业的发展却远远不能满足俄罗斯人民的需要。俄服务业较发达,在国民经济中的比重逐年增加,在经济转型期间,服务业有望继续发展。

俄罗斯的货币单位是卢布(RUB),由俄罗斯央行发行,100 卢布相当于人民币 11.02 元(以 2019 年 11 月 21 日的卢布对人民币汇率换算)。

二、民俗风情

(一)服饰

俄罗斯人大都讲究仪表,注重服饰穿着。俄罗斯人的穿戴与欧洲流行的穿戴很接近,男子多穿西服、戴呢帽,冬天则罩长外衣、戴皮帽。女子穿连衣裙,西服上衣或西服裙,秋冬两季戴呢帽或皮帽、罩长大衣,夏天系花头巾。

(二)饮食

俄罗斯人的饮食比较简单,分斋戒的和荤的两种五大类:面食、奶类、肉食、鱼类、植物类。俄罗斯人喜欢吃黑麦面包,对普通百姓来说,用麦面粉制作的圣饼和白面包是俄罗斯传统节日的美食。俄罗斯一种特色的食物是大馅饼,用发酵或没发酵过的面团加馅烤制而成,过去的大馅饼为长圆形。根据重量的不同,大的称作大馅饼,小的叫作小馅饼。在荤日,俄罗斯人用羊肉、牛肉、兔肉等作馅;在谢肉节期间用奶渣和鸡蛋作馅;在斋日,他们用松乳菇、豌豆芜菁、白菜、植物油作馅,或烤制甜馅饼,以葡萄干、干果等充馅。有时也用胡瓜鱼、鱼脊筋等制作馅饼。

俄罗斯人习惯用茶炊沏茶,喜喝红茶加糖或加果酱、蛙蜜。茶炊是俄罗斯茶文化的象征,是有别于其他民族茶文化的标志之一。他们的方法是先把茶倒在小茶碟里,轻轻把茶吹凉再喝,然后单独吃糖。按俄罗斯习俗,宴会上,当端上茶和甜点心或蛋糕时,说明宴会就要结束了。喝茶时,俄罗斯人用茶匙不出声地搅拌好茶中的砂糖等或果酱、蜂蜜后,取出茶匙放在茶碟上,不用茶匙喝茶。

(三)节庆

俄罗斯民族是一个热情奔放的民族,节日自然不会少:

新年:1 月 1 日,与中国的春节一样,俄罗斯人自然不会错过这个举家团聚的节日。

圣诞节:与西方的圣诞节不同,俄罗斯人的圣诞节在 1 月 7 日,这天,教堂会举行隆重的祈祷活动。

复活节：春节后的第一个月的第一个星期日，一个具有浓重宗教气氛的节日。

建军节：2月22日，与中国不同的是，在俄罗斯建军节竟然是一个令人不安的节日，因为在这一天，军人们和青年人经常因酗酒过度而滋事。

三八妇女节：是俄罗斯人极为重视的一个节日，在这一天，玫瑰的价格甚至会超过情人节。

五一劳动节：每年都会举行节日活动。

胜利日：5月9日，是卫国战争的纪念日，也是战胜德国法西斯的伟大日子。到这一天，当年参加过"二战"的老兵，都会身着戎装，佩满各种勋章，来到胜利广场、大剧院前以及红场上，和人们一起共同庆祝这一节日。

诗歌节：6月6日，是伟大诗人普希金诞生的日子。

独立日：6月12日，即国庆节。

十月革命节：虽说是十月革命节，可实际上却在11月7日。1917年的11月7日，即俄历十月二十五日，列宁在圣彼得堡领导了无产阶级革命。

宪法节：12月12日，是新增的节日。

(四)传统文化与艺术

俄领土跨越欧亚两洲，融合了东西方两种文化。俄重视发展文化事业，大量出版图书和报刊，建立了许多图书馆、博物馆、文化馆、俱乐部等群众性文化设施。

俄罗斯文学源远流长，出现了普希金、莱蒙托夫、果戈理、别林斯基、陀思妥耶夫斯基、托尔斯泰、契诃夫、高尔基、肖洛霍夫等世界驰名的大文豪和作家。俄罗斯的美术也源远流长，绘画有着悠久的历史。俄罗斯的宗教音乐和民间音乐有着深远的历史传统，歌剧、交响乐和室内音乐具有鲜明的民族气质，奔放豪迈。亚·尼·奥斯特罗夫斯基是19世纪50年代以后俄罗斯文坛众多的戏剧作家中最杰出的代表，被称为"俄罗斯戏剧之父"。俄罗斯的马戏团在俄也很受人们的欢迎，马戏团团员训练有素，技艺精湛。

民间艺术方面，实用装饰艺术有金属、兽骨和石头的艺术加工，有木雕、木雕壁画、刺绣、带花纹的纺织品、花边编织等。最有名的工艺品有木制套娃、木刻勺、木盒、木碗、木盘等木制品。

莫斯科国际电影节始于1959年的莫斯科国际电影节，是苏联和俄罗斯最大的国际电影节，1972年定级为世界A类电影节，是全球12个A类国际电影节之一。2000年起从每两年一届改为每年一届，其悠久的历史仅次于威尼斯电影节。

谈到中俄两国交往历史和现状时，"俄罗斯情结"和"中国情结"是常被提起的字眼。

小知识

中国人的"俄罗斯情结"

所谓"俄罗斯情结"，指的是一些中国人对俄罗斯历史和文化的眷念和偏爱，有此"情结"的人们常常向往莫斯科的红场和克里姆林宫，向往圣彼得堡的冬宫和涅瓦大街。他们能背诵普希金的诗歌，爱听柴可夫斯基的音乐，喜欢列宾的绘画，聚会时往往要唱《喀秋莎》和《莫斯科郊外的晚上》……种种现象告诉我们："俄罗斯情结"在某种程度上是"俄罗斯文化情结"，是中国人对俄罗斯文学和艺术的尊重和热爱。

这种"文化情结"的形成有其历史渊源。"五四"新文化运动前后，俄国的文化与德国的马克思主义、法国的启蒙思想一同进入中国，成为"五四"运动的思想来源。译介俄苏文学被鲁迅等文化巨匠称为"给起义的奴隶偷运军火"，俄苏文学的流行为中国的近现代文学注入了新鲜血液。新中国成立后,尤其是20世纪50年代中苏友好时期,许多中国人留学苏联,大量苏联专家来中国工作,他们在中苏文化间牵线搭桥,使苏联的文学艺术在中国产生深远影响。这就不难理解,“俄罗斯情结”更多地为中国知识分子所持有,尤其是那些曾为两国关系发展做出贡献的人们所持有。

将中国人的“俄罗斯情结”与俄罗斯人的“中国情结”做一个比较是有趣的。虽然俄语中“中国情结”这样的概念并不流行,但俄罗斯从古至今都不乏向往中国文化的人士,从那些喜好“东方风雅”的俄国十七八世纪的王公贵族,到始终是世界汉学中坚力量的俄罗斯汉学家;从中苏友好时期在中国工作的苏联专家,到如今为中国的快速发展所吸引而热衷学习汉语的莘莘学子……如果说中国人的“俄罗斯情结”是文化层面的偏好,是对中苏“兄弟般友谊”的怀念;那么,俄罗斯人的“中国情结”,是对中华文化的仰慕,是对今日中国发展成就的敬佩和欣赏。

没必要去论争某些“文化情结”的是非优劣,也没必要去论证它们的出现是否合理,归根结底,这是一种个性化的选择,一种文化、美学趣味的倾向。但是,中国人的“俄罗斯情结”需要得到更多呵护。毕竟,“俄罗斯情结”已成为中俄两国关系史上的独特路标,成为两国友好合作的文化基石。它的存在,不仅有助于提升中俄两国的人文交流,更有助于两国人民续写新的友谊篇章。

(五)社交礼仪

俄罗斯人一般的见面礼是握手,但要注意握手时要脱下手套。久别的亲朋好友常用亲吻拥抱礼,男士一般吻女士的手背。在隆重的场合,俄罗斯人用“面包加盐”的方式迎接贵宾表示最高的敬意和最热烈的欢迎。俄罗斯人讲究“女士优先”,在公共场合里,男士往往自觉地充当“护花使者”。不尊重妇女,到处都会遭受白眼。应邀到俄罗斯人家做客,进屋后应脱衣帽,先向女主人问好,再向男主人和其他人问好。男士吸烟,要先征得女士们的同意。大部分俄罗斯人都在家中用餐,只在上班的午休时间才去餐馆。遇有喜庆或举办婚礼时,俄罗斯居民通常都在餐馆举行,由邀请人付费。朋友聚会一般在家庭环境下进行,客人通常都带给主人小礼品(蛋糕、酒)和鲜花。

(六)禁忌

在俄罗斯,被视为“光明象征”的向日葵最受人们喜爱,她被称为“太阳花”,并被定为国花,拜访俄罗斯人时,送给女士的鲜花宜为单数。

在数目方面,俄罗斯人最偏爱“7”,认为它是成功、美满的预兆。对于“13”与“星期五”,他们则十分忌讳。

俄罗斯人主张“左主凶,右主吉”,因此,他们也不允许以左手接触别人,或以之递送物品。

俄罗斯人忌讳的话题有:政治矛盾、经济难题、宗教矛盾、民族纠纷、苏联解体、阿富汗战争以及大国地位问题。

三、旅游业发展

(一)旅游业发展概况

俄罗斯地域广阔,各个季节均有特色,是世界旅游大国之一。俄罗斯境内有联合国科教

文组织认定的25个世界遗产地，俄罗斯政府还发布了《2011年—2018年俄罗斯出入境旅游业发展纲要》，在风景最美丽和旅游人数多的地区建设“旅游经济特区”，旅游地在不断开发和增加。最近几年，俄罗斯的旅游接待水平也在不断提升并与国际接轨。

根据预测，到2020年，俄罗斯将成为最受游客喜爱的第九名的旅游国家。更重要的是，俄罗斯有巨大的潜力能够成为新的旅游圣地。虽然现在旅游基础设施建设的问题减缓了俄罗斯旅游市场的发展速度，但是在未来的十年，俄罗斯将利用游客的需求、国家旅游资源的特殊性和多样性，尽全力发展俄罗斯的旅游业。

近年来，受到卢布贬值、俄政府实施签证便利化措施、俄旅游部门推出专属旅游产品的吸引，加之毗邻的地理优势和老一辈人的“苏联情结”，中国赴俄游客人数出现井喷式增长。俄罗斯联邦旅游局数据显示，2017年有大约130万中国游客赴俄旅游，2018年上半年中国免签赴俄游客数量增加36%，个别地区的游客数量增长高达100%。

2018世界杯足球赛将世界各地无数球迷带到俄罗斯，推动了俄罗斯旅游业的发展。俄罗斯联邦旅游署署长萨福诺夫表示，世界杯结束后俄罗斯将接待更多游客，据初步统计增幅将达14%～18%。世界杯结束后，俄罗斯2018年接待的游客总数增加了1.4%。预计到2022年，俄罗斯入境游客人数将以年均4%的速度增长，达到3 750万人次。

(二)主要的旅游资源

俄罗斯地域广阔，有着丰富的自然资源，而这些自然资源也构成了俄罗斯旅游资源的重要部分。除此之外，俄罗斯有很多独特而又著名的建筑，同样吸引了众多的游客。俄罗斯山水秀丽、景色迷人。在各个州、共和国和自治区都有引人入胜的旅游景观。比较而言，俄罗斯欧洲领土部分的旅游景观众多，更能体现它悠久的历史文化和民族特色。俄罗斯重要的旅游城市和旅游景观主要有：

1.莫斯科

莫斯科是俄罗斯政治、经济、文化的中心，它是一座有800多年历史的名城，名胜古迹繁多，最古老的部分是14—17世纪的克里姆林宫建筑群。克里姆林宫是历代沙皇的宫殿，它气势雄伟，举世闻名，有巍峨壮观的圣母升天大教堂，有凝重端正的报喜教堂、天使大教堂。与克里姆林宫毗连的是著名的红场，列宁墓在红场克里姆林宫墙正中前面。外国游客经常观光的街道有：特维尔大街(原高尔基大街)、阿尔巴特大街(保留着俄罗斯的古玩店和旧书店，是一条步行街)。在这里有俄罗斯最著名的大剧院、小剧院，还有特列季亚科夫画廊。特列季亚科夫画廊是俄罗斯联邦国家艺术博物馆。馆内收藏俄罗斯名画家的作品5.7万件。其中包括列宾、彼罗夫、克拉姆斯科伊、苏里科夫等人的举世佳作。

2.圣彼得堡市

圣彼得堡市是俄罗斯第二大城市，位于涅瓦河两岸低地，整个城市河流纵横、岛屿错落、风光旖旎，有“北方威尼斯”之美称。城内的俄罗斯古典建筑群享有盛名。这里有至今保留完好的18世纪主要建筑群：彼得保罗要塞和彼得保罗大教堂(彼得大帝葬地)。要塞附近有彼得大帝开拓此城时亲手建造的小屋，海军部岛上彼得大帝的夏花园和园中的夏宫，涅瓦河畔的伏罗佐夫大臣宫和斯特罗加诺夫大臣宫等等。这些建筑群具有俄国早期巴洛克式建筑的古朴、雄伟、稳重的特征。这里还有18世纪后期的建筑群：斯莫尔尼宫、冬宫、大理石宫等。19世纪初的建筑有宏伟的喀山大教堂、高达101米的伊萨克基辅大教堂等。在圣彼得堡，还有堪称“俄罗斯的凡尔赛”的彼得宫，空气清新的巴甫洛夫斯克别墅区，皇宫庭苑所在地加特奇纳,沙皇夏季别墅皇村(今普希金市)等。

在圣彼得堡,世界著名的国立艾尔米塔什博物馆,是与法国的罗浮宫、美国纽约的大都会博物馆相媲美的世界著名的博物馆。该馆分八部分:原始文化部,古希腊、罗马世界部,东方民族文化部,俄罗斯文化史部,古钱志部,西欧艺术部,从事导游工作的科学教育部和作品修复部。陈列品共占350多个展厅。馆中藏品总数达270万件,其中绘画就有1.5万幅,包括达·芬奇、提香、拉斐尔、鲁本斯、戈根等人的名作;提花壁毯等艺术品有22万件;艺术品和手工艺术品数量更多。

3.摩尔曼斯克

摩尔曼斯克位于68°58′N的北极圈内,是世界上最北最大的城市。这里一年有一个半月的极夜和两个月的极昼。每年12月2日至第二年的1月18日前后太阳一直沉在地平线下,北极星几乎垂直悬挂高空。18日前后,正午时分太阳嫣然一现,随即消失。当地居民把这一天称为“太阳日”。此后白天开始变长。在夏至前后的两个月里,白昼漫长,“夜半太阳不落”。这里虽地处酷寒的北冰洋沿岸,却又常年不冻。海岸上千里冰封,港湾里却波涛汹涌。6月天会下雪、而隆冬正月会下雨。候鸟冬不南飞,夏不北迁。冷酷的北极圈和阿拉斯加暖流,这两支色调迥异的大自然的画笔,给它涂上奇丽的色彩。

4.五层湖

五层湖位于俄罗斯北部巴伦支海上一个风景优美的基里奇小岛上。湖中水域分层、层次分明,各层具有独特的水质、水色和生物群,构成一个多彩的湖中世界。第四层最美丽,水色红如樱桃,又称“樱桃层”。第五层为混合泥土层,是由湖中各种生物尸体残骸和泥土混合形成的,并产生出有毒的硫化氢气体,没有氧气,但有不需要氧气的厌气性细菌在其中生存,是地理学和生物学上的一个奇迹。

5.伏尔加河

伏尔加河是欧洲第一大河。伏尔加河流域是俄罗斯著名的游览区。乘船遨游在伏尔加河上,千姿百态的自然景色会映入眼帘。沿途可以看到伏尔加河中下游地区和扎沃尔日耶地区的森林和草原、里海边区荒漠上的绿洲、许多世纪以来的历史古迹、列宁的故乡乌里扬诺夫斯克、伏尔加格勒的英雄防线。沿河航行还可以浏览雅罗斯拉夫尔、乌格列奇、下诺夫哥罗德(原高尔基城)、科斯特罗马、喀山、萨拉托夫等许多著名的城市。

6.索契

索契坐落在克拉斯诺达尔边疆区的索契河谷,是俄罗斯最大的滨海温泉疗养地和气候性疗养地。它属湿润的亚热带气候,年平均温度为13.3°C,夏季日平均温度为21.3°C。它作为疗养地,主要有著名的马采斯塔矿泉,水温高达38°C。这里有50多处疗养院、休养所。高地疗养院还备有钢缆电车通往海滨浴场。每年有250万国内外游客来此度假休养。

7.霍斯塔

霍斯塔是黑海沿岸的疗养地和旅游地。在20千米长的海岸线上有30多处疗养院、假日休养所和公寓,近年来又开设硫化氢矿泉疗养地。离海边不远是海拔663米的大阿洪山。山顶建有30米高的瞭望塔(仿5—12世纪中欧流行的罗马式建筑物)。从塔顶平台极目远眺,白雪皑皑的高加索群山、波涛滚滚的黑海尽收眼底。在霍斯塔河峡谷中,白岩矗立、河水涓涓、林木葱郁、密蔓围绕、景色清幽。

8.贝加尔湖

贝加尔湖是世界上最深和蓄水量最大的淡水湖。湖中有岛屿27个,最大的是奥利洪

岛，面积约730平方千米，湖岸群山环抱、溪涧错落、原始林带苍翠、风景绮丽，有西伯利亚的珍珠之美称。该湖附近有300多处矿泉，是俄罗斯东部地区最大的疗养中心，每年可接待国内外游客数十万人。

9.符拉迪沃斯托克(海参崴)

符拉迪沃斯托克是俄罗斯远东地区太平洋沿岸最大的海港。整个城市处于丘陵地带，有一被称为金角湾的小海湾。城市迤逦于金角湾沿岸，依山临海，长30千米，平均宽12千米。在符拉迪沃斯托克有奥基安斯卡娅、塞丹科、萨纳托纳亚、“海鸥”等滨海休养地，并建有特色疗养院——气候性疗养院和泥疗疗养院。蓝湾、沙岬等近海地带有很多海水浴场。山地沿海一带海岸陡峭，林木茂密，建有植物园。这里山海相连，水色风光，变化无穷，风光秀丽，每年都吸引着大量的游客到此观光。

拓展阅读

俄罗斯的茶文化

俄罗斯人重视饮茶，也就常常赋予饮茶以更多的文化内涵，从而使俄语里的“茶”一词有了更多的意义；俄罗斯人中常以“请来喝杯茶”向友人发出做客的邀请，同时也是向对方表示友好诚意的一种最佳方式。另外，旧时俄国人有喝茶给小费的习惯，俄语里称之为“давать на чай”，后来俄语这一表达方式转义表示指在任何场合的“付小费”。

一、俄罗斯茶文化的历史源流

历史上，茶从中国经西伯利亚直接传入俄罗斯，这一过程没有西欧国家的介入，据一些史书和百科全书的记载，俄罗斯人第一次接触茶是在1638年。当时，作为友好使者的俄国贵族瓦西里·斯塔尔可夫遵沙皇之命赠送给蒙古可汗一些紫貂皮，蒙古可汗回赠的礼品便是4普特(约64千克)的茶。品尝之后，沙皇即喜欢上了这种饮品，从此茶便堂而皇之地登上皇宫宝殿，随后进入贵族家庭。从17世纪70年代开始，莫斯科的商人们就做起了从中国进口茶叶的生意。

清朝康熙皇帝在位的1679年，中俄两国签订了关于俄国从中国长期进口茶叶的协定。但是，从中国进口茶叶，路途遥远，运输困难，数量也有限。因此，茶在17、18世纪的俄罗斯成了典型的“城市奢侈饮品”，其饮用者的范围局限在上层社会的贵族、有钱人，喝茶则一度成了身份和财富的象征。直至18世纪末，茶叶市场才由莫斯科扩大到少数外省地区，如当时的马卡里叶夫，如今的下诺夫哥罗德地区。至19世纪初，饮茶之风在俄国各阶层始盛行。

然而，事实上，有关史料证明，俄罗斯人第一次接触茶的时间还要早些，是在1567年。当年到过中国的两位哥萨克首领彼得罗夫和亚雷舍夫曾经描述过一种不知名的稀奇的中国饮品，这种饮品在当时的西伯利亚东南部及中亚地区已经比较普及。但可能因为哥萨克首领的描述没有引起沙皇贵族的注意，因此，这段历史也就鲜为人知了。

二、特色茶饮

中国的茶文化讲究茶具。谈到俄罗斯的茶文化，也不能不提到有名的俄罗斯茶炊，俄国有“无茶炊便不能算饮茶”的说法。在民间，人们还把“萨马瓦尔”亲切地称作“伊万·伊万诺维奇·萨马瓦尔”，或是“金子般的伊万·伊万诺维奇”，以表示对茶炊的钟爱和尊崇。在古代俄罗斯，从皇室贵族到一介草民，茶炊是每个家庭必不可少的器皿，同时常常也是人们外出旅行郊游携带之物，俄罗斯人喜爱摆上茶炊喝茶，这样的场合很多：当亲人朋友欢聚一堂时，当熟人或路人突然造访时；清晨早餐时，傍晚蒸浴后；炎炎夏日农忙季节的田头，大雪纷飞人马攒动的驿站；在幸福快乐欲与人分享时，在失落悲伤需要慰藉时；在平平常常的日子，在全民喜庆的佳节……在不少俄国人家中有两个茶炊，一个在平常日子里用，另一个只在逢年过节的时候才启用，后者一般放在客厅一角处专门用来搁置茶炊的小桌上，还有些人家专门辟出一间"茶室"，茶室中的主角非茶炊莫属。茶炊通常为铜制的，为了保持铜制品的光泽，在用完后主人会给茶炊罩上专门用丝绒布缝制的套或蒙上罩布。

俄罗斯茶炊出现于18世纪，是随着茶落户俄罗斯并逐渐盛行而出现的。茶炊的制作与金属的打造工艺不断完善密切相关。何时打造出第一把茶炊已无从查考，但据记载，早在1730年在乌拉尔地区出产的铜制器皿中就有外形类似于茶炊的葡萄酒煮壶，直至18世纪中下期才出现了真正意义上的俄罗斯茶炊。在当时，有两种不同用途的茶炊：茶壶型茶炊和炉灶型茶炊，茶壶型茶炊的主要功能在于煮茶，也经常被卖热蜜水的小商贩用来装热蜜水，以便于走街串巷叫卖且能保温。其原理在于茶炊中部竖一空心直筒，盛热木炭，茶水或蜜水则环绕在直筒周围，从而达到保温的功效。炉灶型茶炊的内部除了竖直筒外还被隔成几个小的部分，用途更加广泛：烧水煮茶可同时进行，这种"微型厨房"式的功能使它的使用范围不仅仅局限于家庭，而且深受旅行者青睐。无论在森林还是草场，在能找到作燃料的松果或木片的地方，人们都可以就地摆上炉灶型茶炊，做一顿野外午餐并享受午后茶饮的惬意。至19世纪中期，茶炊基本定型为三种：茶壶型(或也称咖啡壶型)茶炊、炉灶型茶炊，烧水型茶炊(只用来烧开水的茶炊)。

三、茶的选择

不同的民族有着不同的饮茶习俗。从饮茶形式上来看，中国人饮茶一向是香茗一杯，细品慢饮；俄国人喝茶，则伴以大盘小碟的蛋糕、烤饼、馅饼、甜面包、饼干、糖块、果酱、蜂蜜等等茶点。从功能上看，中国人饮茶多为解渴、提神或消遣、待客；俄国人喝茶则常常为三餐外的垫补或往往就替代了三餐中之一餐。当然，喝茶之际谈天说地是必不可少的，俄罗斯人把饮茶当成一种交际方式，饮茶之际达到一种最好的沟通效果，而独自饮茶则可以给自己一个沉思默想的机会，进行一种"我"与"我"的交流。

从饮茶的品种来看，中国人喜喝绿茶，俄罗斯人则酷爱红茶，有趣的是红茶在俄语直译为"黑茶"。之所以称为"黑茶"，似乎有合乎逻辑的道理：一来红茶在未泡入水中时呈黑色，二来俄罗斯人喜喝酽茶，浓浓的酽红茶也呈黑色。从饮茶的味道看，俄罗斯人更喜欢喝甜茶，喝红茶时习惯于加糖、柠檬片，有时也加牛奶。因而，在俄罗斯的茶文化中糖和茶密不可分，人们用"谢谢糖茶"来表示对主人热情款待的谢意。从饮茶的具体方式看，俄罗斯人喝甜茶有三种方式：一是把糖放入茶水里，用勺搅拌后喝；二是将糖咬下一小块含在嘴里喝茶；三是看糖喝茶，既不把糖搁到茶水里，也不含在嘴里，而是看着或想着糖喝茶。第一种方式最为普遍，第二种方式多为老年人和农民接受，第三种方式其实常常是指在没有糖的情形下，喝茶人意念当中想着糖，一边品着茶，结果是似乎也品出了茶里的甜味，很有些"望梅止渴"的感觉。

值得一提的是俄罗斯人还喜欢喝一种不是加糖而是加蜜的甜茶——чай с мёдом。在俄国的乡村，人们喜欢把茶水倒进小茶碟，而不是倒入茶碗或茶杯，手掌平放，托着茶碟，用茶勺送进嘴里一口蜜后含着，接着将嘴贴着茶碟边，带着响声一口一口地吮茶，喝茶人的脸被茶的热气烘得红扑扑的，透着无比的幸福与满足。这种喝茶的方式在俄语中叫"用茶碟喝茶"，有时代替蜜的是自制果酱，喝法与伴蜜茶一样，在18、19世纪的俄国乡村这是人们比较

推崇的一种饮茶方式。

俄国人饮茶的历史虽不算太长，但茶在俄罗斯民族文化中却占有重要位置。俄国人不但喜欢饮茶，而且逐步创造并拥有了自己独特的茶文化。

思考题

1.简述欧洲地区社交礼仪中的共同特点。

2.分析欧洲地区各国的经济发展与旅游业的关系。

第五章

美洲地区

学习目标

1.熟悉美洲地区主要客源国的基本概况。
2.掌握美洲地区主要客源国的民俗风情。
3.掌握美洲地区主要客源国的旅游业发展概况和旅游资源。

第一节　美国

一、国情概述

(一)国名、国旗、国徽、国歌

1.国名

美国,全称为美利坚合众国(The United States of America)。美国因洲名而得名。在英语中,“美利坚”和“亚美利加”是同一词“America”,只是汉译不同,前者指美国,后者指全美洲。“亚美利加”是由15世纪末确认美洲为“新大陆”的意大利探险家的名字演变而来。1776年7月4日,殖民地人民发表了《独立宣言》,宣布成立“美利坚合众国”。美国一建国就想使自己在美洲居于统治地位,因此,把美洲的名称作为自己的名称。1787年,在美国宪法中正式肯定了这一名称。美国的绰号是“山姆大叔”,这也是它的一个象征。

2.国旗

美国国旗是“星条旗”,旗面左上角为蓝色星区,区内共有50颗白色五角星,星区以外是13道红白相间的条纹。50颗星代表美国50个州,13道条纹代表最初北美13块殖民地。而红色象征强大和勇气,白色代表纯洁和清白,蓝色象征警惕、坚韧不拔和正义。每年6月14日为“美国国旗制定纪念日”。在这一天,美国各地举行纪念活动,以示对国旗的敬重和对合众国的热爱。美国国旗启用于1960年7月4日。

美国国旗

3.国徽

美国国徽主体为一只胸前带有盾形图案的白头海雕(秃鹰)。白头海雕是美国的国鸟，它是力量、勇气、自由和不朽的象征。盾面上半部为蓝色横长方形，下半部为红、白相间的竖条，其寓意同国旗。鹰之上的顶冠象征在世界的主权国家中又诞生一个新的独立国家——美利坚合众国。顶冠内有 13 颗白色五角星，代表美国最初的 13 个州。鹰的两爪分别抓着橄榄枝和箭，象征和平和武力。鹰嘴叼着的黄色绶带上用拉丁文写着“合众为一”，意为美利坚合众国由很多州组成，是一个完整的国家。

美国国徽

4.国歌

美国国歌为《星光灿烂的旗帜》。

(二)人口、民族、语言、宗教

美国人口约 3.30 亿(2019 年 7 月)。其中白人占 79%(包括拉美裔白人)，其余分别为非洲裔、亚裔等。通用语言是英语。46.5%的居民信奉基督教，其他居民信奉天主教、犹太教等，22.8%无宗教信仰(少部分人群属于多宗教信仰被重复统计)。

(三)地理环境、气候

美国位于北美洲中部，北与加拿大接壤，南靠墨西哥湾，西临太平洋，东濒大西洋。领土包括美国本土、北美洲西北部的阿拉斯加和太平洋中部的夏威夷群岛，是美洲第二大的国家，面积约为 937 万平方千米，本土东西长 4 500 千米，南北宽 2 700 千米，海岸线长22 680千米。

美国本土的地形特征是东西两侧高，中间低，没有东西走向的山脉。大体上可以分为三个地形区:东部为阿巴拉契亚山脉和大西洋沿岸低地、中部大平原、西部属科迪勒拉山系。

美国大部分地区属于大陆性气候,南部属亚热带气候。中北部平原温差很大,芝加哥1月平均气温为-3℃,7月为24℃;墨西哥湾沿岸1月平均气温为11℃,7月为28℃。

(四)首都、行政区划

美国首都是华盛顿,全称"华盛顿哥伦比亚特区",人口约71万,建于1790年。1800年正式使用,是为纪念美国开国元勋乔治·华盛顿和发现美洲新大陆的哥伦布而命名的。华盛顿在行政上不属于任何一州,由联邦政府直辖。

全国共分50个州和1个特区(哥伦比亚特区),有3144个县。联邦领地包括波多黎各和北马里亚纳,海外领地包括关岛、美属萨摩亚、美属维尔京群岛等。

(五)简史

美国原为印第安人聚居地。15世纪末西班牙、荷兰、法国、英国等国开始向北美移民。至1773年,英国已建立13个殖民地。1775年,爆发独立战争。1776年7月4日,通过《独立宣言》,正式宣布建立美利坚合众国。1787年,制定联邦宪法,1788年,华盛顿当选为第一任总统。在1776年后的100年内,美国领土几乎扩张了10倍。19世纪80年代,美国工业生产值超过英国,跃居世界首位。进入20世纪,经过两次世界大战的刺激,美国在战争中聚集了大量的财富,成为世界头号经济强国。

(六)政治

根据《联邦宪法》规定,美国建立联邦共和国。国家权力分为立法权、行政权和司法权,分别由国会、总统和联邦最高法院行使,他们之间互相制衡。总统选举四年一次,当选总统在大选年第二年的1月20日宣誓就职,可连任一届。

美国有多个党派,但在国内政治及社会生活中起重大作用的只有共和党和民主党。"驴象之争"代指美国政治竞选,也是美国两党制的喻词。"驴子"是民主党的党徽,"大象"是共和党的党徽。四年一次的美国总统选举又称为"驴象之争"或"驴象赛跑"。民主党与共和党分别以驴和象作为自己的象征,源于德裔美国政治漫画家汤姆斯·纳斯特的讽刺漫画。

(七)经济

美国经济被认为是世界上最大也是最重要的经济体。美国有高度发达的现代市场经济,其国内生产总值和对外贸易额均居世界首位。全球多个国家的货币与美元挂钩,而美国的证券市场被认为是世界经济的晴雨表。

在美国各地区,经济活动重心不一。例如:纽约市是金融、出版、广播和广告等行业的中心;洛杉矶是电影和电视节目制作中心;旧金山湾区和太平洋沿岸西北地区是技术开发中心;中西部是制造业和重工业中心,底特律是著名的汽车城,芝加哥是该地区的金融和商业中心;东南部以医药研究、旅游业和建材业为主要产业,并且由于其薪资成本低于其他地区,因此持续地吸引制造业的投资。

美国是世界上第一大进口国和第三大出口国。美国主要出口商品为化工产品、机械、汽车、飞机、电子信息设备、武器、食品、药品、饮料等;主要进口商品是食品、服装、电子器材、机械、钢材、纺织品、石油、天然橡胶以及锡、铬等金属。2018年美国前五大货物贸易伙伴为中国、加拿大、墨西哥、日本和德国。美国是中国第一大货物出口市场、第六大进口来源地。

美国拥有完整而便捷的交通运输网络,运输工具和手段多种多样,旅游基础设施完备,旅游业相当发达。

美国的货币单位是美元(USD),由美国联邦储备系统发行,100 美元相当于人民币 700.75元(以 2019 年 11 月 21 日的美元对人民币汇率换算)。

二、民俗风情

虽然美国只有 200 多年历史,没有什么历史底蕴,但在几百年的短暂发展中,逐渐形成了具有鲜明特色的美国文化,其核心就是追求梦想、平等、自由以及包容一切。自由女神像、芭比娃娃、《美国哥特式》、野牛镍币和山姆大叔被称为美国文化的五大象征。

(一)服饰

美国人平时的穿着打扮不太讲究,他们认为舒适是最重要的,甚至有些不拘小节。崇尚自然、偏爱宽松、讲究个性是美国人穿着打扮的基本特征。百分之百纯棉的 T 恤、衬衫、牛仔裤是美国人的最爱,无论老人、儿童还是年轻人,平常都穿着宽松舒适的休闲装、运动鞋。

但实际上美国人还是十分注重穿衣场合的。在有着装要求的政府部门和公司工作的上班族,工作时间一般是男士西装革履,女士套装套裙。若是参加宴会、舞会等社交活动,一定要根据参加的活动类型选择合适的服装。

(二)饮食

美国人的饮食特征是喜食生、冷、淡的食物,不刻意讲究形式与排场,而强调营养搭配,有人开玩笑说美国人是用"脑袋"吃饭——搭配有营养。一般情况下,美国人以食用肉类为主,牛肉是他们的最爱,鸡肉、鱼肉、火鸡肉也深受欢迎,但爱吃羊肉者却极为罕见。美国人所不吃的食物,主要有狗肉、猫肉、蛇肉、鸽肉、淡水鱼与无鳞无鳍的鱼、动物的头、动物的爪及其内脏、生蒜、韭菜、皮蛋等。

美国家庭每天早餐以面包、牛奶、鸡蛋、果汁、麦片、咖啡、香肠等为主。午餐一般在工作地点食用快餐(快餐是典型的美国饮食文化,十分普及),一般有三明治、汉堡包、热狗等。晚餐是正餐,比较丰盛,有一两道菜,如牛排、猪排、烤肉、炸鸡等,配面包、黄油、青菜、水果、点心等。

美国人的主要饮料是咖啡,还有冰水、矿泉水、红茶、可乐与葡萄酒,新鲜的牛奶、果汁也是他们天天必饮之物。喝饮料时大都喜欢加冰块,如不加冰块要事先声明。在宴会上祝酒时,他们习惯于高举自己的酒杯,并不讲究非要使自己的酒杯低于他人。

小知识

美国人用餐的戒条主要有以下七条:一、不允许进餐时发出声响。二、不允许替他人取菜。三、不允许吸烟。四、不允许向他人劝酒。五、不允许当众宽衣解带。六、不允许议论令人作呕之事。七、入口之物不宜再吐出来。总之,美国人认为,在用餐时理当表现得斯文一些才好。

(三)节庆

美国人一年中按照传统习惯要欢度许多节日,庆祝方式各不相同。根据时间先后,主要节日有:

新年:1 月 1 日。

马丁·路德·金纪念日:1 月的第三个星期一。

情人节:2 月 14 日。

华盛顿诞辰日:2 月的第三个星期一。乔治·华盛顿作为美国的开国元勋和第一任总统而为美国人民永远纪念,其诞辰日 2 月 22 日是美国各州的法定假日。

复活节:每年春分后第一个月圆后的星期日,彩蛋和兔子是复活节的象征。

阵亡将士纪念日:5 月的最后一个星期一。

独立日:7 月 4 日,即美国国庆日,纪念 1776 年 7 月 4 日大陆会议通过《独立宣言》。

劳工节:9 月的第一个星期一。

哥伦布日:10 月的第二个星期一,纪念哥伦布于 1492 年首次登上美洲大陆。

感恩节:11 月的第四个星期四,美国人民独创的一个古老节日,也是美国人合家欢聚的节日,因此美国人提起感恩节总是倍感亲切。感恩节的食品富有传统特色,火鸡是感恩节的传统主菜,还有甜山芋、玉蜀黍、南瓜饼、红莓苔子果酱、自己烘烤的面包及各种蔬菜和水果等。

圣诞节:12 月 25 日,是美国最大最热闹的节日。

小知识

感恩节

感恩节的由来与美国历史的起源有关。1620 年,著名的“五月花号”船满载不堪忍受英国国内宗教迫害的清教徒 102 人到达美洲。1620 年和 1621 年之交的冬天,他们遇到了难以想象的困难,处在饥寒交迫之中,冬天过后,活下来的移民只剩 50 多人。基于“来者是客”的信念与习俗,印第安人给这些移民送来了生活必需品,并且教导他们狩猎、捕鱼和种植玉米、南瓜等生存方法。在印第安人的帮助下,来自欧陆的新移民逐渐习惯了在当地的生存方式。在欢庆丰收的日子,欧陆新移民邀请印第安人一同感谢上天的赐予。年复一年,逐渐成了一个传统节日。直至 1863 年,林肯总统宣布感恩节为全国性节日。1941 年,美国国会正式将每年 11 月第四个星期四定为“感恩节”。

(四)传统文化、艺术

经过悠久而独特的历史锻造,美国传统文化、艺术更是丰富多彩。

美国文学的历史不长,它几乎是和美国自由资本主义同时出现,较少受到封建贵族文化的束缚。美国文学发展的过程就是不断吸取、融合各民族文学特点的过程。它大致出现过三次繁荣:19 世纪前期形成民族文学,第一和第二次世界大战后,美国文学两度繁荣,并产生世界影响,已有近十位作家获得诺贝尔文学奖。

美国是世界第一电影强国,美国电影一直引领着世界电影产业发展的潮流。好莱坞是美国电影业的中心,已成为美国电影的代名词。美国电影评奖活动中影响最大、历史最久的是奥斯卡金像奖。它是由电影艺术与科学学院颁发,1928 年设立,每年一次在美国好莱坞举行,与柏林国际电影节、威尼斯国际电影节和戛纳国际电影节并称为世界四大电影节。

美国的平均教育水准极高，联合国的经济指数调查中将美国的教育水准列为世界第一。美国的许多高等院校有非常大竞争力，在世界排名前 500 名大学中，美国占 168 所；前 20 名中，美国占 17 所。全美有约 3 600 所大学，而最有名的有 6 所：哈佛大学、耶鲁大学、普林斯顿大学、麻省理工学院、斯坦福大学、加州理工学院，每次的全美或世界大学排名都能进前 10 名，超过 80％的美国诺贝尔奖得主都曾在这六大名校之一学习或工作。美国成为全球最重要的教育枢纽，每年吸引不少来自世界各地的留学生慕名前来升学。

体育在美国是民族文化的一个重要组成部分。各种体育运动在美国备受欢迎。被称为“四巨头”的运动项目包括棒球、橄榄球（美式足球）、冰上曲棍球和篮球，而且有享誉世界的联盟，如美国职棒大联盟（MLB）、美国橄榄球大联盟（NFL）和全美职业篮球联赛（NBA），尤其是 NBA 影响力最大。世界上收入最高的运动团队和运动员绝大多数都是在美国。

（五）社交礼仪

美国人随和友善、乐观大方、热情开朗、不拘礼节、喜欢幽默、自尊好胜。

一般而言，美国人是“自来熟”，习惯主动和人打招呼。只在正式场合行握手礼，一般场合见面时相视一笑，说声“嗨！”或“哈罗！”即为见面礼节。

美国人相互称呼时常直呼姓名，不大喜欢在称呼中冠以“先生”“小姐”“太太”等，也不用正式头衔。称呼长者时忌用“老”字。

美国人讲究“个人空间”，所以与美国人相处要保持适当的距离，以 50 厘米以上为宜。交谈中不要涉及个人私生活的话题。与美国黑人交谈时要少提“黑”这个字。

美国人以好客著称，但不喜欢不速之客。约会、做客都必须事先安排，并准时赴约。美国人很讲究女士优先，尤其在社交场合，女士总会受到格外的优待。男性最好不要向美国妇女送香水、衣物和化妆品。

美国人比较喜欢运用手势或其他体态语来表达自己的情感，但忌用以下体态语：盯视他人、冲着别人伸舌头、用食指指点交往对象、用食指横在喉头之前、竖起拇指并以之指向身后、竖起中指。美国人认为，这些体态语都具有侮辱他人之意。

美国人在跟同性打交道时有不少讲究。在美国，成年的同性共居于一室之中，在公共场合携手而行或是勾肩搭背，在舞厅里相邀共舞等，都有同性恋之嫌。

（六）禁忌

美国人最讨厌的数字是“3”和“13”，最不喜欢的日期是“星期五”。喜爱的颜色是白色、蓝色和黄色，忌讳黑色，认为黑色是肃穆的象征，是丧葬用的色彩。美国人普遍爱狗，认为狗是人类最忠实的朋友，厌恶爱吃狗肉或者虐待狗的人。在美国人眼里，驴代表坚强，象则代表稳重。反感蝙蝠，视其为吸血鬼与凶神。

三、旅游业发展

（一）旅游业发展概况

美国的旅游业历史比较悠久，而且极为发达，其规模、设施及收入方面在世界各国中都名列前茅。美国从联邦政府到各州政府以及旅游城市政府等都十分重视旅游产业发展，早在20个世纪70年代,联邦政府就制定了一系列政策措施促进和扶持旅游业发展。2012年,美国政府宣布推出一项旨在促进旅游业发展的国家战略,目标是到2021年实现来美旅游国际游客数量增长至1亿人次以上。强大的经济实力、多元的文化融合和现代化的生活方式充分奠定了美国国际性的旅游目的地与客源国形象。美国前总统比尔·克林顿曾说:"旅行与旅游对于21世纪的美国人是非常重要的,它是我们最大的商务服务出口项目,是国家第二大雇主。"目前,旅游业已成为美国最大服务的出口行业。旅游业务为美国经济中重要的一环,为美国贡献了1.6万亿美元的GDP,总占比达到7.8%。

美国是世界出游大国,年出国旅游人次数仅次于德国和英国,在世界排名第三,国际旅游支出则居世界首位。美国出境旅游市场的明显特征是距离近、流动多。美国公民主要旅游目的国是加拿大、墨西哥及西欧、东北亚、东南亚、北非一些国家。随着中国在亚太旅游市场所占份额的增加,中国已成为美国人在亚太地区的首选旅游目的地之一。自1993年起,中国成为美国赴亚太地区旅游人数中增幅最大的旅游目的地,中国文化和旅游部的数据显示,2018年,按入境人数排序,美国是中国第五大客源市场。

美国接待的外国游客主要来自加拿大、墨西哥、中国、韩国、巴西、阿根廷、爱尔兰等国,但美国入境游规模从2015年开始连续下滑。而这一现象主要由以下因素导致:首先,美国政府颁布的旅行禁令是影响美国国际旅游市场的要素之一。其次,美元的持续升值,以及南美和欧洲部分地区经济表现疲软也对美国国际旅游市场产生一定的消极影响。最后,美国国际旅游市场还受到来自欧洲国家的竞争,随着欧洲地区低成本航空公司的快速发展,前往欧洲旅行的成本更低,能为越来越多的消费者接受。中国是美国主要入境游客源国之一,美国国家旅游办公室(NTTO)数据显示,2018年,中国赴美旅游人数同比下滑5.7%,至290万人次,这结束了自2003年以来连续14年的增长。

美国人的国内旅游十分普遍。国内旅游也是旅游业的主要收入来源,在全部旅游收入中,69%来自国内旅游。

(二)主要的旅游资源

美国瑰丽旖旎的自然风光、兼容并蓄的民族文化使它成为极具吸引力的旅游国家。东部的大西洋沿岸多为平原丘陵,森林资源丰富,湖泊众多,主要城市有华盛顿、纽约、波士顿、费城、迈阿密;中部的大平原是重要的农牧区,主要城市有芝加哥、亚特兰大、休斯敦以及新奥尔良等;在大平原的西部大山区,有著名的大峡谷国家公园和黄石国家公园;靠太平洋的西海岸地区有风光旖旎、阳光灿烂的加利福尼亚州,旧金山和洛杉矶就在这里,西岸的主要城市还有西雅图;在北部近加拿大边界附近,有著名的五大湖游览区,其中最壮观的景点是尼亚加拉大瀑布。此外,位于美国西面太平洋上的夏威夷群岛也是全球闻名的度假胜地。美国共有21项世界文化与自然遗产(其中2项与加拿大共有),其中包括8项世界文化遗产、12项世界自然遗产、1项双重遗产。

1.华盛顿

华盛顿是一座世界名城,也是美国的政治中心,位于马里兰州和弗吉尼亚州之间的波托马克河与阿纳卡斯蒂亚河汇流处。华盛顿有众多的人文景观,主要景点有:

(1)华盛顿纪念碑

华盛顿纪念碑是为纪念美国首任总统乔治·华盛顿而建造的,它位于华盛顿市中心,在国会大厦、林肯纪念堂的轴线上,是一座大理石方尖碑,高169米。华盛顿特区有明文规定,特区内任何建筑都不得超过它的高度。纪念碑内有 50 层铁梯，也有 70 秒到顶端的高速电梯，游人登顶后通过小窗可以眺望华盛顿全城。1888 年 10 月 9 日，华盛顿纪念碑正式免费向游人开放。

(2)国会大厦

国会大厦建在被称为“国会山”的全城最高点上，它是华盛顿的象征。这座乳白色的建筑有一个圆顶主楼和相互连接的东、西两翼大楼，美国国会参众两院都在国会大楼里办公。

(3)白宫

白宫是美国总统府，是华盛顿之后美国历届总统办公和居住的地方，坐落在华盛顿市中心的宾夕法尼亚大街，是一座白色的三层楼房，因其外墙为白色砂岩石，故称白宫。白宫占地 7.3 万多平方米，由主楼和东西两翼的侧楼组成，东翼供游客参观，西翼是办公区域，总统的椭圆形办公室位于西冀内侧。主楼底层有外交接待大厅，厅外是南草坪，来访国宾的欢迎仪式一般在这里举行。主楼的第二层是总统家庭居住的地方。此外，白宫的东侧有“肯尼迪夫人花园”，西侧有“玫瑰园”。

白宫的一部分在规定时间内向全世界公民开放(每周二至周六开放)，因此成了游人观光的热点。2015 年 7 月 1 日，白宫取消实行 40 多年的游客拍照禁令。从当日起，游客在白宫参观时可以用手机或镜头长度不超过 7.62 厘米的相机拍照，但不允许录像。

(4)林肯纪念堂

林肯纪念堂被视为美国永恒的塑像及华盛顿市标志，是为纪念美国总统林肯而设立的纪念堂。整座建筑呈长方形，有 36 根大理石柱子环绕着纪念堂，代表当时美国的 36 个州。纪念堂正中是一座大理石制林肯坐像，林肯的葛底斯堡演说和他第二次就职演讲词也刻在大理石墙上。1963 年 8 月 28 日，马丁·路德·金正是在这里发表了他著名的演说《我有一个梦想》，让这一庄严之地的存在意义更加丰富起来。林肯纪念堂常年免费对外开放。

2.纽约

纽约地处大西洋沿岸，美国最大最繁华的城市，也是一座世界级城市，直接影响着全球的经济、金融、媒体、政治、教育、娱乐与时尚界。联合国总部和世界上很多国际机构和跨国公司的总部都设在纽约，因此被世人誉为“世界之都”。主要景点有：

(1)自由女神像

自由女神像全名为“自由女神铜像国家纪念碑”，正式名称是“照耀世界的自由女神”。自由女神面向大洋，神态端庄，右手高擎 12 米长的火炬，左手紧抱《独立宣言》书板。它是法国在 1876 年赠送给美国的独立 100 周年礼物。于 1886 年 10 月 28 日矗立在美国纽约市海港内的自由岛的哈德逊河口附近，美国克里夫兰总统主持揭幕。从那以后，凡进纽约港的船只都从神像 12.8 米高的右臂下进入美国。自由女神像已经成为美国自由的象征，迎接为了追求美好生活而来到美国定居的各地移民。

(2)唐人街

唐人街是美国最大的华人社区，也是这座城市最古老、真正的商贩云集的街道之一，保存着浓郁的中国文化习俗。

(3)帝国大厦

帝国大厦是位于美国纽约市的一栋著名的摩天大楼，于 1931 年建成，共有 102 层，包括电视天线塔在内高度约 443.18 米。86 楼和 102 楼各设有观景台，游客除了能一饱美景，还能在这里领略到大厦的历史趣事及其重要性。帝国大厦曾在250多场电影中露过脸,人们称其为“美国最吃香的建筑”。

(4)纽约中央火车站

纽约中央火车站享有“世界最美丽车站”的美誉,同时也是纽约市最负盛名的景点之一。穴状的中央大厅里悬挂着用珍贵猫眼石制造的四面钟,可谓是整个火车站的镇站之宝。

(5)大都会艺术博物馆

大都会艺术博物馆是美国最大的艺术博物馆,也是世界著名博物馆。位于美国纽约5号大道上的82号大街,占地面积为13万平方米。它是与英国伦敦的大英博物馆、法国巴黎的罗浮宫、俄罗斯圣彼得堡的彼得格勒美术馆齐名的世界四大美术馆之一,共收藏有300万件展品。

3.洛杉矶

洛杉矶,又名“天使之城”,位于美国加州西南部,是美国的第二大城市,也是美国最大的海港。洛杉矶每年有超过4 000万人前来观光旅游,成为游客访问量仅次于纽约的美国城市。此外,洛杉矶还是美国《国家地理》杂志推荐的一生必去50个地方之一,除了各种主题游乐园、地标建筑和艺术博物馆,洛杉矶的海滩更是让人沉迷。

(1)洛杉矶迪斯尼乐园

迪斯尼乐园位于洛杉矶市区东南,是世界上最大的综合游乐场。1955年,美国动画大师沃尔特·迪斯尼在洛杉矶附近创办了第一座迪斯尼游乐园。迪斯尼乐园是一座游乐公园,主要有主街、冒险乐园、新奥尔良广场、动物王国、拓荒者之地、米奇卡通城、梦幻乐团、未来王国八个主题公园。中央大街上有优雅的老式马车、古色古香的店铺和餐厅茶室等,走在迪斯尼世界中,还经常会碰到一些演员扮成的米老鼠、唐老鸭、白雪公主和七个小矮人。游客来此还可以到附近的海滩游泳、滑冰、驾帆船,到深海捕鱼,乘汽球升空,或是参观附近的名胜古迹。

(2)环球影城

好莱坞环球影城位于洛杉矶市区西北郊,是游客到洛杉矶的必游之地。20世纪初,电影制片商在此发现理想的拍片自然环境,便陆续集中到此,使这一块土地逐渐成为世界闻名的影城。影城由三个部分组成,分别是影城之旅、上园区与下园区。附近有“好莱坞碗”(天然圆形剧场)、杜比剧院、中国剧院等。许多新、老影星居住在附近的贝弗利山上。

4.拉斯维加斯

拉斯维加斯是美国内华达州的最大城市,以赌博业为中心的庞大的旅游、购物、度假产业而著名,是世界知名的度假胜地之一,有“世界娱乐之都”和“结婚之都”的美称。2014年,美国赌城拉斯维加斯成为全球最多新婚夫妇选择的蜜月旅行目的地。

5.夏威夷

夏威夷州是美国唯一的群岛州,由太平洋中部的132个岛屿组成。夏威夷群岛是由火山爆发形成的,包括8个大岛和124个小岛,绵延2 450千米,形成新月形岛链。夏威夷岛为最大岛,岛上有2座活火山,气候终年温和宜人。州府檀香山为旅游胜地,最吸引人的地方是外基基海滩,全年风和日丽水蓝天青,适合游泳、冲浪,可以荡舟,也可以捕鱼。每年进出檀香山的船舶约2 000艘,每天进出檀香山国际机场的旅客多至40万人。

6.黄石国家公园

黄石国家公园占地9 000多平方千米,位于怀俄明州的大片原始森林中。自然景观丰富多样，峡谷、瀑布、湖泊、间歇泉和温泉。还有丰富的野生动物，如灰熊、狼、麋鹿和野牛等。黄石公园建于1872年，是美国的第一个国家公园。

7.尼亚加拉瀑布

尼亚加拉瀑布位于加拿大和美国交界的尼亚加拉河中段地区，有着世界七大奇景之一，与南美的伊瓜苏瀑布及非洲的维多利亚瀑布合称世界三大瀑布。它以宏伟的气势，丰沛而浩瀚的水汽，震撼了所有的游人。从伊利湖滚滚而来的尼亚加拉河水流经此地，突然垂直跌落51米，巨大的水流以银河倾倒之势冲下断崖，声及数里之外，场面震人心魄，形成了气势磅礴的大瀑布。

拓展阅读

美国游客的十大特点

1.美国人出国旅游的普遍性。

2.美国人旅游安排的计划性。

3.美国人旅游度假的短期性。

4.美国人旅游消费的超前性与随意性。

5.美国人旅游的独立性。

6.美国年轻人旅游追求新奇与刺激性。

7.美国中老年人旅游追求自然性。

8.美国游客的历史知识比较缺乏。

9.美国游客对卫生设施的“期待”。

10.美国游客最善于用网络来规划旅游。

第二节　加拿大

一、国情概述

(一)国名、国旗、国徽、国歌

1.国名

加拿大的正式名称即为加拿大(Canada)。其作为国家的名称，出自当地土著居民的语言，本意为“棚屋”。也有人讲，它来源于葡萄牙语，意为“荒凉”。在世界上，加拿大有着“移民之国”“枫叶之国”“万湖之国”“真诚的北疆”“粮仓”等多种美称。

2.国旗

加拿大国旗俗称“枫叶旗”，呈横长方形，长与宽之比为2∶1。旗面中间为白色正方形，内有一片11个角的红色枫树叶；两侧为两个相等的红色竖长方形。白色正方形代表加拿大辽阔的国土，加拿大很大面积的国土全年积雪期在 100 天以上，故用白色表示；两个红色竖长方形分别代表太平洋和大西洋，因加拿大西濒太平洋、东临大西洋；红枫叶代表全体加拿大人民，加拿大素有“枫叶之国”的美誉，枫树是该国的国树，枫叶是加拿大民族的象征。加拿大国旗启用于 1965 年 2 月 15 日。

加拿大国旗

3.国徽

加拿大国徽

加拿大国徽制定于 1921 年，图案中间为盾形，盾面下部为一枝三片枫叶；上部的四组图案分别为：三头金色的狮子、一头直立的红狮、一把竖琴和三朵百合花，分别象征加拿大在历史上与英格兰、苏格兰、爱尔兰和法国之间的联系。盾徽之上有一头狮子举着一片红枫叶，既是加拿大民族的象征，也表示对第一次世界大战期间加拿大的牺牲者的悼念。狮子之上为一顶金色的王冠，象征英国女王是加拿大的国家元首。盾形左侧的狮子举着一面联合王国的国旗，右侧的独角兽举着一面原法国的百合花旗。底端的绶带上用拉丁文写着“从海洋到海洋”，表示加拿大的地理位置——西濒太平洋，东临大西洋。

4.国歌

1980 年 7 月 1 日加拿大政府宣布《啊，加拿大》为正式国歌，并在首都渥太华举行了国歌命名仪式。加拿大的国歌有英、法两种歌词。

(二)人口、民族、语言、宗教

加拿大人口约 3 741 万(2019 年 6 月)，主要为英、法等欧洲后裔，土著居民约占 3%，其余为亚洲、拉美、非洲裔等。英语和法语同为官方语言。居民中信奉天主教的占 45%，信奉基督教新教的占 36%。

(三)地理环境、气候

加拿大位于北美洲北部，东临大西洋，西濒太平洋，南接美国本土，北靠北冰洋，西北与美国阿拉斯加州接壤，东北隔巴芬湾与格陵兰岛相望。面积为 998 万多平方千米，居世界第二位。加拿大是世界上海岸线最长的国家，海岸线约长 24.4 万千米。

加拿大东部为丘陵地带；南部与美国接壤的大湖和圣劳伦斯地区，地势平坦，多盆地；西部为科迪勒拉山区，是加拿大最高的地区，许多山峰在海拔 4 000 米以上；北部为北极群岛，多系丘陵低山；中部为平原区。最高山洛根峰，位于西部的洛基山脉，海拔为 5 951 米。加拿大是世界上湖泊最多的国家之一。

因受西风影响，加拿大大部分地区属大陆性温带针叶林气候。东部气温稍低，南部气候适中，西部气候温和湿润，北部为寒带苔原气候。北极群岛，终年严寒。中西部最高气温达 40℃以上，北部最低气温低至－60℃。到加拿大旅游的最佳季节是 5 月至 10 月，在这段时间可以体会加拿大独特的极具风情的清凉夏天和枫叶层林尽染的秋天。

（四）首都、行政区划

加拿大首都渥太华，地处安大略省，它得名于流经该城的渥太华河。首都地区（包括安大略省的渥太华市、魁北克省的赫尔市及其周围城镇）人口 128.2 万，面积 4 715 平方千米。年平均最高气温为 15℃～26℃（7 月），最低气温为－16℃～－6℃（1 月）。

全国分十省三地区。十省为不列颠哥伦比亚、阿尔伯塔、萨斯喀彻温、曼尼托巴、安大略、魁北克、新不伦瑞克、诺瓦斯科舍、爱德华王子岛、纽芬兰和拉布拉多；三地区为育空、西北、努纳武特。各省设省督、省议长、省长和省内阁，地区也设立相应职位和机构。

（五）简史

加拿大原为印第安人和因纽特人居住地。17 世纪初沦为法国殖民地，后被割让给英国。18 世纪末，加拿大发生争取独立的运动，1867 年英国被迫允许建立加拿大自治领。1926 年，英国承认加拿大的“平等地位”，加拿大始获独立外交权。1931 年，加拿大成为英联邦成员国，其议会也获得了同英议会平等的立法权，但仍无修宪权。1982 年，英国女王签署《加拿大宪法法案》，加拿大议会获得立宪、修宪的全部权力。加拿大现仍为英联邦成员国。

（六）政治

加拿大至今没有一部完整的宪法，主要由在各个不同历史时期通过的宪法法案所构成，其中包括 1867 年在英国议会通过的《不列颠北美法案》、1867 年至 1975 年通过的宪法修正案，以及 1982 年在加拿大议会通过的《1982 年宪法法案》。根据宪法，加拿大实行联邦议会制，国家元首为英国女王，由总督代表女王执掌国家的行政权。联邦议会是国家最高权力和立法机构，由参议院和众议院组成，参众两院通过的法案由总督签署后成为法律。政府为内阁制，是执行机构，由众议院中占多数席位的政党组阁，其领袖任总理，领导内阁。

（七）经济

加拿大是西方七大工业国家之一。制造业、高科技产业、服务业发达，资源工业、初级制造业和农业是国民经济的主要支柱。近年来，加拿大经济增长较为强劲，增速在发达工业国中名列前茅。

加拿大以贸易立国，对外贸依赖严重，经济上受美国影响较深。主要出口汽车及零配件、其他工业制品、林产品、金属和能源产品等；主要进口机械设备、汽车及零配件、工业材料、其他消费品及食品等。主要贸易对象是美国、中国、日本、欧盟国家。

加拿大旅游业十分发达。据世界经济论坛官网发布的《2019 年旅游业竞争力报告》显示,加拿大在全球旅游业竞争力榜单中排名第九。加拿大主要旅游城市有温哥华、渥太华、多伦多、蒙特利尔、魁北克市等。

加拿大交通运输发达,已建起由铁路、公路、水运、航空和管道五个部门组成的现代化交通运输网络,旅游交通便利。

加拿大的货币单位是加拿大元(CAD),由加拿大银行发行,100 加拿大元相当于人民币 530.15 元(以 2019 年 11 月 21 日的加拿大元对人民币汇率换算)。

二、民俗风情

加拿大社会的多元文化环境被加拿大政府和人民引以为豪,它不但是区别于其他移民输入大国的显著标志,而且是吸引移民的主要原因之一。

(一)服饰

加拿大人着装以欧式为主。上班时间,一般要穿西服、套裙;参加社交活动时,往往穿礼服或时装;休闲场合则讲究自由穿着,只要自我感觉良好即可。

每逢节假日,尤其是在欢庆本民族的传统节日时,大多数加拿大人有穿自己的传统民族服装的习惯。到了那时候,人们往往会有参观"万国服饰博览"之感。

居住在临近北极的因纽特人,服装多以麋鹿的毛皮缝制而成。它不仅宽大厚实,而且常常是衣、裤与帽子连为一体,这主要与抵御严寒有关。

(二)饮食

加拿大人的饮食习惯也是一日三餐。他们对法式菜肴较为偏爱,并且以面包、牛肉、鸡肉、鸡蛋、土豆、西红柿等为日常食物。从总体上讲,他们以肉食为主,酷爱吃奶酪和黄油。加拿大人在饮食上的一大独特之处,是他们特别爱吃烤制的食品,如烤牛排、烤鸡、烤土豆等。

在口味方面,加拿大人比较清淡,爱吃酸、甜之物,在烹制菜肴时极少直接加入调料,而是惯于将调味品放在餐桌上,听任用餐者各取所需,自行添加。

在饮品方面,他们喜欢咖啡、红茶、牛奶、果汁、矿泉水,爱喝清汤、麦片粥。与欧洲人相比,他们喝酒并不多,为治安起见,加拿大至今仍有禁酒法的遗痕,对能够饮酒的场所加以限定。

加拿大人忌食的东西,主要有肥肉、动物内脏、腐乳、虾酱、鱼露,以及其他一切带有腥味、怪味的食物。动物的头部、爪和偏辣的菜肴,他们也不大喜欢吃。

 **小知识**

加拿大的"三不"饮食文化

1.不排桌席:在加拿大,宴请是不安排桌席的。通常是客人们手拿一次性塑料餐盒和叉子,一个个排在摆满饭菜的台前,然后自己动手随意先取食物,最后自找地方用餐。因为不

排桌席，所以客人们取好饭菜后，各奔东西，有坐有站，随随便便，无拘无束。

2.不设烟酒：在加拿大请客吃饭都不设烟酒招待客人。因为，加拿大是有禁烟、禁酒规定的。在加拿大，必须年满16岁以上者方可购买香烟。在联邦政府大楼、电梯、银行、商店、学校及多数公共场所吸烟都是违法的。如发现有人在酒楼、餐馆吸烟不加制止或者是纵容其吸烟，那么经法院判决成立，最高可处以5 000加元罚款。同时，对于酒也是如此。

3.不吃热食：一般是主人家先将各式菜肴烧好，用碗、盘、碟等器皿盛好后，依次将各式菜肴摆在厨房内的餐桌台上，待客人到齐后，供客人们享用。因为菜肴烧得比较早，时间一长，也就成了凉菜，加拿大人称之为“冷餐宴会”。

(三)节庆

加拿大的节日十分丰富奇特。主要节日有：

元旦：1月1日。

枫糖节：每年3月人们采集糖枫叶，熬制枫糖浆。生产枫糖的农场披上盛装，向国内外游人开放。

郁金香节：5月9日。渥太华郁金香节始于1953年，1995年升格为加拿大郁金香节，如今已成为世界最大规模郁金香盛会，每年吸引全球数十万游客。

维多利亚女王节：每年5月25日前的星期一。

加拿大魁北克节：6月24日。

加拿大日：7月1日，加拿大国庆日。

感恩节：10月第二个星期一。

阵亡将士纪念日：11月11日。主要是英联邦国家为纪念在第一次世界大战、第二次世界大战和以后其他战争中牺牲的军人与平民的节日。

圣诞节：12月25日。

(四)传统文化、艺术

长期以来，人们一直推崇加拿大的自然美景和广阔的土地，但加拿大还以当代艺术创造中心而闻名于世，在音乐、舞蹈、戏剧、文学、视觉艺术方面，加拿大人频繁出现在世界各大文化活动中。

土著人文化是唯一真正属于加拿大自己的本土文化，是加拿大多元文化中的一枝奇葩。加拿大“第一民族”(原称印第安人)、米提人和因纽特人三大土著人群体都没有书面语言，其历史和传统民俗等都是口口相传。然而，一代代土著艺术家们留下的绘画、雕塑、雕刻作品和手工艺品，却给人们提供了一个探究这些同自然最亲近人群的心灵世界。目前土著艺术已成为加拿大旅游文化的金字招牌。

(五)社交礼仪

加拿大人朴实、友善、随和，容易接近。人们相遇时，都会主动打招呼、问好，握手是其见面礼，亲吻和拥抱礼仪适合熟人、亲友、恋人和夫妻之间。在正式场合十分注重礼节。交谈时选择大家都感兴趣的话题，喜欢谈政治，忌谈年龄、收入、家庭婚姻状况等涉及个人隐私的问题。加拿大人不随便送礼。

对于交往对象的头衔、学位、职务，加拿大人只有在官方活动中才会使用。在日常生活里,他们绝对不用"主任""局长""总经理""董事长"之类的称谓去称呼对方。

与加拿大土著居民进行交际时,切勿将其称为"印第安人"或者"爱斯基摩人"。前者被认为暗示其并非土著居民,后者的本意则为"食生肉者",因而具有侮辱之意。对于后者,可称之为"因纽特人"。对于前者,则宜以对方具体所在的部族之名相称。

(六)禁忌

加拿大人大多数信奉新教和罗马天主教,少数人信奉犹太教和东正教。他们忌讳"13""星期五",认为"13"是表示厄运的数字,"星期五"是灾难的象征。他们忌讳白色的百合花,因为它主要被用于悼念死者。他们不喜欢外来人把他们的国家和美国进行比较,尤其是拿美国的优越方面与他们相比,更是令人不能接受。加拿大妇女有美容化妆的习惯,因此他们不喜欢服务员送擦脸香巾。

三、旅游业发展

(一)旅游业发展概况

加拿大的旅游业十分发达。旅游业是加拿大经济的重要组成部分,也是重要的收入来源,它是全国六大外汇来源之一。加拿大的旅游基础设施具有较高的水平,交通发达,旅行机构和旅馆饭店众多,全国有近 180 万旅游行业从业者。2018 年旅游业为加拿大创造了 953 亿加元经济效益。

加拿大是世界重要的旅游客源国和国际旅游消费国之一,出国旅游人数稳居西方七国的第四位。加拿大人比较偏爱在隆冬季节到温暖的中低纬度国家,尤其是阳光灿烂的滨海地区观光度假;欧洲寻故、东方访古都是加拿大人出国旅游的重要选择。目前加拿大出国旅游的主要目的地为美国、英国、法国、墨西哥、意大利、西班牙、中国香港、德国、中国、古巴、新加坡、日本等国家和地区。由于加、美之间有所谓长达"5 000 千米的不设防国界",两国公民不需签证即可自由穿越国界,故每年到美国旅游的人数占加拿大出国旅游总人数的 80% 左右,其中去美国南方"阳光地带"避寒已经成为加拿大人广泛追求的时尚。据加拿大较有影响的有关机构长期预测,加拿大的出境旅游发展趋势:一是美国的佛罗里达、墨西哥和加勒比海地区将仍然是加拿大出境旅游的主要目的地;二是欧洲市场份额将减少,亚洲的市场份额将增加。

加拿大的国际旅游接待人数近年基本上呈逐年增长态势,主要集中于该国东部魁北克、安大略省和西部不列颠哥伦比亚省,主要旅游客源国是美国、英国、法国等。每年的 5 月至 9 月是加拿大的旅游旺季,观光游览的人络绎不绝。而中国赴加拿大的游客数量也在持续增长,目前已是加拿大第二大海外游客来源市场。2018 年,中国赴加拿大游客达到创记录的 73.7 万人。中国赴加拿大旅游签证的进一步简化,中加往返航班班次的增加以及加拿大旅游局在市场公关活动中的积极优异表现,都让加拿大备受瞩目,并持续成为中国游客最向往、最受欢迎以及满意度最高的境外旅游目的地之一。根据加拿大统计部公布的数据,中国游客每年能为加拿大带来逾 10 亿加元的收入。

加拿大的国内旅游格局,即旅游活动主要集中于安大略、魁北克等东部人口最稠密的省份和另一个旅游活动地区——西部的太平洋沿岸,包括不列颠哥伦比亚和艾伯塔。

(二)主要的旅游资源

加拿大具有十分丰富的旅游资源。在加拿大广袤的国土上,有着难以计数、别具魅力的奇观美景:巍峨的高山、雄浑的高原、富饶的土地、众多的湖泊、纵横交错的河流还有星罗棋布的岛屿。加拿大的一年四季都值得一游:春季樱花满天舒适烂漫、夏季多姿多彩清凉舒爽、秋季漫山遍野的枫叶红似火、冬季冰雪运动的天堂。

1.渥太华

渥太华是加拿大的首都和政治文化中心,被冠以"郁金香城"的美誉。在这里能同时领略魁北克的法国风格和渥太华的英式情调。市内有渥太华河由西向东湍流而过,将整个城市南北分开。渥太华独特的文化个性、优美的城市风光、闲适的生活情调,使其成为人们旅游观光向往的城市之一。哥特式的国会大厦伫立在国会山上,它是渥太华乃至整个加拿大的象征。这里是加拿大联邦政府所在地,同时也是加拿大日、卫兵换岗仪式及国会山"声光秀"等隆重庆典仪式的所在地。渥太华也处处充满着浓厚的文化气息,市内有各式各样的博物馆,如加拿大国立美术馆、国立航空博物馆、加拿大文化博物馆、自然博物馆等,构成了渥太华的又一人文景观。还有中央实验农场、贾天奴公园以及最新的赌场,都是吸引游客的景点。

2.多伦多

多伦多是加拿大的第一大城市,也是安大略省的省会。它是一个礼貌、前卫、低调的绿色城市,是加拿大文化与经济的心脏,拥有"最多元化城市"的口碑。其丰富多彩的族裔特色,令这座城市缤纷绚丽,绽放无穷魅力。多伦多的标志性建筑之一是市政厅,其半圆形的立式结构别具一格。标志性建筑之二是多伦多的电视塔,登顶远眺,都市风景一览无余,令人赏心悦目。由于这里的犯罪率极低、怡人的环境和高质量的生活,多伦多被认为是全球最宜居的城市之一。但同时多伦多也是加拿大消费价格最为昂贵的城市。其中市中心著名的商业区有布鲁尔街、央街、约克威尔街以及伊顿购物中心等。

3.蒙特利尔

蒙特利尔坐落于加拿大渥太华河和圣劳伦斯河交汇处,是加拿大第二大城市、魁北克省最大城市。其最初被称为"玛利亚城",该市是典型的英法双语城市。因为全市的哥特式教堂语居民占多数,体现出独特的法国文化底蕴,被认为是北美的"浪漫之都"。蒙特利尔大区拥有众多举世闻名的博物馆、艺术品画廊和展览中心。众多的剧院、电影院和国际盛事为戏剧、音乐、舞蹈和电影爱好者提供了终年不断的世界级演出。蒙特利尔已经成为加拿大和全球领先的文化中心。旅游指南 *Lonely Planet* 评出 2013 年世界十大旅游城市,蒙特利尔也进入十大之列,排名第八,是加拿大唯一上榜城市。

4.温哥华

温哥华是不列颠哥伦比亚省以至加拿大西部最大的都会区,是加拿大第三大城市。这里终年气候温和湿润、环境宜人,连续多年被评为世界最适合人类居住的城市,是加拿大著名的旅游胜地。温哥华还是加拿大西海岸的文化中心。不列颠哥伦比亚大学和西蒙·弗雷泽大学是该市两所著名的高等学府。此外,伊丽莎白女王剧院和卑诗省大学人类博物馆也是知名的文化场所。温哥华市内公园遍布,全市共有 100 多个公园,其中最负盛名的自然公园是史丹利公园,其象征北美印第安文化的图腾柱是史丹利公园的重要景观。唐人街上处处洋溢著浓重的中国风韵,中文随处可见,中国商品琳琅满目。

5.魁北克

魁北克城是魁北克省省会,是加拿大最古老的城市,也是法国人到北美后建的第一个居民点,位于圣劳伦斯河与圣查尔斯河汇合处。魁北克城分为旧城和新城两个部分,以北美独有的城墙所隔,内部为古色古香的旧城,外部为高楼林立的新城。整座城市的建筑风格和防御设施与法国十六七世纪的建筑极为相似,城墙内外,常有载着游客的马车缓缓行过,穿梭于魁北克城的大街小巷,犹如回到了欧洲中世纪的古城堡,神秘而富有古韵。另外,古城堡"魁北克要塞"坐落于上城东南海角悬崖峭壁上,是旅游者的必访之地。

拓展阅读

中国游客赴加拿大兴起特色游

近年来,中国游客赴加拿大旅游兴起规模小、档次高、主题鲜明的特色游,其特点是人数少、规模小、游客素质高、兴趣统一,更重要的是能让游客从被动欣赏景观到主动参与体验,增加独特感受。它区别于普通团体旅游的走马观花,得到许多中国游客的青睐。

这些特色旅游重点围绕某一兴趣而举行,比如旅行社根据温哥华及其周边的环境特点,分别推出了垂钓、品酒、滑雪、打球、观鸟、赏鱼和狩猎以及美容等主题鲜明的各种旅游项目。

加拿大西海岸有众多的海岛、海湾、海滩,是海上各类休闲项目的理想之地。于是,赏鲸之旅、潜水之旅、海上观光之旅、游轮之旅、海钓之旅、海洋生物学习之旅、水上飞机之旅、海上巴士之旅、海滩休闲之旅等一系列以海洋旅游为特色的旅游项目不断推出,令人应接不暇。

温哥华附近高尔夫球场众多,而且打高尔夫球很便宜,于是吸引了众多中国的高尔夫球迷来温哥华打高尔夫球,兼顾休闲度假。

自 2010 年惠斯勒成功举办冬季奥运会部分赛事以来,冬季来惠斯勒滑雪的各国游客明显增多。惠斯勒小镇群山环抱,建筑风格各异,酒店和旅游商店鳞次栉比、服务到位,让每位来这里滑雪度假的人都难以忘怀。

对喜欢葡萄酒的人来说,到距离温哥华约 300 千米的奥肯纳根酒庄品酒休闲则是不错的选择,可以在大小数百家葡萄园和酒庄品尝品种和风味各异的葡萄酒。当地还经常举行各种葡萄酒节。

狩猎在中国已经是一个渐渐远去的行业,能满足这一喜好的地方越来越少。于是温哥华一些旅行社适时推出打猎之旅,把客人介绍到一些相对偏远的山区进行狩猎活动,让游客们从繁忙的都市生活中解脱出来,真正享受走进大自然的独特体验。

参加特色旅游的人数相对较少,费用比一般的旅行团要高,他们通过这些有别于传统旅行线路的旅游,既满足游客特殊的兴趣爱好,也给旅行社开辟了新财源。

思考题

1.在旅游接待服务中,对美国、加拿大客人应注意哪些风俗习惯?

2.为什么美国、加拿大是中国重要的旅游客源国?

第六章

非洲地区

学习目标

1.熟悉非洲地区主要客源国的基本概况。
2.掌握非洲地区主要客源国的民俗风情。
3.掌握非洲地区主要客源国的旅游业发展概况和旅游资源。

第一节　埃及

一、国情概述

(一)国名、国旗、国徽、国歌

1.国名

埃及,全称为阿拉伯埃及共和国(The Arab Republic of Egypt)。通常认为,英语中的"埃及"一词是从古希腊语演化而来。阿拉伯人称埃及为"米斯尔",意为"辽阔的国家"。埃及别称"金字塔之国""棉花之国"。

2.国旗

埃及国旗

埃及国旗呈长方形,长与宽之比为 3∶2,自上而下由红、白、黑三个平行相等的横长方形组成,白色部分中间有国徽图案。红色象征革命,白色象征纯洁和光明前途,黑色象征埃及过去的黑暗岁月。埃及国旗启用于 1984 年 2 月 4 日。

3.国徽

埃及国徽为一只金色的鹰,称萨拉丁雄鹰。金鹰昂首挺立、舒展双翼,象征胜利、勇敢和忠诚,它是埃及人民不畏烈日风暴、在高空自由飞翔的化身。鹰胸前为盾形的红、白、黑三色国旗图案,底部座基饰带上写着“阿拉伯埃及共和国”。它启用于 1972 年。

埃及国徽

4.国歌

埃及国歌是《我的祖国》。

(二)人口、民族、语言、宗教

埃及人口约 9 900 万(2019 年 7 月),是阿拉伯世界中人口最多的国家,其中绝大多数生活在河谷和三角洲,主要是阿拉伯人,另有 600 万海外侨民。埃及的官方语言为阿拉伯语,通用英语和法语。伊斯兰教为其国教,信徒主要是逊尼派,占总人口的 84%,科普特基督徒和其他信徒约占 16%。

小知识

贝都因人

贝都因人意为“荒原上的游牧民”,他们是以氏族部落为基本单位在沙漠旷野过游牧生活的阿拉伯人。主要分布在西亚和北非广阔的沙漠和荒原地带,在埃及西奈省约有 70 万贝都因人。他们一般生活在沙漠、荒原、丘陵和农区边缘地带,靠饲养骆驼、羊为生。冬季多雨时贝都因人游牧到沙漠,夏季干旱时返回已耕作的地区。他们信仰伊斯兰教,实行一夫多妻制,不承认部落传统以外的任何法律,除了本部落的酋长外,不服从任何政权。

贝都因男子穿长到脚踝的灯笼裤、肥大的长衫,冬季外加斗篷,腰间插一弯刀或手枪。妇女的长衫、外衣、斗篷都绣花,喜欢佩戴各种首饰,住在帐篷中过着千百年来同样的生活,但其中有些人能与欧美游客说着流利地道的外语。他们对传统的贝都因咖啡情有独钟,但也不会拒绝甜美凉爽的可乐;他们不知道因特网为何物,但却能准确说出中国明星成龙。他们是在古老与现代间自由穿行的游牧民族。

(三)地理环境、气候

埃及地跨亚、非两洲,西连利比亚,南接苏丹,东临红海并与巴勒斯坦、以色列接壤,北临地中海。埃及大部分领土位于非洲东北部,只有苏伊士运河以东的西奈半岛位于亚洲西南部。埃及面积100.145万平方千米,有约2 900千米的海岸线,但却是典型的沙漠之国,全境95%为沙漠。

世界最长的河流尼罗河从南到北贯穿埃及1 350千米,被称为埃及的"生命之河"。尼罗河两岸形成的狭长河谷和入海处形成的三角洲,是埃及最富饶的地区。虽然这片地区仅占国土面积的4%,但却聚居着全国99%的人口。苏伊士运河扼欧、亚、非三洲交通要冲,沟通红海和地中海,连接大西洋和印度洋,具有重要的战略意义和经济意义。主要湖泊有大苦湖和提姆萨赫湖,以及阿斯旺高坝形成的非洲最大的人工湖——纳赛尔水库。

全境干燥少雨。尼罗河三角洲和北部沿海地区属地中海型气候,1月平均气温为12℃,7月为26℃;年平均降水量为50～200毫米。其余大部分地区属热带沙漠气候,炎热干燥,沙漠地区气温可达40℃,年平均降水量不足30毫米。每年4—5月间常有"五旬风",夹带沙石,使农作物受害。而1、2月份应该是埃及最好的旅游季节,日均温度在18℃～20℃,相当舒服。

(四)首都、行政区划

埃及首都开罗,面积约3 085平方千米,人口约2 280万(2017年)。开罗是埃及的政治、经济和交通中心,也是北非和阿拉伯世界最大的城市,多年来饱受人口增长和交通拥堵问题困扰。

埃及全国划分为27个省:开罗省、吉萨省、盖勒尤比省、曼努菲亚省、杜姆亚特省、达卡利亚省、卡夫拉·谢赫省、贝尼·苏夫省、法尤姆省、米尼亚省、索哈杰省、基纳省、阿斯旺省、红海省、西部省、艾斯尤特省、新河谷省、亚历山大省、布哈拉省、北西奈省、南西奈省、塞得港省、伊斯梅利亚省、苏伊士省、东部省、马特鲁省和卢克索省。

小知识

新行政首都

2015年3月,埃及政府宣布将用5年至7年时间兴建一座新的行政首都,以缓解开罗的人口和交通压力。规划中的新行政首都将建在开罗以东的沙漠地带,位于开罗和东部红海沿岸城市苏伊士、苏赫奈泉之间,计划占地700平方千米。建成后,埃及将把目前位于开罗的行政部门迁至新行政首都,其中包括部级政府机构。新行政首都建成后能够从开罗迁移约500万人口。

(五)简史

埃及是世界四大文明古国之一。公元前3200年,美尼斯统一埃及建立了第一个奴隶制国家,经历了早王国、古王国、中王国、新王国和后王朝时期,共30个王朝。当时的埃及国王称为"法老",古王国时期法老开始大规模兴建金字塔并出现大量"木乃伊"。但在漫长的历史长河中,埃及曾多次遭到外来入侵,先后被波斯人、希腊人和罗马人、阿拉伯人、土耳其人所征服。1882年,英军占领后成为英"保护国"。1922年2月28日,英国宣布埃及为独立国家,但保留对国防、外交、少数民族等问题的处置权。1952年7月23日,以纳赛尔为首的自由军官组织推翻法鲁克王朝,成立革命指导委员会,掌握国家政权,并于1953年6月18日宣布成立埃及共和国。1958年2月,同叙利亚合并成立阿拉伯联合共和国。1961年,叙利亚发生政变,退出“阿联”。1971年9月1日,改名为阿拉伯埃及共和国。

(六)政治

宪法规定埃及是“以劳动人民力量联盟为基础的民主和社会主义制度的国家”,总统是国家元首、武装部队最高统帅,由人民议会提名,公民投票选出,任期6年。人民议会是最高立法机关,议员由普选产生,任期5年。协商会议是与人民议会并存的立法咨询机构。2014年1月通过的新宪法规定取消协商会议,将“两院制”改为“一院制”,统称议会。

(七)经济

埃及是非洲的强国,综合实力在非洲仅次于尼日利亚和南非,是非洲第三大经济体。属开放型市场经济,拥有相对完整的工业、农业和服务业体系。服务业约占国内生产总值的50%。工业以纺织、食品加工等轻工业为主。农村人口占总人口的55%,农业占国内生产总值的14%。石油天然气、旅游、侨汇和苏伊士运河是四大外汇收入来源。

埃及同120多个国家和地区建有贸易关系,主要贸易伙伴是美国、法国、德国、意大利、英国、日本、沙特、阿联酋等。由于出口商品少,外贸连年逆差。

埃及历史悠久,名胜古迹很多,具有发展旅游业的良好条件。政府非常重视发展旅游业。

埃及交通运输便利,近几年海、陆、空运输能力增长较快。全国共有机场30个,其中国际机场11个,开罗机场是重要的国际航空站。

埃及的货币单位是埃及镑(EGP),100埃及镑相当于人民币43.58元(以2019年11月21日的埃及镑对人民币汇率换算)。

二、民俗风情

埃及是人类古代文明的发祥地之一,有着悠久灿烂的文明和历史。埃及文化是具有非洲特点的阿拉伯文化,尤其是亚历山大城和开罗,其间夹杂着黎凡特文化的特点,即法国、希腊、土耳其和叙利亚文化的混合体。埃及就像一个巨大熔炉将各种文化和文明纳入其中。

(一)服饰

埃及人的穿着主要是长衣、长裤和长裙。普通百姓平时主要还是穿着传统服装——阿拉伯大袍,同时还要头缠长巾,或是罩上面纱。而在大城市中,尤其是在政界、商界、军界、文化界、教育界,埃及人的穿着打扮早已与国际潮流同步,西服、套装、制服、连衣裙、夹克衫、牛仔裤,在埃及的街头巷尾处处可见。埃及妇女喜欢戴耳环手镯等。埃及人不穿绘有星星、猪、狗、猫以及熊猫图案的衣服,因为这有悖其习俗。

小知识

蒙面纱

有阿拉伯学者考证，在埃及蒙面纱已经有近 5 000 年的历史。面纱的起源有不少说法，其中波斯的拜火教认为口鼻是保存“火种”的地方，需要遮蔽。实际上，中东地区风沙大、光照强、水源匮乏，面纱可以用来帮助人挡风遮阳，这是面纱得以产生和普及的自然条件。还有一种说法是，女子蒙面纱是为了避免诱惑男性。在阿拉伯国家，面纱分为两种，一种是严格意义上的面罩，把脸庞全部蒙住，只露两只眼睛，甚至连眼睛都包得严严的，这种面纱在阿拉伯语里叫“尼卡布”；另一种则是只蒙住头部和颈部，露出眼睛、鼻子和嘴等五官部分，这在阿拉伯语中叫“希杰布”。在埃及的城市里，基本上以后者为主，而在埃及农村以及海湾阿拉伯国家，不少女性仍戴前者，即“尼卡布”。

(二)饮食

埃及人的主食有米饭、面包，爱吃牛肉、羊肉、鸡、鸭、黄瓜、生菜、豌豆、土豆、洋葱、西红柿和茄子等，烤全羊是他们的佳肴。他们的口味一般偏重，辣的菜肴是埃及大众喜食的风味，多种菜肴成分中，都加有葱、蒜和辣椒。埃及人十分喜爱中国的鲁菜、京菜、川菜和粤菜。

埃及人通常以“耶素”(不发酵的平圆形面包)为主食，并且喜欢与“富尔”(煮豆)、“克布奈”(白乳酪)、“摩酪赫亚”(汤类)一起食用。

埃及人特别喜欢吃甜食，著名的甜食有“库纳法”和“盖塔伊夫”。他们还习惯用自制的甜点招待客人，客人要是婉言谢绝，一点儿也不吃，会让主人极为失望，这也是失敬于主人的行为。

在饮料上，埃及人酷爱酸奶、茶和咖啡。饮茶聊天，是埃及人一大乐趣。

埃及人在用餐时忌用左手取食，忌在用餐时与别人交谈。

(三)节庆

埃及的主要节日有：

新年：1 月 1 日。

独立日：2 月 28 日。

西奈解放日：4 月 25 日。

五月节：5 月 1 日。

国庆日：7 月 23 日。

建军节：10 月 6 日。

此外，按照伊斯兰教历，还有一些伊斯兰教节日：穆罕默德诞辰(三月十二日)、斋月(九月)、开斋节(十月一日至三日)、朝圣日(十二月十日至十三日)等。

“闻风节”是埃及民间节日，又称踏青节，时间是在每年的 4 月份，埃及人会在“闻风节”这天举家外出踏青，品尝彩蛋、咸鱼等各种象征吉祥的食品。每到“闻风节”，埃及各大公园和路边的草坪都会成为人们庆祝节日的场所。

(四)传统文化、艺术

埃及人能歌善舞,视歌舞为生命中的重要组成部分。埃及拥有一大批阿拉伯世界的"大腕级"歌星。该国的"东方舞"极富当地风情,因扭胯与牵扯腹、臀部动作为其特色,具有独特的风格、韵味。埃及人对足球非常狂热,一有大型精彩的足球赛,上至总统、下至平民,都会停下手上的事情,专门看比赛。

每个星期五是"主麻日聚礼",当清真寺内传出悠扬的唤礼声,伊斯兰教徒便纷纷涌向附近的清真寺,做集体礼拜。在埃及有为数众多的教徒仍然虔诚地信守每日 5 次礼拜的教规,即晨礼、晌礼、晡礼、昏礼、宵礼。每逢宗教节日,电视还播放总统及政府首脑去清真寺礼拜的镜头。

(五)社交礼仪

埃及人的交往礼仪既有民族传统的习俗,又通行西方人的做法,而上层人士更倾向于欧美礼仪。通常见面时行握手礼,在某些场合也行"亲吻礼",即拥抱并亲吻对方左右面颊的一种礼节,一般是先右边贴一次,后左边一次。

埃及人非常好客,很欢迎外国人的访问,并引以为荣。但异性拜访是禁止的,即使在埃及人之间,男女同学、同事也不能相互家访。埃及人有在日落之后与家人一起共享晚餐的习惯,所以这段时间内有约会是失礼的。

与埃及人交谈时,应注意"四不要":男士不要主动和妇女攀谈;不要夸人身材苗条,因为他们认为体态丰腴才算美;不要称道埃及人家里的东西,否则会认为你在向他索要;不要和埃及人谈论宗教纠纷、中东政局及男女关系。

(六)禁忌

埃及人宠猫、敬猫如神,并视猫为神圣的精灵。在他们心中,猫是女神在人间的象征,是幸运的吉祥物,是受人崇敬的国兽。但讨厌猪及外形被认作与猪相近的熊。

在埃及,未经对方同意时,千万不要对着穆斯林妇女拍照,否则很容易引起麻烦。按伊斯兰教义,妇女的面貌和身体是不能让丈夫以外的人窥见的。因此,短、薄、透、露的服装是禁止的,哪怕是婴儿的身体也不应无掩无盖。在埃及街上看不见衣着暴露或穿短裙的妇女,也遇不到穿背心和短裤的男人。在埃及穿背心、短裤和超短裙是严禁到清真寺去的,进伊斯兰教清真寺时,务必脱鞋。

在埃及,特别忌讳谈"针"这个字和借针使用。每天下午 3～5 时,埃及人绝不买卖针,这已成为他们生活中的一条不成文的戒律。

埃及人讨厌打哈欠,认为哈欠是魔鬼在作祟。

三、旅游业发展

(一)旅游业发展概况

悠久的历史、灿烂的文化以及遍布全国各地的名胜古迹使得埃及拥有得天独厚的旅游

资源，具有发展旅游业的良好条件。埃及政府历来十分重视旅游业，国家专设旅游部主管旅游事项，并制定全国长远的旅游战略规划，以便推动旅游业向前发展，为国家创造更多的外汇收入。旅游业是埃及经济的主要支柱和重要外汇收入来源，正常年份旅游收入约占埃及国内生产总值的10%以上，旅游业从业人数达350万。根据世界旅游组织的统计，埃及旅游业占世界旅游市场的1%，到访埃及的游客数量占到访中东旅游者总数的25%，埃及旅游业在中东地区一枝独秀。

目前埃及出境游游客人数达到200万人次，主要旅游目的地国家在欧洲和地中海沿岸各国。近几年来，中国和埃及之间经济的交流日益增多，前往中国的埃及人数在逐年增加。现在在埃及也有"中国热"，埃及来华旅游市场的发展空间很大。

2010年埃及接待外国游客约1 500万人次，旅游业收入达到125亿美元。但2011年埃及政局陷入动荡后，外国游客数量大幅下降，旅游业收入也急剧萎缩。随着埃及国内形势好转，数个欧洲国家在2014年夏季解除了对埃及的旅游警告，之后外国游客数量开始回升。据有关机构数据统计，2018年埃及旅游业增长水平为16.5%，远远高于全球3.9%的水平。2018年9月，联合国旅游组织将埃及列为成长最快的旅游目的地。埃及接待的海外游客70%来自欧洲，其中输出游客最多的国家有俄罗斯、德国、英国、意大利、法国。

（二）主要的旅游资源

埃及的旅游资源非常丰富，文化古迹众多，素有"世界名胜古迹博物馆"之称。尼罗河畔的开罗、卢克索是世界著名古城；胡夫金字塔、狮身人面像、卢克索神庙、国王谷的陵墓、图坦卡蒙黄金面具、阿布辛贝神庙等，都是举世闻名的历史遗产。除了人文遗产，埃及西部还有全世界最大的撒哈拉沙漠；而东部西奈半岛沿岸的红海海域，则被评为全世界最好的十大潜水点之一。

1.开罗

开罗是埃及的首都，它不仅是非洲最大的城市，也是世界上最古老的城市之一。开罗号称"千塔之城"，市区内坐落着无数清真寺。开罗城西有大量建于20世纪初的欧洲风格的建筑，城东则以古老的阿拉伯建筑为主。开罗主要景点有：金字塔、狮身人面像、尼罗河、老市场、埃及博物馆等。

(1)胡夫大金字塔

埃及迄今发现的金字塔有96座，最大的是位居古代世界八大奇观之首的胡夫大金字塔。胡夫金字塔塔高146.5米，因年久风化，顶端剥落10米，现高136.5米。塔身用230万块石料堆砌而成，每块石头平均重2.5吨，最大的重达160吨。它是一座几乎实心的巨石体，据说是10万人耗费了30年的时间才完成的人类奇迹。现在金字塔内部的通道已对外开放，通道设计精巧，计算精密，令世人赞叹。

(2)狮身人面像(斯芬克斯)

狮身人面像坐落在开罗西南的吉萨大金字塔近旁，是埃及著名古迹，与金字塔同为古埃及文明最有代表性的遗迹。像高21米，长57米，耳朵就有2米长。除了前伸达15米的狮爪是用大石块镶砌外，整座像是在一块含有贝壳之类杂质的巨石上雕成的。像的面部是古埃及第四王朝法老哈夫拉的脸型。

(3)埃及博物馆

埃及博物馆位于尼罗河东岸、开罗市中心的解放广场，是世界最著名的博物馆之一。它是由被埃及人称为"埃及博物馆之父"的法国著名考古学家玛利埃特于1863年在开罗北部的卜腊设计建造的。这里收藏的各种文物有 30 多万件,陈列展出的只有 6.3 万件,约占全部文物的五分之一。因这座博物馆以广为收藏法老时期的文物为主,埃及人又习惯地称之为“法老博物馆”。

2.亚历山大

亚历山大位于尼罗河三角洲西部,临地中海,是埃及和非洲第二大城市,也是埃及和东地中海的最大港口。该城建于公元前 332 年,因希腊马其顿国王亚历山大大帝占领埃及而得名,是古代和中世纪名城,曾是地中海沿海政治、经济、文化和东西方贸易中心,有诸多名胜古迹。亚历山大风景优美、气候宜人,是埃及的“夏都”和避暑胜地,被誉为“地中海新娘”,主要景点有:卡特巴城堡、孔姆地卡等。

3.阿斯旺

阿斯旺位于东南部尼罗河“第一瀑布”下的东岸,距开罗 900 千米,是埃及街道最清洁、最漂亮的城市。它是埃及与非洲其他国家进行贸易的重镇,也是通往苏丹的门户。阿斯旺市区不大,但地势险要,滔滔北流的尼罗河水,为它增添了不少景色。在这里,既有古代的遗迹——菲莱神庙、阿布辛贝勒神庙等,又有现代文明的成果,世界第七大水坝——阿斯旺大坝就建在这里附近的尼罗河上。阿斯旺的空气炙热干爽,是世界闻名的冬季休养地,它融合了东方的平和气氛和非洲大陆的跃动生机,能使人的身心得到彻底放松。

拉美西斯二世神庙建于公元前 1300 至前 1233 年,是古埃及最伟大的法老拉美西斯二世所建。这是拉美西斯二世为炫耀自己,并企图将生命延续至来世而建造的神庙。两道巍峨的塔门、立有 48 根巨石柱的立柱厅、两座宽广的庭院以及三间圣堂,构筑成一处足以颂扬这位“万王之王”不朽功勋的殿堂。在这里,你能阅览到埃及各种类型的神庙在建筑风格和建筑工艺上的变迁史。太阳光一年两次照进圣殿,照亮圣殿地区的神像,是该神庙的神秘特色之一。

4.卢克索

卢克索是一座拥有 4 000 多年历史的古城,历代法老在这里兴建了无数的神庙、宫殿和陵墓。它是古埃及文明高度发展的见证,每年都有几十万游客从世界各地慕名而来,埃及人常说:“没有到过卢克索就不算到过埃及。”

拓展阅读

木乃伊

1.神秘的埃及木乃伊

木乃伊,即“人工干尸”,意为“沥青”。世界许多地区都有用防腐香料殓葬尸体,年久干瘪,即形成木乃伊。古埃及人笃信人死后,其灵魂不会消亡,仍会依附在尸体或雕像上,所以,法老王等死后,均制成木乃伊,作为对死者永生的企盼和深切的缅怀。

埃及人在制造木乃伊时,首先从死尸的鼻孔中用铁钩掏出一部分的脑髓并把一些药料注到脑子里去进行清洗。然后,用锋利的石刀,在侧腹上切一个口子,把内脏完全取出来,把腹部弄干净,用椰子酒和捣碎的香料填到里面去,再照原来的样子缝好。这一步做完了之后,便把这个尸体泡在碱粉里放置 40 天,再把尸体洗干净,从头到脚用细麻布做绷带把它包裹起来,外面再涂上通常在埃及代替普通胶水使用的树胶,然后把尸体送给亲属,亲属将它放到特制的人形木盒里,保管在墓室中,靠墙直放着。

这种费用昂贵的处理尸体的办法一般适用于法老、达官贵人和富翁。穷人制作木乃伊

的办法则简单多了，将腹部用泻剂清洗一下，然后把尸体放到泡碱粉里浸40天，取出后，让风吹干，葬于干燥的沙丘中。

2.法老的诅咒

考古学家在图坦卡蒙墓中发现了几处图坦卡蒙的诅咒铭文，有一处写道："谁扰乱了法老的安眠，死神将张开翅膀降临他的头上。"还有一处写着："任何怀有不纯之心进这坟墓的，我要像扼一只鸟儿一样扼住他的脖子。"这个最年轻的法老的墓门被开启的同时，神秘伴随而来，多人连续死亡。

第二节　南非

一、国情概述

(一)国名、国旗、国徽、国歌

1.国名

南非，全称为南非共和国(The Republic of South Africa)，因地处非洲大陆的南部而得名。当地人把它称为"阿扎尼亚"，意为"黑人的土地"。由于盛产钻石、黄金，南非是举世闻名的"钻石之国""黄金之国"。

2.国旗

1994年3月15日，南非多党过渡行政委员会批准了新国旗。新国旗呈长方形，长与宽之比约为3∶2，由黑、黄、绿、红、白、蓝六色的几何图案构成，象征种族和解、民族团结。

南非国旗

3.国徽

南非国徽启用于2000年4月27日。国徽上的太阳象征光明的前程；展翅的鹭鹰是上帝的代表，象征防卫的力量；万花筒般的图案象征美丽的国土、非洲的复兴以及力量的集合；取代鹭鹰的双脚平放的长矛与圆头棒象征和平以及国防和主权；鼓状的盾徽象征富足和防卫精神；盾上取自闻名的石刻艺术的人物图案象征团结；麦穗象征富饶、成长、发展的潜力、人民的温饱以及农业特征;象牙象征智慧、力量、温和与永恒;两侧象牙之间的文字是“多元民族团结”。

南非国徽

4.国歌

南非国歌为《上帝保佑非洲》和《南非之声》合编曲。1995 年 5 月,南非正式通过新的国歌,新国歌的歌词用祖鲁、哲豪萨、苏托、英语和南非荷兰语 5 种语言写成,包括原国歌《上帝保佑非洲》的祈祷词,全歌长 1 分 35 秒,并以原国歌《南非之声》雄壮的高音曲调作结尾。

(二)人口、民族、语言、宗教

南非人口约 5 652 万(据 2017 年的数据统计),分黑人、有色人、白人和亚裔四大种族,分别占总人口的 80.7%、8.8%、8.0%和 2.5%。黑人主要有祖鲁、科萨、斯威士、茨瓦纳、北索托、南索托、聪加、文达、恩德贝莱 9 个部族,主要使用班图语。白人主要为阿非利卡人(以荷兰裔为主,融合法国、德国移民形成的非洲白人民族)和英裔白人,语言为阿非利卡语和英语。有色人主要是白人同当地黑人所生的混血人种,主要使用阿非利卡语。亚裔人主要是印度人和华人。南非有 11 种官方语言,英语和阿非利卡语为通用语言。南非约 80%的居民信仰基督教,其余信仰原始宗教、伊斯兰教、印度教等。

(三)地理环境、气候

南非位于非洲大陆最南端,北邻纳米比亚、博茨瓦纳、津巴布韦、莫桑比克和斯威士兰,东、西、南三面濒临印度洋和大西洋,另有莱索托为南非领土所包围。地处两大洋间的航运要冲,其西南端的好望角航线历来是世界上最繁忙的海上通道之一,有“西方海上生命线”之称。南非国土面积约 122 万平方千米,海岸线长 3 000 千米。

南非全境大部分为海拔 600 米以上高原;德拉肯斯山脉绵亘东南,卡斯金峰高达 3 660 米,为全国最高点;西北部为沙漠,是卡拉哈里盆地的一部分;北部、中部和西南部为高原;沿海是狭窄平原。奥兰治河和林波波河为南非两大主要河流。

全国大部分地区属热带草原气候,东部沿海为热带季风气候,南部沿海为地中海气候。全境气候分为春夏秋冬四季。12 月—2 月为夏季,最高气温可达 32～38℃;6—8 月是冬季,最低气温为－10～－12℃。9—11 月是南非最适合旅游的季节,这时全国普遍天气情况良好,气温适宜,也是观察各种野生动物的好季节。

(四)首都、行政区划

南非是世界上唯一同时拥有三个首都的国家:行政首都比勒陀利亚(现已更名为茨内瓦)是南非中央政府所在地;立法首都开普敦是南非国会所在地;司法首都布隆方丹为全国司法机构的所在地。

全国分为 9 个省:东开普、西开普、北开普、夸祖鲁/纳塔尔、自由州、西北、林波波、姆普马兰加、豪登。各省有立法、任免公务人员的权力,负责本省经济、财政和税收等事务。根据 2000 年通过的《地方政府选举法》,全国共划有 278 个地方政府,包括 8 个大都市、44 个地区委员会和 226 个地方委员会。

(五)简史

南非最早的土著居民是桑人、科伊人及后来南迁的班图人。17 世纪后,荷兰人、英国人相继入侵并不断将殖民地向内地推进。19 世纪中叶,白人统治者建立起 4 个政治实体:2 个英国殖民地,即开普、纳塔尔殖民地;2 个布尔人共和国,即德兰士瓦南非共和国和奥兰治自由邦。1899—1902 年爆发的布尔战争以英国人艰难取胜告终。1910 年 4 个政权合并为"南非联邦",成为英国的自治领地。1961 年 5 月 31 日,退出英联邦,成立南非共和国。由于南非白人当局长期在国内以立法和行政手段推行种族歧视和种族隔离政策,南非人民在以曼德拉为首的非洲国民大会的领导下,为推翻种族隔离制度进行了英勇的斗争,并最终取得胜利。1994 年 4 月,南非举行首次不分种族大选,曼德拉出任南非首任黑人总统,非国大、国民党、因卡塔自由党组成民族团结政府。

小知识

非洲之子——纳尔逊·曼德拉

纳尔逊·曼德拉于 1994 年至 1999 年间任南非总统,是南非首位黑人总统,被尊称为"南非国父"。2004 年,他被选为最伟大的南非人。

曼德拉经历太多磨难,却重新点燃"彩虹之国"的民主之火。其获奖无数,却最看重"诺贝尔和平奖"。第 64 届联大通过决议,自 2010 年起,将每年 7 月 18 日南非前总统纳尔逊·曼德拉的生日定为"曼德拉国际日",以表彰他为和平与自由做出的贡献。

曼德拉与中国颇有缘分。曼德拉登过长城,喜读《孙子兵法》,曾两次来访中国。摇滚乐队"BEYOND"主唱黄家驹曾专为曼德拉创作《光辉岁月》。据说,有人曾经给曼德拉翻译《光辉岁月》的歌词,他听后潸然泪下。

2013 年 12 月 6 日(南非时间 5 日),曼德拉在约翰内斯堡住所去世,享年 95 岁。南非为曼德拉举行国葬,全国降半旗。12 月 15 日上午,国葬仪式在库努村举行。据南非当局估计,有超过 10 万人前去送别曼德拉。

(六)政治

1994 年的临时宪法是南非历史上第一部体现种族平等的宪法。1996 年,在临时宪法的基础上起草的新宪法被正式批准,并于 1997 年开始分阶段实施。宪法规定实行行政、立法、司法三权分立制度,中央、省级和地方政府相互依存,各行其权。实行两院制,分为国民议会和全国省级事务委员会,任期均为 5 年。

(七)经济

南非属于中等收入的发展中国家,是非洲第二大经济体,人均生活水平在非洲名列前茅。自然资源十分丰富,是世界五大矿产国之一。金融、法律体系比较完善,通讯、交通、能源等基础设施良好。矿业、制造业、农业和服务业是南非经济四大支柱,深井采矿等技术居于世界领先地位。但国民经济各部门、地区发展不平衡,城乡、黑白二元经济特征明显。

南非实行自由贸易制度,是世界贸易组织的创始会员国。欧盟与美国等是南非传统的贸易伙伴,但近年与亚洲、中东等地区的贸易也在不断增长。

旅游业是当前南非发展最快的行业之一,2018 年产值约占国内生产总值的 9%,从业人员达 140 万人。越来越多来自世界各地的游客前往南非感受其优美的景色,接触其友好热情的人民,享受当地多姿多彩的独特体验。

南非拥有非洲最完善的交通运输系统,对本国以及邻国的经济发挥着重要作用。其交通以铁路、公路为主,空运发展迅速。德班是非洲最繁忙的港口及最大的集装箱集散地,年集装箱处理量达 120 万个。南非航空公司是非洲大陆最大的航空公司之一,也是世界最大的 50 家航空公司之一。南非的主要国际机场有奥立佛·坦博国际机场、开普敦国际机场和德班沙卡王国际机场等。近年来南非还加强了城镇及经济开发区的交通基础设施建设。

南非的货币单位是南非兰特(ZAR),由南非储备银行发行,100 南非兰特相当于人民币 47.67 元(以 2019 年 11 月 21 日的南非兰特对人民币汇率换算)。

小知识

黑人经济振兴法

南非在 1994 年废除种族隔离制度后,政府提出了“黑人经济振兴法”,加大政策倾斜力度,鼓励黑人发展中小型企业,积极参与国家大型企业的发展,并对各企业黑人持股比例、参与管理程度和接受技能培训等设定硬性目标,以期全面提高黑人融入经济的程度。该法实施以来,虽然南非出现了黑人富裕阶层,但占人口绝大多数的黑人民众仍生活在贫困中。他们在南非整体经济中所占的份额仍然十分有限。从总体上看,白人和黑人的经济差距仍然十分巨大。

二、民俗风情

动物比人多、钻石黄金遍地、地理书上的好望角……这个神奇的“彩虹之国”拥有着千百种色彩,使得南非民俗风情愈加丰富。

(一)服饰

在城市,南非人的穿着打扮基本西化。大凡正式场合,他们都讲究着装端庄、严谨。因此进行官方交往或商务交往时,最好穿着样式保守、颜色偏深的套装或裙装,不然就会被对方视作失礼。另外,南非黑人通常有穿着本民族服装的习惯,不同部族的黑人在着装上往往会有自己不同的特色。

小知识

南非民族众多，信仰各异，生活环境不同，衣着服饰式样繁多。越来越多的人开始脱去传统服装，穿起西装，但科萨族男子多数仍保持赤身裸体，最多在腰间围一块布遮住下身，年长一些和较有地位的男人则披毯子或裹棉布。未婚女子一般也是裸露上身，而已婚妇女则把全身包得严严实实，还要围上镶有花边和珠子的围裙，所有的女人都喜欢戴一种"头巾帽"。波波族妇女在丈夫离家外出时把头发留长，称为"夫去不理发"。马可洛洛部落妇女嘴唇上穿个孔，孔里穿一个叫"呸呸来"的铁环。布须曼人将猎得的鸟类的头割下，加工后安在自己头上作为饰物。

(二)饮食

南非的餐饮以野味烧烤、炖肉和海鲜为主要特色，汇聚了中式、英式、法式、意式、印式等多种口味风格，非洲本地风格的餐饮也很受人们欢迎。南非的鸵鸟肉排是其特色风味，另外还有草原特色菜以及可与意大利美食媲美的玉米类食品。

南非当地白人平日饮食以西餐为主，经常吃牛肉、鸡肉、鸡蛋和面包，爱喝咖啡与红茶。黑人喜欢吃牛肉、羊肉，主食是玉米、薯类、豆类，不喜生食，爱吃熟食。

如宝茶是南非著名的饮料，是用一种野生灌木的叶子制成。在南非黑人家做客，主人一般送上刚挤出的牛奶或羊奶，有时是自制的啤酒。客人一定要多喝，最好一饮而尽。

(三)节庆

南非的节假日一方面保留宗教色彩，一方面突出纪念反种族隔离斗争的历史事件和团结融和的政治气氛。南非的主要节日有：

元旦：1 月 1 日。

人权日：3 月 21 日。

耶稣受难日：复活节前的星期五。

自由日：4 月 27 日。

劳动节：5 月 1 日。

国庆日(独立日)：5 月 31 日。

青年日：6 月 16 日，为纪念 1976 年索韦托惨案。

曼德拉日：7 月 18 日。

妇女日：8 月 9 日。

遗产日：9 月 24 日。

宣誓日：12 月 26 日，阿非利卡人的节日，祖鲁人称之为和解日。

(四)传统文化、艺术

南非有着丰富多彩的文化历史传统，无论是南非土著居民、黑人还是白人都对南非文化做出了杰出的贡献。

南非土著居民具有历史悠久的传统绘画与雕刻艺术。其中最著名的布什曼人的洞穴壁画雕刻是人类原始艺术的瑰宝，也是南非现代艺术的组成部分，记录了从远古狩猎时代到现代原始部落的非洲黑人生存的篇章。

南非白人绘画最早始于对南非风土人情的描写。南非绘画流派由西方各国不同流派所组成,画家多是受其母国绘画传统影响。南非现代雕塑发展缓慢于绘画,雕塑形式分为建筑雕塑和环境雕塑。艺术家们采用青铜、石头、木头、象牙、金属等材料,以移民历史和非洲风土人情为表现主题进行创作,拥有众多流派。20 世纪 30 年代以自然主义、现实主义流派为主,以后又出现许多新的流派风格。第二次世界大战后,城市黑人画家出现。他们更擅长以炭画来表达自己的思想和表现本民族的风土人情。非洲艺术家们最富成就的艺术表现手段是雕塑,在这一领域产生了最杰出的艺术作品。他们大多受到南非白人雕塑家的影响,汲取了西方雕塑的精华,一般选用青铜、木材、陶瓷等材料工作。

除了绘画和雕塑,南非人也同样擅长于音乐和舞蹈。传统音乐以其强烈多变、自由奔放的节奏为黑人传统舞蹈伴奏出丰富多彩的音乐旋律。二者默契,融为一体。

南非拥有多达 400 个世界级高尔夫球场,常年吸引着全球各地的高尔夫爱好者。南非人民举国上下都着迷于运动,几乎每个市镇内均有设备齐全的体育场可供从事曲棍球、田径、橄榄球、马球及足球等运动。

(五)社交礼仪

南非社交礼仪可以概括为“黑白分明”“英式为主”。所谓“黑白分明”是指受到种族、宗教、习俗的制约,南非的黑人和白人所遵从的社交礼仪不同;“英式为主”是指在很长的一段历史时期内,白人掌握南非政权,白人的社交礼仪特别是英国式社交礼仪广泛地流行于南非社会。

以目前而论,在社交场合,南非人所采用的普遍见面礼节是握手礼,他们对交往对象的称呼则主要是“先生”“小姐”或“夫人”。在黑人部族中,尤其是广大农村,南非黑人往往会表现出与社会主流不同的风格。比如,他们习惯以鸵鸟毛或孔雀毛赠予贵宾,客人此刻得体的做法是将这些珍贵的羽毛插在自己的帽子上或头发上。

(六)禁忌

信仰基督教的南非人,忌讳数字“13”和“星期五”。南非黑人非常敬仰自己的祖先,他们特别忌讳外人对自己的祖先言行失敬。跟南非人交谈,有 4 个话题不宜涉及:不要为白人评功摆好;不要评论不同黑人部族或派别之间的关系及矛盾;不要非议黑人的古老习惯;不要为对方生了男孩表示祝贺。

三、旅游业发展

(一)旅游业发展概况

旅游业是南非第三大外汇收入来源,已成为南非发展最快的行业之一。南非旅游资源丰富,设施完善,有 700 多家大饭店,2 800 多家大小宾馆、旅馆及 10 000 多家饭馆。该国在冒险、体育、自然和野生动物旅游方面具有优势,而且是负责任旅游的先驱和全球领导者。旅游点主要集中于东北部和东、南沿海地区。生态旅游与民俗旅游是南非旅游业两大最主要的增长点。

南非旅游业之所以可以取得高速增长，主要是政府把旅游业作为推动国家经济增长的优先发展行业。南非政府于2006年采取了以扩大空运来推动旅游业发展的战略。2010年世界杯足球赛展现了南非举办国际大型活动的能力和软硬件条件，有力拉动了南非旅游业，2010年南非实现了吸引外国游客1 000万人次的目标。世界杯之后，大批外国游客将南非列为主要旅游目的地。2011年南非推出新的《国家旅游战略》，对南非旅游业以及相关的交通运输、酒店和零售等行业进行了整体规划，该战略计划到2020年时，每年接待外国游客1 500万人次，并为南非社会新增25.5万个就业岗位。南非旅游业2018年产出达4 260亿兰特，是非洲旅游业规模体量最大的国家。从旅游目的看，64%的游客为休闲旅游，36%的游客为商务旅行；从游客来源看，国际游客占比44%，国内游客占比为56%。

南非人热爱旅游，不仅是因为它可以创造经济价值，还因为它是增进友谊的重要手段。2015年是南非"中国年"，中国与南非之间的沟通与交流进一步得到加强，达到新的高度，从而推动了两国之间旅游、贸易往来和投资等方面的发展。南非于2003年成为中国公民出境旅游目的地国，当年就有1万多名中国游客前往南非旅游。2003年至2006年期间，到南非旅游的中国游客年平均增长率达到了17%。近几年，中国赴南非的游客人数增长势头稳劲。2012年中国成为南非第四大海外客源国，是南非核心客源市场。2018年，中国赴南非游客人数达到9.7万，在南非的消费额同比增长了69%。南非五大主要客源市场是英国、美国、德国、荷兰和法国，而中国和印度是南非旅游业今后重点开拓的客源市场。

(二)主要的旅游资源

游历一国等于环游世界，这是南非的最佳写照。南非拥有无与伦比的自然风光、物种繁多的动植物、厚重的人文历史资源、富饶而多元的文化特色，其中立法首都开普敦历年当选"世界十大旅游城市"，而克鲁格国家公园也为世人所熟知。南非在国际上最足以自豪的一点是其每日日照率居全球各国之冠，且拥有傲人的海岸线、河川、湖泊资源，所以其水上运动，包括冲浪、独木舟、滑水、游艇及钓鱼等项目非常丰富。

1.开普敦

开普敦是南非第二大城市，南非的立法首都，因著名的好望角而得名。这里是欧洲殖民者最早登陆的地点，是南非历史最久远的城市，被称为"母亲城"。知名的地标有被誉为"上帝之餐桌"的桌山，以及印度洋和大西洋的交汇点——好望角。整座开普敦环绕桌山而建，桌山海拔高度1 087米，山顶如桌面般平坦，好像是用刀削平的，每年的10月至次年3月，大量的水汽在遇桌山后上升至山顶，再在冷空气的作用下形成了壮观的云团，就好似一整块桌布将整个桌山覆盖起来，非常壮美。每当这个时候，当地人便说是上帝铺好了"桌布"开始用餐了。而开普敦市区有许多殖民时代的古老建筑，以爱德华式与维多利亚式的房屋居多。开普敦集欧洲和非洲人文、自然景观特色于一身，被称为世界上最美丽的城市。2014年，在享有盛誉的《纽约时报》"2014年要去的52个地方"排名中，开普敦名列第一。

2.约翰内斯堡

约翰内斯堡是南非最大的城市，它原是一个探矿站，随金矿的发现和开采发展为城市，有"黄金之城"的美称，是世界上最大的产金中心。这是一座充满生机和活力的城市，到处都散发着都市气息，但它仍保留着19世纪80年代淘金棚户区原始的一面。市内有博物馆和教堂等建筑，公园和绿地占城市面积10%左右。约翰内斯堡的埃洛夫大街一带是闹市区，商店、银行和旅馆等集中于此。游客还可到市内的钻石加工厂去参观。

3.布隆方丹

布隆方丹是南非的司法首都,也是奥兰治自由邦省的首府,有“玫瑰城”之称。如今的布隆方丹是南非白人最集中的城市,因犯罪率低和能为人们提供优质生活而被誉为南非最适合居住的城市。

4.德班

德班是南非夸祖卢——纳塔尔省的一个城市,被称为“非洲最佳管理城市”,也是著名的国际会议之都。德班是非洲最繁忙的港口,也是通往非洲大陆和印度洋其他国家的大门。旅游业在德班有着重要地位。这里有四季如春的气候、迷人的海滩和可以观赏印度洋壮观景象的海边五星级宾馆,也是帆船、冲浪和潜水运动爱好者以及钓鱼爱好者的天堂。

5.比勒陀利亚

比勒陀利亚(现已更名为茨瓦内),位于约翰内斯堡北方,是南非的政治决策中心兼行政首都,拥有相当大的影响力。它也是南非的交通枢纽,南半球空中交通必经之路。这里风光秀丽,花木繁盛,有“花园城”之称,因街道两旁种植紫葳,故又称作“紫葳城”。市中心布局整齐,街道呈方格状,两旁植有成行的蓝花楹树。每年10—11月间鲜花盛开时,举行盛大狂欢节。这里有许多空地,还有100多座公园、自然保护区和一座出色的动物园。

6.金伯利

金伯利是南非开普省城市,周围以埋藏富含金刚石的角砾云母橄榄岩管状矿体著称,是世界闻名的装饰用金刚石产地。市内保留了著名的亚历山大·麦克雷戈纪念博物馆、达银·克罗宁班图人美术馆和英国圣公会教堂等建筑,还有一个直径约500米、深400米的世界最大的金刚石矿穴,成为旅游者参观的重点景点。

拓展阅读

南非旅游须知

1.城市中的自来水均经净化处理,保证100%安全,可供立即饮用。但是由于南非水域内有血吸虫,所以下水之前必须特别小心。

2.中国游客到南非不需要接种任何疫苗。

3.除了前往北部原始部落聚居区,其他地方都没有大规模传染病流行。

4.在南非看到野生动物的机会很多,有时公路边就有动物在玩耍。但要注意保持距离,万一被咬伤或抓伤可能造成严重感染。

5.南非是艾滋病高发地区,请小心防范。

6.南非的医疗水平很高,旅途中偶发的小病痛无须担心。但医疗费用很高,最好在出发前购买相关保险,并准备一些常用药品。

思考题

1.接待埃及、南非游客时应注意哪些问题?

2.埃及、南非分别有哪些闻名世界的旅游资源?

第七章 港澳台地区

学习目标

1.熟悉港澳台地区的基本概况。
2.掌握港澳台地区的民俗风情。
3.掌握港澳台地区旅游业发展概况和旅游资源。

第一节　香港

一、区情概述

(一)地名、区旗、区徽、区花

1.地名

香港(Hong Kong),全称为中华人民共和国香港特别行政区。关于香港名称的来历,有多种说法:一是从“香港村”而来,二是从“莞香”而来,三是与海盗有关。现在也有人把“香港”叫作“香江”“香海”“香岛”“香洲”等。

2.区旗

香港区旗

香港特别行政区区旗是五星花蕊的紫荆花红旗。红旗代表祖国,白色紫荆花代表香港,紫荆花红旗寓意香港是祖国不可分离的一部分,并将在祖国怀抱中兴旺发达。花蕊上的五星象征香港同胞热爱祖国,旗、花分别采用红、白两种颜色,象征"一国两制"。

3.区徽

香港特别行政区区徽呈圆形,除周围写有"中华人民共和国香港特别行政区"和"HONG KONG"的标准字样外,中间也是红底白色五星紫荆花蕊图案,其寓意与区旗相同。

香港区徽

4.区花

香港特别行政区区花是紫荆花。

小知识

在香港特别行政区,凡国旗与区旗、国徽与区徽同时悬挂时,应当将国旗或国徽置于较突出的位置。列队举持国旗和区旗时,国旗应在区旗之前。并列悬挂国旗和区旗时,国旗在右,区旗在左。

(二)人口、民族、语言、宗教

香港人口约 748.75 万(2018 年),以华人为主,占香港人口约 91.4%,且大部分原籍广东,外国人以印尼人和菲律宾人人数最多,其次为欧洲人及印度人。官方语言是粤语和英语,普通话也流行。世界各大宗教在香港几乎都有人信奉,华人主要信仰佛教、道教。

(三)地理环境、气候

香港地处南海之滨,广东省东南海岸、珠江口东侧。北隔深圳河与广东深圳相接,南面是珠海市万山群岛,西与澳门隔海相对,距离为 61 千米。香港面积约 1 106.3 平方千米,由香港岛(80.7 平方千米)、九龙半岛(46.9 平方千米)、新界内陆地区(978.2 平方千米)以及 262 个大小岛屿(离岛)组成。香港最大的岛屿是大屿山,面积比香港岛大 2 倍多。

香港地形主要为丘陵,最高点为海拔 958 米的大帽山。香港的平地较少,约有两成土地属于低地,主要集中在新界北部,分别为元朗平原和粉岭低地,都是由河流自然形成的冲积平原;其次是位于九龙半岛及香港岛北部,从原来狭窄的平地向外扩张的填海土地。

香港属亚热带气候，气候温暖湿润，年平均温度为23.3℃。夏天炎热且潮湿，冬天凉爽而干燥。5—9月间多雨，7—9月是香港的台风较多的月份，此外，香港市区高楼集中而密布、人口稠密，所形成的微气候容易产生热岛效应，导致市区和郊区有明显的气温差别，高层大厦林立的市区让空气中的"悬浮粒子"较难吹散。

（四）行政区划

香港地区目前共划分为18个行政区域。其中属于香港岛的有中西区、湾仔区、东区、南区。属于九龙（包括新九龙）的有油尖旺区、深水埗区、九龙城区、黄大仙区、观塘区。属于新界本土的有沙田区、大埔区、北区、荃湾区、葵青区、屯门区、元朗区、西贡区。离岛则自成一区，即离岛区。

（五）简史

香港自古以来就是中国的神圣领土。考古发掘材料证明，早在公元前4000年左右，就有使用新石器和陶器的中国居民在香港居住。自秦始皇开始，香港地区就一直在中国中央政府的管辖之内，直到英国侵占香港以前，历朝历代都如此。

第一次鸦片战争后，英国强迫清政府于1842年签订《南京条约》，割让香港岛给英国。1856年英法联军发动第二次鸦片战争，迫使清政府于1860年签订《北京条约》，割让九龙半岛，即今界限街以南的地区。中日甲午战争之后，英国逼迫清政府于1898年签订《展拓香港界址专条》，强租新界，租期99年，至1997年6月30日结束。至此，英国通过3个不平等条约占去整个香港地区。

新中国成立后，我国政府对香港问题的立场非常明确，声明香港是中国领土的一部分，不受过去英国政府同中国清政府签订的不平等条约的约束，在条件成熟的时候，将恢复行使对整个香港地区的主权。1984年12月19日，中英双方正式签署关于香港问题的《中英联合声明》。《中英联合声明》于1985年5月27日中英双方互换约文之时起生效。1997年7月1日，香港终于回到了祖国的怀抱。

（六）政治

1997年7月1日，中国对香港恢复行使主权，香港成为中华人民共和国的一个特别行政区。根据《中华人民共和国香港特别行政区基本法》的规定，香港保留原有的经济模式、法律和社会制度，50年不变，实行"一国两制"，除外交和国防事务属中央人民政府管理外，香港特别行政区享有高度的自治权。

香港实施行政主导的管治模式，并制定由行政长官和行政会议领导的管治体制和代议政制架构。香港特别行政区的首长是行政长官，由具有广泛代表性的选举委员会根据《基本法》选举、并经中央人民政府委任产生，对中央政府和香港特别行政区负责。

香港拥有一个架构精简而效率高超的政府，素以效率出众、透明度高兼处事公正而知名。据美国兰德公司2014年11月首次发表的《全球贪污风险评估》调查报告显示，香港是个贪污风险极低的地方，在197个国家和地区中排名第四，仅次于爱尔兰、加拿大及新西兰，在亚洲则居于首位。

(七)经济

香港是一个奉行自由市场的资本主义经济体系，其经济的重点在于政府施行的自由放任政策。香港已连续第25年获评为全球最自由经济体系，经济自由度指数排名第一。香港已成为全球第七大贸易经济体系、第四大外汇市场及第十五大银行中心，也是亚洲最多国际公司设立地区办事处的城市。香港股市在全球具有较大影响力，股票总市值排名全球第五和亚洲第三。香港也是成衣、钟表、玩具、游戏、电子和某些轻工业产品的主要出口地，出口总值居全球前列。

香港的经济结构以服务业为主，服务业占本地生产总值的比重近年一直保持在90%以上。在服务业中，以金融业、房地产业和贸易比重最大，大约占本地生产总值的65%。根据2018年全球金融中心指数排行榜，香港力压新加坡、东京，成为全球第三大国际金融中心，与纽约、伦敦并称为“纽伦港”。

香港是“亚洲四小龙”之一，有“购物天堂”的美誉。作为自由港，绝大多数货品没有关税，世界各地物资都运来销售，有些比原产地还便宜。内地是香港最大的贸易伙伴，香港是内地继美国、日本和韩国之后的第四大贸易伙伴。2018年，香港与内地的贸易总额达到3106亿美元，占全国贸易总额的6.7%。据香港政府统计，2018年，香港57%的转口货物原产地为内地，而55%则以内地为目的地。

当前，香港正在以参与“一带一路”建设、粤港澳大湾区建设和人民币国际化等国家重大战略为引领，不断深化两地互利合作，更好融入国家发展大局。

香港的货币单位是港币(HKD)，由香港金融管理局发行，100港币相当于人民币89.55元(以2019年11月21日的港币对人民币汇率换算)。

二、民俗风情

香港的民俗风情是东西文化的结合，既有西方现代化大都会的风范，又保留着中国传统的生活方式和生活习俗，充满浓厚的东方神秘色彩。

(一)住房

香港地少人多，寸土寸金。香港是全球人口密度最高的城市之一，私人住宅超过一半的实用面积小于50平方米。全球最高的100栋住宅大楼中，最少一半位于香港。现在约有46%港人住公屋和居屋，其余则拥有私人住宅，类似于内地的商品房。

小知识

香港住房问题

香港通过政府开发公共房屋和建设私人住宅解决住房问题。公共房屋由特区政府机构或非营利机构为低收入家庭兴建。香港约有29%的人口住在公屋。公屋申请者必须年满18周岁，申请条件在个人和家庭收入方面有严格限制，租金一般占住户每月收入的10%。

香港还有17%的居民住居屋，居屋指政府将公屋以低价卖给低收入者。居屋在香港非常受欢迎。

(二)饮食

香港饮食文化中西荟萃,发展出了一种糅合中国菜(主要为粤菜)和西餐的饮食习惯,有"美食天堂"的美誉。作为全球各地区人们的汇聚点,日本、韩国、越南、泰国、印度等餐厅在香港十分常见,香港有逾 1.2 万家餐馆,美食种类超过 100 种。

香港的中餐馆,提供内地的特色佳肴,尤其以广东菜餐馆为多,其他地道菜包括潮州菜、湖南菜、四川菜、北京菜、上海菜等,还有讲究素淡的素菜。香港人有以传统的广式点心作早餐的饮茶习惯。

香港传统本地菜以广州菜为主,盆菜则是新界原居民在节日时的传统菜。由于香港临近海洋,因此海鲜也是常见的菜色,也发展出如避风塘炒蟹等避风塘菜色。

流行于民间的传统食品一直扎根香港,深受香港人喜爱,如菠萝包、蛋挞、沙琪玛、碗仔翅、老婆饼、鸡蛋仔、白糖糕、钵仔糕、鱼蛋等。

小知识

丝袜奶茶

"丝袜奶茶"是具香港特色的一种奶茶,是香港人日常下午茶(和早餐)常见的饮品。基本上,在香港茶餐厅供应的奶茶都是用"丝袜奶茶"的方式泡制。

(三)节庆

香港作为"亚洲盛世之都",这里有精彩的中西节日、热闹的本土庆典。属于中国习俗方面的节日有:春节(农历正月初一)、清明节(4 月 5 日)、端午节(农历五月初五)、特区成立日(7 月 1 日)、中秋节(农历八月十五)、国庆节(10 月 1 日)、重阳节(农历九月初九);属于西方习俗方面的节日有:情人节(2 月 14 日)、基督受难日(复活节前一个星期五)、复活节(春分或其后月圆日后的第一个星期日)、母亲节(5 月的第二个星期日)、父亲节(6 月的第三个星期日)、万圣节(10 月 31 日)、圣诞节(12 月 25 日)。

(四)传统文化、艺术

香港的历史背景,造就中西荟萃的艺术氛围,中外乐章、古今戏剧、中西舞蹈,还有国际性的艺术节、电影节、音乐节……这些多姿多彩的艺术活动,充满无限魅力,滋养了人们的生活。

香港每年都主办各种类型的文化、康乐、体育活动,较大型的活动包括香港艺术节、香港国际电影节、国际综艺合家欢、香港国际七人橄榄球赛、六人木球赛和国际赛马。

赛马与赛马博彩(赌马)是很多香港市民参与的娱乐。每年 9 月开始至来年 6 月为止的一个马季内,共 60 多天的赛马。日赛多于星期六、日在沙田举行,夜赛则多于星期三晚在跑马地进行,观众可购票入场观看及投注。香港赛马会在各区设有 100 多间投注站,除赌马外,六合彩和 2004 年开始的足球博彩也由香港赛马会经营。

香港宗教信仰自由,世界各大宗教在香港几乎都有人信奉。香港的华人,主要信仰佛教、道教,"信神"最多。每年农历三月二十三日天后诞,是香港最为隆重的传统节日之一。在庙宇中供奉的其他神还有观音、北帝、关帝等。许多商店中也设有关帝神位,以求保佑。

(五)社交礼仪

香港人社交礼仪特点可以概括为:香港同胞讲友谊,态度和善重礼仪;传统特别喜吉祥,逢事人人图吉利;“8”“6”数字很可亲,愿多相见为神气;不愿他人问私事,忌讳“谐音”含歹意;家乡多为粤闽地,生活习俗似祖籍。

香港人在社交场合通常行握手礼,向他人表达谢意时,往往用叩指礼(即把手指弯曲,以几个指尖在桌面上轻轻叩打,以表示感谢。据说,叩指礼是从叩头礼中演化而来的,叩指头即代表叩头)。例如,香港人在接受别人斟酒或倒茶时,总喜欢用几个指头在桌上轻叩。

在香港,与人见面应事先预约,约定会见时间后,有30分钟“出入”仍不失礼貌,不过商界人士通常是遵守时间的。应邀赴宴时可带水果、糖果或糕点作为礼物并用双手递送给女主人。

(六)禁忌

香港人对数字很讲究,“3”和“8”被认为是最吉祥的数字,因为“3”的广东话谐音是“生”,寓生气、生财、生龙活虎;“8”的广东话谐音是“发”,寓发财、发达。他们忌讳“4”,因为“4”与“死”谐音,说话、送礼等都避开“4”这个数,非说不可的情况下,常用“两双”或“两个二”来代替。

香港人忌讳别人打听自己的家庭地址,因为他们不欢迎别人去他家里做客,一般都乐于到茶楼或公共场所。他们忌讳询问个人的工资收入、年龄状况等情况,认为个人的私事不需要他人过问。他们不愿意接受“节日快乐”的说法,因为“快乐”与“快落”谐音,是很不吉利的。香港人过节时,常相互祝愿“恭喜发财”。在香港,酒家的伙计最忌讳第一位顾客用餐选“炒饭”,因为“炒”在广东话中是“解雇”的意思。开炉闻“炒”声,被认为不吉利。

香港至今也保留着内地传统文化的禁忌,如送礼时忌送钟(送终)、书籍(输)、毯子(压财)。赌马打麻将,忌人来借钱、取钱。

三、旅游业发展

(一)旅游业发展概况

香港旅游业经过几十年的发展,已具有相当的行业规模,并已成为香港经济和社会发展中的一个重要组成部分。其旅游业的平稳发展得益于“外部助推”与“内生动力”两种力量的双轮驱动,有着其他国家和地区难以兼备的三大优势:一是自由港;二是背靠中国内地;三是东西文化交汇。香港旅游业具有以下特点:访港游客来自全球200多个国家和地区,既广泛又在不同时期有所集中;香港素有“购物天堂”“美食之都”的美誉,拥有世界一流的酒店设施和服务,访港游客的消费水平较高,远超过世界各国的平均水平;中国内地访港游客的增长,促进了香港旅游业的发展。

旅游业是香港经济的重要支柱,占香港本地生产总值的4.5%。除了带动相关行业发展(酒店、零售、交通等),旅游业直接为超过27万人提供就业机会。香港回归20余年来,依托全球经济发展,特别是庞大的中国内地市场,旅游业发展较快。全球赴港旅游人次从1997年的1 127万人次攀升至2017年的5 847万人次,增幅高达419%,到访人次达到香港人口

总量的7.9倍。2018年访港旅客入境人次约6 514万，其中内地访港旅客入境人次为5 080万，较2017年增长15%。

高铁香港西九龙站和港珠澳大桥口岸自开通以来，运作顺畅。西九龙站平均每日出入境人次约5.2万，最高单日可达9.5万人次；港珠澳大桥口岸平均每日出入境人次约7万，最高单日约10.3万人次。

近年来，旅游交流合作始终是内地与香港交流合作的重要内容。内地不但是香港最重要的客源市场，也是香港居民外出旅游的热门目的地。2018年，香港居民赴内地旅游人数达7 937万人次。

内地和香港已形成全球最大的双向客源市场。新形势下，两地要进一步加强合作，打好组合拳，加大旅游联合宣传推广力度，优化"一程多站"的旅游线路，进一步深化粤港澳区域旅游合作，继续推动双向旅游市场稳步发展。

(二)主要的旅游资源

香港是一个美丽的港口城市，素以"东方之珠"的美誉闻名于世。在这里，既可以观赏到美丽的自然风光，又可以获得商业文明带来的种种享受；既有现代化五光十色的琳琅满目，也有旧时代的古物古迹和朴素生活方式。

1.香港迪斯尼乐园

香港迪斯尼乐园占地1.26平方千米，是全球第五个以迪斯尼乐园模式兴建、迪斯尼全球的第十一个主题乐园，是首个根据加州迪斯尼(包括睡公主城堡)为蓝本的主题乐园，是中国第一个迪斯尼主题乐园。乐园包括美国小镇大街、探险世界、幻想世界和明日世界四个主题区。除了家喻户晓的迪斯尼经典故事及游乐设施外，香港迪斯尼乐园还配合香港的文化特色，构思一些专为香港而设的游乐设施、娱乐表演及巡游。在乐园内还可寻得迪斯尼的卡通人物米奇老鼠、小熊维尼、花木兰、灰姑娘、睡美人等。

2.香港海洋公园

香港海洋公园是一个世界级的海洋动物主题乐园，集海洋奇观与游乐设施于一体，享有"全球最受欢迎的主题公园""东南亚地区规模最大的娱乐消闲公园"等多项荣誉。公园分山上和山下两部分，山上是香港海洋公园的主要部分，有海洋馆、海涛馆、海洋剧场、百鸟居；山下的水上乐园，是亚洲第一个水上游乐中心，还有花园剧场、金鱼馆及仿照历代文物所建的集古村等。海洋公园是香港居民最佳休闲去处，更是中国内地及国外游客到香港旅游的必到之处。

3.太平山顶

太平山顶又称维多利亚峰或扯旗山，位于香港岛西北部，海拔554米，是香港最高点，也是香港的标志。它是港岛最负盛名的豪华高级住宅区，也是香港最受欢迎的游览胜地之一。这里是鸟瞰壮丽海港、绚丽市景的理想地。搭乘山顶缆车登上太平山顶，沿途可俯瞰维多利亚港的醉人景致。

4.浅水湾

浅水湾位于香港岛南部，是香港最具代表性的美丽沙滩，号称"天下第一湾"，有"东方夏威夷"的美誉。浅水湾依山傍海，海湾呈新月形，坡缓滩长，波平浪静，水清沙细，沙滩宽阔洁净而水浅，且冬暖夏凉，深受香港人喜欢，也是游人必到的著名风景区。浅水湾的秀丽景色，使它成为港岛著名的高级住宅区之一，区内遍布豪华住宅，构成了浅水湾独特的景区，令人流连忘返。

5.星光大道

星光大道是为表扬香港电影界的杰出人士的特色景点,仿照美国好莱坞星光大道设计,杰出电影工作者的芳名与手掌印镶嵌在特制的纪念牌匾,以年代依次排列在星光大道上,目前星光大道可容纳100名电影工作者的纪念牌匾。大道沿途有小食亭、纪念品小卖亭、一些与电影相关的雕塑和休憩座椅供游人享用。

6.香港会议展览中心

香港会议展览中心是一座宏伟和具备多功能的场地,坐落于香港商厦林立、繁忙的商贸中心地带,是维多利亚港周边一座最为瞩目的建筑,外形如一只飞鸟展翅翱翔。它是亚洲第二大的会议及展览场馆,规模仅次于日本。中心有三个大型展览馆,提供28 000多平方米的展览面积,可容纳2 211个标准展台;又有不同大小的会议厅房共占地3 000平方米,以及一个面积4 300平方米的会议大堂。在此大堂举行会议可容纳4 300人,用来举行宴会则可招待3 600名宾客,是全球最大的宴会厅之一。

7.黄大仙祠

黄大仙祠又名啬色园,是香港最著名的庙宇之一,在本港及海外享负盛名。据说黄大仙"有求必应",香火十分鼎盛。每年的农历正月初一,有不少善信争相到来抢头香,成为香港贺岁习俗之一。该祠是香港唯一一所可以举行道教婚礼的道教庙宇。

8.维多利亚港

维多利亚港是位于香港岛和九龙半岛之间的海港,是亚洲第一、世界第三大海港。由于港阔水深,为天然良港。其两岸的夜景是世界知名的观光点之一。维多利亚港一直影响着香港的历史和文化,主导香港的经济和旅游业发展,是香港成为国际化大都市的关键之一。

9.尖沙咀

尖沙咀是香港九龙主要的游客区和购物区。区内设有多个博物馆和文娱中心,饮食业和酒吧也相当蓬勃。富有外国风情的诺士佛台和整条街都有酒吧的宝勒巷是不少人下班后消遣的地方。亚士厘道的餐厅则提供各国美食。现代香港年轻人多称尖沙咀为"尖咀"或"老尖"。

拓展阅读

香港出入境

1.根据海关规定,每人限带6 000元人民币和等值于2 000美金的外币,每人限带19支香烟入境。

2.如携带摄像机、有变焦镜头的照相机、数码相机、手提电脑等物品,请提前向海关申报,并保存好申报单。

3.免税品:每人限带200支香烟及1瓶酒。

4.购买摄像机、有变焦镜头的摄像机等物品,理论上须缴海关税。

5.不可携带色情、政治敏感书刊及音像制品入境。

6.禁止携带生鲜等动植物入境。

7.不得携带超过1.8千克含奶制品的奶粉、米粉类出境。

第二节　澳门

一、区情概述

(一)地名、区旗、区徽、区花

1.地名

澳门(Macao),全称为中华人民共和国澳门特别行政区。近几百年来,澳门的名称众说不一。元末明初时期就有"澳门"之名,因为那时它的南北有两座高台(现称东望洋山、西望洋山),高高相对,形状如澳之门,因此,当地渔民就称之为"澳门",一直沿用至今,而其他名称则逐渐弃而不用。华人均称此地为"澳门",英国人称它为"Macao",葡萄牙人称为"Macau"。

2.区旗

澳门特别行政区区旗为五星莲花绿旗,是绘有五星、莲花、大桥、海水图案的绿色旗帜。其中五星是代表统一的中国;三朵含苞待放的白莲花象征澳门特区是由三个部分组成的吉祥之地;绿色代表祖国大地。

澳门区旗

3.区徽

澳门区徽

澳门特别行政区区徽中间是五星、莲花、大桥、海水,周围以中文书写“中华人民共和国澳门特别行政区”,下为澳门的葡文名“MACAU”。区徽图案的含义与区旗相同。

4.区花

澳门特别行政区区花是白色莲花。

(二)人口、民族、语言、宗教

澳门人口约67.2万(2019年),以华人为主,占总人口的97%,葡萄牙籍及菲律宾籍居民占3%,华人大部分原籍广东珠江三角洲。官方语言是汉语和葡萄牙语。人口中佛教信徒占50%,天主教信徒占15%,无宗教信仰者及其他教信徒占35%。

(三)地理环境、气候

澳门位于中国东南沿海珠江口的西岸,与香港、广州鼎足分立于珠江三角洲的外缘。由澳门半岛(9.3平方千米)、氹仔(7.9平方千米)、路环(7.6平方千米)、路氹填海区(6.0平方千米)、新城A区(1.4平方千米)和港珠澳大桥珠澳口岸人工岛澳门口岸(0.7平方千米)组成,总面积共32.9平方千米。澳门半岛与氹仔之间由三条澳氹大桥连接,包括嘉乐庇总督大桥、友谊大桥以及西湾大桥,当中最长的友谊大桥可直接通往位于氹仔的澳门国际机场。经澳门半岛最北面的关闸可到达珠海市和中山市;经位于路氹城的莲花大桥可到达珠海的横琴岛。

澳门地处北回归线以南,受海洋和季风影响很大,属亚热带海洋性气候,春、夏季潮湿多雨,秋、冬季的相对湿度较低且雨量较少。10月至12月是全年最好的季节,阳光充足,气候温和。冬季寒冷,但大部分时间天气晴朗。4月至9月,湿度和温度逐渐升高,这期间雨水较多,而且会有台风。

(四)行政区划

澳门特别行政区以“堂区”作为行政区划单位,澳门现有七个堂区和一个无堂区划分区域。澳门半岛共有五个堂区(包括花地玛堂区、花王堂区、望德堂区、风顺堂区、大堂区)。仔岛属于嘉模堂区,路环岛属于圣方济各堂区,此外还有一个路氹填海区。

(五)简史

澳门自古以来就是中国领土的一部分,原属广东香山县(今珠海市)。1535年葡萄牙人取得在此停靠码头、进行贸易的权利。1553年,他们借口曝晒水渍货物,强行上岸租占,并于1557年正式在澳门定居,同年开始使用澳门名称。1849年后,葡萄牙殖民者相继占领了澳门半岛、氹仔岛和路环岛。1887年12月,葡萄牙与清政府签订《中葡会议草约》和《中葡和好通商条约》,正式通过外交文书的手续占领澳门。1987年4月,中葡两国政府签订了《关于澳门问题的联合声明》,宣布澳门地区(包括澳门半岛、氹仔岛和路环岛)是中国的领土,中华人民共和国于1999年12月20日对澳门恢复行使主权。

(六)政治

自1999年12月20日起,澳门成为中华人民共和国的一个特别行政区。根据《中华人民共和国宪法》第31条的规定,设立澳门特别行政区,并按照“一个国家,两种制度”的方针,保持原有的资本主义制度和生活方式，50 年不变。“澳人治澳、高度自治”。

澳门特别行政区政府是澳门的行政机关。政府首长是行政长官，向中央人民政府和澳门特别行政区负责，任期为 5 年，可连任一次。

（七）经济

澳门是微型海岛经济，其经济规模无可避免地受市场、资源和结构等方面的局限，但仍然是亚太地区内极具经济活力的一员。其经济规模虽不大，但具有开放性和灵活性。澳门经济逐步形成了以旅游博彩业、出口加工业、金融保险业、建筑地产业四大支柱产业为主体的经济体系。

澳门是个自由港，其开放的国际贸易及投资环境，为经济自由提供了坚实的基础。美国传统基金会发布的 2019 年度《全球经济自由度指数》报告，连续 11 年评价澳门为“较自由”的经济体。

澳门的博彩业在其经济中举足轻重，有“博彩天堂”之称，与摩纳哥蒙特卡洛、美国拉斯维加斯、美国大西洋城合称为“世界四大赌城”。

澳门的货币单位澳门币（MOP），由澳门金融管理局发行，100 澳门币相当于人民币 86.94元（以 2019 年 11 月 21 日的澳门币对人民币汇率换算）。

二、民俗风情

在澳门，东西方文化碰撞，相互交融，形成了颇具特色的民俗风情。

（一）住房

澳门住房由公屋和私人房屋组成。公屋又由社会房屋和经济房屋两部分组成。回归以来，澳门经济发展，人口增加，房价增长迅速，住房问题逐渐显现。特区政府通过大力推进公共房屋建设，增加私人住房市场供应，制定相关政策措施，逐步解决居民住房问题。

（二）饮食

澳门的饮食文化展现出中西方交融多彩的地域特色，是个名副其实的美食天堂，“中西名肴荟萃，各国风味集锦”。澳门西餐厅逾百家，中餐酒楼 200 多家，咖啡厅、快餐店、中西饼店、小食铺、甜食店、街头大排档、风味小吃摊等比比皆是。

中餐中菜构成澳门美食的主题，从帝王享用的宫廷大宴到海鲜野味应有尽有，澳门的中餐以粤菜为主，此外还有北京、四川、上海、湖南等地的风味菜肴。“土生葡菜”堪称一绝，法国、意大利、日本、韩国、泰国、缅甸、印尼、印度等美食美点也样样不缺。

澳门华人有传统的饮早茶习惯，他们利用早茶时间来读报纸、交朋会友、联络感情。午、晚餐以米饭为主，午餐较为简单，晚餐最为一般家庭所重视，菜肴丰富，肉类必不可少，习惯于煲汤。

（三）节庆

澳门拥有独特的节庆文化，既有中国传统节庆，还有西方节日。2001 年 1 月 1 日生效的《澳门政府第 60/2000 号行政命令》规定每年的公众假期为元旦（1 月 1 日）、劳动节（5 月

1日)、国庆节(10月1日)、追思节(11月2日)、圣母无原罪瞻礼(12月8日)、澳门特别行政区成立纪念日(12月20日)、圣诞节(12月24—25日);春节(农历正月初一)、清明节(4月5日)、复活节(4月22—23日)、佛诞(5月10日)、端午节(农历五月初五)、重阳节(农历九月初九)、冬至节(12月21日)和中秋节(农历八月十五)共15个节日累计20日。

(四)传统文化、艺术

由于澳门独特的地理位置和历史背景,因此澳门文化是有深厚传统内涵的中国文化和以葡萄牙文化为特质的西方文化共存的并行文化,是一种以中国文化为主、兼容葡萄牙文化的具有多元化色彩的共融文化。

数百年来,随着中国内地居民不断迁入澳门,中国的传统文化也被带入澳门,形成了澳门华人的主体文化。如妈祖文化在澳门得到广泛传播,澳门仅供奉天后的庙宇就有10多间,作为民间信仰的妈祖信仰融入佛教、道教,成为多元信仰。

澳门是东西方文化的交汇地。澳门在16、17世纪后成为贸易和传教中心后,大大促进了东西方文化交流,使中国的传统文化和来自欧洲、东南亚等地的文化相互碰撞、交流、汇聚、融合,长达400年之久。澳门现存有不少中西合璧的文物古迹,具有东、西方风格的建筑物,大都具有"以中为主,中葡结合"的特色。整个澳门约有五分之一的面积是中西文化交流融合的产物。

澳门为亚洲唯一合法经营赛狗的地区,赛狗赛事在逸园赛狗场进行,是澳门吸引观光游客和澳门的博彩活动之一。

(五)社交礼仪

澳门人以爽快诚挚、开朗热情而著称,他们说话干脆,善于结交朋友,喜欢聚会。见面以握手为礼,受欧洲人的影响,亲朋好友相见时,有些常以热情拥抱并拍肩膀为礼。澳门人的生活习惯和风俗礼仪深受广东人影响。他们开张庆典,要舞狮耍龙,摆放供台,点香祈求保佑;新船下海,要燃放鞭炮,求助平安;生儿育女要设汤饼宴,分送姜醋与邻里或亲友品尝,外省人则分送红鸡蛋。

(六)禁忌

澳门人对吉祥话、吉祥物、吉祥数字有偏爱,如"恭喜发财""鱼""8""6"等。忌讳"13"和"星期五",不习惯在家中招待客人。

三、旅游业发展

(一)旅游业发展概况

旅游业已成为澳门四大支柱产业之首,是特区政府财政收入的主要来源,在澳门经济中有举足轻重的地位。澳门旅游业主要由酒店业、博彩业和娱乐业等行业构成。

澳门旅游业发展较早,是亚洲重要的旅游目的地之一。早在20世纪30年代,澳门当局已经提倡发展旅游业,但直至二战后澳门旅游业才真正发展起来。近几十年来澳门旅游业发展较快,究其原因主要有以下几点:

(1)博彩业是吸引大批游客到澳门的重要原因。澳门向来以“赌城”旅游形象著称于世，被称为“东方蒙特卡洛”。澳门特别行政区政府将旅游定位成特区龙头行业，提出借旅游博彩带动其他行业发展的思路。来澳门的游客大多是为“博彩”而来，可以说赌博带动了澳门的旅游业。

(2)400 多年中西方文化交汇的历史给澳门留下了众多的名胜古迹、丰富的旅游资源和独特的文化风情。

(3)澳门是自由港，大多数进口物品可获免税，价格低廉，是游客的购物天堂；澳门众多的酒店也可满足不同游客的需要；交通便利；发达的香港旅游业也为澳门招来大批游客。

(4)澳门具有独特优越的地理位置，它地处珠江三角洲南缘，距香港很近，离东南亚各国及日本也都不太远。

(5)政府的高度重视与政策支持。

1999 年至 2012 年，澳门入境游客年均增长 10.3%。2014 年至今，市场规模始终保持 3 000万人次以上。2017 年澳门入境游客同比增长 5.4%，总量达到 3 261 万人次，较 1999 年翻 20 倍。2018 年入境游客超过 3 580 万人次，同比增长 9.8%，创历史新高，其中内地、香港和台湾地区仍位居澳门客源地前三，内地旅客超过 2 500 万人次，增长 13.8%，其中个人游旅客超过 1 200 万人次；香港和台湾地区旅客人次分别增长 2.6%和 0.1%。港珠澳大桥自 2018 年 10 月 24 日开通后，经大桥入境的旅客达 105 万人次，成为该时段内澳门的第二大旅客入境口岸。

随着澳门与内地的联系日益密切，澳门人到内地旅游的人数也越来越多。澳门人出游的目的地主要为中国内地、泰国和中国台湾地区，其中随团前往内地的游客最多。澳门地区游客的主要特征是：旅游花费不高，逗留时间较短，旅游行程不长。到内地购物旅游是澳门人的一大选择，他们感兴趣的旅游商品是纪念品、工艺品、食品、茶叶。

(二)主要的旅游资源

经过 400 多年欧洲文明的洗礼，东西文化的融合共存使澳门成为一个风貌独特的城市，留下了大量的历史文化遗迹。1992 年澳门从 43 个景点中选出最有代表性的八个景点，成为游客必去的“澳门八景”。

1.镜海长虹

“镜海长虹”包括“镜海”与“长虹”两部分。“镜海”本是澳门的古地名之一，泛指澳门半岛与氹仔岛之间的海面，几百年来一直为澳门对外贸易的航道。如今的“镜海”上架起两座大桥——澳氹大桥和友谊大桥，两桥似“长虹”横跨“镜海”，不仅成为澳门的交通大动脉，也是澳门极为壮观的一处美景。

2.三巴圣迹

“三巴圣迹”一景，是大三巴牌坊和大炮台组成的风景区。大三巴牌坊是澳门最具代表性的名胜古迹，为圣保罗教堂正面前壁的遗址，本地人因教堂前壁形似中国传统牌坊，将之称为“大三巴牌坊”。这座中西合璧的石壁在全世界的天主教教堂中是独一无二的。大三巴虽然已经失去了作为教堂的功能，但是却依然是澳门人生活中不能缺少的一份情结。这里时常会举行各类文化活动，而牌坊前的长石阶可以作为座位，牌坊犹如巨大的布景，舞台浑然天成。

3.妈阁紫烟

妈阁庙为澳门最著名的名胜古迹之一，初建于明弘治元年(1488 年)，距今已有五百多年的历史，是澳门现存庙宇中有实物可考的最古老的庙宇，也是澳门文物中原建筑物保存至今时间最长的。主要建筑有大殿、弘仁殿、观音阁等殿堂。每年春节和农历三月二十三日娘妈诞(妈祖生辰),庙里都要举行盛大的祭祀活动。

4.卢园探胜

卢廉若公园原是澳门最大的私家花园,也是港澳地区唯一一座具有苏州园林风格的公园。它由澳门大赌商卢廉若斥资兴建,始建于1904年,后被澳门收购重建为公园,于1974年10月向公众开放。园内景色如诗如画,俨然一幽雅、秀丽、恬静的江南风光,颇具苏州狮子林的格局,给人一种"小中见大"的感觉。1912年5月,孙中山访澳旧地重游,曾应邀下榻于卢园的"春草堂"。

5.普济寻幽

普济禅院俗称观音堂,有近400年的历史,是澳门三大古庙中规模最大、占地最广、建筑最为雄伟的一家,也是保存南方庙宇特色较好的寺院之一。建于明朝末年,1844年美国侵略中国的第一个不平等条约——《望厦条约》就是在此签订的。普济禅院、妈祖阁、蓬峰庙被称为澳门三大古刹。

6.龙环葡韵

龙环是氹仔岛的旧名,氹仔岛借澳氹大桥与澳门半岛相连,氹仔环境优美,著名的澳门大学、跑马场都在这个小岛上。龙环葡韵是指氹仔岛后背湾一带的欧陆风韵,该处临海,景色秀丽,市政花园及星星花园分布其间。海滩红树丛生,傍海一条碎石马路旁,五座一列的葡式建筑颇具欧陆情调。而且岛上葡式餐馆很多,许多香港游客专门到这里来品尝葡国大餐。

7.灯塔松涛

松山是澳门半岛的最高山冈,又叫东望洋山。松山灯塔是我国沿海以及远东地区的第一座灯塔,建于1865年,因耸立在松山松涛中而得名。它与另外两座300年历史的松山炮台和松山教堂,并称松山三古迹,于此远眺,澳门全景及珠江口的壮丽景色尽收眼底。

8.黑沙踏浪

黑沙海湾位于路环岛南部,沙滩宽约1千米,沙细而匀,呈黑色,故有黑沙海滩之名,是澳门最著名的天然海湾浴场。岸边种植了一大片木麻黄树,成为岸边常绿林带,与黑沙海滩相映成趣,最宜郊游、划艇、游泳。黑沙岸边新建了五星级酒店及高尔夫球场等旅游新设施,使"黑沙踏浪"锦上添花。

拓展阅读

澳门史上最严控烟令实施,赴澳烟民免罚须知

大幅提高烟草税、收紧自携入境香烟数量限额、将禁止吸烟范围扩大至几乎所有的公共场所——澳门迄今为止最为严厉的控烟措施已开始实施。那些嗜烟成癖的烟民们去澳门要小心了,以下规矩和禁令请务必谨记遵守。

一是自携入境免税烟限额。从2015年7月14日开始,每人自携入境免税烟缩减至19支或雪茄1支或其他烟草制品25克。

二是绝大部分公共场所禁烟。按照修改后的法律,澳门将扩大禁止吸烟的范围,几乎所有的公共场所都严禁吸烟。

三是全面禁售电子烟。法案规定,供集体使用的地点禁止使用电子烟,同时禁止在澳门售卖电子烟。

四是限制烟草及烟草制品的广告及促销。烟草制品的价钱牌只可以在销售地点内展示，但不能在销售地点以外，尤其是透过其陈列窗看见该价钱牌等。

五是罚款金额大幅提升。违法的处罚金额由现行的400元至10万元不等，修改为由1 500元至20万元。其中在禁止吸烟地点吸烟，可罚款1 500元；违反禁令向未满18岁人士销售烟草制品，可处2万元罚款。

第三节　台湾

一、地区概况

（一）地名

台湾自古是中国的领土，东汉称夷洲，隋时改称流求，明代又称北港、东蕃。元、明设巡检司于澎湖，清康熙二十三年（1684年）置台湾府，隶属福建省，光绪十一年（1885年）建为台湾省。台湾一词最早见于官方文献的是明崇祯八年（1635年）何楷等人的奏疏中，从清初建府始一直沿用至今。

台湾，随着历史的发展，出现了很多不同的称号。据台湾史学家连横在《台湾通史》上说："台湾为岛上荒岛，古者谓之'毗舍耶'，梵语也。毗为稻土，舍耶庄严之义，故又谓'婆娑世界'。就是把台湾描写成一个安乐窝的说法。但另外也有一个不雅人名称——'埋冤'，为中国人最早移徙到台开垦的，多是福建漳州、泉州人，他们入台之初，每每不能适应当地气候，或被土人杀害（当时有猎头风俗），不能生还，所以称之'埋冤'，后来，才谐其声易为台湾。"台湾名称的由来，又据《台湾杂志》上说："荷兰人初到台湾，筑城而居，城以砖石砌成，制若崇台，外沙环水，濒临海湾，故名台湾。"此一说法，未尽可靠。

其实，早在周婴所著《远游篇》中即已称台湾为"台员"。"员"字与闽南的"湾"字谐音，所以台湾这个名称在我国福建一带流传已久。到今日，这个名称已经固定，并且这块美丽土地永远属于中国的一部分，就像我们身上的一部分一样，不可分割。

（二）人口、民族、语言、宗教

台湾地区总面积约3.6万平方千米，2019年3月人口总数达到2 358.9192万（含金门、马祖），辖22县、市。台湾地区使用汉语普通话和繁体中文，通用闽南语、客家语及台湾少数民族语言。台湾居民中，汉族占总人口的98%；少数民族占约2%，约43万人。根据语言、风俗的不同，台湾有11个少数民族，高山族是台湾最早的居民和最主要的少数民族，分为阿美、泰雅、排湾、布农、卑南、鲁凯、邹族、雅美、邵族、葛玛兰和赛夏等族群，分居全省各地。佛教、道教等中国传统宗教在台湾极为盛行且长期发展，西方常见的基督新教、天主教与伊斯兰教等宗教也拥有不少信众。台湾近八成的民众拥有宗教信仰，逾五成民众经常参加各类型的宗教仪式与庆典。佛教、道教相互影响融合已不易区分。道教徒中混杂台湾民间信仰者应占大多数,妈祖、关圣帝君、保生大帝是台湾民间信仰的主要神祇。

(三)地理环境、气候

台湾岛面积35 882.6258平方千米,是中国第一大岛、世界第38大岛屿,南北纵长约395千米,东西宽度最大约145千米,环岛海岸线长约1 139千米,含澎湖列岛总长约1 520千米,扼西太平洋航道的中心,是中国与亚太地区各国海上联系的重要交通枢纽及重要战略要地。不光中国东海和南海之间往返的船只从这里通过,从欧洲、非洲、南亚和大洋洲到中国东部沿海的船只也从这里通过。从大西洋、地中海、波斯湾和印度洋到日本海的船只一般也经过这里。

现今的台湾地区范围包括台湾岛及其附属岛屿、澎湖列岛、金门群岛、马祖列岛、东沙群岛、乌丘列屿、南沙群岛的太平岛与中洲礁及周围附属岛屿。

台湾海峡呈东北向西南走向,北通东海,南接南海,长约200海里,宽约70至221海里,平均宽度约108海里,是海上交通要道,也是国际海上交通要道。它东临太平洋,东北邻琉球群岛,相隔约600千米;南界巴士海峡,与菲律宾相隔约300千米;西隔台湾海峡与福建相望,最窄处为130千米。

台湾省是一个岛屿省份,岛屿众多,海岸线长。台湾本岛海岸线就有1 566千米,包括了东部、北部、西部与南部等四个不同海岸。东部为典型断层海岸,陡直的岸壁紧贴太平洋海岸,北部海岸东临太平洋,北迎东海,西依台湾海峡,整段海岸凹凸曲折,岬湾相间,奇石怪岩,极具旅游观赏价值,西部海岸濒临台湾海峡,海岸单调平直,地势缓斜,沙滩绵长,南部海岸为典型的珊瑚礁海岸。

台湾省北回归线通过台湾中南部,把台湾南北划为两个气候区,北部属亚热带季风气候,南部则为热带季风气候,气候特点与处于同一纬度的云南省、广西壮族自治区和广东省相似。台湾四面环海,受海洋性季风调节,终年气候宜人,冬无严寒,夏无酷暑,四季树木葱茏,百花芬芳,全年气温偏高,平均气温在22℃左右,南部农作物一年三熟,但在合欢山、玉山、雪山等山区地带由于地势相当高,故冬季仍然有降雪的机会。

台湾降水丰沛、气候湿润,是中国降雨量最丰沛的地区之一,平均年降雨量超过2 000毫米,折合水量达900亿立方米,是世界平均降水量的3倍。随着季节、位置、海拔标高的不同,降雨量也随之变化。由于来自太平洋的东南季风受到台湾山脉的阻挡,东部地区在迎风坡上而降水较多,西部地区在背风坡上而降水较少,因此台湾东部、北部降水量大且全年有雨,其中中国的“雨极”火烧寮就在台湾的东北部。台湾中南部的雨季主要集中在夏季。台湾冬季受大陆冷气团影响,东北季风盛行,但受太平洋北赤道暖流制约。夏季受太平洋副热带高气压影响,西南季风盛行,但来自太平洋的东南季风受到高峻的中央山脉阻挡。

台湾是中国受台风影响最多的省份。6月至9月是台风季,每年夏、秋两季平均都有3至4个台风侵袭台湾。一方面,台风为台湾提供了丰沛的水分,但由于降雨的空间和时间分布十分不均,容易引发洪水与泥石流等灾害。另一方面,如果缺少夏季台风所带来的雨水,到了冬季就容易出现干旱。因此,各大河川普遍修筑水坝,雨季蓄水兼发电,旱季提供居民用水。

(四)行政区划

台湾省的一级行政区划为“省”(即台湾省和实际管辖金门、马祖地区的所谓“福建省”,

现已虚级化)、“院辖市”(行政机构所直接管辖),二级行政区划为县、市,三级行政区划为乡、镇、县辖市、区,四级行政区划为村、里,五级行政区划为邻。

(五)简史

台湾的原始氏族文化与祖国大陆的中原文化属同一系统。台湾是由当地的少数民族——高山族人民和由大陆迁去的汉族人民共同开发的。台湾自古以来就是中国领土的一部分。在中国古代文献里,被称为“蓬莱”“贷舆”“员峤”“瀛洲”“岛夷”“夷州”“琉球”等。从三国时代开始,便逐渐开拓、经营台湾。从16世纪开始,台湾便成为西方殖民主义者诸如西班牙、葡萄牙、荷兰以及英、法、日、美对外扩张掠夺的目标。荷兰、日本先后较长时期占领过台湾。1624年,荷兰侵占了台湾南部,并于1642年打败了西班牙殖民者,占领了台湾。1662年,郑成功收复台湾,结束了荷兰在台湾38年的统治。1683年,清政府收复台湾,由福建省管辖。1885年(清光绪十一年)正式建立行省。1874年,日本开始进犯台湾。由于台湾人民的反抗和国际舆论的谴责,日本被迫退出。1894年,日本挑起中日甲午战争。清政府战败后,于1895年4月17日签订了丧权辱国的《马关条约》,向日本赔款2.3亿两白银,割让台湾,增设对日通商口岸。日本在台湾统治期间(1895—1945年),建立了一套凶狠的警察制度和保甲制度,严密控制人民和镇压人民的反抗,在经济上则残酷剥削和掠夺台湾人民,从台湾获取了巨额利润,但也在一定程度上刺激和推动了台湾经济的发展。抗日战争的胜利结束了日本对台湾50年的统治。1945年8月,日本在第二次世界大战中战败,8月15日宣布无条件投降。中国人民经过8年英勇的抗日战争,终于收复了台湾。台湾同胞欢天喜地,庆祝回归祖国。10月25日,同盟国中国战区台湾省受降仪式于台北举行,受降主官代表中国政府宣告:“自即日起、台湾及澎湖列岛已正式重入中国版图,所有一切土地、人民、政事皆已置于中国主权之下。”至此,台湾、澎湖重归中国主权管辖之下。1949年10月1日,全国人民在中国共产党的领导下,推翻了国民党政府,新中国宣告诞生。中国历史从此进入了一个新纪元。在祖国大陆解放的前夕,蒋介石及国民党的部分军政人员逃到了台湾,他们依靠美国的庇护与支持,使台湾与祖国大陆再度处于分裂状态中。

在台湾国民党当局的统治下,台湾的经济文化得到较快发展,岛内实现了工业化。近年来,两岸经贸往来也不断发展。《告台湾同胞书》发表以来,在两岸同胞和各界人士的共同努力下,两岸关系发生重大变化。1987年年底,两岸同胞的长期隔绝状态被打破,两岸同胞交往日益密切,两岸经济合作蓬勃发展,形成互补互利的格局。1992年,两岸达成“九二共识”,双方在此基础上举行首次“汪辜会谈”。2005年,国共两党领导人实现历史性会谈,达成“两岸和平发展共同愿景”。2008年3月,台湾局势发生积极变化,两岸关系迎来难得的历史机遇。2008年5月以来,本着“建立互信、搁置争议、求同存异、共创双赢”的精神,两岸协商在“九二共识”的基础上得到恢复并取得重要成果,两岸全面直接双向“三通”迈出历史性步伐。双方妥善处理一系列问题,保持两岸关系的改善和发展势头,推动两岸关系展现出和平发展的前景。今天,两岸同胞往来之频繁、经济联系之密切、文化交流之活跃、共同利益之广泛是前所未有的。中国人民维护台海和平、推动两岸关系发展、实现祖国和平统一的事业日益赢得国际社会理解和支持,世界各国普遍承认一个中国的格局不断巩固和发展。

(六)政治

台湾当局实行“五权分立”的政治制度,分为行政、立法、监察、考试和司法5个部门。

"行政院"是台湾最高"行政机关","立法院"是台湾当局最高"立法机关","监察院"为台湾当局最高"监察机关","考试院"是台湾当局最高考试机构,"司法院"是台湾当局的最高"司法机关"。

(七)经济

台湾经济发达,以外向型经济为主,曾经是"亚洲四小龙"之一,在1949年往后的40余年里,年均经济增长率达到8%,被世界誉为"台湾经济奇迹",但进入21世纪以来经济增速逐渐放缓。

日据时期前期,台湾沦为日本帝国主义侵略者的粮食生产基地,仅有少数的食物储藏加工业和轻工业,在太平洋战争爆发后,台湾因战略地位重要而被日本帝国主义侵略者作为"南进"的侵略基地,因此在台湾南部的高雄一带发展军事工业。1949年后,台湾当局奉行军事优先和稳定农业的经济政策。1960年代起,台湾轻工业发展快速,重工业则居于次要地位。台湾当局还设立加工出口区来增加外贸收入。

1970年代,为摆脱石油危机,台湾注重发展石化业与重工业,在高雄建设大炼钢厂、大造船厂、大炼油厂等大型重工业基地,亦有美国华侨返回台湾设立电子厂,如台积电、"联华电子"等也取得成功。此时恰逢越战,美国向台湾订购大量物资,促使台湾经济快速起飞,台湾遂晋身"亚洲四小龙"行列,达到新兴工业化地区水平。1980年代,有着"台湾硅谷"之称的新竹科学工业园区成立,至此台湾集成电路、电脑等高科技产业发展蓬勃,耗能少、污染低、附加价值高的技术密集型科技产业逐渐取代传统产业。1997年,亚洲金融危机爆发,台湾经济受到的冲击虽较为轻微,但经济复苏的力道变小。

在2001年开始的全球经济增速放缓的趋势影响下,台湾经济下滑,银行坏账增加,财政盈余转为财政赤字,2001年台湾经济出现自1947年以来的首次负增长。2003年下半年台湾经济开始逐渐缓慢恢复。在2007—2009年全球金融危机影响下,2009年台湾经济再次出现负增长,此后经济逐渐恢复。台湾经济于1960年代开始发展成为资本主义的出口导向型经济体系,现今当局逐步减少对投资和对外贸易的干预,一些大型"国有银行"和"国营企业"陆续被私有化。

台湾地区经济以中小型企业而非大型企业集团为主。台湾电子信息产业在全球产业链中地位举足轻重,全球大多数电脑电子零组件都在台湾生产。高新技术产业已取代劳动密集型产业,农业占GDP的比重从1952年的35%降至2%,服务业与高新技术产业合计比例过半。

台湾的货币单位是新台币(TWD),由"台湾中央银行"发行,100新台币相当于人民币23.07元(以2019年11月21日的新台币对人民币汇率换算)。

二、民俗风情

(一)饮食

台湾饮食文化融合各地美食风格,台湾菜与闽南菜(还受福州菜影响)和广东潮汕潮州菜渊源深厚,也受客家菜、广州菜和日本料理的影响。台湾菜有海鲜丰富、酱菜入菜、节令食补等特色,倾向于自然原味,调味不求繁复,风格鲜香、清淡。炎热气候使一些酸甜开味的菜

看出现在台菜中。台菜素有“汤汤水水”之称，羹汤类菜肴广受欢迎。

台湾饮食文化中有著名的“小吃”文化，各式风味小吃云集的夜市是台湾庶民生活文化的代表之一，常见的小吃有蚵仔煎、炸鸡排、臭豆腐、盐酥鸡、生煎包、米血糕、蚵仔面线、甜不辣、卤肉饭、肉圆、担仔面、牛肉面、小笼包等。凤梨酥、牛轧糖等台湾特产的烘焙美食是知名的伴手礼。

茶是台湾民众的传统饮品。台湾全境皆产茶，名茶有冻顶乌龙、文山包种、东方美人和铁观音等。茶艺形式主要是工夫茶。泡沫红茶文化是台湾茶文化新的发展，代表性茶饮珍珠奶茶广受欢迎。

小知识

台湾的夜市文化

没去过台湾夜市，就称不上到过台湾旅游，而说到全岛最出名的小食，夜市也是必去之所。无论台北、台中、台南甚至是台东，由北部到南部，台湾每个城市几乎都有红火的夜市，那无疑是台湾文化的缩影。

逢甲夜市：位于台中市西屯区以文华路、福星路、逢甲路为主，是全台湾最大且著名的观光夜市，逢甲夜市的消费以“俗搁大碗”为最吸引各路爱好夜市的民众，若遇假日其人潮更是让逢甲夜市主干道塞得水泄不通。逢甲夜市以新奇又有趣的小吃闻名，成为创新小吃的原始地，例如逢甲四合一、蜂蜜柠檬芦荟、可丽饼等等，都是由逢甲夜市发源再外传到各地。

华西街观光夜市：华西街位于龙山寺附近，经台北市政府整顿规划，成为观光夜市之后，焕然一新。悬吊式的宫灯、入口处的传统宫殿式牌楼，更增添了几分气派。这里是国内外游客观光的必到之地。进入华西街夜市，映入眼帘的尽是海产、鸡蛋蚵仔煎、赤肉羹、麻油鸡、肉丸、炒螺肉、鳝鱼面、鼎边锉等各式小吃。

士林夜市：基本上这是台北规模最大的夜市，也是从来没有衰败过的夜市之一，这里是年轻人的天堂，因为除了吃，这里是流行服饰最多的一个夜市。因为地理位置具佳，有捷运直达，所以这里几乎每天晚上都熙熙攘攘。士林夜市最受食客喜欢的是第一家鸡排、士林大香肠、豪大大鸡排，还有铁板烧。逛士林夜市的服装店，简直是一种接受新文化的挑战，你在这里可以看到背上有翅膀的狗用 T-shirt，或者你刚从一本新的日本服装杂志看到当季的新款，可是相信你在士林夜市的某一间小店里，就已经能看到了。

饶河街观光夜市：这个也是政府设定的观光夜市，靠近松山火车站，一般台湾的旅游广告都是在这里拍的，因为这里有很体面的观光夜市的招牌。药墩排骨、程班长牛肉面、清炒鸭肉面、海鲜羹、基隆天妇罗都是最受欢迎的夜市摊位。

师大夜市：学生光顾最多的夜市。因为刚好在师大附近，一般在学生圈的夜市大都价廉物美，因为要做学生的生意。红灯笼卤味、韩国烧烤，臭臭锅、日本简餐地小食店，更多的则是咖啡馆，似乎这里一切都是为学生量身打造的，因为学生最多的是要看书、谈恋爱，所以，这样的环境非常适合他们。

南机场夜市：南机场夜市附近有很多大饭店的厨师居住，他们退休后就自己在南机场开个摊位，所以这里的食物摊位大多味道一流，而且因为南机场夜市地处居民区，所以价钱比那些观光夜市都便宜得多，东西的量也实在。食客最喜欢的就是沙威玛(中东汉堡)、来来水饺(这个水饺也是那里有名的摊位，每次也是要排队等很久的)、甲林铁板烧，还有几个摊位的红烧牛肉面、清炖牛肉面、番茄牛肉面。

基隆庙口夜市:“庙口”是指位于奠济宫附近的仁三路和爱四路的小吃摊。仁三路和爱四路两条街上成L型,绵延约三四百米。仁三路小吃摊,是从日据时代就流传下来的,约有三四十年的光景,是基隆夜市中历史最悠久的。既然来到了基隆港,当然吃的东西就要以海产为主。这里最有名的小吃就是鼎边锉、天妇罗、泡泡冰、烤鱼丸,还有清炖猪脚,还有奶油螃蟹……还有位于基隆港口的海鲜铺也是优选之一,在那里食客们可以自己选购任何海鲜,然后直接请店家加工,一桌新鲜美味很快就出现在面前了。

(二)节庆

台湾民间节庆与中国大陆特别是南方地区基本一致,包括春节、元宵节、清明节、端午节、中秋节、重阳节等与内地一样。台湾的祭奠活动比较兴盛,种类繁多。除了一般的神明、祖先灵魂祭奠外,农历三月二十三日妈祖诞辰日的妈祖祭,农历三月二十一日为保生大帝回福建家乡过生日而举行的回乡谒祖祭,农历四月二十九日纪念郑成功的盛大祭奠,农历五月十三日的城隍爷出巡盛典和9月28日为孔子诞辰而举行的祭孔大典,规模宏大,颇具特色。

台湾还有不少本地特有的节庆活动,如正月初六祭“清水祖师”(主庙在台北市万华区艋舺清水岩,这一天台湾有盛大隆重的庆典仪式)、三月二十三日前后规模盛大的“妈祖祭”和七月整月的“盂兰盆会”(全省各地轮流做普度)等。

(三)传统文化与艺术

在日本帝国主义殖民者的文化侵略下,台湾的建筑风格、饮食习惯、日常用语、地名命名、生活习俗等均受到日本文化的影响,而21世纪初日本的流行文化也对台湾产生一定的影响。

日据时期,台湾传统戏剧广受欢迎。二战之后,早期在台湾当局的大力推广下,京剧等剧种在台湾得到大力扶持,另一方面歌仔戏、布袋戏等本土剧种则仍是庶民大众的重要娱乐方式。随着电视的出现,布袋戏、歌仔戏开始讲求声光效果,重新获得人们的重视。而京剧与话剧则融入创新元素,经常以小剧场等形式表演,舞台剧表演成为台湾极具活力的艺术活动。歌仔戏是台湾最主要的地方戏曲,也是中国地方戏曲剧种中唯一诞生于台湾的剧种。

1970年代,风格清新的台湾校园民谣风行一时。同一时期,闽南语流行乐坛受日本演歌文化影响,那卡西和夜总会等秀场文化在台湾也十分盛行。1980年代,讲究字正腔圆的“国语”(即汉语普通话)老歌风靡亚洲,当时的台北是华语流行音乐的中心,引领着其发展的潮流。受到西方摇滚音乐的影响,民歌时期后,一批描绘台湾地区社会百态、百姓生活的歌曲广受欢迎,并引发知识分子的共鸣。1990年代以来,闽南语歌曲风格渐趋多元活泼。随着冷战结束,两岸交流日益密切,大陆的综合实力不断增强,大陆、香港和新马歌手的曲风传入台湾,北京逐渐成为华语流行音乐的中心。进入21世纪,台湾流行音乐人更多地呈现国际化趋向,音乐创作风格逐渐多元化、个性化,“中国风”等音乐曲风令人耳目一新。

儒家思想所规范的礼仪与哲学观被中国人视为组成家国与人际伦理的基础观念。儒家思想对台湾地区影响深远,中华民族传统的伦理道德观念规范着台湾同胞的思想和言行。

(四)社交礼仪

台湾人在社交场合与客人见面时,一般都以握手为礼。与熟人或亲密朋友见面时,习惯上握一下手。初次见面时只需点头打招呼,微微弯腰鞠躬是表示敬意,但不要做得过分。在

亲朋好友间的相见时，也惯以拥抱为礼，或吻面颊的亲吻礼。台湾的高山族雅美人在迎客时，一般惯施吻鼻礼（即用自己的鼻子轻轻地擦吻来宾的鼻尖），以示最崇高的敬意。台湾信奉佛教的人社交礼节为双手合十礼。赴约时，完全可以比规定时间稍早或稍晚一些到达。宴请通常是在饭店里不是在家里。台湾的饭菜极其丰盛，一顿饭可能有 20 道菜，所以在开始阶段要吃得少些以留有余地。祝酒是常见的，"干杯"的意思是一饮而尽，杯底朝天。登门访问台湾人时，宜带一样小礼品，例如水果、糖果或糕点饼干。递送礼品或其他物品时应用双手奉上。接受宴请后写一封感谢信是必需的，并且受主人欢迎。在和台湾人交谈时，别谈论中国大陆和当地的政治。

(五)禁忌

台湾人忌讳别人打听他们的工资、年龄以及家庭住址，因为他们不愿意别人过问他们的私事。台湾人最讨厌有人冲他眨眼，他们认为这是一种极不礼貌的行为。他们忌讳以扇子赠人，因为他们有"送扇无相见"之说。他们忌讳"4"这个数字，因其与'死'音近似，所以，人们极为反感，故产生怕遇数字"4"的心理。他们平时无论干什么都要设法避开"4"，或改"4"为"两双"来说。他们忌以手巾送人，因为他们有"送巾断根"之说。他们忌讳把剪刀送人，因其有"一刀两断"之说，送这种物品会让人觉得有一种威胁之感。他们忌讳以雨伞当作礼物送人，因为台湾用的方言中，"伞"与"散"谐音，"雨"与"给"谐音，"雨伞"与"给散"谐音，这样难免引起对方的误解。他们忌以甜果为礼送人，因其逢年过节常以甜果祭祖拜神，以甜果赠人容易使对方觉得不祥。他们忌讳把粽子当作礼品送人，因其会被误解为把对方当作丧家。台湾的阿美人十分忌讳打喷嚏，他们把碰上有人打喷嚏视为遇到了很不吉利的事情。

三、旅游业发展

(一)旅游业发展概况

台湾地貌资源丰富，拥有高山、丘陵、平原、盆地、岛屿、纵谷与海岸等自然景观资源，以及热带、亚热带、温带等各种自然生态资源、森林资源和海洋资源。据统计，目前台湾全岛观光游憩区近 300 处，较具代表性的有百余处。其中，阿里山、阳明山、太鲁阁、垦丁、东部海岸等景区都具有世界级的水平。在人文景观方面，一方面，由于兼容闽南、客家、外省及"原住民"等不同的族群，岛内形成丰富多彩的人文色彩；另一方面，由于丰富多元的历史背景，在宗教信仰、建筑、语言、生活习惯及饮食风味上，又形成多彩多姿的台湾区域性文化。近年台湾逐渐重视对人文旅游资源如文物古迹、建筑、民间艺术、民俗风土、特色美食等的开发，使其与自然景观融为一体，充分体现历史价值和人文特色。

随着现代旅游业的发展，近年台湾实施了"观光资源永续发展策略"，对旅游资源重新进行整合和总体规划，以适应发展入境观光的需要。其一，突出文化和生态主题，深度开发各种特色旅游和精品旅游，如银发族之旅、青年旅游、高尔夫球之旅、自驾旅游等精致之旅，小火车怀旧之旅、花卉生态农特产之旅、"原住民"传统祭典之旅、温泉之旅、潜水之旅等主题旅游，提高旅游的品位。其二，不断创新丰富旅游产品种类结构，开发工业旅游、农业旅游、修学旅游等新型旅游产品，以适应市场需求多元化、个性化的趋势。其三，重视推行"生态保育、环境永续"理念。鼓励旅游业推广生态旅游，建立观光资源退场与养息机制、观光环境监测机制等,使旅游资源得到较好的保护。

近几年,随着制造业向岛外转移和经济的持续低迷,台湾当局逐渐将目光转移到旅游业上来,出台了“振兴观光五大施政重点”,实施了“观光客倍增计划”。经过近几年的发展,台湾旅游业的整体布局渐显清晰:台北,以现代旅游服务业为主;台中,以现代雨林观光为主;台湾西部,以独特的海岸、海岛旅游为主。

台湾旅游的文化气息无处不在,文化事业与旅游产业相互融合,既有饮食、节庆、雕饰、艺术等各具特色的创意文化,又坚持文化硬件和软件建设的有机统一;既有载体和平台,又有管理和服务。近年来,台湾制造业的优势风光不再,旅游成为产业发展的新选择,许多县乡顺应大众消费,注重文化感受,打文化品牌,走产业振兴之路。为了在激烈的竞争中胜出,他们立足于当地的文化资源,竞相追求个性文化内涵的发掘、创意、设计与塑造,从而形成了具有鲜明特色的核心竞争力。台湾“原住民”中除高山族外,不少是明清、民国时代从福建等地移居的客家人,接受的是中华民族传统礼仪教育,与大陆文化同根同源。这些年来,台湾当局也一直致力于恢复中国传统文化,曾发起了“中华文化复兴运动”。在文字方面一直沿用几千年的繁体字,从小学开始就注重传统文化的熏陶和训练,《国学概要》《国文》《中国文化基本教材》等内容是高中阶段文科的必修课程。在台湾,很多的文化场所除了保持原有的功能以外,也变成一处旅游景点。像汉声文化公司书店,这里经常会有大陆游客甚至外国游客前来光顾,店中的个性年画、个性门神和楹联无一不显露出着中华民族传统文化的张力,中华传统文明在这里得到了良好的保护、继承和发扬。

(二)主要的旅游资源

台湾地貌复杂,处于太平洋火山地震带上,又有喀斯特地貌与海蚀地貌,故多山水胜境、火山群与温泉群。西海岸沙滩平缓,多海水浴场,而东海岸断崖陡峭,奇石怪岩。森林茂密,动植物资源丰富,更有“蝴蝶王国”之称。清代即有“八景十二胜”之说,“八景”是阿里山云海、双潭秋月、玉山积云、清水断崖、澎湖渔火、大屯春色、鲁谷幽峡、安平夕照,“十二胜”是碧潭、北投、大溪、角板山、五指山、八卦山、虎头埤、狮头山、太平山、大里简、旗山及雾社。台湾文物资源丰富,或与反抗荷兰、日本侵略者有关,或为台湾与大陆关系的历史见证,如赤崁楼、安平古堡、明延平郡王祠、指南宫凌霄宝殿、云林北港妈祖庙、台北与台南孔庙等。高山族人口达 30 多万,又分为阿美、泰雅、排湾、赛夏、布农、邵、鲁凯、卑南等 11 个族群。雅美人的甩发舞与雕船本领,阿美人的对位唱法与多姿的舞蹈,排湾人的刺绣与雕刻,布农人的“打耳祭”与“成年祭”大典,赛夏人的“矮灵祭”与佩铃叮咚的舞蹈,泰雅人的绣衣与播种节,卑南人的“刹猴祭”与“狩猎祭”等五彩缤纷的活动是旅游资源的重要特色。

1.日月潭

日月潭是台湾唯一的天然湖,位于南投县中央的渔池乡,在玉山之北,能高山南,被海拔 2 400 米的水社大山、大尖山等连峰环绕着,湖面海拔 760 米,是一个高山湖泊,湖周围 35 千米,面积 100 平方千米。深度平均约为 40 米。湖中有一孤岛——光华岛,也称珠子山、浮珠屿。以光华岛为界,潭水分为丹碧两色。北半部为前潭,水色丹,形如日轮,故名日潭;南半部称为后潭,水色碧,形觚似月,故名月潭,合称日月潭。

2.阿里山

阿里山位于台湾嘉义县东北,是大武峦山、尖山、祝山、塔山等 18 座山峦的总称。最高峰为大塔山,海拔为 2 663 米,东距台湾最高峰玉山(高 3 997 米)甚近。阿里山风景区面积

约有 1.75 平方千米，是台湾著名的天然森林公园和旅游胜地。游览阿里山，可由台湾南部的嘉义县乘森林铁路列车到阿里山林区的眠月。全长 82.6 千米，行车 6 小时。这条登山铁路要攀升 2 600 多米，沿线有大小隧道 66 处，最长的有 800 米。但沿途由于高度不同而造成的各种不同自然景色的变化，更显阿里山的绚丽多彩。到达眠月后，可在当地旅行社的带领下安排游程。

到了阿里山，游客必须要做的两件事是坐登山铁路和拜望神木。阿里山的登山铁路是世界三大登山铁路之一，环岛铁路周游券在 15 天内自由停留 7 个站。当火车蜿蜒盘山而上时，就犹如拾级直立般行驶，火车登山，不可谓不是个奇景。坐在老式的火车车厢里，8 小时车程中，饱览从热带雨林、阔叶植被到针叶植被并最终徜徉云海，穿过 60 多个隧道，跨越七八十座桥梁，直至一路爬升至 2 274 米高的阿里山站，耀眼夺目的风光，让游客久久都不能从恍若隔世的刺激中清醒过来。

3.慈母亭

据说当年蒋介石知道儿子蒋经国对生母毛福梅的感情，于是写下遗书拉近蒋经国与宋美龄的感情。无论是从家庭关系还是政治关系，蒋经国都明白父亲的用心，在慈母桥建了一座“慈母亭”。亭里，安置了一个石茶几和几块石头的座椅，而这几个座椅正是代表了台湾和周边的几个岛屿。

4.西门町

西门町位于台北市万华区东北方，是台北西区最重要的消费商圈。有人说，不到台北市，不知道台湾的繁华；不到西门町，不知道台北的热闹。西门町是新一代流行文化的汇聚之地，怀旧的中老年人在此回味往事，前卫的年轻人在此寻找流行。这里汇聚的小店服装前卫大胆，代表着日韩最新潮流。据说林青霞当年在此被星探发现，不少怀揣明星梦的男女都到此圆梦。而且，长年有歌星在此现场演唱和签名。

5.阳明山

阳明山在台北市近郊，居纱帽山之东北，磺溪上源谷中。阳明山原名草山，位于大屯火山群最高峰七星山（海拔 1 120 米）南侧。该山是风光秀丽的旅游观光胜地。阳明山上有纪念孙中山百年诞辰的中山楼、坐落在山腰的林语堂故居等，都值得一看。这里处处都有火山遗迹，小油坑是大屯火山区中最大的硫黄气爆裂口，阵阵硫黄味扑面而来，马槽温泉、草山温泉都很有名。晚上泡温泉，尝山野风味晚餐，还不能错过山顶夜景，台北的璀璨霓虹尽收眼底。

6.台北 101 大楼

101 大楼位于台北市信义区，是台北最显眼的地标性建筑，其曾于 2004 年 12 月 31 日至 2010 年 1 月 4 日间，成为“世界第一高楼”。台北 101 大楼分为地上 101 层和地下 5 层。其中 B1 至 4 楼共有 5 层楼的购物中心，86 至 88 楼为观景餐厅，89 楼为室内观景层，91 楼为室外观景台，观景台面积约 2 500 平方米。这里拥有许多精品旗舰店，如 Bally、LV、Prada、Gucci、Cartier、Dior 及 Fendi 等。这里还是美食的天堂，聚集着代官山居食屋、晶汤匙泰式料理、随意鸟地方、九如浙江美食、川滇食尚等各国和地区风味餐厅。

7.故宫博物院

台北故宫博物院规模并不大，却是世界四大博物馆之一。博物馆里共收藏从宋至清历朝皇帝收集的稀世珍品 70 万件，如西周的毛公鼎、散氏盘；镇宫之宝的玉器翠玉白菜、辟邪雕刻；王羲之、颜真卿、宋徽宗书法手迹等。还有《核舟记》的原型——在桃核上雕刻的小船，船舱里坐着8个人,表情栩栩如生,核底1平方厘米左右的地方还刻了400多字的《赤壁赋》,让人瞠目结舌。由于藏品数量巨大,据说,一个人全部看完,需要将近30年的时间。

8.中正纪念堂

中正纪念堂是为纪念蒋介石而建的,纪念堂园区分布着中正公园、牌楼、围墙、瞻仰大道、剧院、音乐厅等建筑,这里如今已是台北市最重要的大型活动广场、文艺表演中心。位于中山南路上的正牌楼上,写有"自由广场"四个大字,是陈水扁"当政"时,将牌楼上原有的"大中至正"(蒋介石名字"中正"的含义)四字修改得来。牌楼高30米、宽80米,距纪念堂中心线470米,站在牌楼下远望纪念堂,气势雄伟壮阔。

9.垦丁

垦丁是台湾最南部的一个小城市,是一个小岛,它的海滩非常的美,虽然台湾大部分的城市都临海,但这里的海景无疑是最美的。垦丁的景点多分布在它的左右两边恒春半岛和船帆石,两边的景点大多都在海岸线上。在青蛙石公园海滨步道上放眼望去,台湾海峡、巴士海峡、太平洋之海韵尽收眼底,湛蓝的海水竟有三种不同颜色!过去就是"猫鼻头",这里的沙滩和海很美,是个很适合发呆的好地方。也可以开着摩托艇以每小时50千米的速度在蔚蓝的海面上驰骋,小艇像贴着水面飞翔的海鸥,感觉非常刺激。

到了夜晚,所有的路边的小店都灯火通明,小摊子上卖着各种各样的旅游纪念品,还有各种各样的当地小吃。在这里,游客可以穿人字拖、画文身、泡吧、喝奶茶、吃路边摊,体验最台湾的地道风情。

10.鹅銮鼻公园

鹅銮鼻公园位于台湾最南端,以灯塔驰名,为台湾八景之一。园内珊瑚礁、石灰岩地形遍布,怪石嶙峋,步道纵横交错,就好像是迷宫一样,好汉石、沧海亭、又一村、迎宾亭等风景点,处处引人入胜。园内植物约240种,有象牙树、黄槿、海柠檬、林投等热带海岸树。另外每年9月都有一批红尾伯劳鸟过境,是观鸟的好地方。

11.九份

九份老街位于台湾新北市瑞芳区,早在清朝光绪年间即以产金著名。后因台湾电影《悲情城市》而名声大噪,也是日本宫崎骏动画《神隐少女》的参考场景之一。九份山城,除了老街的各式小吃外,茶艺馆及咖啡厅林立,任君选择,且大多有不错的观景平台,可以休闲一下午。游客可以在黄昏时造访,先找个地方品茶或咖啡,看看晚霞,待黑夜来临,再去逛老街。

九份建筑群是顺着地势沿山建造而成的,一般指称九份老街乃由基山街、轻便路、竖崎路这三条老街组合而成。由于九份依旧保留着日治时代的旧式建筑,其主要的景观聚集在基山街,这是九份最热闹的街道,小吃芋仔番薯、九份第一家茶坊以及九份文史工作室都设置于此,还有观景台可以看九份的海景;竖崎路是特殊的"丰"字道路,为九份的直向道路,绝无仅有的阶梯路上有许多观景茶馆;轻便路上则有许多九份民宿与九份金矿城怀旧壁画。

拓展阅读

台湾三日游

第一天:台北(中正纪念堂—台北孔庙—士林夜市—台北101大楼)

首先游览中正纪念堂,纪念堂以高耸的纪念楼为中心,包围着蓊郁茂密、迎风摇曳而色彩缤纷的树木花圃与池塘小桥,环境清幽而宁静,纪念楼则肃穆而庄严,而每个小时定时换

班的仪式也成为游客游览的重点之一。纪念堂前的自由广场时有大型文艺演出，运气好的话说不定能碰到。然后前往台北孔庙，它采取曲阜本庙建筑，梁柱门窗皆未刻字显得朴实又庄严，在这里，能体味到古朴的中华文化。晚上前往信义商圈，登台北地标——101大楼，俯瞰城市夜景。

餐饮：士林夜市吃个够，台湾的小吃在那里基本都能找到。

住宿：台北从一般的民宿到高级酒店，从青年旅舍到台湾特有的汽车旅馆(Motel)，在台北你能找到从500元到上千元(新台币)的酒店。

第二天：花莲(太鲁阁国家公园—七星潭)

向花莲出发，考察太鲁阁公园，它以峡谷及山岳为主要地形特色，峡谷地形以立雾溪最具代表性。百万年来，丰沛的立雾溪水不断向下侵蚀，切开了厚度超过1 000米的大理石层，形成了今日中横公路太鲁阁到天祥间垂直壁立的U型峡谷，造就公园中最震撼人心的地景。然后去七星潭，此地海滩是一优美的弧形海湾。海水洁净湛蓝，黑石晶莹剔透，在此可远眺青山苍郁，公路绵延。

餐饮：从客家粿、南华面到闽式小吃，再到粗犷不羁的阿美野菜、鲜腴丰美的龙虾鱼贝。吃在花莲，不仅可尝到好口味，也吃出当地的文化与历史。花莲的三大夜市狗仔尾、旧站、南滨夜市，几乎网罗了所有令人喜爱的美食口味，人气火爆。

住宿：花莲旅游业发达，在各个景区和商业区都有各种风格的饭店和民宿。民宿价格适中，提供多种优惠组合，具有当地特色，是住宿的第一选择。

第三天：台东(台东商业街—绿岛—知本温泉)

早餐后，参观世界十大自然奇景之太鲁阁峡谷、长春祠、燕子口、九曲洞、慈母桥；随后参观花莲大理石工厂。午餐后沿花东海洋公路，再经东部海岸风景区沿途参观北回归线纪念碑、水往上流风景区，后继续前往温泉之乡——知本温泉，享受Spa温泉之乐。

餐饮：台东风味小吃主要有海鲜、甘薯、小米、香菇等，热闹的夜市里尽可以品尝。夜市主要集中在光明路、福建路、宝桑路等。其中光明路夜市以海鲜为主，福建路主要经营海鲜、水果、冷热饮。

住宿：台东住宿主要集中在台东市内、东部海岸风景区和知本国家森林公园游乐区三个区域。各种档次旅馆都比较齐全，选择面较大。

思考题

1.在接待香港、澳门、台湾游客的过程中，应注意哪些事项？

2.香港、澳门、台湾地区有哪些著名的旅游资源？

3.最近几年台湾与大陆在旅游方面有哪些合作？

4.在港澳台旅游发展的过程中，有哪些成功的经验值得借鉴和学习？

附录一

中国主要客源国排名前 15 位名录（2014—2018 年）

按入境旅游人次排序	国家				
	2014	2015	2016	2017	2018
1	韩国	韩国	韩国	缅甸	缅甸
2	日本	日本	越南	越南	越南
3	美国	美国	日本	韩国	韩国
4	俄罗斯	俄罗斯	缅甸	日本	日本
5	马来西亚	马来西亚	美国	俄罗斯	美国
6	蒙古	蒙古	俄罗斯	美国	俄罗斯
7	新加坡	菲律宾	蒙古	蒙古	蒙古
8	菲律宾	新加坡	马来西亚	马来西亚	马来西亚
9	印度	印度	菲律宾	菲律宾	菲律宾
10	澳大利亚	加拿大	新加坡	新加坡	新加坡
11	加拿大	泰国	印度	印度	印度
12	德国	澳大利亚	泰国	加拿大	加拿大
13	泰国	德国	加拿大	泰国	泰国
14	英国	英国	澳大利亚	澳大利亚	澳大利亚
15	印度尼西亚	印度尼西亚	印度尼西亚	印度尼西亚	印度尼西亚

（其中缅甸、越南、俄罗斯、蒙古、印度含边民旅华人数）

附录二

中国各省、自治区、直辖市入境旅游接待排名前 20 位名录(2014—2018 年)

按接待入境旅游人次排序	省、自治区、直辖市				
	2014	2015	2016	2017	2018
1	广东	广东	广东	广东	广东
2	上海	上海	上海	上海	上海
3	北京	云南	福建	福建	云南
4	浙江	浙江	云南	云南	广西
5	福建	广西	浙江	浙江	福建
6	山东	北京	广西	广西	浙江
7	广西	福建	北京	山东	陕西
8	江苏	山东	陕西	北京	山东
9	云南	湖北	湖北	陕西	湖北
10	安徽	江苏	江苏	江苏	江苏
11	湖北	陕西	山东	湖北	北京
12	陕西	安徽	安徽	湖南	安徽
13	辽宁	四川	四川	安徽	四川
14	四川	辽宁	辽宁	四川	湖南
15	湖南	湖南	湖南	辽宁	辽宁
16	内蒙古	内蒙古	重庆	重庆	重庆
17	江西	江西	内蒙古	内蒙古	江西
18	黑龙江	重庆	江西	江西	内蒙古
19	吉林	吉林	吉林	河南	河南
20	重庆	河南	河南	吉林	吉林

参考文献

1.熊国铭.旅游客源地与目的地概况[M].上海:上海交通大学出版社,2011.

2.张金霞,赵亮.中国主要旅游客源国与目的地国概况[M].北京:清华大学出版社,2012.

3.杨静达.旅游客源国(地区)概况[M].大连:大连理工大学出版社,2014.

4.何丽芳,欧阳莉.中国旅游客源国概况[M].长沙:湖南大学出版社,2013.

5.英国文化产业[M].北京:外语教学与研究出版社,2007.

6.英国迎奥运2012年预计将吸引3070万名海外游客[EB/OL].中国经济网,2012-01-11.

7.英国:旅游业拉动发展[N].经济日报,2012-01-14.

8.王兴斌.中国旅游客源国概况[M].6版.北京:旅游教育出版社,2013.

9.齐木德赫希格·孟和其其格.蒙古国旅游产业发展研究[D].上海:华东师范大学,2008.